教育部人文社科重点研究基地重大项目

死刑的宪法控制

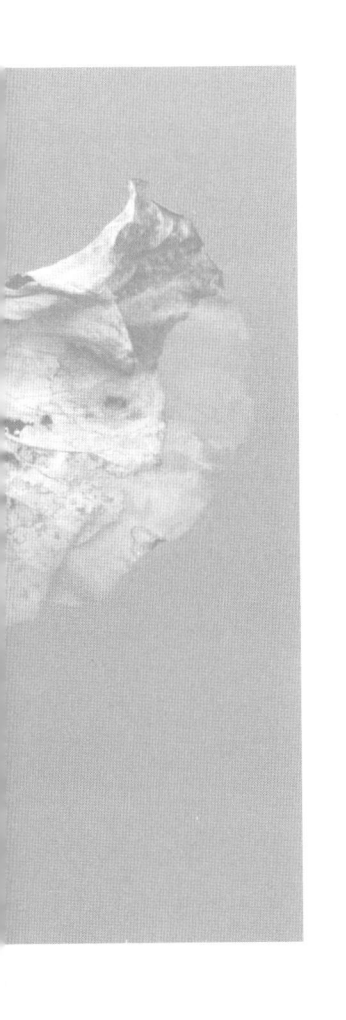

SIXING DE XIANFA KONGZHI

韩大元 等 著

中国人民大学出版社
·北京·

序

本课题"死刑制度的宪法控制"为教育部人文社会科学重点研究基地重大项目，起始于2012年2月，于2016年4月完成。

本课题结合中国法治建设的现状，立足于宪法文本和实践，从法理学、宪法学、刑法学、刑事诉讼法学、比较法学等多个研究视角，尝试对我国死刑制度的宪法控制问题予以系统研究，并提出有效的应对措施。本课题的研究主要涉及"死刑制度与宪法价值""死刑制度与基本权利""死刑制度的立法控制""死刑适用的正当程序""死刑制度改革的域外经验""死刑制度的当代命运对话"等基本问题。

在研究过程中，本课题组采用调研与统计方法、实证分析方法、规范分析方法、比较分析等多种研究方法，力图揭示死刑制度与宪法的关系。自立项以来，本课题组按照预定计划，分工合作，以跨学科视角较系统地研究了死刑的宪法控制的基本理论、死刑的立法控制、死刑的程序控制、死刑制度改革的域外经验等方面的问题，形成了多篇相关方面的学术论文。

在研究进行期间，我们邀请国内外相关领域的著名学者，召开了"死刑与宪法"系列讲座7场，在学界引起了较大反响。该系列讲座主要包括：中国社会科学院法学研究所刑法研究室刘仁文研究员主讲的第一讲"死刑的宪法维度"；韩国刑事政策研究院金日秀教授主讲的第二讲"韩国的死刑制度"；北京大学法学院陈兴良教授主讲的第三讲"死刑适用的宪法控制"；中国人民大学法学院李奋飞教授主讲的第四讲"美国死刑冤案剖析及其警示"暨"聂树斌案"讨论会；北京师范大学法学院赵秉志教授主讲的第五讲"我国死刑改革研究的争议问题"；中国人民大学法学院李学军教授主讲的第六讲"也谈念斌案——围绕专家辅助人制度展开""刑事诉讼中的双重软化问题——从念斌案谈起"；中国青年政治学院林维教授主讲的第七讲"纠结的死刑"。

本课题采取了专题研究的方式，其基本框架如下。

首先，讨论了"死刑宪法控制的基本理论"。具体涉及我国死刑的宪法正当性、死刑制度与宪法民主、刑罚本质的宪法分析、从宪法视角探讨死刑制度的存废、刑事诉讼中的生命权保护、死刑的宪法控制方案等具体问题。

其次，讨论了"死刑的立法控制"问题。对死刑立法的宪法界限、宪法视野下死刑罪名的立法控制以及"对审判的时候怀孕的妇女不适用死刑"的宪法意义等具体问题进行了探讨。

再次，讨论了"死刑的程序控制"问题。主要就死刑冤案的程序控制、死刑冤错案的宪法控制、检警一体化模式、侦查监督制度的中国模式及其改革、最高人民法院核准死刑案件程序等问题进行了集中探讨。

最后，介绍了"死刑制度改革的域外经验"。主要就美国死刑冤案中的证据问题、德国《基本法》与"废除死刑"问题、澳大利亚死刑废除的历史、美国死刑改革的宪法法理等问题进行了讨论。

2006年，根据第十届全国人大常委会第二十四次会议通过的《关于修改〈中华人民共和国人民法院组织法〉的决定》，最高人民法院收回死刑案件核准权，到课题完成时，正值十年。这是我国司法体制改革进程中一件具有里程碑意义的大事。为此，本书第五章刊登了"死刑制度的当代命运"对话录。本次对话由中国社会科学院大学法学院林维教授与中国人民大学法学院时延安教授、韩大元教授围绕死刑的几个问题展开交流与讨论，核心问题是如何把握宪法体制下的死刑制度，如何将宪法精神体现在死刑制度之中。本部分也是对宪法与刑法之关系问题的总体思考，力求围绕死刑制度建构研究宪法和刑法之关系的学术框架与方法论。

本课题的主要参与人员包括（按姓氏笔画排序）：上官丕亮、邓静秋、刘计划、张玉洁、李立众、李奋飞、孟凡壮、陈征、陈雄、范进学、韩大元等。

课题的主要分工如下（按撰写章节顺序）：

范进学（上海交通大学法学院教授）、张玉洁（西南政法大学行政法学院讲师）：我国死刑的宪法正当性、刑罚本质的宪法分析。

陈雄（湖南工业大学法学院教授）：死刑制度与宪法民主。

陈征（中国政法大学法学院教授）：从宪法视角探讨死刑制度的存废、德国《基本法》与"废除死刑"。

刘计划（中国人民大学法学院教授）：刑事诉讼中的生命权保护、死刑冤案的程序控制、检警一体化模式的理性解读、侦查监督制度的中国模式及其改革。

李立众（中国人民大学法学院教授）：死刑的宪法控制方案。

韩大元（中国人民大学法学院教授）：死刑立法的宪法界限、死刑冤错案的宪法控制。

上官丕亮（苏州大学法学院教授）：宪法视野下死刑罪名的立法控制。

孟凡壮（华东师范大学法学院副教授）："对审判的时候怀孕的妇女不适用死刑"的宪法思考、澳大利亚死刑废除的历史及其启示。

李奋飞（中国人民大学法学院教授）：最高人民法院核准死刑案件程序、美国死刑冤案中的证据剖析。

邓静秋（北京外国语大学法学院讲师）：美国死刑改革的宪法法理。

死刑制度的宪法控制是理论性、实践性很强的综合性问题。在课题的研究过程中，刑法、刑事诉讼法等法律都有新的修改，学界也发表了新的研究成果。本课题结项报告涉及的大部分资料截至2016年年底，个别资料截至2017年。由于大部分课题研究于2016年之前完成，虽根据专家反馈的意见，我们对课题的部分内容进行了修改和补充，但受研究范围总体框架等方面因素的限制，本课题无法完整地补充学界新的研究成果。欢迎学界同人提出进一步修改的建议，待今后有机会修订时再完善相关内容。

在本书文稿整理过程中，中国人民大学法学院博士生钱坤同学做了大量的工作，陈佩彤、陆一爽、刘茹洁、方逊参与文字校对工作，在此表示感谢。

韩大元
2021年12月

目 录

第一章 死刑宪法控制的基本理论 ………………………………… （1）
 第一节 我国死刑的宪法正当性 ………………………………… （2）
 第二节 死刑制度与宪法民主 …………………………………… （21）
 第三节 刑罚本质的宪法分析 …………………………………… （32）
 第四节 从宪法视角探讨死刑制度的存废 ……………………… （49）
 第五节 刑事诉讼中的生命权保护 ……………………………… （61）
 第六节 死刑的宪法控制方案 …………………………………… （82）

第二章 死刑的立法控制 …………………………………………… （93）
 第一节 死刑立法的宪法界限 …………………………………… （94）
 第二节 宪法视野下死刑罪名的立法控制 ……………………… （104）
 第三节 "审判的时候怀孕的妇女不适用死刑"的宪法分析 …… （124）

第三章 死刑的程序控制 …………………………………………… （136）
 第一节 死刑冤案的程序控制 …………………………………… （137）
 第二节 死刑冤错案的宪法控制 ………………………………… （152）
 第三节 检警一体化模式的理性解读 …………………………… （167）
 第四节 侦查监督制度的中国模式及其改革 …………………… （192）
 第五节 最高人民法院核准死刑案件程序 ……………………… （220）

第四章 死刑制度改革的域外经验 ………………………………… （236）
 第一节 美国死刑冤案证据成因剖析 …………………………… （237）

  第二节　德国《基本法》与"废除死刑"……………………………（246）
  第三节　澳大利亚死刑废除的历史及其启示………………………（256）
  第四节　美国死刑改革的宪法法理…………………………………（268）
第五章　死刑制度的当代命运（宪法与刑法的学术对话）……………（287）
  第一节　死刑是合法而不正当吗……………………………………（287）
  第二节　死刑与基本权利保障………………………………………（293）
  第三节　刑法与宪法的关系…………………………………………（298）
  第四节　死刑与毒品犯罪……………………………………………（299）
  第五节　死刑与民意…………………………………………………（303）
  第六节　死刑与恐怖主义……………………………………………（306）
  第七节　死刑与比例原则……………………………………………（310）
  第八节　死刑被滥用了吗……………………………………………（311）
  第九节　死刑的未来…………………………………………………（314）

第一章

死刑宪法控制的基本理论

本章"死刑宪法控制的基本理论"主要对我国死刑的宪法正当性、死刑制度与宪法民主、刑罚本质的宪法分析、宪法视角下的死刑制度存废问题、刑事诉讼中的生命权保护、死刑的宪法控制方案等六个问题进行了讨论。

在我国死刑的宪法正当性问题上，本书的观点是：在我国现行刑法中，能够判处死刑的罪名可以分为严重侵害生命法益的犯罪和非严重侵害生命法益的犯罪。对严重侵害生命法益的犯罪实施死刑，是维护人的尊严、社会契约理论的要求，也是民意的共同选择，因而在宪法上具有正当性；但是对非严重侵害生命法益的犯罪适用死刑，则有可能有损人的尊严，与社会契约理论不符，违背了刑罚的目的，挑战了生命的至上性原则，因而不具有宪法正当性。在这个意义上，未来死刑罪名应逐渐限缩，直至完全取消对非严重侵害生命法益犯罪的死刑。与此同时，死刑的司法适用应逐步严格化，死刑的执法也应更加人道化。

在死刑制度与宪法民主问题上，随着民主的发展，死刑制度的合宪性基础问题越来越受到学界的关注。实证研究表明，民主制度健全和观念的进化，对于削减死刑是有助益的。这可能与民主制度对人性尊严的尊重和对宽容理念的推崇等相关。在当下中国，不断健全和完善民主制度，对于限制死刑立法、削减死刑的司法适用乃至最终废除死刑都是有益的。在此过程中，尊重和引导民意是重要的一环。

关于对刑罚本质的宪法分析，本书认为，既有的关于刑罚本质的报应刑论、目的刑论、折中论和关系论等理论都未能有效揭示刑罚的本质，其根本原因在于对宪法考量的不足。从宪法的角度进行分析，刑罚表现为国家动用全部暴力机器对受刑人权利的剥夺，受刑人在这一关系中处于绝对弱势地位，其合法权利极易受到侵害，因而刑罚的本质应当是对受刑人基本权利的保障。为了践行和维护这一本质，就需要对制刑权、求刑权、量刑权、行刑权进行宪法控制。

在死刑制度与人格尊严、生命权以及比例原则的关系方面，本书认为，死刑制度本身并不一定涉及人的尊严，但却剥夺了犯罪人的生命。宪法中的比例原则构成对各项刑罚手段的限制，该原则在我国的宪法依据是《宪法》第33条第3款和第51条。虽然比例原则需要给立法者留出决策空间，但对于死刑这一最严酷的刑罚，则应采取严格审查标准。在适用比例原则分析死刑的宪法正当性时，应仅考虑死刑的主观目的，其客观功能至多在适用狭义比例原则进行审查时才予以考量。死刑制度是否符合比例原则是值得探讨的。

就刑事诉讼中的生命权保护问题，本书认为，生命权是被国际社会所承认的一种宪法性权利，是人权体系中的基础性权利，刑事诉讼是与生命权联系最为紧密的制度设计。我国《刑事诉讼法》规定了犯罪嫌疑人、被告人享有的诉讼权利，以及办理刑事案件的法定程序，对刑事诉讼中生命权保护具有重要意义。而在司法实践中，生命权遭受非法侵害的事件仍偶有发生，需要不断推进羁押性强制措施和死刑制度的改革，以正当程序实现刑事诉讼中的生命权保护。

在死刑的宪法控制方案问题上，本书的基本观点是：控制死刑适用是宪法自身的要求，我国有必要建立死刑的宪法控制方案。根据法律面前人人平等的宪法原则（生命权平等）与死刑的正当化根据——报应刑论，被害人死亡是死刑适用诸要件中最为核心的要件，据此在宪法上可以"以命偿命"原则来控制死刑的适用。"以命偿命"原则具体包括现实死亡原则、一命偿一命原则与偿命方式对等原则三方面的内容。这一宪法控制方案具有公平性、明确性与可实践性。

第一节　我国死刑的宪法正当性

随着世界上逐渐兴起刑罚轻缓化的潮流和大多数国家渐次实行废除死刑

的举措，自20世纪90年代开始，我国学者也开始呼吁在中国刑罚体系中废止死刑。学者相继指出，死刑不但剥夺了犯罪人的改造机会，是对无价的生命的践踏，有违人道主义精神，而且由于错案率的存在，死刑会造成无可挽回的"司法谋杀"，废除死刑已经成为国际通例，因此我国也应该废除死刑。① 然而，在本书看来，我国死刑所面临的并非简单的非黑即白的全面废止与否的问题。根据我国《刑法》的规定，涉及死刑的罪名主要分为严重侵害生命法益的犯罪与非严重侵害生命法益的犯罪，它们在我国宪法上所占据的正当性地位不同，因而所面临的留存或废止的宪法前景不尽相同。

一、我国的死刑立法现状

我国1979年《刑法》分则涉及死刑的条文共15个，其中能够被判处死刑的罪名共28个，主要分布在反革命罪、危害公共安全罪、侵犯公民人身权利罪和侵犯财产罪等领域。20世纪80年代"严打"政策确立后，全国人大常委会通过许多单行法增加了死刑罪名，最多时达80余个，极大地扩展了死刑的适用范围。但随着国际和国内形势趋稳，学界对刑罚轻缓化的呼吁，以及国际公约的要求，我国先后在1997年、2011年、2015年及2020年对《刑法》进行了全面修改，死刑罪名也大幅削减。

（一）刑法中涉及死刑的罪名概览

截至2011年，我国《刑法》中涉及死刑的罪名共有46个，分别分布在刑法分则第一章危害国家安全罪，第二章危害公共安全罪，第三章破坏社会主义市场经济秩序罪，第四章侵犯公民人身权利、民主权利罪，第五章侵犯财产罪，第六章妨害社会管理秩序罪，第七章危害国防利益罪，第八章贪污贿赂罪和第十章军人违反职责罪中，除第九章渎职罪外，各章都有罪名得以判处死刑。2015年全国人大常委会在通过的《刑法修正案（九）》中，又取消了包括走私武器、弹药罪、走私核材料罪、走私货币罪、伪造货币罪、集资诈骗罪、组织卖淫罪、强迫卖淫罪、阻碍执行军事职务罪和战时造谣惑众罪等九个死刑罪名。因此，目前在我国刑罚体系中，尚存有46个死刑罪名。

---

① 邱兴隆. 死刑的德性. 政治与法律，2002（2）；冯军. 死刑、犯罪人与敌人. 中外法学，2005（5）.

其中，危害国家安全罪包括背叛国家罪，分裂国家罪，武装叛乱、暴乱罪，投敌叛变罪，间谍罪，为境外刺探、窃取、收买、非法提供国家秘密、情报罪和资敌罪7个罪名最高可判处死刑；危害公共安全罪包括放火罪，决水罪，爆炸罪，投放危险物质罪，以危险方法危害公共安全罪，破坏交通工具罪，破坏交通设施罪，破坏电力设备罪，破坏易燃易爆设备罪，劫持航空器罪，非法制造、买卖、运输、邮寄、储存枪支、弹药、爆炸物罪，非法制造、买卖、运输、储存危险物质罪，盗窃、抢夺枪支、弹药、爆炸物、危险物质罪和抢劫枪支、弹药、爆炸物、危险物质罪14个罪名可判处死刑；破坏社会主义市场经济秩序罪包括生产、销售、提供假药罪和生产、销售有毒、有害食品罪2个罪名可判处死刑；侵犯公民人身权利、民主权利罪包括故意杀人罪，故意伤害罪，强奸罪，绑架罪和拐卖妇女、儿童罪等5个罪名可判处死刑；侵犯财产罪中仅有抢劫罪可判处死刑；妨害社会管理秩序罪包括暴动越狱罪，聚众持械劫狱罪，走私、贩卖、运输、制造毒品罪3个罪名可判处死刑；危害国防利益罪中仅有破坏武器装备、军事设施、军事通信罪和故意提供不合格武器装备、军事设施罪最高可判处死刑；贪污贿赂罪中仅有贪污罪和受贿罪最高可判处死刑；军人违反职责罪则包括战时违抗命令罪，隐瞒、谎报军情罪，拒传、假传军令罪，投降罪，战时临阵脱逃罪，军人叛逃罪，为境外刺探、窃取、收买、非法提供军事秘密罪，盗窃、抢夺武器装备、军用物资罪，非法出卖、转让武器装备罪和战时残害居民、掠夺居民财物罪10个罪名可判处死刑。

（二）严重侵害生命法益犯罪与非严重侵害生命法益犯罪

在涉及死刑的46个罪名中，有些犯罪直接或可能直接对公民的生命法益造成侵害，而剩余的大多数则不会导致公民生命法益的直接损害。具体而言，除故意杀人罪旨在剥夺公民的生命权，因而无可置疑地应被纳入严重侵害生命法益的犯罪范围外，一些罪名由于出现了公民死亡状况因而转化为故意杀人罪的情况，即刑法理论中的转化犯，也可被纳入严重侵害生命法益的犯罪。后一种情况主要包括危害公共安全罪前10个罪名中致人死亡的情况，生产、销售、提供假药罪和生产、销售有毒、有害食品罪中致人死亡的情况，故意伤害罪、强奸罪、绑架罪和拐卖妇女、儿童罪中致人死亡的情况等。反之，其他对公民生命法益损害无法律上直接因果关系的犯罪，则可归入非严重侵害生命法益犯罪的范围。例如危害国家安全的全部 7 个罪名、危害国防利益罪的全部 2 个罪名、贪污贿赂罪的全部 2 个罪名、军人违反职责罪的全部 10 个罪名，无论情节如何严重，犯罪分子在集团犯罪中的地位如何重要，给国家和人民的财产造成了多大的损失，数额如何巨大，都不会直接造成对公民生命法益的严重侵害；此外，犯危害公共安全罪、故意伤害罪、强奸罪、绑架罪、拐卖妇女、儿童罪、抢劫罪和妨害社会管理秩序罪造成其他严重后果的，即除致人死亡外造成致人身体伤害、财产损失或有其他严重或恶劣情节的，也应该属于非严重侵害生命法益的犯罪。

将涉及死刑的 46 个罪名分为严重侵害生命法益的犯罪和非严重侵害生命法益的犯罪，首先是刑法规范本身所包含的。事实上，刑法分则不但几乎在每个罪名下都设置了对于致人死亡结果加重处罚的情节，从而与其他一般加重情节相区分；而且倾向于将出现了公民死亡结果的其他犯罪行为转化为故意杀人罪或过失致人死亡罪进行处理，突出了此类犯罪的严重性和刑法的否定性。不仅如此，对生命权的侵犯具有无可比拟的恶劣性，无论多重要的国家利益、数额多巨大的财产利益，都无法与生命的消失相提并论，严重侵害生命法益的犯罪和非严重侵害生命法益的犯罪对社会的危害性不同，在刑法中的地位因而不同，宪法对国家能否以最严厉的刑罚——死刑——来惩罚它们的评价也不尽相同。在本书看来，从宪法的理念上分析，对于严重侵害生命法益的犯罪施以死刑具有宪法正当性，但对于非严重侵害生命法益的犯罪施以死刑则不具有宪法上的正当性。

二、严重侵害生命法益犯罪适用死刑的宪法正当性

对严重侵害他人生命法益的犯罪人施以死刑，不仅是古典自由主义对人的尊严予以尊重的要求，也是现代社会契约理论对国家权力与个人权利的必然推演。不仅如此，在我国，对严重侵害生命法益的犯罪设置死刑最高刑还具有尊重民意的现实意涵。

(一) 正当性的根本来源：人的尊严

在古典自由主义者那里，人的尊严，即以理性推理和选择能力为出发点和根本目标的人性，是一切社会与制度的根本，因而法律的目标也在于促进人的理性能力，保障人的自由。刑法作为国家法律的一个重要部分，旨在维

护以理性和自由为核心的人的尊严，而对严重侵害生命法益的犯罪人施以死刑，就是刑法维护人的尊严的众多手段之一。

康德指出，人之所以为人，原因在于人拥有能够对其行为进行理性的判断、把握和抉择的"自由意志"，这种意志是人能够自主决定自己的生活并拥有自由的基础。人的这种自主既是人之为人的规定性所在①，也是人们能够过上有尊严的生活的保证，因为这种自主性要求无论在何时、在哪个人类社会，人都只能被当作目的而非手段，一国之内的公民不仅不能成为他人实现自身目的的手段，更不能成为国家的手段。② 在一个人的自由意志能够与他人的自由意志和平共存的基础上，以社会法则为表现形式的绝对命令由此产生；在刑法上，这一绝对命令要求对实行违反法律行为的犯罪人施以与他所施加于受害人的恶害等量的刑罚，即犯罪人使他人失去什么，他本人就应该失去什么，因而如果犯罪人使他人失去生命，他本人就应当承受失去生命的死刑惩罚。③ 因此，死刑是以人的自由意志为核心的人的尊严的本质要求。事实上，在康德的眼中，死刑是人类的标志，只有有理性的人类才能够配得上死刑，而动物是没有死刑的。黑格尔也指出，人的自由意志是人以及人的尊严的根本，是人的一种初级的、正的状态，犯罪是对人的意志自由状态的侵犯，是对公民权利的否定，是一种与正的状态相反的状态；而刑罚是对犯罪行为对自由意志的否定的否定，是将原初的自由意志通过被侵犯的过程提高、升华为一个合乎正义的状态的结果。因此，作为犯罪行为的否定的定在，刑罚应该在价值上与犯罪行为在存在性状上等同④，但是由于生命价值的无上性，除了生命之外没有任何东西可以与之价值上等同，因而对于严重侵害生命法益的犯罪，死刑是正当的。不仅如此，黑格尔还认为犯罪在一定程度上是犯罪者自由意志的表达，因而对这一意志进行等价的报复，就不仅是对受害人的自由意志的尊重，也是对犯罪者理性的尊重。有鉴于此，对严重侵害生命法益的犯罪施以死刑，在哲学层面上是对人的理性能力和自由的尊重，因而人的尊严从根本上为死刑提供了正当性来源。

---

① Alasdair MacIntyre. After Virtue. Leeds：University of Notre Dame Press，1981：66-67.
② 康德. 道德形而上学原理. 苗力田，译. 上海：上海人民出版社，2005：第二章.
③ 康德. 法的形而上学原理：权利的科学. 沈叔平，译. 北京：商务印书馆，1991：167.
④ 黑格尔. 法哲学原理. 范扬，等译. 北京：商务印书馆，1982：104.

当然，这一正当性并不仅仅停留在理论上，人的尊严的根本性地位和对其的维护，在实践上已经进入了许多国家的宪法甚至国际条约，并成为国家和国际组织建立与运行的意义所在。如《德意志联邦共和国基本法》第1条第1款即指出，"人的尊严不可侵犯"，"尊重和保护人的尊严是全部国家权力的义务"；我国《宪法》第38条也规定了"公民的人格尊严不受侵犯"；《联合国宪章》旨在"重申基本人权，人格尊严与价值"；《经济、社会及文化权利国际公约》指出，权利"源于人身的固有尊严"；《世界人权宣言》序言更是直接指出，"对人类家庭所有成员的固有尊严及其平等的和不移的权利的承认，乃是世界自由、正义与和平的基础"。由此可以发现，人的尊严是以宪法为主的国家和国际法律体系通过保障人之权利、维护国家秩序，从而意欲达成的根本目标，因而在人的尊严本身要求死刑制度存在的意义上，死刑具有宪法上的正当性。

（二）正当性的现代诠释：社会契约

自启蒙时起，一切人类甚至自然事物的存在都需要以理性为自己辩白，否则只能接受被社会残忍抛弃的结果，国家和社会制度也如此。因此，基于人类理性之联合所形成的社会契约，就成为当时民族国家宣称其合法性并延续其统治的首要和必要选择。事实上，直到今天，社会契约理论依然是支撑现代国家正当性及其制度设计的核心观念。社会契约理论不仅赋予国家以惩治犯罪人的刑罚权，而且从根本上赞同对严重侵害生命法益的罪犯实施死刑。

在洛克看来，虽然人的生命具有神圣性，任何人都没有创造自己生命的能力，因而不得将其生命置于他人的任意处置之下[1]，但当一个人以非法的方式剥夺另外一个人的生命之时，这个人其实已经丧失了人之所以为人的理性，因而可以被作为一个猛兽处以死刑。[2] 类似地，在一个社会或国家中，人们享有与生俱来的生命权，但这一权利并不是绝对的，它可以因为严重侵害他人的生命法益而丧失[3]，因为当一个人侵犯他人的生命法益之时，他已

---

[1] 洛克. 政府论：下篇. 北京：商务印书馆，1997：17.
[2] 同[1]9.
[3] Hugo Bedau. Death is Different：Studies in the Morality, Law and Politics of Capital Punishment [M]. Boston：North eastern University Press，1987：13.

经破坏了他和其他所有人进入社会、联合成为国家的原始的社会契约，所以他事实上将自己排除出既存的公民联合体，丧失了他的人类地位和公民地位，从而也丧失了他因契约而享有的国家对他的生命权的保护。但是生命权的这种丧失并非面对所有人的权利的丧失，而仅仅是将生命权丧失给可以据此剥夺他的生命的人，这个人就是国家。因此，洛克认为，国家当然地享有对严重侵犯他人生命法益的犯罪实施死刑的权力[1]，死刑不仅是警示他人不得进行同样行为的方法，而且是保障人们的生命法益不受严重侵害的途径。

卢梭也指出，在一个以社会契约为基础建立的人类联合体中，生命权是人与人之间平等地享有的，但这种平等地享有的前提是每个人不得侵犯他人的生命；如果一个人严重侵犯了他人的生命法益，他就会因此失去他自己的生命权利，并被国家当作一个敌人而非公民[2]，因而国家对其施以死刑就是正当的。但是卢梭的理由与洛克的不同。在卢梭看来，人类联合体的建立是以促使并维护人们在自然状态下的完全自由状态为目标的，因而必须以所有人交出其所有权利的社会契约为基础，只有这样，才能构建一个所有人都完全交出自己的权利但所有人又同时完全享有所有的权利的共同体；权利的保留是卢梭所不允许的，因为在卢梭看来这样会导致共同体的分崩离析。在这些必须完全地、毫无保留地交出的权利中，生命权是一个重要部分。为了不至于成为一场蓄意谋杀的牺牲品，人们必须交出自己的生命权，并同意如果自己也成为生命权的犯罪人的话，自己也得死。[3] 因此，涉及生命权部分的社会契约就必然是每个人都要尊重他人的生命，如果不尊重就要接受国家以死刑为最终手段的惩罚。

虽然社会契约理论的另一个代表人物霍布斯强调公民在任何情况下都有保全自己的生命的权利[4]，因而反对国家对犯罪人施以死刑，受他的影响贝卡利亚也主张死刑的无效与废除[5]，但不可否认，洛克和卢梭的社会契约理论对现代政治国家的建构影响更为深远，因而对现有制度更具解释和指导价值。在这个意义上，他们的社会契约理论无疑为国家对严重侵害生命法益的

---

[1] 洛克. 政府论：下篇. 北京：商务印书馆，1997：4.
[2] 卢梭. 社会契约论. 何兆武，译. 北京：商务印书馆，1980：43.
[3] 同[2]42.
[4] 霍布斯. 论公民. 应星，冯克利，译. 贵阳：贵州人民出版社，2003：269.
[5] 贝卡利亚. 论犯罪与刑罚. 黄风，译. 北京：中国大百科全书出版社，1993：45.

犯罪实施死刑的制度的正当性，提供了现代视角的有力诠释。

（三）正当性的民意支撑：公众认同

对严重侵犯他人生命法益的犯罪人实施死刑，不仅具有哲学上对人的尊严的维护的根本意义，具有维持现代政治国家合法性来源的社会契约的价值，也在事实上获得了普通民众的一致认同。虽然有学者指出，死刑制度的废除已经是世界潮流，即世界各国普遍认为死刑侵犯人权并支持死刑的废除，因而我国也应该废除死刑[①]，但本书认为，其他国家的意见并不能代表我国人民的选择，学者的呼吁也不能表达众意，我国死刑法律制度的存废必须由我国民众的意见决定，而不能为他国人民或少数学者所左右。事实上，无论是基于古老、朴素的报应观念[②]，还是基于对严重侵害生命法益犯罪的畏惧与嫌恶，不可否认的是，死刑在我国一直都有着很强的民众基础。[③] 这一点虽然没有全民公决的确凿结果证实，但从既有立法对死刑制度的选择、重大案件的舆论声音和不完全的实证调查[④]中可以窥见一斑。对严重侵害生命法益犯罪者施以死刑，公众普遍有着极高程度的认同感。有学者将这一现象归结于我国民众素质不高、权利意识不健全，并主张通过死刑的完全废除来引导民意向崇尚生命权价值转变[⑤]，但本书不赞同这种看法。很显然，这

---

① 田禾. 论死刑存废的条件. 法学研究，2005（2）；赵秉志，肖中华. 论死刑的立法控制. 中国法学，1998（1）；杨俊. 论我国死刑制度的实质性改革——以《刑法修正案（八）》削减死刑罪名为视角. 法学杂志，2012（4）；赵秉志. 我国现阶段死刑制度改革的难点及对策——从刑事实体法视角的考察. 中国法学，2007（2）.

② 如胡云腾指出，我国传统上一直重视适用死刑，报应观念至今流行，死刑往往被视为公正的化身。参见胡云腾. 死刑通论. 北京：中国政法大学出版社，1995：174.

③ 高铭暄指出，死刑符合我国现阶段的社会价值观念，为广大人民群众接受和支持。参见高铭暄，苏惠渔，于志刚. 从此踏上废止死刑的征途——《刑法修正案（八）草案》死刑问题三人谈. 法学，2010（9）. 陈兴良也认为我国民众对死刑的认同感很强。参见陈兴良. 死刑存废之应然与实然. 法学，2003（4）. 赵秉志也指出，崇尚死刑报应观念在我国根深蒂固。参见赵秉志. 我国现阶段死刑制度改革的难点及对策——从刑事实体法视角的考察. 中国法学，2007（2）.

④ 从1995年到2007年，中国社科院、网易网、人民网和一些教授等针对不同地区、不同职业的公民群体进行了关于死刑严厉程度和存废的问卷调查。在这些调查中，支持死刑保留并认为死刑严厉程度适中的人数比例基本上都是最高的。调查数据和结果可参见胡云腾. 存与废：死刑基本理论研究. 北京：中国检察出版社，1999：335；贾宇. 死刑实证研究之死刑观的调查报告. 法学评论，2005（3）；贾宇. 死刑研究. 法律出版社，2006：321，339；康均心. 理想与现实——中国死刑制度报告. 北京：中国人民公安大学出版社，2005：28；王东阳. 中国死刑观念及其变革. 北京：中国人民大学，2007：158；国际公约对中国死刑改革的影响学术研讨会学术文集（2008年10月30—31日）. 北京师范大学刑事法律科学研究院编印：72-96，125-185；袁彬. 死刑民意及其内部冲突的调查与分析. 法学，2009（1）.

⑤ 如贾宇. 中国死刑必将走向废止. 法学，2003（4）；邱兴隆. 死刑的德性. 政治与法律，2002（2）.

种观点一方面无法解释为何我国一直将其作为死刑保留的参考目标,以及美国还有多个州至今仍保留死刑的问题,另一方面极易陷入法律制度背离民意,并试图专制地扭曲民意的状况。在本书看来,公众对严重侵害生命法益犯罪施以死刑的认同足以为死刑的正当性提供足够的民意支撑,即便学者不赞同民意,认为公众的选择有偏好报复的心理倾向,民意因其代表社会普遍观念也仍然具有不可轻视的价值。正如涂尔干所说,民众明确而强烈的共同意识才是刑法及刑罚的真正基础[1],对犯罪人的界定及惩罚应当以民意为根本导向,因而刑事政策和刑罚制度的制定,就必须考虑民众的欲求[2],这成为"集体意识、国民欲求、民众意愿和公共意志的一面镜子"[3]。死刑制度亦是如此。因此,既然我国民众对严重侵犯他人生命法益犯罪的死刑仍然予以强烈而明确的支持,那么此类犯罪以死刑作为最高刑设置的制度存在就得以获得正当性证成。

综上所述,无论是在具有普遍意义的对人的尊严的根本性维护的层面上,还是在对具有现代建设性意义的社会契约理论的承袭上,抑或是在对民众意见的现实考量上,对严重侵害生命法益犯罪施以死刑都具有宪法上的正当性。然而,非严重侵害生命法益犯罪的死刑,缺乏这些基本的正当性。

三、非严重侵害生命法益犯罪适用死刑的宪法非正当性

非严重侵害生命法益犯罪适用死刑之所以在宪法上不具有正当性,原因不但在于其在维护人的尊严、社会契约理论和崇尚民主价值方面的全面缺失,而且在于它明显违背刑罚的目的。

(一)正当性的根本缺失:人的尊严、社会契约、民意支撑之不足

基于人的尊严对死刑的支持观念,主要来自古典自然主义和自由主义大师康德和黑格尔。在前述二者对死刑支持的理由中,我们可以发现,对人的尊严的维护只支持对严重侵害生命法益犯罪实施死刑;对非严重侵害生命法益的犯罪,出于对人的尊严的维护则反对死刑。康德的等量报应说认为对犯罪人的处罚应该是他对他人或社会所实施的犯罪行为,对严重侵害他人生命

---

[1] 涂尔干. 社会分工论. 渠东,译. 北京:生活·读书·新知三联书店,2000:113.
[2] 西原春夫. 刑法的根基与哲学. 顾肖荣,等译. 上海:上海三联书店,1991:86.
[3] 梁根林. 公众认同、政治抉择与死刑控制. 法学研究,2004(4).

法益的犯罪人，就以严重侵害他的生命法益的方式进行惩罚，即死刑；伤害他人的，就应该被伤害；掠夺他人财产的，他自己的财产就应该被剥夺。因而对于类似后两种的非严重侵害他人生命法益的犯罪不得以死刑惩罚之，这是一个人的自由意志能够与所有其他人的自由意志和平共处的前提，因此是以维护人的尊严为核心的绝对命令对刑法的要求。黑格尔的等价报应说也坚持对犯罪人的惩罚应该与犯罪行为在价值上等同，即对伤害他人或掠夺他人财产的犯罪人，虽然未必一定要对他进行伤害或剥夺他的财产，但可以以监禁或其他方式对他进行惩罚，只要这些惩罚在价值上和他对他人造成的人身或财产损失相等同即可；但由于生命价值的无可比较性，对任何前述非严重侵害他人生命法益的犯罪，都不能以剥夺犯罪人无价的生命处罚之，而对严重侵害他人生命法益的犯罪，只能以剥夺犯罪人的生命处罚之，这是实现否定之否定的合的状态的核心要求，也是对犯罪人的自由意志的基本尊重。因此，从维护人的尊严的宪法观念来看，仅对严重侵犯生命法益的犯罪施以死刑具有正当性，对非严重侵犯生命法益的犯罪施以死刑，则不具有宪法上的正当性。

在对严重侵犯生命法益犯罪可否施以死刑的问题上，洛克和卢梭的社会契约理论也作出了类似的区分。在洛克看来，生命、健康、自由和财产是人与生俱来的天然权利，也是人在订立契约进入社会的时候所不能放弃或交出的权利，因而国家或他人都没有直接的合法性根据可以掌控或剥夺任何公民的生命、健康、自由或财产。只有在一个公民以非法手段剥夺他人生命之时，他才能够被认为是丢失了他自身的理性、破坏了原始的社会契约，才能够被认为是放弃了其作为人和作为公民的地位，因而才能够被国家作为不享有生命权的野兽处以死刑。除此之外，即便一个公民侵犯了他人的身体、阻挠了他人的自由或掠夺了他人的财产，他也不能被认为是放弃了人的地位或公民的地位。虽然国家有基于契约的、对他处以惩罚的权力，但国家或任何人都没有从根本意义上消灭他的存在的权力。卢梭认为，虽然人们在进入社会之时交出了包括生命权在内的所有权利，但人们仅仅在避免自己被他人谋杀的时候同意当自己谋杀他人时要接受死刑的惩罚，他们并没有在避免自己的人身或财产权利被他人侵犯的时候同意当自己侵犯他人的这些权利之时也要接受死刑的惩罚。因此，在原初的社会契约中，生命权的保障和剥夺是一一对应的，即只有对严重侵害生命法益的犯罪，方可以剥夺生命的刑罚惩罚之，而对非严重侵害生命法益的犯罪，死刑是不能允许的。在这个意义上，支撑并诠释现代国家与宪法正当性的社会契约理论，也反对对非严重侵害生命法益犯罪施以死刑。

然而，在能否对非严重侵害生命法益犯罪施加死刑的问题上，民众的意见似乎有些暧昧。对一些受害人有一定过错的犯罪，尤其是对财产犯罪的犯罪人施加较为严苛的刑罚，如死刑、无期徒刑等，民众表示出对刑法畸重的极端不解；但是在面对贪污贿赂犯罪之时，民众经常喊杀之声一片，无视刑法的减轻情节。但刑法是否能够仅仅根据民众的喜好而决定对哪些犯罪施加死刑，对哪些犯罪不施加死刑呢？笔者认为不可。民众的意见虽然在制度上具有指导的价值，却并不会因此减轻它容易被蛊惑、扭曲、引导并经常随着社会状况的变化而变化的特质。尤其在死刑的问题上，民众的意见极易受到社会治安状况的影响，例如以"治乱世用重典"的观念指导死刑的立、改、废，因而民意经常需要被以更加具有稳定性和全局性的法治和宪法约束、限制。在这个意义上，民意价值在正当化一项制度时仅仅具有辅助性作用，仅有民众的拥护并不能完全正当化死刑的制度性存在，只有当这一拥护与宪法的基本价值和基本理念相一致时，死刑才能获得全面的正当性。因此，在符合宪法维护人的尊严的基本价值，并契合现代国家社会契约理论的前提下，民意对严重侵害生命法益犯罪死刑的宪法正当性提供了进一步的证明；但在对非严重侵害生命法益犯罪，死刑已经丧失了从维护人的尊严的角度的合法性证成，又未能获得社会契约理论对它的支持的情况下，笔者认为，即便民众极力拥护，对此类犯罪施以死刑也无法获得宪法上的正当性。

（二）非正当性的确显：对刑罚目的的违背

关于刑罚的目的，有时也作为刑罚的本质，西方一直有报应论和预防论的争论，虽然在二者之中何者更加能够诠释并指导刑罚的核心观念和制度设计的问题上，尚未能明确分出胜负，但值得注意的是，无论是报应论还是预防论，都坚决反对对非严重侵害生命法益的犯罪施以死刑惩罚。

报应论源自古老的"以牙还牙，以眼还眼"的信念，通过康德的等量报应说和黑格尔的等价报应说得以全面提出并系统化，在一定程度上，洛克、卢梭等契约论者也持报应论的观点。报应论认为，刑罚只能在一个人实施了犯罪行为的情况下对其本人施加，所施加的刑罚应当与此人所犯罪行的社会危害性相当，施加刑罚的目的在于使犯罪人的行为得到应有的惩罚，该惩罚是否有效、能否被更加有效的刑罚取代并不在考虑之列。因此，罪责刑相适应就成为报应论的根本要求，即犯罪行为的严重性、犯罪人所承担的责任以及对他所施加的刑罚的轻重水平，三者之间要保持基本的一致，不能对轻微的犯罪施以重刑，也不能对严重的犯罪施以轻刑。在这个意义上，报应论坚持，对于严重侵害他人生命法益的犯罪，就应当以严重侵害犯罪人生命法益的方式予以惩罚，死刑因而是正当的；但对于非严重侵害他人生命法益的犯罪，则不能以这种最严厉的、从根本上消灭公民存在可能性的刑罚处罚之，这无疑是报应论所不能允许的刑法畸重的情况。

与报应论相反，预防论认为刑罚的目的不应该在于以国家或社会力量报复犯罪人，而应该在于预防犯罪、改善犯罪人并给社会提供安全。预防论的主要支持者是龙勃罗梭、李斯特等人，其理论资源来源于19世纪末20世纪初边沁、耶林等人对功利主义的倡导。因此，预防论认同功利主义，认为评价一切行为的标准在于该行为给行为人所带来的苦乐，或者说功利，而评价一切制度的标准就在于该制度为整个社会所带来的功利，一个人进行一项行为是为了促进他的利益、减少他利益的损失，而一个制度在某个国家的正当性就在于它能够以最小的损失促进最大多数人的最大利益。[1] 基于此，预防论认为，如果采用其他侵害较小的方式就可以惩罚犯罪人、避免潜在的犯罪，国家就不应该采用最严重的、侵害最大的死刑方式。虽然死刑是否具有相对于其他刑罚的边际效益尚不明显[2]，但是非常明显的是：对于严重侵害他人生命法益的犯罪人，对他施以死刑就是消灭一个杀人犯，从而震慑潜在的此类犯罪人，如此能够最大限度地减轻对他人生命的威胁、减少实际的生命损失，实现整个社会生命权上保障利益的最大化；但对于非严重侵害他人生命法益的犯罪人，即便死刑能够很大程度上震慑潜在的犯罪，公民的生命

---

[1] 边沁. 道德与立法原理导论. 时殷弘，译. 北京：商务印书馆，2000：58.
[2] 关于死刑相较于终身监禁是否有边际效益的争论，可参见邱兴隆. 死刑断想——从死刑问题国际研讨会谈起. 法学评论，2004（5）；贾宇. 中国死刑必将走向废止. 法学，2003（4）；贾宇. 死刑的理性思考与现实选择. 法学研究，1997（3）；加洛法罗. 犯罪学. 耿伟，等译. 北京：中国大百科全书出版社，1996：198；Ernest van den Haag, Punishing Criminals: Concerning a Very Old and Painful Question, New York: Basic Books (1976): 51-52.

与他人的财产或自由仍然是难以比较的，以剥夺犯罪人生命的方式维护社会的财产或自由总量的不被减少，也很难说是符合功利原理的。事实上，生命经常被认为是无价的，只有生命本身能够与之相比较，任何财产、自由或肉体的损失都无法弥补生命的消失，因此，在功利主义和预防论看来，对非严重侵害生命法益的犯罪施以死刑，也是没有正当性可言的。

（三）非正当性的关键：生命的至上性

正如马克思所说："任何人类历史的第一个前提无疑是有生命的个人的存在。"[①] 生命是人之为人的根本，没有生命，就没有主体的存在，其他一切也无法享有，任何权利或利益对于他来说都没有意义；只有主体首先拥有生命，才能够进一步拥有健康、自由和财产等权利，也才能够成为一国的公民进而享有更多的权利。不仅如此，对于一个主体来说，生命也是独一无二、不可再造的，与其他自由和权利可恢复性状不同，生命是一次性的，它的失去就意味着主体本身的彻底消灭，没有任何挽回的可能。因此，对于个体来说，生命无疑具有无可争议的至上性。正是因为这样，康德认为生命是无价的，只有生命本身能够与生命相比较；黑格尔也在他的等价报应说中提出了例外，认为生命的至上性使它无法与任何其他形式等价，无论是自由还是财产，都无法企及生命的价值，只有生命之间得以衡量。在这个意义上，对没有严重侵害他人生命法益的犯罪人施以死刑，从根本上来说就是不正当的，因为基于生命的至上性，任何对财产、自由甚至身体的伤害都无法和对生命的剥夺相比较，以剥夺犯罪人生命的方式惩罚他对他人人身、财产或社会秩序的损害，以消灭公民个体存在的方式报复他对社会造成的一般性危害，或者以威胁消灭公民个体存在的方式震慑潜在的对社会造成一般性危害的行为人，都显然无法改变对轻罪施以极度严重刑罚——事实上是最重的刑罚——的实质，因而也完全无法获得任何正当性。

与个人层面上生命的至上性一致，在国家层面上，对公民生命权的保障也是国家的根基和目标。事实上，没有公民的生命权就没有公民个体的存在，也就没有国家或任何人类群体的存在。正是在这个意义上，霍布斯将对生命的保护视为国家建立的根本原因和首要目标，洛克将生命权作为无论如

[①] 马克思恩格斯选集：第1卷. 北京：人民出版社，1972：24.

何都不能也不得由个人交给国家或他人的自然权利之一,卢梭认为对生命权的侵犯也是对国家安全和秩序的侵害。因此,无论是在事实上还是在理论上,生命权对于一个国家来说都具有毋庸置疑的至上性,国家不得也不应随意剥夺公民的生命。与此同时,处于国家之中的每个公民的生命对其本人来说都有着独一无二的价值,因而任何人的生命都是不可替代的,国家不能将公民仅仅抽象化为人口数量,从而将死刑的实施仅仅看作人口数量的变化。这意味着国家不能因为任何理由轻视公民的生命,对公民生命的剥夺必须有足够严肃的理由和完全的正当性方可为之,而且这一理由和正当性只能来源于生命本身。因此,只有在严重侵害他人生命法益的犯罪破坏了基于生命权的社会契约和国家对生命权的保障承诺的情况下,才能以剥夺生命的方式处罚之。没有严重侵害他人生命法益的犯罪显然无法成就这一理由和正当性,因而不得以死刑方式处罚之。

综上,无论是在现代国家和宪法以维护人的尊严为根本目的的层面上,还是在支撑现代国家和宪法的社会契约理论的意义上,非严重侵害生命法益犯罪的死刑适用都不具有正当性,民众暂时的支持也无法将其从不正当之中"挽救"出来。不仅如此,对非严重侵害生命法益的犯罪人施以死刑还与刑罚的目的相违背,更重要的是与生命无论对于个人还是对于国家都具有的至上地位相抵触,这进一步凸显了此类死刑的不正当性。但是,本书认为,这种不正当性必然不会一直延续下去,随着宪法观念和价值在社会中的彰显,随着刑罚目的在刑事领域的深入,死刑制度必定会在宪法的指导下实现从立法、司法到执法的全方位改革,从而回归整体的宪法正当性。

四、死刑制度的宪法前景

本书认为,未来我国死刑的前景很可能是:在生命权入宪的基础上,立法上死刑的适用范围进一步限缩,死刑的司法裁判程序进一步严格,以及死刑的执行进一步人道化。

(一)生命权入宪

生命权是人与人平等享有的、与生俱来的权利,也是公民在国家和宪法之下首先应当享有的权利。这不仅已经成为国内外学界的共识,也是权利宣言与国际公约的确认。美国《独立宣言》将生命权视为造物主赋予平等主体的不可剥夺的权利,《世界人权宣言》指出人人有权享有生命,《公民权利和政治权利国际公约》认为生命权是每个人所固有的,《欧洲人权公约》也宣称任何人的生命权都应当受到法律的保护。然而,我国宪法一直未对生命权作出明确规定。虽然 2004 年修宪增加的第 33 条第 3 款"国家尊重和保障人权"可以作为概括性条款囊括对生命权的保障,但其意蕴仍然模糊,这在很大程度上造成了我国宪法对公民权利规定的不完整。[①] 因此,我国法学界仍然在积极呼吁宪法对生命权的明确规定。

有学者认为,我国宪法对生命权沉默是因为担心与死刑制度相冲突,而对生命不可剥夺性的宣称必定会带来知识分子和大众对死刑合法性的强烈质疑,其可能因此呼吁国家法律完全废除死刑。[②] 以该学者的观点来看,短期内生命权入宪是不大可能的,只有待我国死刑被全面废除之后才有可能获得宪法对生命权的明确保障。但本书不赞同这一观点。在本书看来,生命权入宪与死刑制度的存在并没有根本上的冲突。正如以上所分析的,基于我国宪法的基本价值和基本观念,严重侵害生命法益犯罪的死刑具有正当性,而非严重侵害生命法益犯罪的死刑不具有正当性;在这个意义上,严重侵害生命法益犯罪死刑制度的存在与宪法上对生命权的保障具有一致性。因此,本书认为,死刑制度的存在并不会阻止我国宪法在未来对生命权保障的明确规定;相反,基于对严重侵害生命法益犯罪死刑的确认和对非严重侵害生命法益犯罪死刑的抑制和最终废除,我们可以相信我国宪法会很快将生命权纳入公民的基本权利。

当然,由于死刑制度仍将在我国存续很长一段时间,我国宪法可以参考《公民权利和政治权利国际公约》和《欧洲人权公约》对生命权的规定方式,即不赋予生命权不可剥夺的自然属性,只规定"公民均享有生命权",或"公民的生命权受宪法和法律保护",并规定"不得任意或者非法剥夺公民的生命"或"非依宪法或者法律规定,不得剥夺公民的生命"。这样一方面确保公民生命权的享有得到宪法的确认和保障,促进民众对生命价值的珍视;

[①] 曲新久也曾指出我国民众对生命价值不够尊重。参见曲新久. 推动废除死刑:刑法学者的责任. 法学,2003 (4).

[②] 邱兴隆. 从信仰到人权:死刑废止论的起源. 法学评论,2002 (5).

另一方面赋予立法机关依照宪法精神留存严重侵害生命法益犯罪死刑的正当性，从而解决了生命权与死刑在宪法上的并存问题，与此同时还限制了死刑的立法，要求立法尊重公民的生命，尤其在对并未严重侵害他人生命法益的犯罪施以死刑不具有宪法正当性的情况下，不得制定法律剥夺实施了此类犯罪行为的公民的生命。

(二) 死刑立法的限缩化

在我国宪法仅仅支持对严重侵害生命法益的犯罪施加死刑，而坚决反对对非严重侵害生命法益的犯罪施加死刑的层面上，以及在生命权的入宪要求对死刑适用范围进行较大程度的控制的基础上，未来我国的刑事立法应对能够判处死刑的罪名进行大幅度的削减，直至完全取消对非严重侵害生命法益犯罪的死刑。在可判处死刑的非严重侵害生命法益的犯罪中，仅仅侵犯财产或破坏市场经济秩序的犯罪是与对他人的生命的侵害相距最远的，对其施以死刑也是在宪法上缺乏正当性的，因此2015年全国人大常委会通过的《刑法修正案（九）》中，将破坏社会主义市场经济秩序罪中的走私武器、弹药罪、走私核材料罪、走私假币罪、伪造货币罪、集资诈骗罪等罪名从死刑罪名中予以剔除。

比侵财和经济犯罪更加严重、社会危害性更大的危害公共安全罪、故意伤害罪、强奸罪、绑架罪、拐卖妇女、儿童罪、抢劫罪和妨害社会管理秩序罪等，它们可能造成致人死亡的严重侵害生命法益的结果，也可能造成其他人身伤害、财产损失等非严重侵害生命法益的后果，或有其他严重或恶劣情节，现有刑法统一将这些情形配置了死刑的最高刑，无疑也与宪法的基本精神和基本价值相抵触，因而也将成为刑法下一步的改革重点。在本书看来，立法机关很可能将这些犯罪当中致人死亡的情形更加明确、集中地规定为转化犯，从而直接转化为故意杀人罪或过失致人死亡罪予以处罚，死刑从这里实现对这些犯罪严重侵害他人生命法益情形的规制；但死刑将不再作为对所有严重后果或恶劣情节的最高法定刑，对于除致人死亡的严重后果外，其他严重后果或恶劣情节可能另外以加重罚金或徒刑，甚至无期徒刑的方式，实现刑法对其与对一般情节不同的评价与处罚。

此外，占到死刑罪名三分之一以上的对国家造成危害的犯罪，即危害国家安全罪、危害国防利益罪和军人违反职责罪的三大类19个罪名，虽然此类犯罪对国家安全和利益会造成极大的损害，但这些犯罪几乎从来不会直接对任何人的生命造成威胁，对犯罪人施以死刑不符合宪法观念和宪法价值，因此逐渐停止对此类犯罪实施死刑，并最终从立法上完全取消死刑作为处罚的最高刑设置，显然是我国刑事立法在未来的走向。不仅如此，正如陈兴良教授所说，这些犯罪的死刑在刑事司法中实际上是长期备而不用的[①]，而且这种备而不用也并没有因此削弱刑法对此类罪行犯罪人的教育、矫正功能、降低其对潜在犯罪人的威慑力。有鉴于此，在现实中，震慑和惩罚危害国家的犯罪也并不需要死刑，死刑在这19个罪名中的废除将是必然的。因此，在笔者看来，以褫夺公民地位、驱逐出境作为严重危害国家情节的一般加重刑罚，以不得减刑或假释的无期徒刑作为加重刑罚中对涉及国家秘密情形的处罚，从而替代死刑作为法定加重情节的处罚措施，并同时保留国家对这三类严重犯罪的强烈否定态度，将很可能是我国刑事立法修改的前景。

综上，在刑事立法上，除危害公共安全、破坏社会主义市场经济秩序、侵犯公民人身权利和民主权利中涉及严重侵害他人生命法益犯罪仍然保留宪法所许可的死刑外，其他仅仅关涉非严重侵害他人生命法益犯罪的死刑罪名未来将呈现逐渐限缩，直至完全废除的状态，从而以严格的刑事立法承接起宪法"非依宪法或者法律规定，不得剥夺公民的生命"的神圣使命。

（三）死刑司法的严格化

除死刑所涉罪名范围的逐渐限缩外，本书认为，死刑的裁判也将呈现逐渐严格化的趋势。在《刑事诉讼法》的修正中，无罪推定原则、非法证据排除原则、犯罪嫌疑人获得有效辩护原则等在我国刑事法律中得到彰显，相关制度也更加完善，不仅给所有被追诉人的权利保障带来了福音，当然也促进了对可能判处死刑的犯罪嫌疑人的诉讼程序的严格化。相信随着宪法价值与观念的深入，民众会逐步接受每个人都是潜在受害人、同时也都是潜在犯罪嫌疑人的理念，一般刑事司法程序必定会更加严格，司法裁判更加谨慎，对犯罪嫌疑人的权利会有更多保障。

当然，在一般刑事司法程序更加严格化的同时，具有重要意义的死刑复

---

① 陈兴良. 中国死刑的当代命运. 中外法学，2005（5）.

核程序也会更加复杂和严格。2012年的刑事诉讼法修正案已经在确认2007年死刑核准权收归最高人民法院的成果的基础上作出了许多重要的修正,如规定最高人民法院复核死刑案件必须讯问被告人,在一定条件下应听取辩护律师和最高人民检察院的意见;并赋予最高人民法院对不核准案件的改判权等。在本书看来,下一步的改革目标应该是通过更加细致、完善的程序性规定延长死刑案件的审理时间,促进证据搜集的全面性、完整性和裁判的谨慎性,并使案件在经历一般司法程序之后仍然经过多层次、多视角、多级别的考察,以避免单个审判庭的单一视角对案件和犯罪嫌疑人的可能的偏颇,减小错判的概率[1],并在从立法罪名范围上限缩死刑的基础上作司法实践的进一步限缩。

事实上,程序往往不单单有着程序和形式本身层面上的价值,更多的是有着对权利予以保障的切实的实体作用,因此程序才显得如此重要。死刑的司法程序牵涉公民的生命权,因而在程序中处于尤为重要的位置。因此,本书相信,在死刑司法程序逐渐走向严格化、死刑裁判走向谨慎化的同时,程序的价值和重要性也会得到进一步的彰显,正当程序进入我国宪法的正式规定也是指日可待的;至少,我们可以期待,宪法对生命权保障的规定中会在"非依宪法或者法律规定,不得剥夺公民的生命"中加入"非经法定程序",从而形成宪法对公民生命权保障的实体法与程序法并行的双轨模式,并进一步推动死刑立法的限缩与死刑司法的严格。

(四) 死刑执行的人道化

在生命权得到宪法的保障、死刑罪名在立法上限缩、死刑裁判进一步严格的基础上,死刑在执行中的人道化将是对被判处死刑的受刑人权利的最后保障,也是对受刑人尊严的最终尊重。事实上,我国刑事立法中已经包含许多轻缓化死刑执行、保障受刑人权利的制度。如在死刑的执行方式上,我国刑法规定死刑不仅包括死刑立即执行,还包括死刑缓期执行等替代措施,《刑法》第48条第1款规定"……对于应当判处死刑的犯罪分子,如果不是必须立即执行的,可以判处死刑同时宣告缓期二年执行";鉴于被判处死缓的犯罪分子在服刑两年之后几乎都被减为无期徒刑,其中大多又减为有期徒

---

[1] 马克昌. 有效限制死刑的适用刍议. 法学家,2003 (1).

刑，死缓制度实际上在很大程度上减少了死刑执行的数量[①]，体现了对公民生命的尊重。[②] 此外，我国开始积极试行死刑和解机制，2007年最高人民法院《关于为建构社会主义和谐社会提供司法保障的若干意见》《关于进一步加强刑事审判工作的决定》，以及相关部门联合颁布的《关于进一步严格依法办案确保办理死刑案件质量的意见》相继指出，对于从轻减轻、家庭邻里纠纷、被害方过错以及加害人悔罪并积极赔偿的案件慎用死刑，进一步表达了我国在死刑执行上的谨慎态度，以及对受害人和加害人自由意志的尊重。

在这一基础上，本书认为，随着我国宪法上对人的尊严予以维护的价值因生命权入宪和死刑限缩而逐渐彰显，死刑的执行也会更加秉承国际条约人道主义的理念，对受刑人表现出更多的尊重和保护。例如，死缓制度的适用范围很可能获得立法或司法解释上的明确规定，并逐渐扩大，以减少实际被执行的死刑数量，利于死刑罪名在立法上的限缩；死刑和解会在既有典型案例和地方实践的基础上扩大所涉案件范围和所涉地域范围，逐渐成为一个全国性、固定性的类似西方辩诉交易制度的中国化死刑替代机制[③]；宪法中的大赦和特赦制度也可能随着宪法的有效实施而在未来被激活，为死刑执行数量上的实际减少提供进一步的可能。[④] 不仅如此，在科技水平有较大程度的发展，人们对死刑执行方式的观念有所改变之时，以更少痛苦、更加人道、更加尊重受刑人的尊严的方式代替现有注射或枪决的方式执行死刑，也是可以期待的。

当然，无论是生命权入宪和死刑立法的限缩化，还是死刑司法的严格化

[①] 马克昌也认为死缓制度有着限制死刑适用的有效作用，参见马克昌. 论死刑缓期执行. 中国法学，1999（2）.

[②] 在死缓制度建立的早期，毛泽东即指出："这个政策是一个慎重的政策，可以避免犯错误。这个政策可以获得广大社会人士的同情。这个政策可以分化反革命势力，利于彻底消灭反革命。这个政策又保存了大批的劳动力，利于国家的建设事业。因此，这是一个正确的政策。"毛泽东. 关于镇压反革命//毛泽东文集：第6卷. 北京：人民出版社，1999.（1950年12月—1951年10月）.

[③] 也有学者认为死刑和解制度的前景不容乐观，如陈罗兰. 死刑案件刑事和解弊端及其限制使用. 东方法学，2009（3）；孙万怀. 死刑案件可以并需要和解吗?. 中国法学，2010（1）；梁根林. 死刑案件被刑事和解的十大证伪. 法学，2010（4）；梅传强，周建达. 刑事和解能否承受死刑司法控制之重?——基于案件社会学的分析. 法制与社会发展，2012（2）.

[④] 刘健，赖兴早. 我国赦免制度的激活与完善：基于限制死刑的思考. 现代法学，2004（4）.

和死刑执行的人道化，都需要以我国法学理论界和实务界在宪法对严重侵害生命法益犯罪的死刑和非严重侵害生命法益犯罪的死刑上作出极其不同的评价这一观念上达成一致为基础。在学界仍然处于概括地讨论所有罪名的死刑是存是废的现阶段状态下，这一共识的建立还有待宪法学界对我国现行宪法的价值和观念及其与死刑制度之间的关联作出更加细致的考察和研究，并与刑法学界进行更加深入的交流与沟通。

第二节　死刑制度与宪法民主

在法律史上，美国刑罚精神医学家 Ernest Van Den Haag 言："死刑是一个古老而痛苦的问题"。与死刑制度相关的议题引起过无数争论，这个议题不仅吸引法律界，也吸引着社会精英和大众，成为一个公众恒久关注的焦点。近年来，中国对死刑问题的讨论，也与现实中的死刑案件密切关联，比如药家鑫案、李昌奎案、吴英案和曾成杰案等，这些死刑案件不断引发人们对死刑的激烈讨论。这里，我们试图理一理死刑制度与宪法上的民主存在何种意义的关联，从而为当下探寻死刑制度的发展走向提供一种学理视角。

一、作为一种世界性趋势的宪法民主

中国的民主制度与西方国家的有着本质区别，但也有共同之处，这是民主普遍性与特殊性关系的体现。从价值理念上说，东西方国家都会追求民主，但是民主细节和具体形态可能大相径庭。对于何谓民主国家，观点各异，其中达尔、科恩等都提出了比较明确的观点。[①] 美国学者霍华德·威亚尔达认为，民主的核心要素有：（1）定期、公平、带有竞争性的选举；（2）基本的公民权利和政治权利，基本的公民自由和政治自由；（3）相当大程度的政治多元主义。[②] 从类型学角度看，按照民主程度的差别，可以分为完全民主国家、部分民主国家、专制国家。根据这一分类标准。2012 年《经济学人》

[①] 罗伯特·达尔. 论民主. 北京：商务印书馆，1999；卡尔·科恩. 论民主. 聂崇信，朱秀贤，译. 北京：商务印书馆，1988；查尔斯·蒂利. 民主. 上海：上海人民出版社，2009.

[②] 霍华德·威亚尔达. 民主与民主化比较研究. 榕远，译. 北京：北京大学出版社，2004：172.

对世界上 167 个国家及地区现时的民主状态进行调查,以民主指数衡量了五个指标:选举程序与多样性、政府运作、政治参与、政治文化和公民自由。并以 0 至 10 分的民主指数(Democracy Index)表示各国及地区现时的民主状况(见表 1-1)。

表 1-1　　　　　　　2012 年世界民主指数分类统计

类型	得分	国家数	占国家数的比例%	占世界人口的比例%
完全民主	8.0—10	25	15.0	11.3
部分民主	6.0—7.9	54	32.3	37.2
混合政权	4.0—5.9	37	22.2	14.4
独裁政权	0—3.9	51	30.5	37.1

中国人民一直在追求民主自由的道路上奋力前行。宪法是检验和衡量民主的重要标准之一,我们可以从中国宪法文本中归纳出中国关于民主的主旨。从实证角度看,中国宪法有 14 处提及民主及相关概念,其中序言 9 处,正文 5 处,如表 1-2 所示。

表 1-2　　　　　　　　宪法文本中的民主

宪法序言中"民主"一词出现 9 次	宪法正文有 4 个条文 5 次提及"民主"
(1) 中国人民为国家独立、民族解放和民主自由进行了前仆后继的英勇奋斗。	第 1 条第 1 款　中华人民共和国是工人阶级领导的、以工农联盟为基础的人民民主专政的社会主义国家。
(2) 取得了新民主主义革命的伟大胜利,建立了中华人民共和国。	第 3 条第 1、2 款　中华人民共和国的国家机构实行民主集中制的原则。 全国人民代表大会和地方各级人民代表大会都由民主选举产生,对人民负责,受人民监督。
(3) 我国社会逐步实现了由新民主主义到社会主义的过渡。	第 16 条第 2 款　国有企业依照法律规定,通过职工代表大会和其他形式,实行民主管理。
(4) 工人阶级领导的、以工农联盟为基础的人民民主专政,实质上即无产阶级专政,得到巩固和发展。	第 17 条第 2 款　集体经济组织实行民主管理,依照法律规定选举和罢免管理人员,决定经营管理的重大问题。
(5) 中国新民主主义革命的胜利和社会主义事业的成就……	

(6)(7)(8)坚持人民民主专政,坚持社会主义道路,坚持改革开放,不断完善社会主义的各项制度,发展社会主义市场经济,发展社会主义民主,健全社会主义法治,自力更生,艰苦奋斗,逐步实现工业、农业、国防和科学技术的现代化,推动物质文明、政治文明、精神文明社会文明、生态文明协调发展,把我国建设成为富强民主文明和谐美丽的社会主义现代化强国,实现中华民族伟大复兴。	
(9)已经结成由中国共产党领导的,有各民主党派和各人民团体参加的。	

这14处"民主"所表征的精确含义是有差别的。"民主"作为独立用语出现1次,"民主自由"出现1次,"社会主义民主"出现1次,"民主党派"出现1次,"民主集中制"出现1次,"民主选举"出现1次,"民主管理"出现2次,"新民主主义"出现3次,"人民民主专政"出现3次。在这14处表述中,有"社会主义民主""人民民主专政"等带有中国特色的表述,也有对民主价值的追求。比如,宪法序言在回顾历史时,宣称"中国人民为国家独立、民族解放和民主自由进行了前仆后继的英勇奋斗"。这里的"民主自由"就是一个中性词,表征着人民的普遍追求。此外,中国宪法序言还规定"发展社会主义民主,健全社会主义法治",把我国建设成为"富强民主文明和谐美丽的社会主义国家",这里后一个"民主"也是不加修饰的"民主"。可以说,宪法文本这种对民主的诉求既是价值追求,是一种理想,也是对现实制度建设的指引。

中国宪法预设了民主自由的价值理念,这种理念既是中国特色的,也是具有人类共性的价值追求,这是全体人民通过宪法对国家和政府寄予的厚望,发展社会主义民主,健全社会主义法治是宪法赋予国家的义务。

二、死刑制度存废与民意的博弈

民意被认为是民主的重要维度,民意是民众的态度,这里的"民众"不等同于人民或者大多数,但是,会以一定数量的人为基础。对民意的考量,既要考虑多数人的意见,也要考虑少数人的意见。[①] 民意必然会顾及民众的

---

① 袁彬. 死刑民意意见. 北京:北京师范大学出版社,2012:13.

意见，一个社会的民意影响公共议题，是民主社会的本色之一，这一点与民主的核心价值是相通的。民意在一定意义上如科恩所述是民主的广度问题："民主广度的实质是社会成员中参与决策的比例。"[1] 换言之，考察死刑制度与宪法民主的关系，民意是如何看待死刑制度的，民意与死刑制度存废之间有着何种联系，都是要考量的因素。整体说来，死刑与民意是一个复杂的问题。[2] 一般而言，死刑的存废与一个国家民众的人权观念息息相关，只有到多数民众对死刑的废除持赞成态度时，废除死刑的时机才真正成熟。

但历史又表明，死刑存废并不取决于民意，而主要是一个政治决断的过程，比如加拿大、欧盟等废除死刑的国家和地区，并不绝对以多数民意为标准来决定废除死刑与否。大体说来，废除死刑有一个社会前提，那就是自由民主人权保障机制逐渐建立和完善，社会人文氛围高度强调对人和人权的尊重与保障。在此前提下，限制和废除死刑的主张才可能被提出，并且从不被多数民众接受到渐渐被多数民众所接受。在法国，密特朗总统下决心废除死刑之时，民调表明多数民众反对，但是，在1981年参议院以160：126票决定"死刑予以废除"之后[3]，民众逐渐接受了密特朗和民选机构的观点，后来在民众的支持下密特朗还成功连任，这在一定程度上说明民众对他废除死刑的决定已经认可了。

美国之所以引人注目，是因为它是最后一个经常性适用死刑的自由民主制国家，在2013年有33个州和联邦仍然保留了死刑。[4] 在美国，公众对死刑的支持率仍高于60%，但处于30年来的最低点。[5] 美国的宪法判例表明，美国联邦最高法院在审理和裁决案件时没有刻意迎合民意，但是，由于联邦最高法院的法官来自不同党派，法官也有自己的政治立场，虽然法官没有要刻意迎合民意，但是多数判决最终的结果可能与主流民意相吻合，这是一种

---

[1] 卡尔·科恩. 论民主. 聂崇信, 朱秀贤, 译. 北京：商务印书馆，1988：12.
[2] 罗吉·胡德, 卡罗琳·霍伊尔. 死刑的全球考察. 曾彦, 等译. 北京：中国人民公安大学出版社，2009：510-557.
[3] 罗贝尔·巴丹戴尔. 为废除死刑而战. 罗结珍, 赵海峰, 译. 北京：法律出版社，2003：204.
[4] 柯恩, 唐哲, 高进仁. 当代美国死刑法律之困境与探索——问题与案例. 北京：北京大学出版社，2013：前言1.
[5] 同[4]33.

自然选择的结果。在美国，部分州的法官是选举产生的，法官非常在意人民的看法，客观上这会影响法官的判断。另外，美国死刑判决与法官对刑事政策的理解和惩罚理念有着非常大的关系，正如罗纳德·德沃金所言："法院是法律帝国的首都，法官是帝国的王侯。"[①] 这句话中可以看到法官在刑事案件和死刑案件中的地位和作用。当然，法官的裁量也要时刻接受民意的考量，二者之间形成一种复杂的互动关系。

当下中国，民意对死刑的影响有多种形式，主要是影响人民法院的判决。中国民众对于人民法院死刑案件判决的看法分歧较大，有如下几种情况：一种是主流民意对于某个个案的死刑持赞成态度，比如云南李昌奎案，在这个案件中，民众几乎一边倒地反对云南高院的第一次死刑缓期执行判决，最终在检察院的抗诉下，云南高院改变原判决，李昌奎最终被判处死刑立即执行。另一种是民众对于某个个案的死刑判决持反对态度的声音占据主流地位，比如吴英案。还有一种是民意反差非常大的案件，比如药家鑫案中，最初的民意多数赞成判处药家鑫死刑，然而在药家鑫被执行死刑后，网络上出现不少反思的声音。

在民意调查中，有很大一部分民众对于中国的贪污贿赂现象非常痛恨，不少人主张对贪污贿赂者处以包括死刑在内的重罚。仇恨贪官的想法可以理解，但是在中国，对于绝大部分数额巨大的贪污贿赂罪，最终的结果往往是死刑缓期执行。也就是说，民众对于贪官的痛恨情绪，在刑事司法实践中并没有以民众所预期的死刑立即执行的形式出现，对于这种判决结果，民众即使有抱怨情绪也很快平息，可以说，民众被动接受了对贪污数额巨大的贪官判处死刑缓期执行的结果。

民意在某些情况下可能变得难以捉摸，主流民意对于死刑的保留立场是一种笼统和模糊的判断。比如对暴力性的谋杀行为的不原谅，对贪官的痛恨，对毒品犯罪的厌恶等，民众可能只要对某一类或者某种死刑持肯定看法，就可能支持死刑。如果在信息充分公开的前提下，让民众对不同的犯罪类型分别进行选择，其结果可能要复杂些。比如对盗窃罪的判断，对强奸罪的判断等等。本书认为刑法保留的46个死刑罪名，如果每一个罪名都有详

---

① 罗纳德·德沃金. 法律帝国. 李常青，等译. 北京：中国大百科全书出版社，1996：361.

细的信息，借助这些信息，让民众来分别选择，其结果可能就不会是一边倒地赞成死刑这样一个整体上非此即彼的答案。

人民法院如何对待媒体和网络上的关于死刑案件的不同声音，人民法院是否应该跟从主流民意作出判决抑或完全无视民意，这之间需要细细考量。本书认为，人民法院的法官在当下社会无疑会与媒体，特别是网络舆论有一定程度的接触，法官接触媒体的过程也有助于法官从多角度看问题，可能使法官更加全面了解案外信息，从而有利于法官根据综合消息进行独立判断。应当说，我国司法实务中对死刑的扩张适用，与相当一部分法官的重刑主义思想和对死刑政策标准的把握有着很大的关系。法官重刑主义思想的形成，除了传统观念的影响外，有时还可能有自我情感的影响：偏离其中立立场，或者出于对被害人的同情或者对被告人的憎恨而对其施加重刑，甚至还有的法官担心受到"打击不力"的民意指责，或者有避嫌的心理，刻意显示自己"公正司法"。在重刑主义思想的影响下，有个别法官甚至提出，在严峻的形势下，对于严重犯罪要强调一个"狠"字，可杀可不杀的要坚决杀掉。[①] 这明显违背刑法的罪刑相适应原则和刑法的谦抑精神，也与我国死刑政策的发展趋势相背离。

在死刑司法适用问题上，人民法院应当了解民意、尊重民意，但是不刻意逢迎民意、在坚持公正司法理念的前提下，尽可能地与主流民意相吻合。这是民主社会的内在要求。

三、民主制度和观念对死刑废除的作用

民主既是一种制度体系，也是一种价值选择。如前文所述，它对死刑的影响不是必然的，但是，实证数据表明，民主制度的健全对推动死刑的废除有着积极的正面影响。为何如此？有三个可能的理由。

其一，民主尊重生命的理念有助于全球范围内死刑的逐步废除。

认为人的尊严应该受到平等的尊重，人本身的价值是任何时候都不可否认的，这是民主制度和观念的重要组成。废除死刑意味着从制度上认为人的生命具有不可剥夺性，而对人的生命的尊重恰恰是民主的目的所在，对生命

[①] 莫洪宪. 死刑辩护——加强我国死刑案件辩护技能培训. 北京：法律出版社，2006：115.

的尊重构成民主与死刑的矛盾面,也推动着废除死刑运动不断取得成功。1945年《联合国宪章》序言开宗明义,重申基本人权、人格尊严的价值及平等的信念。但是,死刑是否涉及对基本人权和人格尊严的阻却,在联合国成立初期,还没有明确答案,死刑甚至被默许。第二次世界大战后,成立了远东国际军事法庭和纽伦堡国际军事法庭审判日本和德国的战争罪犯,并且对主要罪犯适用死刑。这虽然不是以联合国的名义作出的判决,但是,联合国并没有明确反对和限制死刑的适用。在这一点上,中、美、法、英、俄等联合国安理会常任理事国和主要成员国的立场基本相同。1948年,联合国制定了《世界人权宣言》,其原初动力之一就是对战争罪行的反思。在同样动机下,联合国还通过了《防止和处罚种族灭绝罪公约》,希望以此来遏制死刑。《世界人权宣言》虽然没有直接提及死刑,但是第3条规定:"人人有权享有生命、自由和人身安全。"同时第5条还规定:"任何人不得加以酷刑,或施加残忍的、不人道的或侮辱性的待遇或刑罚。"这些规定成为后来联合国有关保护生命权和控制死刑的规范依据。

1959年11月20日,联合国大会通过1396号决议,其中写道:"请经社理事国发动研究死刑问题,关于死刑之法律及惯例以及死刑废除对犯罪率之影响。"这表明联合国开始正式关注死刑,为着手制定死刑问题的相关文件进行准备性工作。

1966年,联合国通过《公民权利和政治权利国际公约》。该公约没有明确禁止死刑,但是,其关于严格限制和逐渐废除死刑的导向性观点是明确的。

第六条

一、人人有固有的生命权。这个权利应受法律保护。不得任意剥夺任何人的生命。

二、在未废除死刑的国家,判处死刑只能是作为对最严重的罪行的惩罚,判处应按照犯罪时有效并且不违反本公约规定和防止及惩治灭绝种族罪公约的法律。这种刑罚,非经合格法庭最后判决,不得执行。

1971年,联合国提出废除死刑的国际目标:"逐渐限制可能会被判死刑的犯罪案件的数量,从而达到最终废除死刑的目标"。1989年,联合国以公约任择议定书的形式将是否适用死刑问题交由各国自愿选择。

1989 年 12 月 15 日旨在废除死刑的《公民权利和政治权利国际公约》第二任择议定书认为，废除死刑有助于提高人的尊严和促使人权的持续发展，注意到《公民权利和政治权利国际公约》第 6 条提到废除死刑所用的措辞强烈暗示废除死刑是可取的，深信废除死刑的所有措施应被视为是在享受生命方面的进步，切望在此对废除死刑作出国际承诺，（1）在本议定书缔约国管辖范围内，任何人不得被处死刑。（2）每一缔约国应采取一切必要措施在其管辖范围内废除死刑。

　　2007 年 12 月，联合国大会以 104∶55（25 票弃权）的绝大多数通过一项决议，要求在全世界范围内暂停死刑处决，以此来推动废除死刑。上述联合国的公约和决议表明，死刑废除是一个国际议题，远远超出了国界，也是全球性民主趋势下的议题，死刑废除与世界范围内的民主潮流和趋势息息相关。1966 年，联合国批准《公民权利和政治权利国际公约》。当时仅仅有 26 个国家主张废除死刑，根据法理学家马克·安塞尔的分析，"死刑废除通常是经历了一个很长过程后的结果"。然而，事实表明，世界各国废除死刑的步伐远远超出了人们的预期：从 1966 年到 1988 年这短短的 22 年中，废除死刑的国家从 26 个增加到 52 个；到 2008 年，废除死刑的国家又增加了一倍，在 196 个国家中，绝大多数国家都已经接受了在世界范围内废除死刑的目标，这一比例是 135∶61，占 69%。在过去的几十年中，全球出现了废除死刑的潮流，世界范围内废除死刑的速度一直保持每年增加 2 到 3 个废除死刑的国家，已经持续了 20 多年。[①] 实证数据表明，废除死刑是大势所趋。截至 2013 年，148 个国家或以正式的方式或在实践中废除了死刑。在此前的 5 年间，联合国大会通过了 3 项决议，呼吁在全球范围暂停适用死刑，虽然该决议不具有约束力，但是在先后作出 3 项决议时，表决时投赞成票的国家持续增加，而投反对票的国家数量却在稳步下降。[②]

　　其二，废除死刑是宪法上民主宽容观念的实践表现。

　　《现代汉语词典》对宽容的解释是"宽大有气量，不计较或追究"。历史

[①] 威廉姆·夏巴斯. 国际法上的废除死刑：第 3 版. 赵海峰，等译. 北京：法律出版社，2008：中文版序言 1.

[②] 柯恩，唐哲，高进仁. 当代美国死刑法律之困境与探索——问题与案例. 北京：北京大学出版社，2013：前言 1.

上，对宽容的论述汗牛充栋，除了《圣经》外，洛克、伏尔泰、培根等都对宽容有过经典的论述，房龙在著名的《宽容》中介绍了人类不宽容的历史，也论述了宽容的重要性。到今天，宽容被公认为一种美德，一种人类和谐相处的必要因素。费孝通先生曾经这样论述宽容："我现在更明白了，世界上一切的批评都是出于误会，了解了任何一个个人或任何一个民族，除了体悉地欣赏之外，还有什么呢？"① "欣赏"是宽容的一种体现，但是，宽容在许多时候都是非常困难的事情，比如宽容仇敌或者伤害自己的人就非常困难。

宽容理念与死刑的存废有着莫大的关系，废除死刑意味着对罪犯一定程度的宽容。虽然部分学者认为"杀人偿命"的观念"看似公平，实际上并不公平"②，但是，这种观念是真实存在的，并且发挥着影响。在报应观念的支配下，对杀人者免除死刑，对一些受害者家属而言是非常"残酷"的事情。正因为如此，在关于死刑的民意调查中，有60%左右的民众反对废除死刑。这是现实中民众观念的真实反映。在死刑问题上的宽容，是对宽容本身的极大挑战，可以说，在死刑问题上，对宽容的理解最终难有定论。宽容与报复是一个问题的两个维度，要对其进行平衡，有着现实难度。比如对死刑犯从斩首、绞刑到枪决和注射被认为是一种进步，是宽容的体现。对历史上可能被判处死刑的人现今判处25年的监禁，也被认为是一种宽容。对罪犯的宽容是有限度和界限的，民间传言，对敌人的宽容就是对同志的残酷，甚至被认为是一种犯罪。正如盖瑞·史宾斯在《正义的神话》中所说："虽然我们贬低报复，但报复是正义的核心。宽恕是伟大的，但宽恕把人不公平地置于情绪混乱中，国家的宽厚反而变成对受害者的另一种犯罪。"③ 可见，应用宽容的理论来废除死刑，是有难度的。死刑的存在有许多理由，其中同态复仇的观念起着重要作用，但是须知，同态复仇法作为普通法的一种简易回归，虽然被认为是便利的，但却与现代人性化情感相违背。以牙还牙、以眼还眼在执行时场面浩大，但是其道德效应值得商榷。④ 事实上，改造罪犯虽然是值得法律关注的一个目标，但是却无法通过死刑来实现。死刑的目的

---

① 费孝通. 社会调查自白——怎样做社会研究. 上海：上海人民出版社，2009：69.
② 张文，等. 十问死刑——以中国死刑文化为背景. 北京：北京大学出版社，2006：21-29.
③ 张娟芬. 杀戮的艰难. 北京：中国人民大学出版社，2013：14.
④ 托马斯·杰斐逊. 杰斐逊自传. 王秀莉，等译. 北京：中国长安出版社，2011：190.

在于根除而非改造，应当被作为惩罚那些其存在将危害其他市民安全的成员的最终措施。① 从根本上说，"废除死刑是一个良心问题，而不是命令的问题。"② 它考验宽容的底线，也考验文明的底线。

其三，废除死刑意味着民主国家不以死刑作为社会控制的工具。

巴丹戴尔曾经说："反对死刑的斗争应当在两条战线上展开。其一是政治战线，因为，如果没有依赖于议会坚定多数的总统的坚强意志，就不存在废除死刑的问题；其二是司法战线，因为，还有很多诉讼直接牵扯到重罪被告人的生命。"③ 要想在政治战线上反对死刑，在国家层面要宽容，国家要充分展现制度自信，不采取以暴制暴的简单方式来维持社会秩序。国家一方面要惩罚犯罪，但同时也要展现灵活性的一面，坚持基本的人道价值。反对死刑的雨果·贝多（Hugo Bedau）认为，死刑违反了美国宪法第八修正案，禁止残酷和不寻常的惩罚，死刑也违背了人的内在尊严。④ 国家从道义高度来反对死刑，这是对国家坚持何种价值观的考验。废除死刑意味着国家不以死刑作为社会控制的工具，也意味着国家从法理层面承认生命权是不容剥夺的绝对人权。这事实上是对国家刑罚权力的限制：国家自我否定了自己有处决罪犯的权力，意味着国家相信自己不以死刑作为威慑工具，同样可以管控社会，维持自由和秩序的平衡。这是国家制度自信的表现。

从功利主义观点出发，对国家而言，坚持死刑的一个重要理由就是通过死刑来形成社会威慑，从而起到阻止某些严重犯罪的目的。然而，实证研究表明，死刑数量下降，社会治安状况并没有恶化，严重的犯罪行为也没有明显增加。这一点从最高人民法院收回死刑核准权后，中国死刑数量大幅减少，但是社会治安和严重犯罪现象并没有明显增加就可以验证。⑤

因此，从道义和功利的双重视角看，国家都没有必要以死刑作为社会控制的工具。

---

① 托马斯·杰斐逊. 杰斐逊自传. 王秀莉，等译. 北京：中国长安出版社，2011：191-192.
② 罗贝尔·巴丹戴尔. 为废除死刑而战. 罗结珍，赵海峰，译. 北京：法律出版社，2003：193.
③ 同②3.
④ 曾赛刚. 死刑比较研究. 长春：吉林大学出版社，2012：41.
⑤ 最高法行使死刑复核权以来治安状况未反弹. 人民日报，2009-11-04.

四、健全宪法民主推进死刑制度的变革

1516年英国学者托马斯·莫尔在《乌托邦》一书中主张废除盗窃罪的死刑,继莫尔之后,著名思想家格老秀斯、贝卡利亚、黑格尔、龙布罗梭等人主张严格限制或者废除死刑。今天,废除死刑的观点逐渐从学者的书斋走向政治法治舞台的前沿,是否支持废除死刑成为检验政治家乃至民众人文精神和素养的标准。就死刑制度与民主的关系而言,民主国家不必然废除死刑,但是,废除死刑一般以民主为前提:一个国家先有民主,而后才可能废除死刑;只有不断推进民主进程,死刑的废除才是可能的。有学者认为,近年来,废除死刑的国家数量稳步增加,有学者认为,这一趋势与世界范围内的民主化浪潮相关,民主国家增多,废除死刑的国家也可能增加。[①]

除了法律因素外,废除死刑也是一种政治决断行为。如在1988年到2008年之间废除死刑的53个国家中,有50个国家是一次性直接全部废除死刑的,也就是说,从保留谋杀罪死刑以及偶尔保留其他"普通"犯罪死刑直接发展到完全废除死刑。在50个完全废除死刑的国家中,其具体方式多样,一些国家是通过立法将死刑从刑法典中取消这一方式废除死刑(23个国家),一些国家通过颁布总统令或皇家法令废除死刑(3个国家),一些国家通过在新宪法中明确规定废除死刑来实现(24个国家)。其中,有的国家在宪法中规定生命权和免受酷刑、不人道的惩罚或对待来实现废除死刑的目的,也有国家通过法院对于宪法条款的解释来废除死刑,比如匈牙利和南非[②],还有国家通过宪法法院来终结死刑,比如俄罗斯,俄罗斯联邦宪法法院2009年11月19日宣布,延长死刑暂缓执行直至俄罗斯联邦议会批准废除死刑为止,这就在事实上宣告了在俄罗斯死刑的终结。

在中国,对死刑的适用在不同历史时期有不同的政策,死刑罪名繁多,对于非暴力犯罪也可能适用死刑。对非暴力犯罪适用死刑,与法治精神背离,与对待死刑的审慎立场不符。而在"严打"中,死刑甚至被不适当地扩张适用。死刑滥用背后反映的是对生命权的漠视,对国家统治秩序的过分强调。2007年后,随着死刑标准权收归最高人民法院,中国政府倾向保留死

[①] 赵秉志. 死刑个案实证研究. 北京:中国法制出版社,2009:446-452.
[②] 同①449.

刑，同时通过法律严格限制死刑的适用。这逐渐成为共识。也正因为如此，中国死刑的判决和执行数量大幅下降，最高人民法院一位副院长曾经表示复核权回归后，死刑数量同比下降幅度达到三分之一。但中国死刑制度的改革之路依旧漫长，在一定意义上可以说，死刑制度的变革是法治进步与否的试金石。

如前所述，死刑制度与宪法上的民主有着千丝万缕的联系，虽然这种联系有时候不是必然的，但却是真切的。发展宪法上的民主，尊重民意，同时，加强有关死刑程序问题的研究，完善立法，推进死刑判决和执行的信息公开制度，普及人道和人权观念，树立生命权神圣的理念，这些渐进的制度改革举措，对于我国死刑制度改革，严格限制乃至最终废除死刑，都是必要的步骤。死刑"不是一个非黑即白、选边站的游戏。死刑议题牵涉到深层的价值选择、正义观、人性论，也牵动深刻的情绪。讨论死刑，需要比其他议题更大的思考空间，以及更长的酝酿时间。诚恳而开放的讨论态度，更不可少"[①]。

第三节　刑罚本质的宪法分析

关于刑罚本质，学者大多从刑法的视角加以分析，而缺乏宪法框架下的审视。刑罚的本质说到底是对人的自由、财产甚至生命权的限制或剥夺，这实际上是对人的基本权利的限制或剥夺。任何涉及对人的基本权利的克减皆属于宪法问题，而不是简单的刑法问题。因此，对刑罚本质的认识如果缺失了宪法之纬的检视，那么对刑罚本质的认知将失去正当与否的审查，从而无法准确把握刑罚的宪法意义。本文从宪法的角度分析刑罚的本质。

一、刑罚本质学说及其评价

关于刑罚本质，东西方学界一直存在各种学说。西方早期坚持以康德"将他人作为目的而非手段"和黑格尔"否定之否定"的理论为基础的报应主义，认为刑罚是犯罪所招致的必然结果，是对犯罪人所施加的痛苦的

---

① 张娟芬. 杀戮的艰难. 北京：中国人民大学出版社，2013：自序 3.

报应。① 19世纪末、20世纪初经过边沁、耶林等人所倡导的功利主义思想的洗礼，龙勃罗梭、李斯特等人逐渐认为刑罚的目的不在于报应，而在于预防犯罪、改善犯罪人并给社会提供安全。这一观点被称为目的刑罚主义，其中包括预防刑论和教育刑论两个分支。② 虽然前两种理论各执一端，但事实上长盛不衰的一直是二者的折中。19世纪早期贝卡利亚即指出，刑罚的目的并非折磨犯罪人或消除罪行，刑罚的目的仅仅在于矫正和预防。③ 19世纪后期迈耶则提出了刑罚的"分配理论"，认为刑罚的规定、裁量和执行三个阶段分别具有报应、法的维持和目的刑的意义。④ 但折中论也未能平息有关刑罚本质的争论。正如马克昌教授所评论的：一直以来西方学者关于刑罚本质的争论，主要围绕的都是报应刑论与目的刑论的对立。⑤

在我国，关于刑罚本质的讨论经历了阶级论、借鉴主义和新理论的提出与争鸣几个阶段。20世纪80年代，秉承法律是无产阶级专政的工具的马克思主义理论，刑罚也被认为是统治阶级压迫被统治阶级的重要工具，是"合法化了的阶级压迫"⑥。20世纪90年代末，随着西方刑法理论的引进，报应刑论、目的刑论和折中论逐渐成为学界研究和讨论的热点。⑦ 进入21世纪以后，在反思与创新的学术潮流下，关于刑罚本质的研究也呈现出多样化趋势：邱兴隆和许章润认为刑罚的本质在于惩罚的严厉性⑧；马克昌则认为刑罚的本质是惩罚性，而不必然具有严厉性⑨高铭暄和赵秉志提出综合阶段说，认为刑罚的本质是报应和预防的统一，制刑阶段以预防为主、兼顾报应，适用阶

---

① 如德国的特伦德伦伯格（Trendelenburg）、阿伯格（Abegg）、赫福特（Heffter）、柯斯特林（Kestlin）、迈克尔（Merkel）、哈尔席勒（Halschner）、凯兹（Kitz），英国的依温（A. C. Ewing），美国的马伯特（J. D. Mabbott）等。
② 支持这一观点的学者还有德国的克劳斯·罗克辛、意大利的兰扎（V. Lanza）、日本的牧野英一等。
③ 切萨雷·贝卡利亚. 论犯罪与刑罚. 黄风, 译. 北京：北京大学出版社, 2008: 57-58.
④ 马克昌. 近代西方刑法学说史略. 北京：中国检察出版社, 1996: 233.
⑤ 马克昌. 论刑罚的本质. 法学评论, 1995 (5).
⑥ 何鹏. 刑法概论. 长春：吉林人民出版社, 1981: 20；中央政法干部学校刑事诉讼法教研室. 中华人民共和国刑法总则讲义. 北京：群众出版社, 1981: 8-10；西南政法学院刑法教研室. 刑法. 成都：四川省社会科学院出版社, 1986: 167；杨敦先. 刑法学概论. 北京：光明日报出版社, 1985: 194-195.
⑦ 谢望原. 论欧洲法学家关于刑罚本质的认识. 中国刑事法杂志, 1998 (2)；论英、美法学家关于刑罚本质的认识. 法学评论, 1998 (2).
⑧ 邱兴隆, 许章润. 刑罚学. 北京：中国政法大学出版社, 1999: 54.
⑨ 马克昌. 刑罚通论. 武汉：武汉大学出版社, 1999: 39.

段以报应为主、兼顾预防，执行阶段以预防为主[①]；龚华认为抵罚性和矫正性是刑罚的基本属性，基本人权性和正义性才是其本质属性[②]；谢克昌指出刑罚的本质具有多层次性，不仅是对犯罪的社会报应和一种对犯罪人的惩罚方法，还具有报复和预防的双重目的[③]；陈自强赞同刑罚本质的多层次性，但他认为刑罚在根本上是一种作为整体的国家及其法律制度与公民个人的基本权利之间的关系[④]；王志亮则在马克思关于法律本质的认识的基础上认为，刑罚的本质是"针对犯罪的自卫手段"[⑤]。综上可见，我国刑法学界对刑罚本质的学说同样存在认知上的差异。

学界关于刑罚本质之各论，在本书看来，都未能揭示出刑罚的真实本质。报应刑论作为关于现代刑罚本质的早期理论，不但秉承启蒙运动摆脱神义惩罚论的理念，构筑了以人为中心的刑罚观，而且讲求罪刑相适应等刑法原则，为刑罚权立法及其运作的现代化与人道化奠定了理论基础。[⑥] 然而，虽然报应刑论揭示了国家刑罚在事实层面上的最初来源——报复，但它并不足以解释刑罚的本质。事实上，私人报复经常也是对犯罪的报应，报应刑论并不能将国家刑罚和私人报复区别开来。当然，人们可以说国家的报应是按照"法定程序"进行的，然而无论国家刑还是私刑，目的是一致的，那就是"报应"。如果刑罚的本质只是停留于"报应"之上，就无法有效地保护同样作为"人"的犯罪者之基本权利，刑罚中的财产刑、自由刑、生命刑等皆涉及宪法上的财产权、自由权、生命权、政治权利等基本权利，而这才是刑罚涉及的核心问题。

目的刑论作为报应刑论的改良，更好地解释了犯罪原因中的社会作用，并提倡刑罚的教育性，因而很大程度上促进了刑罚的轻缓化和谦抑化[⑦]，但目的无论怎样优良，也毕竟不同于事物的本质。本质是一个事物所固有

---

① 高铭暄，赵秉志. 刑罚总论比较研究. 北京：北京大学出版社，2008：44-81.
② 龚华. 从国家刑到社会刑——重新认识我国刑罚的本质. 刑事司法论坛，2011 (4).
③ 谢克昌. 刑罚本质的哲学思考. 西南政法大学学报，2002 (4).
④ 陈自强. 刑罚的本质与国家刑罚权的根据新论. 社会科学研究，2011 (5).
⑤ 王志亮. 刑罚学研究. 北京：中国法制出版社，2012：106.
⑥ 对报应刑论的评价，可参见谢望原. 论欧洲法学家关于刑罚本质的认识. 中国刑事法杂志，1998 (2)；马克昌. 论刑罚的本质. 法学评论，1995 (5).
⑦ 对目的刑论的评价，可参见谢望原. 论欧洲法学家关于刑罚本质的认识. 中国刑事法杂志，1998 (2).

的、最核心的属性，而目的是通过该事物所欲达到或促进的状态。在这个意义上，补偿社会损失、矫正（教育）犯罪人、预防潜在犯罪等实际上都是国家通过制定和实施刑罚所欲达到的目的，而基本人权性和正义性更是包括刑罚在内的所有法律及现代国家制度所致力的最终目标。目的刑论将刑罚的目的作为刑罚的本质，不仅会引起理论的混淆，还会导致实践的无措。

折中论或综合阶段论虽然吸收了报应刑论和目的刑论各自的关注点和优势所在，但同时不可避免地分享了二者的缺点，时而侧重刑罚起源，时而侧重刑罚目的，实际上仍未能有效地揭示刑罚的本质。而陈自强关于刑罚是"作为整体的国家及其法律制度与公民个人的基本权利之间的关系"的论断，虽然抓住了探索我国刑罚本质的正确路径，却仅仅停留在路口，并未挖掘得足够深入。事实上，国家及其法律制度与公民个人基本权利之间的关系是宪法的调整对象之一，这一调整对象在一定程度上决定了宪法的根本性和重要性，因而其远非刑罚所特有。

综上所述，本书认为，报应刑论、目的刑论和折中论虽然都揭示了刑罚某个方面的特性，并在很大程度上促进了刑罚的发展，但它们无法摆脱目的、功能与性质不分或特质描述缺乏的诟病，这不仅是由于基础概念上的不清，更重要的是缺乏基本的分析框架——宪法；关系论虽然看似表现了强烈的宪法关涉，但其法未给予刑罚本身足够的重视，还混淆了宪法和刑罚的调整对象。事实上，正是对宪法考量的不足和认识的不全面，导致了对刑罚本质的研究失去根基，从而引发了概念的混乱。因此本书以为，对刑罚本质的研究，不仅要关注刑罚本身的特性，而且要将其置于我国宪法的框架下进行探究。

二、刑罚本质的宪法分析

由于刑罚涉及对人的基本权利的限制与剥夺，因而关于刑罚本质的研究必须回归于宪法，以宪法思维与宪法方法审视刑罚的本质，方能准确把握刑罚的本质。在宪法层面，刑罚表现为国家与受刑人之间的关系，因此本书认为，宪法意义上的刑罚本质应当是对受刑人的基本权利的保障。

（一）宪法视野中的受刑人

受刑人是指处于一国刑罚处分之中的人[1]，无论其是否确有犯罪行为，也无论其是否确实完整地服刑。在宪法的视野中，受刑人首先是人，在最低的应然层面享有和其他自然人同样的人权和宪法上的基本权利。从国家和法律的层面上看，虽然受刑人实施了破坏秩序与安全的犯罪行为，遭到了国家法律和社会道德的否定，并需要对此付出权利上的代价，但在现代刑法法理的意义上，这并不意味着受刑人作为人的本质遭到了否定。这一点已经成为国内外学界的共识。

其次，受刑人虽然作出了有损本国秩序和安全的行为，但这并非国家将其划入敌对势力、褫夺其公民身份的理由，因此受刑人仍然享有宪法层面的公民地位，也仍然享有宪法赋予所有公民的权利，除非国家以刑罚的方式依法对这些权利进行了剥夺或克减。

再次，受刑人是因犯罪行为被审判机关判处刑罚的人，由于刑罚是对受刑人人身、财产、政治等权利的剥夺或削减，因而在宪法层面上，受刑人是权利受到限制的人，是与普通公民在权利地位和享有范围上有所不同的人。这种限制使受刑人成为不完全的权利主体，在支配自己一定时期内的人身、财产自由或参与国家管理上无法如正常人一般进行。

最后，受刑人特殊的现实地位和权利状况，决定了其权利享有和行使的困难，其在一定程度上属于宪法和社会上的弱势群体。在人权理论中，受刑人权利也经常被归入弱势群体权利。[2] 一方面，受刑人所经受的刑罚本身就是社会和国家否定的结果，这使得受刑人在任何时候、任何地方都极易受到社会的歧视。即便刑满释放，受刑人在政治和经济生活中也无法避免社会的歧视，因而仍然处于一种事实上的弱势群体地位。另一方面，受刑人不但是与普通公民一样在强大国家力量面前脆弱的个体，而且是经由国家剥夺其基本权利的个体，是不完全的权利主体，这无疑将受刑人置于更加不利的地位。与此同时，受刑人由于大多处于监狱管理机关的控制之下，在很大程度上该机关被赋予了几近绝对的处置权，因而受刑人的合法权利很容易遭到其非法侵犯；并且，基于受刑人所处的特殊环境和地位，当其合法权利遭到监

---

[1] 徐显明. 从罪犯权利到受刑人人权. 学习与探索，2005 (3).
[2] 同[1].

狱管理机关侵犯时，受刑人很难诉诸切实可靠的救济途径，权利行使和权利保障困难重重。因此，在宪法的视野中，受刑人无疑是基本权利亟待宪法保障的公民个体。

(二) 受刑人的基本权利

基于国际公约和我国法律的规定，受刑人所享有的基本权利主要有以下几项。

第一，人身权。受刑人的人身权主要包括生命权、身体健康权、禁止酷刑和人格尊严权利。例如，联合国《囚犯待遇最低限度标准规则》第 57 条规定："监禁和使犯人同外界隔绝的其他措施因剥夺其自由、致不能享有自决权利，所以使囚犯感受折磨。因此，除非为合理隔离和维持纪律等缘故，不应加重此项情势所固有的痛苦。"第 60 条规定："监所制度应该设法减少狱中生活同自由生活的差别，以免降低囚犯的责任感，或囚犯基于人的尊严所应得的尊敬。"第 62 条规定："监狱的医务室应该诊疗可能妨碍囚犯恢复正常生活的身心疾病或缺陷。为此应提供一切必要医药、外科手术和精神病学上的服务"。联合国《囚犯待遇基本原则》第 2 条规定："不得以种族、肤色、性别、语言、宗教、政治或其他见解、民族本源或社会出身、财产、出生或其他状况为由而实行任何歧视。"我国《宪法》第 37 条规定："中华人民共和国公民的人身自由不受侵犯。任何公民，非经人民检察院批准或者决定或者人民法院决定，并由公安机关执行，不受逮捕。禁止非法拘禁和以其他方法非法剥夺或者限制公民的人身自由，禁止非法搜查公民的身体。"第 38 条规定："中华人民共和国公民的人格尊严不受侵犯。禁止用任何方法对公民进行侮辱、诽谤和诬告陷害。"我国《监狱法》第 7 条也规定："受刑人的人格尊严受到法律保护，人格不受侮辱。"

第二，财产权。受刑人合法所有的财产不受非法剥夺或侵占。《世界人权宣言》第 17 条规定："人人得有单独的财产所有权以及同他人合有的所有权；任何人的财产不得任意剥夺。"我国《宪法》第 13 条规定："公民的合法的私有财产不受侵犯。国家依照法律规定保护公民的私有财产权和继承权。"

第三，政治权利。未被剥夺政治权利的受刑人与其他公民一样，享有参与政治活动和国家事务管理的权利，如我国《宪法》第 34 条、第 35 条规定的选举权、被选举权和言论、出版、集会、结社、游行、示威自由等权利。

第四，抗辩权。受刑人在审判、服刑期间，有辩护、请求、申诉、控告、检举等权利。如我国《刑事诉讼法》第四章规定了犯罪嫌疑人在诉讼期间获得辩护的权利，这一权利也延展到受刑人服刑期间发现漏罪或涉嫌实施新罪而被指控的过程中。联合国《囚犯待遇最低限度标准规则》第36条规定："囚犯应该在每周工作日都有机会向监所主任或奉派代表主任的官员提出其请求或申诉；监狱检查员检查监狱时，囚犯也得向他提出请求或申诉。囚犯应有机会同检查员或其他检查官员谈话，监所主任或其他工作人员不得在场；囚犯应可按照核定的渠道，向中央监狱管理处、司法当局或其他适当机关提出请求或申诉，内容不受检查，但须符合格式；除非请求或申诉显然过于琐碎或毫无根据，应迅速加以处理并予答复，不得无理稽延。"根据我国《宪法》第41条、第125条、《监狱法》第21条、第22条的规定，被告人享有抗辩权，如果受刑人对生效判决不服，或其合法权利因司法机关违法、错误的裁判而遭到侵害的，受刑人可以通过申诉权利启动司法救济程序；对于违法失职的国家机关工作人员，受刑人也享有控告、检举的权利。

第五，社会经济文化教育权。如联合国《囚犯待遇基本原则》第6条规定："所有囚犯均应有权利参加使人格得到充分发展的文化活动和教育。"我国《宪法》第42条、第43条、第46条、第47条也规定了所有公民的劳动权、休息权、受教育权和从事文化活动等权利。此外，我国《监狱法》第71条规定："监狱对受刑人的劳动时间，参照国家有关劳动工时的规定执行；在季节性生产等特殊情况下，可以调整劳动时间。受刑人有在法定节假日和休息日休息的权利。"我国《刑法》第78条第1款第3项规定，"有发明创造或者重大技术革新的"属于受刑人的重大立功表现，应当予以减刑，从而鼓励受刑人行使文化教育的权利。

除此之外，受刑人还享有宪法规定的宗教信仰自由，以及一定程度的住宅不受侵犯的权利、通信自由和通信秘密等基本权利。

（三）刑罚本质：对受刑人基本权利的保障

如同基本权利是公民整个权利体系的根基一样，受刑人的基本权利是受刑人权利的基础，它们从根本上决定了受刑人权利的整体状态，从而决定了受刑人的整体状态。受刑人基本权利的保障水平在一定程度上折射出一国的人权状况[1]和国家能力，已经成为国际和国内法共同关注的对象。虽然联合国《世界人权宣言》《公民权利和政治权利国际公约》《经济、社会及文化权利国际公约》《关于人权新概念的决议》《执法人员行为守则》《发展权宣言》《禁止酷刑和其他残忍、不人道或有辱人格的待遇或处罚公约》《囚犯待遇最低限度标准规则》《关于外籍囚犯待遇的建议》《囚犯待遇基本原则》等公约和我国《宪法》《刑法》《刑事诉讼法》《监狱法》等法律宣告了对受刑人基本权利的保障，但基于受刑人特殊的法律和社会地位，其基本权利遭受侵害的可能性大大高于普通人，权利的行使和救济也困难重重。这就要求刑罚在惩罚受刑人的同时，对其合法权利进行保障，在宪法上表现为对其基本权利的保障。因此，从受刑人和刑罚执行的现实来说，刑罚的本质应该归结于对受刑人基本权利的保障。

不仅如此，现代刑罚理念已经从报应刑论逐渐偏向于教育刑论，也就是将刑罚的侧重点和根本理念从报应犯罪行为转为通过刑罚矫正受刑人，以便其重返社会成为正常守法的公民。在这个意义上，刑罚制度就应该不仅关注以权利剥夺方式对受刑人教训式的教育，更应该将着力点置于保护受刑人合法的基本权利上。只有对受刑人合法的基本权利进行有效的保障，受刑人才能认真服刑、真心悔改，感念国家和社会的扶持，从而走向重返社会的正途。况且，如果刑罚重于教育的话，对受刑人合法基本权利的剥夺也不具有符合这一理念的正当性。因此，从刑罚理念的角度来说，其本质也在于保障受刑人的基本权利。此外，刑罚本身就是国家对受刑人权利的剥夺，是集国家立法权、司法权和行政权于一体的、对破坏国家安全与秩序的行为的打击，而宪法作为通过控制国家权力保障公民权利的根本大法，对受刑人基本权利的保障也是其应有之义。因此，不仅作为宪法所允许的国家制度之一的刑罚制度应该遵循保障权利的这一理念，从宪法的角度来看刑罚，保障受刑人的基本权利也是其核心本质。

如果以上分析有一定的道理，刑罚在宪法上的本质是对受刑人基本权利的保障，那么践行和维护这一本质就需要从宪法层面上对刑罚权进行全面控制。

---

[1] 李步云. 论人权的三种形态. 法学研究，1991（4）.

三、刑罚权的宪法控制

刑罚是惩罚犯罪行为的一种强制手段，由国家设定和运用这一手段的权力就是刑罚权，因而，刑罚只是刑罚权的外在表现，刑罚权才是由国家机关拥有并实施的具体权力。具体说来，刑罚权包括制刑权、求刑权、量刑权与行刑权。所谓制刑权是指国家立法机关在刑事立法中创制刑罚的权力，其内容主要包括确定刑种，建立刑罚体系，规定刑罚裁量的原则、刑罚执行方法与制度，以及具体犯罪的法定刑。求刑权是指对犯罪行为提起刑事诉讼的权力。这种权力原则上由检察机关行使，但国家也将部分轻微犯（自诉案件）的求刑权赋予被害人。量刑权是由审判机关对犯罪人决定科以刑罚的权力，这种权力只能由审判机关在认定有罪的基础上行使，其内容为决定是否判处刑罚、判处何种刑罚，以及是否适用缓刑等。行刑权是特定机关（司法行政机关、法院、公安机关、监所）将法院对犯罪人所判处的刑罚付诸现实执行的权力。这四种权力前后一贯的行使，确保国家有效实现对受刑人的刑罚处罚，因此，对受刑人基本权利的保障需要宪法同时对它们进行有力控制。

（一）制刑权的宪法控制

制刑权也就是刑罚创制权，是立法权的一部分，它决定了受刑人可能受到的处罚，或者说决定了受刑人可能被剥夺的权利；制刑权现实地划定了受刑人可能享有的权利的最大和最小范围，由此可以推断出受刑人权利存在的可能空间。因此，在刑罚权的四个部分中，制刑权是最本源的、最根本的权力。基于立法行为的宪法性质和宪法本身的功能，制刑权也应该是宪法和宪法性法律所直接、重点控制的对象。

宪法对制刑权的控制首先表现为对权力主体的限定。《宪法》第62条和《立法法》第7条规定，刑事法律属于基本法律，其制定和修改只能由全国人民代表大会进行，即便是全国人大常委会也只能制定和修改基本法律以外的法律，从而将刑罚创制权的主体唯一限定为最高权力机关本身。鉴于最高权力机关最能代表和表达民意，刑罚由其制定能够最大限度地反映公民保障基本权利的诉求，保证刑罚制定过程中对基本权利考量的审慎性。其次，限定制刑权行使的形式，如《立法法》第8条强调关于"犯罪和刑罚"的事项只能制定法律，排除了低位阶解释或法规染指刑罚制定的可能。这一方面确保了刑罚制度设计的系统性和严肃性，另一方面鉴于法律的制定程序远远严格于行政法规、地方性法规、规章和解释的制定程序，对刑罚承载形式的限定也在事实上限定了制刑权行使的程序，即刑罚的创制、修改、废止都要遵循《宪法》和《立法法》所规定的全国人民代表大会立法的程序。[①] 严格的程序不仅能够通过提高法律制定成本过滤恶法和坏法[②]，还能够促使代表在立法过程中公开、审慎与充分地进行考量和协商，避免不负责任地仓促、冲动立法[③]，因此，对刑罚创制程序的限定无疑在很大程度上增加了基本权利得到考量的可能性和深度。

  然而可以发现，我国现行《宪法》和宪法性法律对刑罚立法的控制主要集中在形式层面，即从制刑权行使的主体、方式和程序上进行规制，对实质的行使范围和目的所言甚少。虽然《宪法》概括性地宣示了对各种基本权利的保障，但其对制刑权行使范围的指导意义和规制效力并不明确。例如，全国人大已经制定了克减公民人身、财产自由或政治权利的刑罚，这些刑罚是否符合宪法，如果符合的话，全国人大是否也有权制定克减公民生命、抗辩或社会经济文化教育权的刑罚？是所有基本权利都可以由依法制定的刑罚克减，还是仅有部分权利可以被克减、部分权利在任何情况下都不可以克减呢？如果基本权利可以由刑罚克减，那么应当克减到何种程度？对于这些问题，《宪法》或宪法性法律都没有给出明确的答案。鉴于这些问题与刑罚内容和受刑人权利保障的直接相关性，本书认为，宪法应当有意识地对基本权利进行更深层次的区分，以指导并规制包括刑法在内的诸多部门法在制定过程中对基本权利的不同处理。不仅如此，《宪法》和《刑法》对制刑权行使的目的也需要进一步明确。虽然《刑法》第1条即指出"为了惩罚犯罪，保护人民……制定本法"，《刑事诉讼法》第1条也指出"为了保证刑法的正确实施，惩罚犯罪，保护人民，保障国家安全和社会公共安全，维护社会主义社会秩序……制定本法"，但很显然，二者没有将保障受刑人基本权利的刑罚本质体现出来，这不仅将直接影响刑罚制定时对受刑人基本权利的考量，

---

 ① 参见《宪法》第64条和《立法法》第二章第二节。
 ② John Manning. Nonlegislative rules. 72Geo. Wash. L. Rev. 893, 899 (2004).
 ③ John Manning. Continuity and the legislative design. 79 Notre Dame L. Rev. 1863, 1884—1888 (2004).

也将间接影响受刑人基本权利在量刑、服刑过程中的实现。因此，在宪法或刑法中强调刑罚制定保障受刑人基本权利的目的，对于保证制刑权处于宪法的有效控制之下是非常重要的。

（二）求刑权的宪法控制

求刑权是对犯罪行为提起刑事诉讼的权力，旨在请求代表国家的审判机关对犯罪人实施刑罚。对这一权力的具体控制主要由《刑事诉讼法》规定。如对于求刑权的主体，根据我国《刑法》和《刑事诉讼法》第3条、第169条、第210条的规定，除法律特别规定的被害人自诉案件以外，对刑事案件提起公诉只能由检察机关行使，"其他任何机关、团体和个人都无权行使这些权力"，从而将主体限定为检察机关和受害人两种。对于检察机关或受害人提起刑事诉讼的程序，《刑事诉讼法》也通过第二编和第三编第二章第一节等做了极为详尽的规定，如公诉前的立案、侦查、讯问犯罪嫌疑人、证据搜集和处理以及公诉等，虽然仍有改进和细化的空间，但也足以承担起对求刑权行使程序的规制使命，不辱其程序法和"小宪法"的称号。对于求刑权行使的范围，虽然《刑法》和《刑事诉讼法》没有作出正面的、一目了然的规定，但《刑事诉讼法》通过许多散落在各个章节中的条款，以强调权利的享有与行使[①]、严格程序[②]、排除非法证据[③]、限定羁押和办案期限[④]等方式，

[①] 如《刑事诉讼法》第14条规定："人民法院、人民检察院和公安机关应当保障犯罪嫌疑人、被告人和其他诉讼参与人依法享有的辩护权和其他诉讼权利。诉讼参与人对于审判人员、检察人员和侦查人员侵犯公民诉讼权利和人身侮辱的行为，有权提出控告。"第34条第1款规定："犯罪嫌疑人自被侦查机关第一次讯问或者采取强制措施之日起，有权委托辩护人；在侦查期间，只能委托律师作为辩护人。被告人有权随时委托辩护人。"第67条和第74条规定，符合一定的条件可以取保候审和监视居住。

[②] 如《刑事诉讼法》第38条规定："辩护律师在侦查期间可以为犯罪嫌疑人提供法律帮助；代理申诉、控告；申请变更强制措施；向侦查机关了解犯罪嫌疑人涉嫌的罪名和案件有关情况，提出意见。"

[③] 如《刑事诉讼法》第56条规定："采用刑讯逼供等非法方法收集的犯罪嫌疑人、被告人供述和采用暴力、威胁等非法方法收集的证人证言、被害人陈述，应当予以排除。收集物证、书证不符合法定程序，可能严重影响司法公正的，应当予以补正或者作出合理解释；不能补正或者作出合理解释的，对该证据应当予以排除。在侦查、审查起诉、审判时发现有应当排除的证据的，应当依法予以排除，不得作为起诉意见、起诉决定和判决的依据。"

[④] 如《刑事诉讼法》第79条规定："人民法院、人民检察院和公安机关对犯罪嫌疑人、被告人取保候审最长不得超过十二个月，监视居住最长不得超过六个月。在取保候审、监视居住期间，不得中断对案件的侦查、起诉和审理。……"第85条规定："公安机关拘留人的时候，必须出示拘留证。拘留后，应当立即将被拘留人送看守所羁押，至迟不得超过二十四小时。……"第86条规定："公安机关对被拘留的人，应当在拘留后的二十四小时以内进行讯问。……"

间接保障了受刑人（在这个阶段称为犯罪嫌疑人）的人身、财产、抗辩等基本权利。可以发现，刑法体系是以限权、护权的基本模式对犯罪嫌疑人的基本权利进行保障的，体现了宪法的基本精神。但是，这一模式与《宪法》直接宣示基本权利的模式衔接得并不顺畅。如前面所提出的关于制刑权的许多问题在求刑权阶段依然存在，像犯罪嫌疑人的政治权利和社会经济文化教育权等是否因侦查起诉而被克减或剥夺等问题，仍需要《宪法》或《刑事诉讼法》作出进一步规定，以便有效控制求刑权的行使范围。

不仅如此，对于求刑权行使的方式和目的，刑法系统也未能作出明确规定，这一方面难免导致求刑权时而跨出宪法和法律的规定，以非诉讼的形式在灰色地带运作，侵犯犯罪嫌疑人合法的基本权利；另一方面也会使得《宪法》和《刑事诉讼法》对犯罪嫌疑人基本权利的保障处于混乱状态，没有一致的目标指引。如我国《宪法》仅仅在第37条规定"任何公民，非经人民检察院批准或者决定或者人民法院决定，并由公安机关执行，不受逮捕。禁止非法拘禁和以其他方法非法剥夺或者限制公民的人身自由，禁止非法搜查公民的身体"，并未能进一步指出"任何公民，未经检察机关或法律特别规定的其他团体、个人提起刑事诉讼，并经人民法院依法审判，不受刑罚处罚"。因而本书建议在《宪法》第37条后加此一条，以将求刑权的行使方式限定为只能是提起诉讼，不能是其他方式。与此同时，对求刑权行使的目的也需要进行明示，例如，可以在《人民检察院组织法》或《刑事诉讼法》的公诉部分中规定，检察机关或受害人提起刑事诉讼的权力的行使目的是一方面追究犯罪分子的刑事责任，维护国家安全和社会秩序，另一方面维护犯罪嫌疑人的基本权利，避免无罪的人受到刑事追究，进而从整体上尊重和保障公民的基本权利。这一对求刑权目的的宣告不仅将更加明确地提出对犯罪嫌疑人基本权利保障的内容，因而更加契合刑罚的本质要求，也能够有效改变因《刑法》和《刑事诉讼法》的任务侧重于强调保障受害人人权、惩罚犯罪分子[1]所带来的犯罪嫌疑人的基本权利屡遭侵犯的现实。

（三）量刑权的宪法控制

量刑权即刑罚裁量权，是审判行为的一部分，它决定受刑人是否被科处

---

[1] 参见《刑法》第2条、《刑事诉讼法》第2条。

刑罚、所受刑罚的种类、期限及执行方式，确定了特定受刑人哪些权利被剥夺、哪些权利被克减、哪些权利被保留，从而真实地划定了受刑人权利实际的享有和行使范围。在这个意义上，即便制刑权和求刑权未得到宪法和法律的有效控制，只要量刑权能够规范行使，受刑人的基本权利也会有足够的保障。因此，对量刑权的宪法控制就成为宪法控制刑罚权的重中之重。

宪法首先对量刑权行使的主体进行了限定，如《宪法》第 128 条和《人民法院组织法》第 1 条规定：人民法院是国家的审判机关；《宪法》第 131 条和《人民法院组织法》第 4 条规定：人民法院依照法律规定独立行使审判权，不受行政机关、社会团体和个人的干涉。如此，将包括量刑权在内的审判权仅仅配置给人民法院，排除了检察、行政、立法机关或其他团体和个人僭越审判权的可能，保证了量刑权行使的独立性和专业性，从而间接确保了受刑人的基本权利不受无理克减。当然，司法独立和公正的实现还需要制度和司法实践的进一步发展与完善。其次，对于量刑权行使程序的规制，也同对求刑权行使程序的规制类似，主要由《刑事诉讼法》规定。《宪法》仅通过第 130 条规定了人民法院公开审判的原则和被告人的抗辩权，而《刑事诉讼法》第三编从审判组织、第一审程序、第二审程序、死刑复核程序和审判监督程序等方面，详细规定了对犯罪嫌疑人进行定罪量刑所需遵循的程序。但是可以发现，这些规定主要侧重于定罪，审判机关在定罪后如何量刑并没有足够的程序指引，这难免在一定程度上导致了各地同罪量刑不一致、量刑畸重畸轻的现象屡有发生，因而笔者建议《刑事诉讼法》增加规制法官量刑过程的条文，以便从形式上控制量刑权的行使。

对量刑权的实质控制还需要宪法的介入。除上述对量刑权主体和程序的简单控制外，宪法和刑罚体系并未对量刑权行使的方式、范围和目的作出有力规定，这成为导致出现前述量刑不一致、畸轻畸重现象的另一重要原因。例如，关于量刑权行使的方式，现在仅有《刑事诉讼法》通过第 12 条规定"未经人民法院依法判决，对任何人都不得确定有罪"，但没有规定"未经人民法院依法裁量，对任何人都不得适用刑罚"。笔者建议增加这一条，并在《宪法》第 37 条增加规定"任何公民，未经检察机关或法律特别规定的其他团体、个人提起刑事诉讼，并经人民法院依法审判，不受刑罚处罚"的情况下，明确"任何公民……非经人民法院依法定罪与量刑，不受刑罚处罚"，与对求刑权行使方式的控制衔接形成体系。关于量刑权行使的范围，宪法与刑法体系也没有很好地衔接，如《刑法》仅仅在第5条规定"刑罚的轻重，应当与犯罪分子所犯罪行和承担的刑事责任相适应"，但在规定的可以剥夺或克减的某些犯罪人的人身、财产和政治权利之内，审判机关是否有权选择哪些权利被克减、哪些权利不被克减，以及克减到何种程度？在规定的克减权利以外，审判机关是否有权决定减轻或加重克减，以及增加或减少克减的权利种类？虽然在刑事领域有公认的实行依法定罪量刑、法官不得享有法外的裁量权的审判原则，但这一原则的切实履行仍然需要《宪法》明确可剥夺或克减的权利并与刑法体系相衔接。关于量刑权行使的目的，笔者也建议类似前述对求刑权目的的控制，可以在《人民法院组织法》或《刑事诉讼法》的审判部分规定，审判机关审理刑事诉讼、裁量刑罚的权力的行使目的是一方面追究犯罪分子的刑事责任，维护国家和社会秩序；另一方面维护犯罪嫌疑人的基本权利，避免无罪的人受到刑事追究或轻罪的人受到重责惩罚，从而在整体上尊重和保障公民的基本权利。这一结合惩罚与保护的目的的宣示，无疑将更加有效地指引法官在裁量刑罚时对受刑人的基本权利予以考量，进而在实际的判决中选择适当的刑罚种类和惩罚程度，维护受刑人合法的基本权利。

（四）行刑权的宪法控制

行刑权又称刑罚执行权，属于行政权的一部分。它是刑罚裁量权在事实上的延伸，是将具体的刑罚加诸特定受刑人的权力。因此，对于受刑人来说，由刑罚裁量权所确定的惩罚能否得到实施、保留的权利能否转化为现实的权利，直接受到行刑权行使状况的影响。也正是因为这样，行刑权受到了学者最为广泛的关注，如徐显明教授认为，受刑人人权的直接法律表现应该是监狱法治[1]；吴春岐教授指出，受刑人权利保护的特殊性即在于权利保护的主体主要是监狱管理机关[2]，而受刑人权利与监狱权力构成了刑事法律关系的核心范畴。[3]

对行刑权的控制主要分为主体、方式、程序、范围和目的控制五个部

---

[1] 徐显明. 从罪犯权利到受刑人人权. 学习与探索，2005（3）.
[2] 吴春岐. 受刑人权利保护问题研究的价值和视角. 学习与探索，2005（3）.
[3] 吴春岐，王彬. 受刑人权利的法律定位. 法学论坛，2006（4）.

分。首先，对于行刑权行使的主体，根据《刑事诉讼法》第 264 条、第 269—272 条的规定，主要包括公安机关、监狱、看守所、社区矫正机构、人民法院和未成年犯管教所等，公安机关负责被判处拘役、剥夺政治权利的受刑人刑罚的执行，并在必要的时候协同法院执行没收财产的判决；监狱负责死缓和徒刑的执行；看守所负责交付执行前剩余有期徒刑刑期在 3 个月以下的徒刑的执行；社区矫正机构负责被判处管制、宣告缓刑、假释或者暂予监外执行的受刑人刑罚的执行；人民法院负责执行罚金刑和没收财产的判决；未成年犯管教所负责未成年犯刑罚的执行；等等。其次，对于行刑权行使的方式，《刑事诉讼法》和《监狱法》也作出了较为明确的规定，如死刑应当经过复核批准程序①，徒刑应当收监②，符合一定条件的可以监外执行③等，避免了行刑权超出既定方式行使的可能，间接保障了受刑人的基本权利不受法外方式的克减。再次，对于行刑权行使的范围，《监狱法》通过总则和分散在各个章节中的部分条款做了较为详细的规定，如规定了对受刑人的经济文化教育权④、人身、财产和抗辩权⑤、通信自由和通信秘密⑥等基本权利的维护。虽然《监狱法》的其他条款仍然对某些基本权利进行了限制⑦，未被限制的基本权利的可实现性也不尽理想，但不可否认，《监狱法》对基本权利的宣示与《宪法》衔接得很好，尤其是第 7 条第 1 款关于"未被依法剥夺或者限制的权利不受侵犯"的规定，明确地宣告了监狱行使行刑权的范围，即仅仅能够在依法被剥夺或限制的权利内对受刑人行使行刑权。

可以发现，对于行刑权行使的程序、方式和范围的规定，表现为法律的

---

① 《刑事诉讼法》第 246—248 条。
② 《刑事诉讼法》第 264 条、《监狱法》第 15 条。
③ 《刑事诉讼法》第 265 条、《监狱法》第 17 条。
④ 如《监狱法》第 4 条规定："监狱……根据改造罪犯的需要，组织罪犯从事生产劳动，对罪犯进行思想教育、文化教育、技术教育。"第 8 条第 2 款规定："国家提供罪犯劳动必需的生产设施和生产经费。"第五章规定了对受刑人的教育、文体娱乐、劳动和休息等权利的保障。
⑤ 如《监狱法》第 7 条第 1 款规定："罪犯的人格不受侮辱，其人身安全、合法财产和辩护、申诉、控告、检举以及其他未被依法剥夺或者限制的权利不受侵犯。"第三章第二节规定了受刑人抗辩权的行使等。
⑥ 如《监狱法》第 47 条规定："罪犯在服刑期间可以与他人通信，但是来往信件应当经过监狱检查。监狱发现有碍罪犯改造内容的信件，可以扣留。罪犯写给监狱的上级机关和司法机关的信件，不受检查。"
⑦ 如《监狱法》第 47 条对通信自由和秘密的限制，第 18 条对财产权的限制等。

仅有《刑事诉讼法》《监狱法》《社区矫正法》，其他刑罚执行机构仅有国务院发布的《看守所条例》、司法部颁布的《未成年犯管教所管理规定》、《社区矫正法》（2019年发布）对其行刑权予以规制。如前述《立法法》规定关于"犯罪和刑罚"的事项只能制定法律，这些条例、规定、办法和通知恐怕很难称得上是合宪之举。因此，对于行刑权的控制，首先还需要宪法对规制行刑权的立法行为进行更加严格的规定。其次，对于行刑权行使的程序，虽然《刑事诉讼法》《监狱法》《社区矫正法》等就交付执行、收押、处理受刑人申诉、释放安置、社区矫正等方面作出了一定的规定[①]，在一定程度上保证了行刑过程有法可依，但相较于起诉和审判程序，关于行刑程序的条文不但数量较少，而且粗陋简略，很难在规制行刑权行使、维护受刑人基本权利上具有可操作性，行刑权在行使过程中没有相应的指引和规制，受刑人在行使基本权利和基本权利受侵害时也无法获得相应的程序保障。因此，进一步修改《刑事诉讼法》和《监狱法》，加快制定涉及其他行刑机构的法律，明确并细化对各个行刑权主体行使行刑权的程序和范围的规定，并与宪法进行衔接，就成为宪法控制行刑权的当前要务。最后，关于行刑权行使的目的，《监狱法》的规定是"正确执行刑罚，惩罚和改造罪犯，预防和减少犯罪"[②]，并未体现出保障受刑人合法的基本权利的意思，难免在一定程度上会导致监狱管理人员在执行刑罚的过程中对受刑人基本权利保障意识的缺乏，从而频发侵犯受刑人权利的事件。因此，本书同样建议在行刑权行使的目的中加入"保障受刑人基本权利"，以刑罚本质的理念指导行刑立法和执法，实现刑事法律关系从受刑人管理本位向受刑人权利本位的转变。[③]

（五）制刑权、求刑权、量刑权和行刑权的相互制约与监督

宪法控制权力以保障权利的方式一般有两种：一种是通过宪法和法律直接规制权力行使的主体、方式、程序、范围和目的等，控制权力对权利的入侵；另一种就是通过权力之间的相互制约和监督，架构起权利自由行使的空

---

① 参见《刑事诉讼法》第四编、《监狱法》第三章、《社区矫正法》第三章至第七章。
② 参见《监狱法》第1条。
③ 吴春岐提出，在刑事法律关系的运作中，应当以受刑人权利为本位，而不以受刑人管理为本位，以实现对刑罚执行权力的制约和对受刑人权利的保护。吴春岐，王彬. 受刑人权利的法律定位. 法学论坛，2006（4）.

间。因此，除以上宪法对刑罚权各个部分的直接规制以外，笔者建议我国宪法进一步架构起它们之间相互制约与监督的制度，从而最大限度地实现对受刑人基本权利的保障。

在制约方面，首先，制刑权对求刑权、量刑权和行刑权的制约，在于立法对司法和执法的制约，已经由《宪法》第5条第4款和第5款宣示，即"一切国家机关和武装力量、各政党和各社会团体、各企业事业组织都必须遵守宪法和法律。一切违反宪法和法律的行为，必须予以追究。任何组织或者个人都不得有超越宪法和法律的特权"，强调了在制刑权行使之后，求刑权、量刑权和行刑权主体只能在依法制定的刑罚范围内，对受刑人行使法定的权力。其次，求刑权对制刑权、量刑权和行刑权的制约在一定层面上也是相对明显的，即只有检察机关或受害人依法提起刑事诉讼，立法机关所制定的刑罚才能有付诸实施的可能，司法机关和行刑机关才能对犯罪嫌疑人进行定罪、量刑和行刑。但是，量刑权和行刑权的行使范围是否受到求刑权所涉罪名和刑罚的限制，换句话说，就是审判和执行是否以检察机关对犯罪嫌疑人所起诉的罪名和请求施予的刑罚种类和程度为最高限制，宪法对此并未作出明确规定，而《宪法》第140条关于公、检、法三机关"分工负责，互相配合，互相制约"和《刑事诉讼法》第196条关于人民法院自行调查取证的规定，又似乎对这一问题作出了否定性的回答。然而，量刑权和行刑权在行使范围上不受求刑权的制约，一方面会导致求刑权主体权力行使的懈怠，另一方面也会对受刑人权利造成不利影响，因此本书认为，应该从宪法上更加明确公检法监之间的制约关系。再次，量刑权对制刑权、求刑权和行刑权的制约也相对明显，即只有司法机关对犯罪嫌疑人判处刑罚，立法机关所制定的刑罚才有了在具体案件中付诸实施的法定依据，检察机关所请求的刑罚才能够得到国家和法律的认可，而行刑权对受刑人权利的剥夺和克减只能在司法机关的判决之内进行。最后，行刑权是对制刑权所制刑罚的切实实施，是对求刑权和量刑权所确认的具体受刑人的具体刑罚的切实实施，没有执行，刑罚从立法到裁量只是一纸具文。以上可见，刑罚权内部四个权力相互制约的基本模式已经形成，但仍需要《宪法》和相关法律予以进一步明确和加强。

在监督方面，根据我国《宪法》《刑事诉讼法》《监狱法》《社区矫正法》

的规定，检察机关是法律监督机关，负责监督检察机关内部的诉讼行为、人民法院的审判行为、监狱管理机关的刑罚执行行为以及社区矫正工作等，从而建立起特别司法监督的制度，实现了检察权对求刑权、量刑权和行刑权的监督。虽然这一监督制度仍然有待法律规定的细致化，但相对于司法监督，对制刑权的监督几乎处于真空状态。尽管我国《宪法》规定"一切法律、行政法规和地方性法规都不得同宪法相抵触"，但对抵触的结果并没有予以明确，前述有关刑罚的规定多由不合法的主体制定就是这一监督缺失的现实结果。因此，本书认为负责审查立法和特定行为的合宪性的宪法监督制度的建立是非常必要的。只有在这一制度建立的前提下，才能形成完善的宪法对刑罚权的直接规制和刑罚权内部的相互制约和监督，从而有效展现刑罚的本质，实现受刑人基本权利的全面、切实保障。

当然，宪法对制刑权、求刑权、量刑权和行刑权的控制只能在于其根本性、抽象性的方面，如宪法可以宣示基本权利只能够依法剥夺、哪些权利可以剥夺哪些权利不可剥夺以及权力之间应当相互制约等，却无法详细、具体地控制现实中刑罚权剥夺基本权利以及刑罚权内部相互制约与监督的程序和内容。因此，虽然宪法对刑罚权的控制在我国现阶段具有重要意义，但宪法也只能承担对刑罚权进行控制的一部分，具体的控制工作还需要各部门法在宪法的指导下进一步与宪法协调进行。

第四节　从宪法视角探讨死刑制度的存废

一、引言

死刑源于个人报复、暴力自卫这些人类的原始反应。然而截至 2017 年 10 月，已有 141 个国家废除了死刑[①]，而保留死刑的国家占国家总数的四分之一略强。其中多数国家将废除死刑的规定写入了宪法文本，还有至少 9 个国家的宪法明确限制了死刑的适用。尽管如此，在一些国家主张恢复死刑的声音却始终没有消失。仅以德国为例：德国《基本法》第 102 条明确规定

---

① World Coalition against Death Penalty. Death penalty and poverty: facts and figures. (2017-12-10). http://www.worldcoalition.org/media/resourcecenter/FactsFigures2017_EN.pdf.

"废除死刑",但在《基本法》生效不足一年之际,议会中的部分议员便提出删除《基本法》第 102 条的动议。在此后一段漫长的时间里,法学界关于《基本法》第 102 条是否可以被删除或修改的争论始终没有间断。[1] 1964 年,时任联邦总理阿登纳甚至明确表示支持当前恢复死刑。1977 年,德国雇主协会主席 Schleyer 遭到左翼恐怖分子的劫持和谋杀,支持恢复死刑的呼声空前高涨。两德统一之后,新联邦州的犯罪率较高,在 1996 年针对新联邦州居民进行的问卷调查中,有 45% 的受访者支持恢复死刑。[2] 每当发生重大犯罪行为,特别是恐怖袭击、劫持人质或性犯罪事件,公众支持恢复死刑的比例就会明显上升。特别是在"9·11"事件之后,不少民众认为应对那些出于残忍和卑劣动机而实施严重犯罪行为的罪犯判处死刑,主要理由仍然是死刑会产生巨大的警示效力和威慑效力。

而我国与德国的情况有所不同,宪法并未规定废除死刑,刑法仍然明确允许适用死刑。与现行的刑事法律制度一致,相当一部分民众也倾向于保留死刑,而且民众对于死刑的态度和观点,同样会在很大程度上受到偶然和突发事件的影响。除此之外,民众还常以遏制腐败为由支持保留死刑。支持废除死刑的观点主要分为立即废除论和逐步废除论两种,后者为当前刑法学界的主流观点,认为废除死刑是社会发展的必然趋势,但目前立即废除死刑的时机尚不成熟,司法机关应慎用死刑并逐步减少死刑的数量。[3]

通过上文的简要介绍不难看出,无论在德国还是在我国,公众对死刑问题的态度更多是以个人感情、信仰和价值观判断为基础的,即便是我国法学界针对死刑存废问题的探讨也主要局限于刑法领域。然而,一个国家的刑罚制度不得违背该国的宪法规范,绕开宪法讨论刑罚手段的正当性,会对法治国家构成严重威胁。笔者尝试适用比例原则分析死刑制度在我国宪法上是否具有正当性。从宪法角度来看,死刑可能涉及人的尊严和生命权,下文分别对二者展开探讨。

---

[1] Siehe Katharina Flemming, Wiedereinfuehrung der Todesstrafe in Deutschland? Frankfurt 2007, S. 17ff.
[2] 同[1].
[3] 赵秉志. 关于中国现阶段慎用死刑的思考. 中国法学,2011 (6).

二、死刑与人的尊严

从文化起源上说，宪法话语中的人的尊严这一概念更多来源于基督教哲学传统，这一概念被写入德国《基本法》并被视为一切基本权利的核心内涵。德国《基本法》第1条规定："人的尊严不可侵犯。尊重和保护人的尊严是一切国家权力的义务。"依据这一条款，人的尊严是受到国家绝对保障的，没有任何宪法价值可以与其权衡，触及人的尊严的国家行为被宪法绝对禁止。我国宪法学界近些年也格外关注人的尊严问题，并认为人的尊严是我国《宪法》第33条第3款"人权条款"的应有之义。[①] 与人权一样，人的尊严同样是与生俱来且先于国家而存在的，人的尊严是人权的核心内涵，若没有人的尊严，人权则无从谈起。但与人的尊严受到宪法的绝对保护不同，个人的人权并非不受任何限制。我国《宪法》第51条规定："中华人民共和国公民在行使自由和权利的时候，不得损害国家的、社会的、集体的利益和其他公民的合法的自由和权利。"可见，公共利益和他人权利可以构成对个人权利的限制，但这一限制不得导致人的尊严受到伤害。照此，若死刑制度侵犯了人的尊严，则无须进一步审查其宪法正当性即可断定其不合宪。

在宪法上，考虑到对人的尊严进行积极定义十分困难，德国学术界更多采用消极定义的方法，即从侵害的角度对人的尊严予以定义。康德认为："一个有价值的东西能被其他东西所替代，这是等价；与此相反，超越于一切价值之上，没有等价物可代替，才是尊严"[②]。依据康德的思想，人是目的，而非手段。[③] 借助康德的学说，德国宪法学家杜里希认为这一概念包含

[①] 李海平. 宪法上人的尊严的规范分析. 当代法学，2011（6）. 也有学者认为人的尊严与我国《宪法》第38条中的人格尊严之间存在某种可互换的意义空间. 林来梵. 人的尊严与人格尊严——兼论中国宪法第38条的解释方案. 浙江社会科学，2008（3）.

[②] 伊曼努尔·康德. 道德形而上学原理. 苗力田，译. 上海：上海人民出版社，2005：55.

[③] 2001年恐怖袭击事件发生后，德国《航空安全法》第14条第3款授权国家在符合特定条件的情况下，采取剥夺无辜乘客和机组人员生命的措施。这一条款引起了社会各界的极大争议。联邦宪法法院最终在2006年2月15日认定：为避免恐怖袭击而利用武器击落飞机的措施不仅侵害了乘客和机组人员的生命权，而且侵害了他们的尊严，因为他们被这一法律规范视为客体，单方面剥夺他们的生命成为保护他人生命的手段。BVerfGE 1 BvR 357/05 vom 15.02.2006, Abs.-Nr. 118ff.。仅在飞机由恐怖分子驾驶且机上无其他人员的情况下，若恐怖分子将飞机作为工具袭击地面人员，法律才可以授权击落飞机。BVerfGE 1 BvR 357/05 vom 15.02.2006, Abs.-Nr. 140.

两方面内涵：一方面是主体自身的价值，另一方面则是主体自主决定的能力；若行为导致人被贬低为客体、单纯的手段或可替代物，则涉及侵犯人的尊严。① 人具有自主决断和辨别是非的能力，这是人与动物的本质区别。在此，尊严与意愿自由密切相关。联邦宪法法院基本上照搬了杜里希的理论并指出，若人遭受的对待使其主体的本质成为疑问，或在具体对待行为中存在肆意蔑视的情形，则触及人的尊严，但对待行为必须体现出蔑视人基于人性而享有的价值，且在这种意义上构成一种卑鄙的行为。② 对人的尊严进行消极定义已经得到德国，甚至德国以外很多国家的法学界的普遍认可，因为无论中国人还是外国人，不论年龄、种族、性别、宗教信仰、政治见解、财产状况等，任何人均享有人的尊严。③

然而，生命权与人的尊严属于两个独立的宪法概念，二者的内涵虽然存在重合的部分，但两个概念并不相互捆绑。死刑会剥夺一个人的生命，但却未必触及人的尊严。有学者可能会认为执行死刑不可能存在尊重人的尊严的手段，即使使用最现代的处决方式，执行死刑的过程也是残忍的，而对人的尊严的尊重要求禁止残忍的、非人性的和贬低与歧视性的刑罚，否则人将成为打击犯罪过程中单纯的客体。但事实上，目前执行死刑的手段愈发复杂，愈发人性化，执行手段是否尊重人的尊严取决于当时社会的认知和技术水平④，宪法应为社会发展过程中正在或将要出现的新的科学技术留出空间。照此，宪法对人的尊严的保障不必然要求废除死刑。

三、死刑与生命权

虽然死刑制度未必侵害人的尊严，但必然会涉及人的生命权。尽管我国宪法并未明确规定生命权，但一般认为生命权是公民行使其他一切基本权利的前提，不言而喻属于受到宪法保障的基本权利。在2004年"国家尊重和保障人权"条款入宪后，该条款成为一项兜底性基本权利，一切没有被宪法明文列举的基本权利均可落入人权条款的保护范围。可见，与人的尊严相

---

① Theodor Maunz/Guenter Duerig, Grundgesetz—Kommentar, Muenchen 2012, Art. 1 Abs. 1, Rn. 28.
② BVerfGE 9, 89 (95), 27, 1 (6).
③ 李海平. 宪法上人的尊严的规范分析. 当代法学，2011 (6).
④ BVerfGE 45, 187 (299).

同，生命权的宪法依据同样是第33条第3款。然而，生命权与人的尊严在宪法中的地位并不相同。生命权虽然属于一项位阶极高的基本权利，是个人行使其他基本权利的前提，但宪法对生命权的保护并不是绝对的，其可能受到《宪法》第51条的限制。

有学者认为，国家判处犯罪人死刑与犯罪人的杀人行为并无本质差别，只是前者被披上了"合法"的外衣，甚至存在如下观点：判处死刑必然会经过立法机关和司法机关的理性权衡，而理性权衡后的"杀人行为"往往比犯罪人的杀人行为罪恶更大；人的生命既然不是国家赋予的，国家也不得剥夺其生命；如果国家有权杀人，有何理由禁止其他人杀人？[①] 但笔者认为，这并不能否定死刑存在的正当性，否则自由刑同样违反宪法，因为个人的自由同样不是国家赋予的，剥夺自由的决定同样经过了立法机关和司法机关的理性权衡，认可上述理由将导致我们对整个刑法体系产生怀疑。既然依据《宪法》第51条，公共利益和他人权利可以构成生命权的界限，那么剥夺一个人的生命并不绝对被宪法所禁止。

虽然宪法留出了剥夺个人生命权的可能性，但对基本权利的限制必须符合宪法要求。除了法律保留原则，对基本权利的限制尤其要符合比例原则，否则限制手段就不具备宪法正当性。下文主要分析以死刑的方式剥夺生命权是否具有宪法正当性。在适用比例原则进行审查之前，必须首先分析死刑的目的是否被宪法认可，因为比例原则涉及限制手段与限制目的之间的关联。

（一）依据我国《宪法》第51条的分析

依据我国《宪法》第51条，生命权在宪法上可以受到限制，但前提之一就是限制生命权必须以实现公共利益和他人权利为目的。

在探讨死刑的目的之前，我们有必要简单梳理刑法学理论中刑罚的目的。一些刑法学文献将刑罚的目的与刑罚的功能分别进行讨论。通常来讲，刑罚的目的是指国家运用刑罚所要达到的目标，它是国家制定、适用和执行刑罚的根本出发点；而刑罚的功能则是指国家制定、适用和执行刑罚所可能发生的积极作用。[②] 如果说刑罚的目的是国家通过刑罚所期望实现的目标，

---

① Vgl. Adolf Suesterhenn, in: Reinhart Maurach: Die Frage der Todesstrafe: Zwoelf Antworten, Frankfurt, 1965, S. 121.

② 李洁. 刑法学：上册. 北京：中国人民大学出版社，2008：289，292.

具有主观性，那么刑罚的功能尤其包括刑罚所发挥的客观作用，该作用未必是国家在主观上努力实现的结果，而可能是刑罚附带产生的积极效果。

从宪法角度来讲，适用比例原则针对某一项刑罚进行合宪性审查更多考虑的是刑罚手段与其主观目的之间的关系，至于刑罚的客观功能至多在狭义比例原则中才予以适当考量。然而在刑法学的一些相关文献中，对刑罚目的与刑罚功能的划分并不严格依据这一标准，甚至经常存在混用两个概念的现象。为了与刑法学相关术语保持一致，笔者亦不在文字上对刑罚目的与刑罚功能做刻意区分。下文首先对刑法学文献中相关内容进行陈述和梳理，从一系列刑罚的目的或功能中筛选出那些具有主观性的目的，并进行整合和划分，之后根据死刑的特殊性，分析死刑这一最严酷刑罚的目的。

1. 刑法学上的刑罚目的

（1）二元论

不少刑法学者认为，刑罚的目的是预防和报应的辩证统一。一般认为，预防功能又可分为一般预防功能和特殊预防功能。一般预防功能是通过制定、适用和执行刑罚，预防社会上尚未犯罪的人实施犯罪。而特殊预防功能则是针对犯罪人，即通过对犯罪人适用刑罚，预防其重新犯罪。特殊预防功能主要表现为三个方面：通过惩罚使犯罪人不敢犯罪，通过改造使犯罪人不愿犯罪，通过限制（比如人身自由）和剥夺（比如生命、财产）使犯罪人不能犯罪。[1]

与预防功能不同，刑罚的报应理论更多来源于哲学。康德认为刑罚的目的就是报应，并认为只有这样才有公正可言，没有公正就没有法。[2] 虽然一

---

[1] 李洁. 刑法学：上册. 北京：中国人民大学出版社，2008：290. 在一般预防功能中，预防效果又可分为消极预防和积极预防两方面，前者是指通过刑罚对公众所产生的威慑效果来减少犯罪，后者则旨在维护和增强公众对于法律制度存续力和执行力的信任。与一般预防功能类似，特殊预防功能的效果同样包括消极预防和积极预防两方面，前者是指通过刑罚预防犯罪人二次犯罪进而保护公众安全，后者则是指对犯罪人进行改造并使其在改造后重返社会。Urs Kindhaeuser, Strafrecht, Allgemeiner Teil, 6 Aufl. Baden-Baden 2013, Rn. 12.

[2] 康德认为："法院的惩罚绝对不能仅仅作为促使另一种善的手段，不论是对犯罪者本人或者对公民社会。惩罚在任何情况下，必须只是由于一个人已经犯了一种罪行才加刑于他。因为一个人绝对不应该仅仅作为一种手段去达到他人的目的……他必须首先被发现是有罪的和可能受到惩罚的，然后才能考虑为他本人或者为他的公民伙伴们，从他的惩罚中取得什么教训。"伊曼努尔·康德. 法的形而上学原理. 沈叔平，译. 北京：商务印书馆，1991：164.

些学者认为此理论意味着刑罚脱离了一切社会效果,但事实上这种报应功能可以对被害人起到安抚作用,并对社会一般成员发挥鉴别和教育功能。

(2) 八分法

根据功能性质的不同,有学者将刑罚的功能分为剥夺、改造、感化、鉴别、威慑、安抚、补偿和鼓励八项功能。① 还有学者将刑罚功能分为惩罚、改造、感化、教育、威慑、安抚、鼓励和保障八项功能。② 其中,剥夺功能是指剥夺或限制犯罪人的权利,从而使其不能犯罪。惩罚功能则是指通过刑罚使犯罪人所承受的痛苦大于犯罪行为带来的快乐,进而促使其不会再次实施犯罪行为。改造功能是指将犯罪人改造为对社会有用的新人。感化功能是通过一系列宽大措施或人道主义待遇感化犯罪人并唤起其良知。③ 鉴别和教育功能不仅使犯罪人分清是非并成为具有正义感的人,还可通过刑罚的创制、适用及执行,帮助社会一般成员划清罪与非罪的界限,促使其形成法律习惯。④ 威慑功能是指通过刑罚的威慑力使犯罪人和社会一般成员不敢犯罪,对犯罪人的威慑包括行刑前威慑、行刑时威慑和行刑后威慑。⑤ 安抚功能的意义是通过公平公正的司法平息受害人的复仇情绪,并通过公正的刑罚消除民愤,这一作用基于刑罚始终未摆脱的报复属性而存在。补偿功能是指刑罚具有补偿受害人物质上损失的功能。鼓励功能是指公正的刑罚可以使民众意识到犯罪行为必将受到严惩,进而发挥鼓励民众与犯罪行为作斗争的作用。⑥ 刑罚的保障功能是指刑罚所具有的保护国家、社会和公民利益和安全的作用。⑦

(3) 三分法

有学者将刑罚的功能划分为对犯罪人的功能、对被害人的功能和对社会一般成员的功能。⑧ 若以上文针对八分法作出的梳理为基础,对犯罪人的功

---

① 李洁. 刑法学:上册. 北京:中国人民大学出版社,2008:293.
② 赵秉志,鲍遂献,曾粤兴,等. 刑法学. 2版. 北京:北京师范大学出版社,2013:319.
③ 同②319-321.
④ 刑法以最鲜明的方式区分正义与非正义,对于整个法律制度具有穿透力。参见张翔. 德国宪法案例选释(第一辑):基本权利总论. 北京:法律出版社,2012:"第二次堕胎判决"171.
⑤ 同②322.
⑥ 同①295.
⑦ 同②323.
⑧ 同①293.

能包括剥夺功能、惩罚功能、改造功能、感化功能、鉴别和教育功能以及威慑功能，针对被害人的功能包括安抚功能和补偿功能，针对社会一般成员的功能则包括威慑功能、鉴别和教育功能、安抚功能、鼓励功能和保障功能。

（4）对刑罚目的的筛选、整合和分类

笔者认为依据三分法将刑罚功能进行划分的思路存在合理之处，但至少从宪法角度来看，该划分方法不应完全建立在八分法的基础之上。在对刑罚功能进行划分之前，应首先将二元论和八分法中涉及的功能进行筛选。不难发现，二元论中的无论是预防功能还是报应功能，其内涵均已被八分法中的内涵所涵盖。而八分法中的安抚功能只是刑罚所发挥的一项客观作用，仅为公平公正司法顺带引发的效果，并非刑罚所要达到的主观目的。安抚功能并不意味着刑罚必须实现被害人的要求和愿望，更不等于司法审判应以民众情绪为依据，否则该功能不仅与司法公正原则不符，还会加重犯罪人对刑罚的仇恨和抵触心理，刑罚对犯罪人的教育、感化和改造功能将难以发挥作用。因此，在下文适用比例原则展开分析时，不应考虑刑罚的安抚功能。此外，补偿功能应属于附带民事诉讼的功能，而非刑罚本身所直接发挥的功能。而保障功能则属于刑罚间接的、深层次的功能，是其他功能共同作用的结果，其内涵也已被其他功能所涵盖。

综上，在从宪法角度进行筛选与整合之后，可以将刑罚功能分为对犯罪人的功能和对社会一般成员的功能两类，前者包括剥夺功能、惩罚功能、改造功能、感化功能、鉴别和教育功能以及威慑功能，后者则包括威慑功能、鉴别和教育功能以及鼓励功能。毫无疑问，这些功能均属于被我国《宪法》第 51 条所认可的目的。

2. 死刑的目的和功能

不难看出，刑罚对于社会一般成员的功能均适用于死刑，而针对犯罪人的功能则不得一概而论。死刑剥夺了犯罪人的生命权，犯罪人将永远不可能再实施犯罪行为，因此死刑对于犯罪人的剥夺功能可以发挥很大作用。而威慑功能中的行刑前威慑同样适用于死刑，死刑可能导致犯罪人在犯罪预备或犯罪实施过程中，因害怕承担这一最重刑罚而主动停止犯罪，或犯罪后为减轻刑事责任而自动投案自首。但针对犯罪人的其他功能，包括惩罚功能，旨在令犯罪人畏罪悔罪的行刑时威慑功能，旨在对犯罪人产生持久威慑作用的行刑后威慑功能、改造功能、感化功能、鉴别和教育功能，均不适用于死刑。

（二）依据比例原则的分析

既然人本身即目的，而不是手段或工具，那么即使以实现被宪法认可的目的为由，国家也不得随意限制公民的基本权利，在实现目标的过程中必须注意手段的选择以及手段与目的之间的关联，即必须符合比例原则。比例原则已经成为当今世界上很多国家认可并普遍适用的一项宪法和行政法原则，在我国亦不例外。比例原则包含三项子原则：适合性原则、必要性原则和狭义比例原则。适合性原则要求所采取的手段必须有助于实现所追求的目标；必要性原则要求当存在若干同样能够达到目标的手段可供选择时，国家应选择对公民基本权利限制强度最小的手段；而狭义比例原则要求即使国家选择了符合适合性原则和必要性原则的手段，该手段也不得过度限制公民的基本权利，所采取的手段与所追求的目标之间必须成比例。显而易见，比例原则不仅是法治国家的重要原则，而且蕴含了现代人权理念，要求国家在追求正当目标的过程中尽可能尊重公民的基本权利。该原则在我国的宪法依据是第33条第3款和第51条。[①]

通过上文的分析和筛选，死刑针对犯罪人的功能包括剥夺功能和行刑前威慑功能，而针对社会一般成员的功能则包括威慑功能、鉴别和教育功能以及鼓励功能。在个案中，死刑的目标通常是多个目的的集合，因此需要将各种目的分别进行审查和权衡。

通常来讲，在适用比例原则审查法律对基本权利的限制是否具有宪法正当性时，需要给立法者留出评判和决策空间，这也体现出宪法对部门法独立性的尊重。然而，适用比例原则进行审查的强度在很大程度上取决于所涉及基本权利的位阶以及个案中所涉及法益的重要性。由于死刑以牺牲生命权这项重要的人权为前提，属于最严酷的刑罚手段，因此应采取严格审查标准。

1. 适合性原则

依据比例原则中的适合性原则，死刑必须适合实现针对犯罪人的剥夺功能和行刑前威慑功能，同时还必须适合实现针对社会一般成员的威慑功能、

[①] 陈征. 国家征税的宪法界限——以公民私有财产权为视角. 清华法学，2014（3）.

鉴别和教育功能以及鼓励功能。

死刑剥夺了犯罪人的生命，犯罪人将不可能有二次犯罪的机会，因此死刑必然有助于实现剥夺功能，而且对于这一功能的实现具有绝对性。但笔者认为，刑罚对于准备实施犯罪行为的人所产生的威慑效果不得被高估，因为在实施犯罪行为前，行为人往往会认为可以侥幸逃脱刑罚，仅在几乎确认必然会遭受刑罚的情况下，行刑前威慑功能才可能真正发挥作用。而对于激情犯罪特别是性犯罪而言，刑罚的威慑效力则更不明显，因为行为人在实施这类犯罪行为时往往不会理性地权衡得失，其内心处于某种特别状态。由于死刑会剥夺犯罪人的生命，因此在实施可能被判处死刑的犯罪行为之前，行为人甚至有时会决定实施更为严重的犯罪，如为了逃避死刑而杀人灭口，或在几乎确定无法逃脱死刑的情况下，出于"杀一个保本，杀两个赚一个"的动机杀害更多人。① 死刑的这一消极效果是其他刑罚手段所不具备的。犯罪学和心理学的实际研究证明，废除死刑并未导致杀人罪的犯罪率上升，恢复死刑也未导致其犯罪率下降。而相关研究也表明，一些曾经对于经济犯罪适用死刑的国家在废除死刑后，经济犯罪数量并未上升。② 因此从总体上讲，死刑并不适合达到行刑前威慑目的，仅存在于臆想中的威慑效力并不足以肯定适合性原则。③

对于社会一般成员而言，即使是法制观念淡薄的公民通常也对死刑所涉及的犯罪行为有所了解。然而与针对犯罪人的分析类似，死刑也无法充分发挥威慑功能。死刑确实有助于普遍维护和增强公众对于法律制度执行力的信任，使公众通过这一重刑更加坚定地认为，杀害他人生命等行为意味着侵害了宪法和法律所保护的无法替代的重大法益，并可以起到鼓励民众与这类犯罪行为作斗争的作用。可见，死刑可以发挥鉴别和教育功能以及鼓励功能。

2. 必要性原则

由于仅有针对犯罪人所发挥的剥夺功能，针对社会一般成员所发挥的鉴别和教育功能以及鼓励功能符合适合性原则，因此下文仅分析这几项功能是否符合必要性原则。

---

① 邱兴隆. 刑罚的哲理与法理. 北京：法律出版社，2003：531.
② Vgl. Dietrich Lang-Hinrichsen, Zur Frage der Todesstrafe, JR 1961, 321 (323).
③ 需要注意的是，死刑的威慑效力可能随着时间的推移而产生变化。

依据比例原则中的必要性原则，死刑必须是实现这些功能的最温和手段，即不存在同样可以实现这些功能而对基本权利限制强度更小的手段。在剥夺功能上，基本可以肯定死刑能够使犯罪人不再危害社会，而包括无期徒刑在内的其他刑罚均无法达到这一几乎绝对的效果，在此死刑符合必要性原则。

而对于鉴别和教育功能以及鼓励功能，无期徒刑是否可以作为替代手段？虽然立法者在此享有一定的决策空间，但对于死刑这种涉及生命权的刑罚手段，立法者的活动空间须受到很大程度的限制，其必须分析死刑的实际效果。与上文的分析类似，这一效果不得是臆想中的，而必须是经过实践证明的。而目前为止，实践既未证明死刑比无期徒刑更能够维护和增强公众对于法律制度执行力的信任，或更有助于公众辨别正义与非正义，又无法证明死刑比无期徒刑更有助于鼓励公众与犯罪行为作斗争，因此选择死刑而非对于个人基本权利限制强度更小的无期徒刑，违背了必要性原则。

3. 狭义比例原则

狭义比例原则要求从一个理性人的角度来看，判处和执行死刑不得构成对基本权利过度的限制并属于无法容忍的行为，死刑与所追求的目标必须成比例。虽然死刑涉及个人最重要的基本权利——生命权，没有生命，社会个体无法实现任何自身的自由和价值，但仅因死刑涉及最重要的基本权利尚无法得出其违背狭义比例原则的结论。与国家为了实现公共利益或维护他人权利而使某一公民牺牲生命不同，在仍然存在死刑制度的国家，刑法通常都明确规定了死刑这项刑罚，实施可能引发死刑的犯罪行为表明行为人自愿决定承受这一刑罚的风险。因此，涉及生命权这一事实本身尚未使判处和执行死刑达到令一个理性人无法容忍的程度。

通过上文分析，仅需适用狭义比例原则针对死刑的剥夺功能进行分析。虽然上文认定在剥夺功能上，无期徒刑无法像死刑那样达到绝对的效果，但采取剥夺犯罪人生命的手段与追求这一效果之间是否成比例是值得怀疑的。

第一，如果不考虑减刑的可能，无期徒刑针对犯罪人所发挥的剥夺功能与死刑几乎无异。即使考虑减刑的可能，也应意识到是否获得减刑取决于犯罪人在服刑期间的表现和改造的效果，而改造效果又与犯罪人二次犯罪的可能性密切相关。换言之，获得减刑的犯罪人二次犯罪的可能性应当很小。在此，我们不仅需要考虑社会现实，还应更多从应然角度进行分析。假设在当前，一些服刑人员被改造的效果仍有提升空间，那么应当首先加强对服刑人员的改造，而非依据实然情况从剥夺功能的角度衡量无期徒刑与死刑的差距。如果在应然效果上无期徒刑与死刑之间的差距没有大到可以使剥夺生命正当化的程度，死刑手段则不符合狭义比例原则。

第二，在适用狭义比例原则进行分析时，还应考虑到死刑较之于其他刑罚手段失去了很多积极的功能，甚至还会增加一些消极影响。正如上文所分析的，在死刑问题上，惩罚功能、行刑时和行刑后威慑功能、改造功能、感化功能、鉴别和教育功能均无法发挥作用，而无期徒刑等其他刑罚手段则更有助于实现刑罚自身的目的，特别是在改造功能上，我国《宪法》第1条明确规定了社会主义制度，社会主义国家在尊重个人自由的同时还强调人对整个社会的奉献。依据社会主义原则，服刑人员原则上应享有接受改造并重新获得自由的机会，因为只有当其在未来享有这一机会时，其才可能从一个危害社会的人转变为一个能够为社会发展做贡献的社会成员。可见，无期徒刑虽然在实现剥夺功能的可能性上与死刑存在某种程度的差距，但在执行死刑后，犯罪人不再享有任何重新获得自由的机会，执行死刑对于犯罪人个人和整个社会而言均意味着很大的损失。虽然判处犯罪人死刑客观上更有助于发挥安抚被害人这一非目的性刑罚功能，但其同时必然会对犯罪人的家庭产生巨大的消极影响；特别是当出现错判或误判时，执行死刑后将无法弥补和挽救。

或许有学者认为，死刑与很多国家当前的法律制度具有一致性，例如依据一些国家和地区的法律规定，若不存在其他手段阻止当前存在的威胁他人生命或严重危害身体的行为，则允许警察开枪射击，即使几乎确定开枪能够击毙行为人，该行为亦被允许。[①] 但仔细分析并不难看出，死刑与上述法律情形之间至少存在两个本质区别：第一，警察开枪射击即将或正在实施犯罪行为的人可能挽救他人的生命或身体健康等重大法益，而判决和执行死刑却无法挽救任何人；第二，在警察开枪射击之前，行为人的生命仍然掌握在自己手中，这与被判处死刑的犯罪人完全不同。因此，上述法律规定可以通过

---

① 例如可参见德国《巴登-符腾堡州警察法》第54条第2款。

狭义比例原则的审查，并不意味着死刑制度符合该原则。

四、结语

在我国，"杀人偿命，天经地义""不杀不足以平民愤""罪大恶极，死有余辜""杀父之仇，不共戴天""以死谢罪"等古语盛传于百姓之口，这充分体现了我国传统文化对于死刑的态度。[①]但至少在宪法上，传统文化的存在并非论证某一制度正当性的论据，否则将导致越是传统的思想和制度越符合宪法，越不得被改变。即使当前多数民众仍支持保留死刑，也不应忽视宪法规范。立法虽然应尊重民意，但民意只有在宪法的框架内才可能影响立法，立法者不应考虑违背宪法精神的民意。依据笔者的分析，虽然死刑并未涉及人的尊严，但却存在正当理由怀疑其构成了对犯罪人生命权不成比例的侵害。在可能的情况下尽快废除死刑，不仅有助于提高我国民众对生命权的重视程度，而且有利于维护宪法的权威。

第五节 刑事诉讼中的生命权保护

一、生命权保护概论

（一）生命权的概念

生命首先作为一种自然现象，是人得以存在，进而从事一切活动、行使权利、履行义务的前提，生命的基础性和不可逆转性使我们不得不敬畏和重视其最高价值地位。因而以生命为客体的生命权，在包括健康权、自由权和财产权等在内的自然权利中被赋予了最高的，也是最基础性的价值地位。英国学者米尔恩曾说"生命权是一个人之所以被当做人类伙伴所必须享有的权利"[②]，因此生命权是作为人享有其他一切权利的基础，是第一人权，没有生命权，其他一切权利都没有意义。

何谓生命权？根据《中国人权大百科全书》的定义，生命权是"个人保

[①] 吴凡. "不杀不足以平民愤"中的法律文化. 法制与社会，2008（9）.
[②] 米尔恩. 人的权利与人的多样性——人权哲学. 夏勇，张志铭，译. 北京：中国大百科全书出版社，1995：158.

有作为一个自然人的各种生理、心理特征的存在和延续的权利"[①]。而学界关于生命权也有广义说与狭义说之分。广义说认为生命权涉及人的政治、经济、文化等多个方面，包括食物权、住房权、健康权等广泛的权利，广义的生命权是包含消极权利和积极权利在内的全方位的一系列权利。狭义的生命权则专指法律保障下任何人的生命不被无理剥夺的权利，西方某些学者称之为不被杀害或者不受被害威胁的权利。[②]与狭义生命权论相比，广义说上的生命权是一般意义上人权的概念，包括财产权、自由权等，不能体现生命权的基础性地位，因此将生命权的概念限定于狭义上，能够对生命权的内容和保护进行更深入和具体的研究，本节的生命权也特指狭义的生命权。

（二）生命权的内容

生命权的内容，即生命权的权利体系，从生命权保护的角度来讲，其要研究的是哪些权利在生命权的保护范围内。对此学界也有不同的认识。有学者认为生命权的内容包括：生命存在权，即生命不受非法剥夺的权利；生命安全权，即生命不受各种危险威胁的权利；一定的生命自主权，即患有不治之症的危重病人享有依照严格的法定条件选择安乐死的权利。[③]也有学者认为从效力角度看生命权的内容包括：防御权，即对一切侵害生命权行为的防御；享受生命的权利，即平等享有生命价值的权利；生命保护请求权，即在生命权受到侵害时请求国家予以保护的救济权。[④]另外，也有学者认为："生命权作为一项最基本的人权其内容包括三个方面：生命安全的维护权，排除妨害的权利，改变威胁生命安全的危险环境的权利。"[⑤]虽然对于生命权的内容，学者从不同的角度提出了不同的观点，但归纳起来，都包括生命不被非法剥夺和生命不受非法威胁两个方面的保护，即许多学者所说的生命存在权和生命安全权，而类似防御权和排除妨害的权利算是上述两大权利的衍生权利，是救济性权利。考虑到本节将主要讨论刑事诉讼中对生命权的保护，而刑事诉讼中也主要涉及生命权的剥夺和威胁两方面，对有观点提到的

---

① 王家福，刘海年. 中国人权百科全书. 北京：中国大百科全书出版社，1998：351.
② 刘连泰. 国际人权宪章与我国宪法的相关比较. 中共浙江省委党校学报，1999（5）.
③ 上官丕亮. 宪法与生命——生命权的宪法保障研究. 北京：法律出版社，2010：7-8.
④ 韩大元. 生命权的宪法逻辑. 南京：译林出版社，2012：15-16.
⑤ 张晓玲. 人权理论基本问题. 北京：中共中央党校出版社，2006：68.

生命权包含的如生命自主权、生命利益支配权等内容不做深入研究,因此本节将探讨的是对生命不被非法剥夺和不受非法威胁的权利的保护。

(三) 对生命权保护的发展

对生命权的保护起源于"天赋人权""人人生而平等"的自然法思想,建立在人的生命自由和人格尊严神圣不可侵犯基础上的生命权,是最基本的人权,也是享有其他一切人权的前提和必要条件。基于生命权对人的生存和发展的决定性意义,世界各国和地区通常是将生命权作为一项宪法性权利加以保护的,因此谈到生命权的保护首先是宪法层面的保护。生命权作为宪法权利,最早规定于1776年美国《弗吉尼亚权利法案》和《独立宣言》,其中《独立宣言》写道:"我们认为下面这些真理是不言而喻的:人人生而平等,造物者赋予他们若干不可剥夺的权利,其中包括生命权、自由权和追求幸福的权利。"[1]

第二次世界大战结束后,随着民族解放运动的发展,生命权入宪呈现规模化的发展,如1949年《德国基本法》第2条第2款规定:"任何人享有生命权与身体不受侵犯的权利,人身自由不可侵犯。只有根据法律才能限制这些权利。"1982年《加拿大宪法》第7条规定:"每个人都享有生命、自由和人身安全的权利,这些权利除非依照各项基本的司法原则不得剥夺。"1978年《西班牙宪法》第15条规定:"人人享有生命和身心完整的权利,在任何情况下不遭受拷打或不人道或贬低人格的惩罚和待遇。"在亚洲,1946年《日本宪法》第13条规定:"一切国民作为个人受到尊重。生命、自由与追求幸福的权利,在不违反公共福利的范围内,在立法及其国政中得到最大限度的保障。"1949年《印度宪法》第21条规定:"除依照法律规定的程序外,不得剥夺任何人的生命和人身自由。"截至2010年4月底,在联合国192个会员国中,共有161个国家的宪法以各种方式规定了生命权。[2]

世界人权入宪的大规模发展还得益于一系列国际性和区域性人权公约的影响,这也同时体现了国际社会对生命权价值的重视。1948年联合国颁布的《世界人权宣言》第3条规定"人人有权享有生命、自由和人身安全",

---

[1] 韩大元. 生命权的宪法逻辑. 南京:译林出版社,2012:9.
[2] 上官丕亮. 宪法与生命——生命权的宪法保障研究. 北京:法律出版社,2010:29.

该宣言成为第一部明确规定生命权的国际性人权文件；1966年联合国通过了《公民权利和政治权利国际公约》，公约第6条规定："人人有固有的生命权，这个权利应受法律保护。不得任意剥夺人的生命权。"作为世界上第一个区域性政府间国际组织，1950年欧洲理事会签署了《欧洲人权公约》，公约第2条第1款规定："任何人的生命权均应受到法律保护。任何人的生命不得被随意剥夺，但法院在依法将其定罪后执行判决的情形不在此限。"2000年欧洲理事会通过的《欧洲联盟基本权利宪章》第2条第1款再次对生命权作出规定："人人享有生命权"。而在美洲，早在《世界人权宣言》颁布之前，美洲国家组织就于1948年通过了《美洲人的权利和义务宣言》，规定"人人有权享有生命、自由和人身安全"。

我国宪法并没有直接规定生命权，但2004年宪法修正案将"国家尊重和保障人权"作为第33条第2款写入《中华人民共和国宪法》，可以将其理解为我国生命权的宪法保护的依据，因为作为人的一切权利的基础，生命权自然包括在人权之中。正如学者所说："生命权，如果说有什么权利算作人权的话，它就是。"[①] 另外，学者认为我国《宪法》第37条"人身自由"条款也是生命权的规范依据，具有生命的主体是形成人身自由体系的基础[②]，因此，可以将其作为我国生命权保护的宪法依据，作为国家保护生命权的原则性规定。以宪法确认公民享有的生命权，在凸显生命权重要价值的同时，也对国家的行为作出了义务性规定。如学者所说，生命权的宪法确认意味着国家或政府负有保障每一个社会成员生命权的道德的、法律的义务，使生命权成为社会共同体价值体系的基础。[③] 生命权的宪法化为国家以各种方式保护生命权奠定了基础。

二、刑事诉讼对生命权保护的特点

生命权的宪法化为国家保护生命权奠定了基础，也提出了要求。立法上要求从维护生命权的价值出发制定法律法规，执法中要求执法者在依法执行

[①] 米尔恩. 人的权利与人的多样性——人权哲学. 夏勇，张志铭，译. 北京：中国大百科全书出版社，1995：11.
[②] 韩大元. 生命权的宪法逻辑. 南京：译林出版社，2012：14.
[③] 韩大元. 中国宪法学应当关注生命权问题研究. 深圳大学学报（人文社会科学版），2004（1）.

职务过程中要充分尊重和保护公民的生命和尊严，司法层面上则要求严格依程序办案，依法裁判，通过裁判实现公平正义。可以说社会生活的很多方面都会涉及生命权的保护，生命权保护也对国家行为提出了不同的要求，其中，刑事诉讼作为以强制力惩罚犯罪、追究涉诉人员刑事责任的国家追诉活动，其运行的过程和结果都关系到人的人身自由和财产安全，甚至会产生剥夺犯罪人生命的裁判结果，因此作为与生命权联系最为紧密的制度设计，刑事诉讼对生命权的保护具有极大的现实意义，同时也明显区别于其他制度对生命权的保护。

（一）刑事诉讼以刑事诉讼法为生命权保护的法律依据

正因为刑事诉讼与人的生命权有着最直接、最紧密的联系，规定刑事诉讼程序、保证国家追诉犯罪的活动依法进行、保护当事人合法权利的刑事诉讼法，也有了"小宪法"之称。刑事诉讼对生命权的保护也是以刑事诉讼法为法律依据进行的，因此，刑事诉讼法对生命权的保护与其他部门法对生命权的保护又有明显区别。首先，与确立生命权最高价值的宪法相比，刑事诉讼法对生命权的保护更具有可操作性。宪法对生命权的保护是最高层次的，它确立了生命权在人权体系中的最高地位，同时这也意味着宪法不可能对在复杂的国家活动中如何保护生命权作出具体规定。此时，刑事诉讼法便可以发挥"小宪法"的功能，对刑事司法活动中如何保护生命权作出具体规定。尽管刑事诉讼法只针对刑事诉讼中的生命权保护，但正如前文所述，刑事诉讼是与生命权联系最为紧密的制度设计，因此刑事诉讼法能够在司法实践中更好地实现保护生命权的宪法愿望。其次，刑事诉讼法与民法，则又是公法与私法的区别，其规定的生命权性质不同，对生命权保护的功能也不同。规定在民法中的生命权是私权利，其义务主体是一般个人而不是国家，对抗的是个人对生命权的侵害，其生命权保护也是建立在双方平等协商的基础上的。因此民法对生命权的保护具有局限性，其保护效果不如以国家强制力为后盾、防止公权力对公民生命权的侵害、限制权力滥用的刑事诉讼法。最后，刑事诉讼法对生命权的保护又不同于刑法，二者是程序法与实体法的区别。诚然，在制定实体法的时候，也要以保护生命权的价值理念为指导，过去程序法总是以保证实体法得到实现的手段的地位存在，如今人们已经普遍认识到，通过刑罚实现社会公正时，作为刑事司法程序本身应具有独立于结果、不依附于结果的内在品质。① 刑事诉讼法以法律的形式确定刑罚的程序，防止因滥用国家权力而导致刑事案件当事人的合法权利受到不正当侵害，在羁押性强制措施中对犯罪嫌疑人、被告人的保护尤为重要。

（二）刑事诉讼中生命权保护的对象

宪法和刑事诉讼法对生命权保护的确认，其目的都在于限制国家权力，防止国家权力的侵害，因此国家自然成为生命权保护的义务主体，其义务包括消极义务，也包括积极义务。一般来讲，"尊重"主要指国家的消极义务，即不得滥用国家权力侵害生命权；"保护"则指国家的积极义务，国家需要采取积极的措施保护公民生命权不受侵害，并为公民合法的生命权利益的实现提供便利。关于生命权保护的对象，或者生命权的权利主体，在宪法意义上，其是包括所有本国人、外国人和无国籍人在内的所有人，而在刑事诉讼中，其保护对象具有特殊性。首先，广义上刑事诉讼中生命权的保护对象应与宪法意义上的一样，一方面是因为任何人都可能参加到刑事诉讼中，需要刑事诉讼法的保护；另一方面刑事诉讼通过惩罚犯罪可以达到维护社会稳定的效果，从而间接保护所有人的生命权。狭义上刑事诉讼中生命权保护的对象则仅指诉讼参加人，不仅包括刑事诉讼的被害人、自诉人、犯罪嫌疑人、被告人、附带民事诉讼的原告和被告，而且包括法定代理人、诉讼代理人、辩护人、证人、鉴定人和翻译人员。在所有涉诉人员中，犯罪嫌疑人和被告人因为可能直接面临羁押性强制措施和刑罚处罚，所以又是生命权保护的主要对象，本书对刑事诉讼中生命权保护对象的研究也以犯罪嫌疑人和被告人为主。

（三）以正当程序实现刑事诉讼的生命权保护

在刑事案件的生命权保护中，不仅要以实体法规定具体的刑罚罪名和量刑标准，在程序上明确刑罚裁判的产生过程同样重要。大家耳熟能详的法律格言是：正义不仅应得到实现，而且要以人们看得见的方式加以实现。在刑事诉讼中，这种"看得见的正义"就是程序正义。公平正义是人们希望通过刑事诉讼得到的裁判结果，也是这个社会的价值追求，而程序就是这种正义的载体和外在表现。正当程序是保护生命权的重要方式。因此有学者说：

---

① 陈瑞华. 刑事审判原理论. 北京：北京大学出版社，1997：46.

"程序本身也是一种权利，是人权的重要组成部分。"[1] 很多国家和国际组织也将这一权利与生命权一起写入宪法性文件中，如美国宪法第 5 修正案规定："未经正当程序的规定，不得剥夺任何人的生命、自由和财产。"日本1946 年《宪法》第 31 条规定："非依法律规定的程序，不得剥夺任何人的生命或自由，或者处以其他刑罚。"在国家与个人力量对比悬殊的情况下，保护生命权的最佳方式就是为公权力的行使设定法定程序，刑事诉讼法为个人与国家进行理性对抗提供了条件。为了对抗强大的国家权力，刑事诉讼法的许多法律规定和程序设计都有利于个人，而使国家追诉机关承担特殊义务，以此平衡双方的力量对比，实现公平正义，因此可以说正当程序是刑事诉讼对生命权保护的特有方式。

生命权的主要内容是生命存在权和生命安全权，其要对抗的是国家权力对生命权的剥夺和对生命安全的威胁这两大可能发生的侵害，从司法实践来看，其主要涉及刑事诉讼中的死刑和羁押性强制措施这两项制度，因此，以正当程序实现刑事诉讼的生命权保护，也就是要以正当司法程序严格适用死刑，减少和限制死刑的适用，同时依法实施羁押性强制措施，防止因不必要的羁押和羁押管理不当造成生命权的损害。或许，人们永远不可能将程序正义的内容揭示到"穷尽"的程度。但无论如何，程序的不公正和非正义都是有着固定标准的。那就是使人仅仅成为手段或工具，而不成其为目的。[2] 因此刑事诉讼应重视生命权的基础性人权地位，以程序正义为理性指导，以正当程序实现对生命权的保护。

三、刑事诉讼中生命权保护简介

（一）《公民权利和政治权利国际公约》中的生命权保护

刑事诉讼对生命权的保护以宪法为法的渊源，以刑事诉讼法为执行依据，而正当程序不仅是外在表现，也是其内在的理念指导。关于正当程序的标准，即在刑事诉讼中以犯罪嫌疑人、被告人为主的生命权保护对象享有哪些诉讼权利以对抗国家公权力，防止生命权受到侵害，而在刑事司法程序中防止生命权受到侵害主要涉及羁押性强制措施和死刑的适用问题，

---

[1] 宋世杰. 刑事诉讼理论研究. 长沙：湖南人民出版社，2000：20.
[2] 陈瑞华. 看得见的正义. 北京：中国法制出版社，2000：11.

1966年联合国《公民权利和政治权利国际公约》对此有比较系统和完整的规定。

1. 羁押性强制措施中的生命权保护

《公民权利和政治权利国际公约》第9条规定了被指控人不受不必要的羁押、获得及时公正的审判的权利,第10条规定了对被羁押人人格尊严的尊重:"一、所有被剥夺自由的人应给予人道及尊重其固有的人格尊严的待遇。"第14条共7款,其中规定了被指控者享有的由独立法庭公正审判、无罪推定、最低限度保证、较高级法院复审等权利,而关于最低限度的保证分列了具体的程序要求,即:"(甲)迅速以一种他懂得的语言详细地告知对他提出的指控的性质和原因;(乙)有相当时间和便利准备他的辩护并与他自己选择的律师联络;(丙)受审时间不被无故拖延;(丁)出席受审并亲自替自己辩护或经由他自己所选择的法律援助进行辩护;如果他没有法律援助,要通知他享有这种权利;在司法利益有此需要的案件中,为他指定法律援助,而在他没有足够能力偿付法律援助的案件中,不要他自己付费;(戊)讯问或业已讯问对他不利的证人,并使对他有利的证人在与对他不利的证人相同的条件下出庭和受讯问;(己)如他不懂或不会说法庭上所用的语言,能免费获得译员的援助;(庚)不被强迫作不利于他自己的证言或强迫承认犯罪。"综合以上条款,在司法强制措施中,被指控人享有的、对生命权保护至关重要的权利包括:无罪推定的权利、不受不必要的羁押的权利、获得及时公正审判的权利、不被强迫自证其罪的权利、辩护权、由较高法院复审的权利。这些权利规定多是专门针对审前阶段被指控人在被采取强制措施情况下的特殊权利,有的则是贯穿整个刑事诉讼程序的,如无罪推定、不被强迫自证其罪、辩护权,对保护犯罪嫌疑人、被告人的生命权具有重要意义。

2. 死刑适用中的生命权保护

尽管1989年联合国在《旨在废除死刑的公民权利和政治权利国际条约第二项任择议定书》中要求缔约国"采取一切必要措施在其管辖范围内废除死刑",但《公民权利和政治权利国际公约》的缔约国,可以通过权力保留选择暂不废除死刑制度,而且联合国大会在1966年通过《公民权利和政治权利国际公约》之时并没有要求各缔约国废除死刑制度,《公约》第6条对死刑适用程序做了原则性规定:"一、人人有固有的生命权。这个权利应受法律保护。不得任意剥夺任何人的生命。二、在未废除死刑的国家,判处死刑只能是作为对最严重的罪行的惩罚,判处应按照犯罪时有效并且不违反本公约规定和防止及惩治灭绝种族罪公约的法律。这种刑罚,非经合格法庭最后判决,不得执行。……四、任何被判处死刑的人应有权要求赦免或减刑。对一切判处死刑的案件均得给予大赦、特赦或减刑……"对死刑适用程序的更为具体的规定是 1982 年人权委员会通过的第 6 号一般性意见第 7 条的规定:"人权委员会认为,'最严重罪行'这个词的意义必须严格限定,它意味着死刑应当是十分特殊的措施。由第 6 条的规定来看,死刑的判处只能按照犯罪时有效并且不违反本《公约》规定的法律行之。《公约》规定的程序保证必须遵守,包括有权由一个独立的法庭进行公正的审讯、无罪假定原则、对被告方的最低限度保证和由较高级法庭审查的权利,这些是寻求赦免或减刑等特定权利以外的权利。"概括地说就是可能被判处死刑的人享有由独立法庭公正审判、无罪推定、最低限度的保证、较高级法院复审、寻求赦免或减刑等权利。

(二) 我国刑事诉讼法对生命权的保护

1. 刑事诉讼法对生命权保护的宗旨和原则性规定

《中华人民共和国刑事诉讼法》(下文简称《刑事诉讼法》)的总则部分规定了对生命权保护的宗旨。2012 年修改后的《刑事诉讼法》将"尊重和保障人权"写入第 2 条作为刑事诉讼法的任务之一,是对"人权入宪"的响应,也与《刑事诉讼法》第 1 条"惩罚犯罪,保护人民"的立法目的相统一。刑事诉讼是国家追诉犯罪的活动,但《刑事诉讼法》的任务不仅是惩罚犯罪,还有保障人权的功能。长久以来,人们对惩罚犯罪给予较多关注和重视,而忽略了其人权保障的功能,随着我国法学教育的发展和公民法律意识的加强,以及 2004 年"国家尊重和保障人权"被写入《宪法》的推动,人们逐渐认识到,惩罚犯罪和保障人权并不是对立的,二者相辅相成,都是《刑事诉讼法》的任务和功能,一味追求对犯罪的惩罚而忽视对犯罪嫌疑人、被告人以及其他诉讼参与人基本权利的保护,并不符合法治社会和公平正义的要求。生命权作为人权体系中最为基础性的权利,其自然也在《刑事诉讼法》"尊重和保障人权"的保护之列。因此,《刑事诉讼法》总则部分对刑事诉讼生命权保护作了宗旨和原则性规定,这对于司法程序中具体的生命权保护规定具有指导和解释作用。

2. 刑事诉讼法对生命权保护的程序规定

《刑事诉讼法》对生命权保护的程序规定主要体现在对羁押性强制措施和死刑适用的程序之中。首先,羁押性强制措施是司法机关对于现行犯或犯罪嫌疑人在一定期限内依法剥夺其人身自由并予以羁押的强制方法。羁押性强制措施可以成为保障大多数人生命权、自由权、财产所有权的手段,但同时也可能成为侵犯人权的凶手。[①] 因此,在羁押性强制措施的适用中以法律形式确立司法程序,赋予犯罪嫌疑人和被告人一定的诉讼权利,对于保护生命权十分必要。参照《公民权利和政治权利国际公约》对刑事诉讼中生命权保护的规定,我国《刑事诉讼法》对羁押性强制措施中生命权保护的规定主要包括以下几个方面。

第一,不受不必要的羁押的权利。我国《刑事诉讼法》第一编第六章关于强制措施的规定中,对拘留和逮捕的使用条件和程序作了明确规定,除此以外,还规定了羁押性强制措施的替代措施,即取保候审和监视居住的适用条件。

第二,获得及时、公正、公开的法庭审判的权利。《刑事诉讼法》规定了羁押性强制措施的适用期限和法庭的审理期限,如第91条规定:"公安机关对被拘留的人,认为需要逮捕的,应当在拘留后的三日以内,提请人民检察院审查批准……"但其同时规定了可以延长期限的特殊情况,使得拘留的最长期限可以达到37天。为了法庭的公正审判,犯罪嫌疑人和当事人有申请回避的权利,司法机关也应遵守法律和职业规范保证公正的审理;第188条规定了公开审判的内容:"人民法院审判第一审案件应当公开进行。但是有关国家秘密或者个人隐私的案件,不公开审理;涉及商业秘密的案件,当事人申请不公开审理的,可以不公开审理。"另外在未成年人刑事案件特别程序中也规定了未成年人案件的不公开审理,因此除有关国家秘密、个人隐私、未成年人案件和依申请不公开审理的涉及商业秘密案件外,一律公开审理。

第三,辩护权。根据《刑事诉讼法》第34条的规定,犯罪嫌疑人

[①] 冯荣华. 论羁押性强制措施与人权保障. 律师世界,2003 (7).

"自被侦查机关第一次讯问或者采取强制措施之日起",便有权委托律师作为辩护人协助他行使辩护权,同时第 35 条规定了法律援助制度以为因经济困难或其他原因没有委托辩护人的犯罪嫌疑人、被告人提供免费的律师帮助。

第四,无罪推定。无罪推定是犯罪嫌疑人、被告人享有的权利,更是一种司法理念,《刑事诉讼法》第 12 条规定:"未经人民法院依法判决,对任何人都不得确定有罪。"第 51 条规定控诉方的举证责任,第 52 条规定"不得强迫任何人证实自己有罪",第 200 条第 3 项规定:"证据不足,不能认定被告人有罪的,应当作出证据不足、指控的犯罪不能成立的无罪判决"。由此,《刑事诉讼法》通过控方举证责任、不得强迫证实自己有罪和证据不足的无罪判决的规定,以及第 12 条无罪推定的原则性规定,确立了我国刑事诉讼的无罪推定原则。

第五,上诉和申请再审的权利。对于一审判决和裁定,根据《刑事诉讼法》第 227 条和第 337 条的规定,被告人有权在法定期限内提出上诉,且受到"上诉不加刑"的保障;根据《刑事诉讼法》第三编第五章审判监督程序的规定,对已经生效的判决、裁定,包括被告人在内的当事人及其法定代理人、近亲属可以向法院和检察院申诉要求再审,而司法机关也有义务对确有错误的判决、裁定启动再审程序。

另外,在死刑案件中,犯罪嫌疑人、被告人虽一般也是羁押性强制措施中的被羁押人,但同样受到前述各项权利的保护。其特殊之处在于:人的生命是至高无上的,生命权是享有其他一切权利的基础。死刑,尤其是死刑立即执行,作为所有刑罚中最为严厉的惩罚,其结果是不可补救的。如果死刑适用不当,可能形成冤假错案,其对公平正义的价值理念和法律权威将构成极大的损害。因此《刑事诉讼法》首先提高了审理死刑案件的法院的级别,规定可能判处死刑的案件由中级以上人民法院审理;其次规定了对于死刑案件的犯罪嫌疑人、被告人的强制辩护制度,如果他们没有聘请辩护人,不管基于什么原因,都要由法律援助机构为其提供免费的法律帮助;最后对死刑复核程序做了特别规定,第 246 条规定:"死刑由最高人民法院核准。"第 250 条规定最高人民法院复核死刑案件应当讯问被告人,听取辩护律师的意见。另外 2010 年最高人民法院、最高人民检察院、公安部、国家安全部、司法部联合公布的《关于办理死刑案件审查判断证据若干问题的规定》和《关于办理死刑案件排除非法证据若干问题的规定》，对死刑案件的证据问题做了特别规定，以保证适用法律正确，确保案件质量。

四、完善我国刑事诉讼中生命权保护的几个问题

生命权是人最基本的一项人权，是享有其他一切权利的前提和必要条件，刑事诉讼是与生命权联系最为紧密的制度设计，其中的死刑制度和羁押性强制措施的适用都涉及人的生命权保护问题，因此有必要通过立法对刑事诉讼中的生命权保护予以规定。在我国，《刑事诉讼法》是刑事诉讼生命权保护的主要法律规范，对司法强制措施和死刑的具体适用作了程序上的规定，体现了我国刑事诉讼对生命的尊重和对生命权的重视，对于限制国家权力、保护公民生命权的实现具有积极意义。但不可否认的是，在我国关于生命权的价值和保护的认识起步较晚，刑事诉讼对生命权保护的立法仍有不足，而更重要的是目前立法与实践发生了错位，因此为了真正发挥刑事诉讼人权保障的功能，需要立足我国国情，结合国际上关于生命权保护的相关规定，不断完善我国刑事诉讼中的生命权保护。

（一）推进审前程序改革，保障羁押性强制措施依法适用

根据《刑事诉讼法》第一编第六章的规定，我国刑事诉讼中的强制措施有拘传、取保候审、监视居住、逮捕和拘留五种，且在我国刑事诉讼法中羁押并不是一种独立的强制措施，而是依附于拘留和逮捕的规定，是拘留、逮捕之后的持续状态[①]，因此在我国的刑事诉讼中羁押性强制措施就是指拘留和逮捕这两项强制措施。羁押性强制措施的适用主要是为了确保犯罪嫌疑人、被告人及时到案，防止其毁灭和伪造证据、妨害作证，以确保刑事诉讼的顺利进行，另外也是为了防止犯罪嫌疑人、被告人对社会和被害人、证人等的继续伤害行为。但无论羁押性强制措施怎样适用，按照无罪推定的司法理念，其只是一种预防性羁押，其目的主要是程序性的，而不应当演化为一种积极的实体性的惩罚措施，更不能被视为一种"预期惩罚"[②]。然而我国

---

① 陈卫东. 刑事诉讼法学研究. 北京：中国人民大学出版社，2012：413.
② 陈瑞华. 问题与主义之间——刑事诉讼基本问题研究. 北京：中国人民大学出版社，2003：169.

司法实践中发生的看守所离奇死亡事件一再向羁押性强制措施的程序性功能发起挑战。从2009年云南晋宁县公安局看守所发生"躲猫猫死"事件后，又发生过"洗澡死""噩梦死""粉刺死""喝水死"等各种嫌疑人被采取羁押性强制措施后在看守所内离奇死亡的事件，这些事件经媒体报道，引起了社会各界对羁押性强制措施适用的极大关注，因而对司法公正和法律的权威造成了恶劣的影响。为什么原本只是为了保障刑事诉讼顺利进行的羁押性强制措施会造成在押人生命权受侵害的后果？怎样才能保证羁押性强制措施真正发挥其程序性功能，防止对在押人生命的侵害？笔者认为，问题的解决需要通过分析实例，从以下几个方面作出改进。

1. 坚持无罪推定的司法理念，确保羁押必要性

减少羁押性强制措施中在押人员非正常死亡事件的发生，首先就要控制羁押性强制措施的适用，从源头上减少在押量，降低在押人员因非正常因素死亡的发生概率。在生效判决产生以前，任何人都不能被确定有罪，拘留和逮捕也只是为了保证刑事诉讼的顺利进行而采取的预防性羁押，而不能作为一种侦查手段加以滥用。司法实践中存在羁押程序行政化、超期羁押和替代性强制措施适用率低的问题，对此可以从以下两方面进行完善。

第一，羁押程序诉讼化，以中立裁判保障生命权。2014年在刑事司法改革之前我国强制措施的适用程序存在严重的行政化现象，除了逮捕需要检察机关的批准以外，行政拘留、刑事拘留以及逮捕后羁押期限的延长等事项，基本上由公安机关自行决定，这也是我国刑事诉讼中超期羁押不绝的主要原因。典型的案例是1997年河北省涉县龙湖乡村民姚成功因被涉县公安局怀疑与一起爆炸杀人案有关，从1997年2月5日开始，其先后被涉县公安局以行政拘留、刑事拘留、监视居住、逮捕、延长羁押期限等方式羁押，最终于1999年9月14日死于涉县公安局看守所，法医鉴定其死亡原因是冠心病猝死。从行政拘留到死亡，姚成功被羁押了2年7个月，不能肯定地说超期羁押与姚成功的死亡没有任何关系。在逮捕程序中，尽管我国刑诉法规定检察机关作为法律监督机关对侦查机关的侦查活动通过提请批准逮捕等方式予以监督，但是检察机关传统的审查逮捕程序为书面审查，并不听取犯罪嫌疑人及其律师的意见，极少考虑适用取保候审，依内部的审批程序，一旦承办人提出适用逮捕的意见，那么部门负责人、检察长的审查程

序形同虚设。① 因此，保护被羁押人的生命权，不仅需要严格规定羁押性强制措施的适用条件，还应借鉴欧美国家的经验，在羁押程序中引入司法裁判机制，对于拘留、逮捕等强制措施适用的决定必须由中立的法官经过审查作出，而在此过程中犯罪嫌疑人及其辩护律师可以与控诉方进行对质和辩论，最后由中立的法院在听取控辩双方意见后作出是否适用羁押性强制措施的决定。

第二，以必要性和比例性原则考察羁押必要性，以其他强制措施替代羁押性强制措施。我国《刑事诉讼法》规定了监视居住和取保候审两种替代性强制措施，但实践中应用率较低，究其原因还是司法工作人员心存侥幸，为办案方便，以捕代侦，或是以有罪推定的理念将羁押性强制措施作为一种惩罚手段予以适用，从而增加了许多不必要的羁押，给在押人员生命权受侵害埋下隐患。如在"躲猫猫死"事件中，犯罪嫌疑人李乔明涉嫌罪名是盗伐林木罪，这种犯罪即使最后被定罪，其对社会的现实危险性也是极小的，完全可以对其取保候审，令其随传随到，确保刑事诉讼顺利进行，而当地公安局对其进行拘留并羁押在看守所内，最终发生了"躲猫猫死"的悲剧。因此，应从保障人权的角度出发，确立有利于犯罪嫌疑人和被告人的非羁押性强制措施程序，放宽取保候审和监视居住的适用条件，避免不必要的羁押，使羁押成为不得已而采取的措施，让更多的犯罪嫌疑人、被告人在非羁押状态下等待审判，以预防生命权的侵害。

2. 推进看守所体制改革，加强对羁押性强制措施的监督

上文提到的"躲猫猫死""洗澡死""噩梦死""粉刺死""喝水死"等在押人员非正常死亡案件，无一例外地都发生在看守所内，这不得不让我们对看守所的性质和管理制度产生怀疑。这些案件中，导致犯罪嫌疑人、被告人死亡的直接原因主要有两个：一是牢头狱霸，如"躲猫猫死"事件最后查明被害人是被同监室张涛、普华永等人殴打致死；二是刑讯逼供，如"喝水死"案件中，被害人王亚辉在看守所内死亡，警方辩称其是在提审时喝水突然死亡，事后查明其身上多处伤痕是刑讯时留下的。牢头狱霸和刑讯逼供的产生原因都与看守所的职能定位和管理体制密切相关。目前我国的看守所隶

---

① 刘计划. 逮捕审查制度的中国模式及其改革. 法学研究，2012 (2).

属于公安机关，而公安机关又承担着侦查案件的主要任务，因此，公安机关集侦查与羁押于一身，看守所与侦查人员成为利益共同体，为快速破案，刑讯逼供难以避免；另外，牢头狱霸的存在归根到底是看守所管理失职的问题，监管人员对犯罪嫌疑人、被告人的权利保护意识薄弱，在日常工作中没有及时发现和制止牢头狱霸的殴打行为，才最终导致惨剧发生。

因此，要减少看守所内被羁押人员非正常死亡事件的发生，笔者建议对看守所进行如下几方面的改革：首先，将看守所从公安机关中剥离出来，实现中立化。有学者建议将其交由司法行政机关管理，使看守所与案件没有利益关系，与侦查机关也明确各自的责任，从而避免刑讯逼供。[①] 其次，看守所管理人员在观念上实现从有罪推定到无罪推定的改变，从认识上重视对犯罪嫌疑人、被告人权利的保护，对于监所内出现的各种问题及时处理，主动关心和保护犯罪嫌疑人和被告人。最后，强化看守所检察监督和社会监督的结合。虽然目前我国有《人民检察院看守所管理办法》的规定，看守所内有驻所检察官的设置，但不少看守所非正常死亡案件的发生，说明看守所的监督确实存在问题，对此需要改变监督方式，驻所检察官对看守所的监督不能只看书面报告，而应当亲自监督看守所的审讯和管理。为实现这一职能，在看守所内设置监控设备并由检察官管理，便可在技术设施上确保监督职能实现。另外在"躲猫猫死"案件中，媒体的曝光和舆论的监督最终促成了案件的公正解决，因此应当引入看守所的社会监督，允许社会组织和公民通过合法程序参观和考察看守所的日常工作，督促看守所做好管理工作。

3. 充实被羁押人员辩护权，以律师帮助权保障生命权

羁押性强制措施中被羁押人员遭受生命权侵害的情形大多发生在侦查期间，这与侦查阶段司法程序的不透明性和犯罪嫌疑人对程序的参与权有限有很大关系，侦查程序的封闭性和秘密性客观上使得侦查权的监督和制约机制较少，使得犯罪嫌疑人的人权处于受侵害的危险之中。[②] 2009年发生在陕西省丹凤县的高中生受审期间猝死案即为典型。2009年2月10日，丹凤县丹江河畔发生一起高中女生被害案。2月28日，丹凤县中学高三学生徐梗荣

---

① 张兵. 事实与规范之间——看守所非正常死亡现象剖析. 广西政法管理干部学院学报，2010 (5).

② 陈卫东. 刑事诉讼法学研究. 北京：中国人民大学出版社，2012：363.

被确定为重大嫌疑人,当晚即被带至县公安局连续审讯,直至3月8日在受审期间猝死。在刑事拘留期间,侦查人员严重违反相关规定,对徐梗荣采取刑事拘留,但未将其送往看守所羁押,而是在公安局审讯,并采取不让嫌疑人休息、反背捆绑、吊、打等方式刑讯逼供,最终导致徐梗荣由于外伤、疲劳等因素引发心搏骤停死亡。这一侵害生命权的案件暴露了刑事诉讼中讯问未在法定场所进行和犯罪嫌疑人辩护权虚化两大问题。就第一个问题,2012年我国修改后的《刑事诉讼法》规定"拘留后,应当立即将被拘留人送看守所羁押,至迟不得超过二十四小时",规定看守所才是唯一的法定讯问场所,消除侦查人员在公安机关私自审讯的可能性。关于第二个问题,则需要从以下两方面予以完善。

第一,赋予犯罪嫌疑人沉默权。根据无罪推定的原则,证明犯罪嫌疑人有罪的举证责任由控方承担,犯罪嫌疑人在被生效判决确定有罪之前是无罪的,不用承担证明自己有罪的举证责任,这也正是沉默权的主要内涵,即不被强迫作不利于自己的陈述。因此,沉默权是一种消极的辩护权,是犯罪嫌疑人辩护权的一部分。2012年修改后的《刑事诉讼法》第50条(现为第52条)首次规定"不得强迫任何人证实自己有罪",被认为中国已然在立法的层面上确立了默示的沉默权制度[①],但《刑事诉讼法》中"犯罪嫌疑人对侦查人员的提问,应当如实回答"的义务性规定,使得犯罪嫌疑人的沉默权前途未卜,因此立法机关和司法机关应通过司法解释进一步明确"不得强迫任何人证实自己有罪"的意义,并明确违反这一规定取得的证据应作为非法证据予以排除,以使这一规定获得现实可行性。赋予犯罪嫌疑人沉默权是充实和完善侦查阶段犯罪嫌疑人辩护权的重要内容,能够防止侦查人员为获得有罪供述而使用刑讯手段,从而达到保护犯罪嫌疑人生命权的目的。

第二,确立讯问时律师在场权制度。被羁押人生命权的保护与辩护权的有效行使密切相关,而辩护权的实现又需要专业律师的协助,因此在刑事诉讼中完善律师帮助权是被羁押人生命权保护的重要途径。被羁押人的律师帮助权包括由律师代理申诉控告、变更强制措施、了解犯罪嫌疑人所涉罪名、提供法律咨询等,以及律师为协助犯罪嫌疑人行使辩护权而享有的会见通信

---

① 何家弘. 中国式沉默权制度之我见——以美国式为参照. 政法论坛,2013 (1).

权、阅卷权、调查取证权等。我国《刑事诉讼法》第一编第四章对这些权利都作了明确规定，但对于实践中对保护被羁押人生命安全最直接、最有效的律师在场权并没有规定。在讯问的主要阶段，即侦查阶段，律师的在场权是指，从犯罪嫌疑人被第一次讯问开始到侦查结束，辩护律师有权在此过程中的任何讯问场合在场，其内容包括提供法律咨询权、监督权、异议权、申诉权和签字确认权。[①] 规定讯问时律师在场权是许多国家确保犯罪嫌疑人供述的自愿性和真实性的重要手段。这是因为规定讯问时律师在场协助被追诉人行使辩护权，可以有效平衡控辩双方的力量对比，对于监督侦查权的依法行使，防止因侦查权滥用而导致刑讯逼供、骗供和诱供的发生具有显著的积极影响，因此应当明确规定讯问时律师在场权，保障犯罪嫌疑人、被告人辩护权的有效实现，从而达到生命权保护的目的。

（二）推进死刑案件审理程序改革，以正当程序控制死刑

2013年杭州张氏叔侄案再一次引起社会对冤假错案的极大关注，而此前的1987年湖南滕兴善案、1996年内蒙古呼格吉勒图案、1998年云南昆明杜培武案、2005年湖北荆门佘祥林案、2006年河南荥阳聂树斌案、2010年河南赵作海案等影响较大的冤假错案，也再次回到公众视野。这些典型刑事错案的共同点是，这些含冤入狱的刑事错案受害者都被判处或曾经被判处过死刑，其中滕兴善、呼格吉勒图、聂树斌死刑已经执行，刑事错案受害者的生命已经不复存在。由此，关于死刑存废问题再次成为学界和社会的讨论热点，世界上很多国家已经通过立法或司法实践实质性地废除了死刑制度，我国目前是世界上少数保留死刑的国家之一。由于我国传统法律文化中"杀人偿命"刑罚观念的影响，加上现实中惩罚犯罪的需要，目前在我国彻底废除死刑制度尚没有现实可能性。但不废除并不意味着对适用死刑的推崇，生命对每个人来说都具有唯一性，生命权是人权体系中的基础性权利，对于任何涉及生命权的行为活动都应当谨慎。死刑作为对犯罪最严厉的惩罚，其适用结果的不可逆转性使得我们不得不重视这项制度。就现实情况而言，死刑是一种无奈但有一定合理性的选择。尽管死刑于现阶段不能废除，但应对其适用的具体程序予以明确规定，以正当程序确保死刑的正确

---

① 田荔枝. 论我国侦查讯问阶段律师在场制度的构建. 法学论坛，2009（3）.

适用，坚持"少杀、慎杀"，以控制和减少死刑的适用，保护生命权。因此可以说，在我国目前情况下，推进死刑程序正当化比废除死刑更具有现实意义。

根据我国《刑事诉讼法》的规定，死刑包括死刑缓期两年执行和死刑立即执行两种刑罚，而无论是死缓还是死刑立即执行，都存在对人的生命权予以剥夺的威胁，因此本书对死刑制度的讨论是将死刑缓期执行和死刑立即执行都包含在内的。关注死刑制度中的生命权保护问题，需要对因冤假错案而造成无辜者生命权被剥夺的现象予以关注，但更重要的是要重视死刑适用程序科学合理的设计和安排，通过正当程序严格控制死刑的适用，防止和杜绝冤假错案对无辜者生命权的侵害。推动死刑程序正当化，实现对生命权的保护，包括死刑审前程序的正当化和死刑审判程序的正当化。学界关于死刑审判程序的讨论较多，而对于死刑审前程序的关注较少，这与《刑事诉讼法》对死刑在侦查和起诉阶段的特殊规定较少，而对死刑案件审理程序做了特别规定有一定关系。但笔者认为更主要的原因在于，根据无罪推定的刑诉法原则和法律面前人人平等的宪法理念，在侦查和起诉阶段，任何犯罪嫌疑人、被告人都是无罪的，国家对其各项权利的保护，不论所涉案件的大小，都应当给予同样的重视和保护。因此，对死刑案件审前阶段中犯罪嫌疑人、被告人生命权的保护，应当同样严格适用《刑事诉讼法》的程序规定。由此，对于死刑案件中的生命权保护，笔者认为死刑案件审前程序的正当化，应当参照上文羁押性强制措施中生命权保护的内容；而关于死刑案件审判程序的正当化，应当从以下几个方面予以完善。

1. 提高死刑案件证明标准，确保定罪与量刑正确

在刑事诉讼中，考虑到以国家力量为支撑的控诉方与被追诉方个人力量之间控辩实力的差异，《刑事诉讼法》规定由控方承担证明被追诉人有罪的证明责任，以在程序上平衡对抗机制，保障被追诉人的诉讼权利。在死刑案件中，鉴于刑事案件的复杂性和死刑结果的严重性，为了以谨慎的态度对待生命权保护，应当对死刑案件规定更高的证明标准：不仅要证明被告人确实实施了被指控的犯罪事实，而且要证明对其处以死刑是必要的和唯一的选择，即既要考虑定罪的证明标准，也要考虑量刑的证明标准。我国死刑案件程序应当区分定罪的证明标准与量刑的证明标准，对于定罪的证明标准坚持

与普通刑事案件相同的排除合理怀疑标准,对于量刑则进行再一次的"分而治之",即进入量刑阶段后,法官应当遵循排除合理怀疑的证明标准进行量刑,例外的是,如果控方主张判处被告人死刑,那么法院应当就是否判处被告人死刑适用排除一切怀疑的证明标准。[①] 同时从杜培武案、佘祥林案等案中,被告人一审被判处死刑立即执行,而二审因证据问题改判较轻的刑罚的现象来看,根据疑罪从无的刑事诉讼原则,对于没有充分证据证明被告人实施了被指控的犯罪行为的,应当对其作出无罪判决,而不应对其"退而求其次"地将死刑立即执行改判为死缓或无期徒刑等其他刑罚,以避免无辜者遭遇不白之冤。

2. 坚持"上诉不加刑"原则在二审程序中的正当适用

对于一审判决,法律赋予被告人上诉权以启动二审法庭对案件的审理,上诉不加刑原则是为了保障被告人上诉的合法权利,使得案件获由更高一级法院复审的权利和自由,我国《刑事诉讼法》第237条规定了上诉不加刑原则:"第二审人民法院审理被告人或者他的法定代理人、辩护人、近亲属上诉的案件,不得加重被告人的刑罚。第二审人民法院发回原审人民法院重新审判的案件,除有新的犯罪事实,人民检察院补充起诉的以外,原审人民法院也不得加重被告人的刑罚。人民检察院提出抗诉或者自诉人提出上诉的,不受前款规定的限制。"即在只有被告人一方提出上诉、检察院未抗诉的情况下,二审法院不得加重被告人的刑罚,但最高人民法院《2020年通过的关于适用〈中华人民共和国刑事诉讼法〉的解释》(下文简称《最高人民法院刑诉法解释》)第401条第1款第7项又规定:"原判处的刑罚不当、应当适用附加刑而没有适用的,不得直接加重刑罚、适用附加刑原判刑罚畸轻,必须依法改判的,应当在第二审判决、裁定生效后,依照审判监督程序重新审判。"其结果是,在死刑案件中,如果一审法院并未对被告人判处死刑或仅判处死刑缓期执行,被告人提出上诉,即使检察院未提出抗诉,而二审法院仍可以审判监督的形式对被告人判处死刑或将死缓改判为死刑立即执行,间接加重被告人的刑罚。笔者认为,二审法院虽然并没有直接以二审判决的形式加重被告人的刑罚,形式上未违反上诉不加刑原则,但其实质上已经违

---

① 陈卫东. 关于完善死刑复核程序的几点意见. 环球法律评论, 2006 (5).

背了司法权的基本理念,即不告不理。不告不理的司法理念要求法院保持消极、中立的态度,在控诉机关指控犯罪的范围之内进行审理和宣判。在二审程序中,在检察机关对一审判决无异议,不要求加重被告人刑罚的情况下,法院以迂回的方式加重刑罚,是对公平、公正、中立、消极司法理念的违背;在死刑案件中,更是对被告人生命权的侵害。上诉不加刑原则是对二审法院审判行为的程序性限制,其价值在于通过正当程序保障被告人上诉权和裁判的实体公正,二审法院通过审判监督程序加重被告人刑罚的行为不具有程序的正当性,应当予以废除。

3. 完善死刑复核程序,保证死刑复核价值的实现

死刑复核程序是国家为死刑案件规定的特别程序,其价值在于通过程序制约实现法律的统一适用和对生命权的保护。对于死刑案件,在普通司法审判程序的基础上设置死刑复核程序,体现了国家对适用死刑的慎重态度,有利于被告人充分行使辩护权,彰显程序正义,避免刑事错案的发生。2006年12月28日最高人民法院发布《关于统一行使死刑案件核准权有关问题的决定》,明确废止过去关于授权高级人民法院和解放军军事法院核准部分死刑案件的规定,将死刑核准权统一收归最高人民法院。最高人民法院收回死刑核准权有利于确保死刑适用标准的统一,最大限度地实现死刑案件的司法公正,控制和减少死刑的适用,体现了国家对生命权的尊重和保护。有学者提出从充分保障被判处死刑人的权利及整个诉讼体系的协调性出发,应对死刑案件实行三审终审制改革。[①] 对此笔者也颇为认同,但在我国刑诉法未对其进行改革之前,完善死刑复核程序应是实现刑事诉讼中生命权保护的当务之急。

第一,改革死刑复核程序的审理方式。死刑复核程序是一种审判程序,其对于被告人一方来说是一种死刑的救济方式,对于国家来说是其确保国家审判权行使正当的确认程序,因此死刑复核程序应具有审判程序的基本特征,即在控辩双方的平等参与下,由独立的法院进行公开、公正的审判。根据我国《刑事诉讼法》第249条规定,死刑复核由三名审判员组成合议庭进行,第251条规定:"最高人民法院复核死刑案件,应当讯问被告人,辩护

[①] 详细内容可参见陈卫东,刘计划. 死刑案件实行三审终审制改造的构想. 现代法学,2004 (4).

律师提出要求的，应当听取辩护律师的意见"，但对于讯问和听取意见的具体方式和程序，最高人民法院于 2012 年发布的刑诉法解释第 434 条规定："死刑复核期间，辩护律师要求当面反映意见的，最高人民法院有关合议庭应当在办公场所听取其意见，并制作笔录；辩护律师提出书面意见的，应当附卷。"最高人民法院刑诉法解释关于死刑复核方式的规定是，由终审法院提交报请复核的死刑案件综合报告，最高人民法院和高级人民法院组成合议庭对死刑案件进行书面审理，然后作出是否予以核准的决定，这种类似于行政审批式的复核方式违背了死刑复核程序设置的初衷，即通过程序设置确保死刑正确适用，保护被告人的生命权。因此，应当按照一审和二审的审判程序规定对死刑复核程序进行改造，对于报请复核的死刑案件以开庭审理为原则、不开庭审理为例外，对于被告人及其辩护人对死刑判决不服，对定罪和量刑的证据和审判程序有异议的应开庭审理；另外，改变死刑复核书面审理的审理方式为书面审理与言辞审理的结合，合议庭应对被告人进行讯问，并主动听取辩护律师的意见，对于被告一方提出的对证据或程序的异议，法院有义务要求相关的办案人员出庭作出必要说明，允许控辩双方对与定罪和量刑有关的事实和法律问题进行对抗和辩论。同时死刑复核程序应接受检察机关和社会的监督，凡是符合公开审理条件的案件都要公开审理，使得死刑复核在公正程序中进行。

第二，保障死刑复核程序中被告人的律师帮助权。对死刑复核程序审理方式的改革，要确保被告人充分的程序参与，需要对被告人辩护权的有效行使予以保障。在一审和二审程序中，可能被判处死刑的被告人有权聘请律师协助辩护，如果其无力聘请律师，法庭将会通知法律援助机构为其提供免费的律师帮助。在死刑复核程序中，律师帮助权对于保障被告人辩护权的实现同样重要。《刑事诉讼法》第 35 条第 3 款规定："犯罪嫌疑人、被告人可能被判处无期徒刑、死刑，没有委托辩护人的，人民法院、人民检察院和公安机关应当通知法律援助机构指派律师为其提供辩护。"在死刑复核程序中，被告人仍处于"可能被判处死刑"的状态之中，为其指定辩护律师是《刑事诉讼法》本条规定的应有之义。因此，在死刑复核程序中，法院首先有义务告知被告人有权聘请律师协助其进行辩护；其次，如果被告人无力聘请律师，法院应当通知法律援助机构为其指定辩护；最后，法院应在复核程序中认真听取辩护律师的意见,保障被告人对程序的有效参与和辩护权的充分行使。

五、结语

刑事诉讼中的生命权保护对于实现生命权的宪法性权利价值具有重要意义,对生命权保护的态度显示了一个国家司法文明和法治理念的水平与高度。目前人们已经普遍意识到生命权的崇高价值,没有人否定生命权保护的重要意义,然而对于怎样实现生命权的有效保护仍认识不足,这也是实践中出现生命权受到非法侵害的悲剧的原因所在。我国刑事诉讼中同样存在许多可能影响生命权保护的瑕疵和不足,本书仅就羁押性强制措施和死刑的适用中存在的问题进行了分析,并提出相应的控制建议。这是因为通过对近年来影响比较大的几起刑事诉讼中生命权遭受非法侵害的典型案例的分析可以发现,羁押性强制措施和死刑适用中存在的程序问题与生命权遭受非法侵害的结果有着最直接的联系。而刑事诉讼运行的其他环节中可能同样潜藏着威胁生命权保护的危险因素,这就需要立法和司法实践根据实际情况的变化,不断作出调整,构建符合我国国情和现实需要的生命权保护制度,通过对生命权这一基础性人权的保护,实现《宪法》和《刑事诉讼法》尊重和保障人权的价值追求。

第六节 死刑的宪法控制方案

关于死刑适用的控制措施,目前学界基本上是在刑事法的框架内从实体与程序两个方面展开研究的。但是,如何严格控制死刑,不仅是刑事法的问题,更是宪法问题。可以说,如何严格控制死刑,并非刑事法能够独自回答的问题,死刑适用必须受到宪法的有效制约。因此,在我国,讨论死刑的刑事法控制方案当然是必要的,但学界还应同时努力探讨死刑的宪法控制方案。本节将从宪法解释学的角度,指出控制死刑适用是宪法自身的要求;根据法律面前人人平等的宪法原则与死刑的正当化根据——报应刑论,可推导出被害人的死亡是衡量《刑法》第48条"罪行极其严重"诸指标中最为核心的指标,据此可以以命偿命原则初步构建起死刑的宪法控制方案。①

一、控制死刑是宪法自身的要求

从表面上看，我国现行《宪法》文本中没有出现死刑一词，也未提及控制死刑，其实不然。死刑属于刑罚的具体种类之一，宪法是规定国家架构与公民权利的根本法，未对某一刑罚（死刑）明文提出制约措施，是非常自然的。宪法的沉默不言并不意味着宪法放弃了对死刑的控制，控制死刑适用是宪法精神的基本要求。

首先，《宪法》所规定的国家的建设目标，表明《宪法》具有控制死刑的意向。《宪法》序言明文规定："中国各族人民将继续在中国共产党领导下……逐步实现工业、农业、国防和科学技术的现代化，推动物质文明、政治文明、精神文明、社会文明、生态文明协调发展，把我国建设成为富强民主文明和谐美丽的社会主义现代化强国，实现中华民族伟大复兴。"将我国建成文明国家是宪法明文规定的建设目标，为了实现这一目标，宪法自然要求对死刑的适用进行控制：在现阶段尽量减少死刑的适用，乃至将来在实务中不判处死刑立即执行，最后做到在立法上完全废止死刑。

其次，《宪法》所规定的国家职责，表明《宪法》具有控制死刑的理念。《宪法》第 28 条规定："国家维护社会秩序，镇压叛国和其他危害国家安全的犯罪活动，制裁危害社会治安、破坏社会主义经济和其他犯罪的活动，惩办和改造犯罪分子。"从将我国建成文明国家这一目标出发，"惩办"犯罪分子当然重要，但"改造"犯罪分子更为重要。要改造犯罪分子，对犯罪分子就不能判处死刑立即执行，因为改造犯罪分子以犯罪分子享有生命，至少以没有被判处死刑立即执行为前提。即便是"惩办"犯罪分子，也不意味着必须适用死刑，因为惩办犯罪分子并非只有死刑这条唯一路径，适用无期徒刑、有期徒刑等刑罚，同样属于惩办犯罪分子。从宪法所规定的国家职责可以看出，宪法要求严格控制死刑的适用。

最后，《宪法》中"国家尊重和保障人权"的规定，表明宪法具有控制

---

① 限于本书的主题，本节仅讨论死刑的宪法控制方案，即在宪法上审查具备何种条件时，可以判处犯罪分子死刑。至于是判处犯罪分子死刑立即执行还是判处犯罪分子死刑缓期 2 年执行，则是需要另文讨论的问题。

死刑的价值追求。生命权是一切人权之本，国家尊重和保障人权意味着国家尊重和保障公民的生命权。过多地适用死刑，与《宪法》第33条第3款"国家尊重和保障人权"的精神是相违背的。当需要以死刑的形式来惩办犯罪分子时，法官需要根据犯罪分子所实施的具体罪行，考虑判处犯罪分子死刑是否符合"尊重和保障人权"的宪法要求，或者说需要进行判处死刑是否侵犯了犯罪分子的人权这一宪法考量。

为了"维护宪法尊严、保证宪法实施"，对于构建死刑的宪法控制方案，学界负有义不容辞的责任。可以肯定的是，多年以来，死刑适用出现一些偏差与我国未能建立死刑的宪法控制具体机制存在关联。在美国、日本等保留死刑的国家，其死刑适用率之所以极低，与其宪法能够严格控制死刑的适用存在密切关联。1983年9月7日，最高人民法院发布《关于授权高级人民法院核准部分死刑案件的通知》，将对杀人、强奸、抢劫、爆炸以及其他严重危害公共安全和社会治安判处死刑的案件的核准权，授权由各省、自治区、直辖市高级人民法院和解放军军事法院行使。在1996年《刑事诉讼法》修正后，在学界的积极努力下，最高人民法院于2007年收回死刑核准权，大幅减少了死刑执行人数。死刑的宪法控制方案有利于我国严格控制死刑的适用。

二、死刑适用当前并不违反宪法

围绕"国家尊重和保障人权"这一《宪法》规定，死刑的适用是否违反宪法，引起了学界的关注。如果死刑的适用违反宪法，则并无构建死刑的宪法控制方案的必要。因此，这里有必要先行讨论死刑适用是否违反宪法问题。

关于死刑适用是否违反宪法问题，目前大致有三种观点：一是违宪说，该说对人权及生命权作严格的解释，认为生命权是绝对的，剥夺罪犯生命权的死刑是违宪的。二是合宪说，该说对人权及生命权作了宽松的解释，认为判处犯罪分子死刑不属于侵犯生命权，是合宪的。三是折中说，该说认为对严重的暴力性犯罪适用死刑，不视为侵犯宪法上的生命权，是合宪的；而对那些非暴力性犯罪适用死刑，则侵犯了宪法上的生命权，属于违宪。[①] 本书

---

① 上官丕亮. 废除死刑的宪法学思考. 法商研究，2007（3）：5.

赞成合宪说，认为当下适用死刑不违反宪法。

首先，《宪法》第2条第1款规定："中华人民共和国的一切权力属于人民。"据此，我国是否适用死刑，应当由人民来决定。在我国，主张废除死刑的观点属于少数说，多数人要求保留、适用死刑。例如，2004年贾宇教授关于死刑的调查表明：有74%—82%的被调查大学生主张保留死刑；不管是作为被害人的亲属，还是作为杀人者的亲属，都有60%以上的被调查者认为不应废除死刑。[①] 2004年3月第十届全国人民代表大会第二次会议通过的《宪法修正案》在增设"国家尊重和保障人权"时，并未同时宣布1997年《刑法》中关于死刑的规定无效。这意味着全国人民代表大会并不认为死刑的适用违反宪法。全国人民代表大会作为最高国家权力机关，其判断存在民意基础，是合理的。

其次，生命权是人权的核心，国家尊重和保障人权当然意味着国家尊重和保障生命权，但由此尚不能得出死刑违反宪法的结论。1966年12月联合国《公民权利和政治权利国际公约》第6条第1款规定："人人有固有的生命权。这个权利应受法律保护。不得任意剥夺任何人的生命。"该条第2款接着规定："在未废除死刑的国家，只能对最严重的犯罪判处死刑"。由此可见，尊重和保障生命权并不意味着不得适用死刑（当然，要严格限制死刑的适用）。事实上，世界上有一些国家在宪法中规定了生命权，但仍保留了死刑，只是限制死刑的适用。如1993年《莱索托宪法》第5条（生命权）规定："每个人都享有固有的生命权，任何人不得被任意剥夺生命。在下列情形下违反有关使用武力的法律，应当毫无例外地承担责任。但是，在下列情形下如果死亡在很大程度上是由于正当合理地使用武力造成的，则不视为违反本条所规定的剥夺生命……"[②] 可见，尊重生命权仅意味着不得任意剥夺生命，与依法剥夺生命并不存在根本对立。因此，由"国家尊重和保障人权"的规定无法合乎逻辑地得出适用死刑违反宪法的结论。

最后，折中说对于限制死刑适用具有一定意义，但是，折中说认为对非暴力犯罪适用死刑违反宪法的观点是值得商榷的。一方面，1979年《刑法》

[①] 贾宇. 对1873名中国大学生死刑观的问卷调查报告//陈泽宪. 死刑——中外关注的焦点. 北京：中国人民公安大学出版社，2005：251-252.

[②] 上官丕亮. 废除死刑的宪法学思考. 法商研究，2007（3）：5.

的制定主体与1982年《宪法》的修改主体是同一主体，均为第五届全国人民代表大会。如果认为对非暴力犯罪适用死刑是违反宪法的，无异于说第五届全国人民代表大会的判断前后自相矛盾。另一方面，即便是非暴力性犯罪，同样可能危害巨大，也能够被划入罪行极其严重的犯罪之列。例如，国家工作人员接受巨额受贿后，放松对工程质量的监管，最终导致（例如高铁、水坝等）大型事故，致使多名群众死伤的，应当属于《刑法》第48条"罪行极其严重"的情形，对受贿犯罪分子有适用死刑的余地。总之，在民意广泛赞成保留死刑的前提下，认为对非暴力犯罪适用死刑违反宪法的观点，还需要进一步补充理由。

三、死刑的宪法控制方案

（一）宪法控制方案的推导

《刑法》第48条明文规定："死刑只适用于罪行极其严重的犯罪分子。"但是，"罪行极其严重"无疑是抽象的、模糊的。构建死刑的宪法控制方案，其实就是从宪法的高度出发，寻找出衡量"罪行极其严重"的具体的、明确的、具有可操作性的宪法指标。只要能够找出这一宪法指标，符合指标时就可以判处死刑，不符合这些指标时绝对不可以判处死刑，这样即可达到宪法控制死刑的目的。

《宪法》第33条第2款规定："中华人民共和国公民在法律面前一律平等。"人的平等自然包含生命权的平等。从平等原则出发，犯罪分子的生命权与被害人的生命权平等。当犯罪分子剥夺被害人的生命权时，国家剥夺犯罪分子的生命权，这是平等的。从这一角度出发，只有实际剥夺被害人生命的罪行，才属于《刑法》第48条所规定的"罪行极其严重"的罪行。据此，宪法可以运用以命偿命原则来控制死刑的适用。将以命偿命原则作为宪法控制死刑适用的方案，具有可操作性，理由如下：

第一，以命偿命原则符合相关国际法的精神。1984年联合国《关于保障面临死刑的人的权利的保障措施》第1条规定："在未废除死刑的国家，判处死刑只能是作为对最严重的罪行的惩罚，应当理解为其适用范围不应超过致命的或其他极度严重后果的故意犯罪。"如果将这里的"其他极度严重后果的故意犯罪"理解为与致命相类似的犯罪，则以以命偿命原则来衡量是否需要对犯罪分子判处死刑,符合相关国际法的要求。

第二,以命偿命原则符合发达国家适用死刑的标准。在美国,联邦最高法院认为,死刑适用只留给罪大恶极的犯罪,就是那些在人身侵害犯罪中剥夺了被害人生命的犯罪。由此,联邦最高法院为美国的死刑适用确立了明确标准:罪犯是否致人死亡,成为是否适用死刑的测试标准。通过 Kennedy v. Louisiana 的判决,联邦最高法院再次确认它的死刑判决规则:就人身侵害案而言,除非罪犯剥夺他人生命,否则联邦最高法院拒绝维持下级法院的死刑判决。① 在日本,科处死刑的前提是:犯杀人、强盗杀人等犯罪,基于杀人故意实施了杀害行为,实际杀害了1人。② 可见,美国、日本这些发达国家实际上也是通过以命偿命原则来限制死刑适用的。

第三,以命偿命原则符合死刑的正当化根据。死刑是刑罚的一种,死刑的正当化根据与刑罚的正当化根据存在关联。关于刑罚的正当化根据,存在报应刑论与目的刑论的争论。报应刑论认为,恶有恶报,刑罚是对犯罪的报应;从正义的要求出发,对犯罪者处以刑罚是正当的。那些谋杀他人的罪犯侵犯了别人的生命权,也就应当失去自己的生命权。③ 与报应刑论不同,目的刑论认为,报应属于本能的冲动,是没有意义的;刑罚的适用有其目的,因为刑罚能够预防犯罪,所以刑罚的存在是正当的;没有了死刑,可能导致犯罪分子无法无天,只有死刑才能最大限度地预防犯罪,所以,死刑适用在宪法上是正当的。笔者认为,就死刑而言,其正当化根据应当选择报应刑论。首先,在我国,目的刑论的倾向浓厚。不杀不足以平民愤、不适用死刑不足以威慑犯罪分子、不适用死刑不足以维护社会秩序这些观念,都是目的刑论的表现。实务中有的地方选择在重大节日对死刑犯执行死刑,具有很强的预防犯罪、警告不法分子的意蕴,同样是目的刑论的表现。采取目的刑论,一方面可能导致在立法上过多地设置死刑以威慑不稳定分子,另一方面容易导致在司法上对凶恶犯罪分子大量适用死刑,不利于限制死刑的适用。实务中严格限制死刑适用的状况并不理想,与我国司法实务信奉目的刑论

---

① 张守东. 美国死刑制度的宪法法理及其未来——以 Kennedy v. Louisiana 案为例. 法学,2011(3):109.

② 前田雅英. 刑法总论. 5版. 东京:东京大学出版会,2011:581.

③ 罗吉尔·胡德. 死刑的全球考察. 刘仁文,周振杰,译. 北京:中国人民公安大学出版社,2005:导论12.

（消灭犯罪分子的肉体是最好的犯罪预防措施）存在关联。其次，死刑的承受者是被告人本人，因此，从被告人自身来寻找死刑的正当化根据，才是合理的。目的刑论不从行为人自身出发，而是从预防犯罪的目的（尤其是一般预防）出发，主张死刑是正当的，本质上是不尊重人的表现，因为其将人工具化，即将人作为实现某种目的的（维护社会秩序）手段来对待。再次，近几十年犯罪学方面的研究得出了这样一个结论：死刑的主要基础是报应而非预防。就预防犯罪而论，死刑并不比终身监禁和其他刑罚更有效能。[①] 最后，目的刑论虽然描绘了一个美好的蓝图，但事实上的预防犯人再次犯罪的效果并不如人意。即便不能将犯人改造好，也必须对犯人定罪量刑并予以关押，只有报应刑论才能对此进行合理解释：如果犯罪之后没有恶报（刑罚），社会就再无公平正义可言。因此，即便不能将犯人改造好，刑罚（关押）也是必需的，犯人必须得到其应得的恶报。从报应刑论出发，死刑无疑只能适用于出现人命或者后果与此相当的案件。

当前，应当重新评估以命偿命原则的价值。传统观点认为，以命偿命容易导致死刑的扩张适用，因为只要被害人实际死亡了，就应判处犯罪分子死刑。但是，以命偿命并不必然意味着积极扩张死刑的适用：其一，衡量罪行是否极其严重并非只有唯一标准，被害人的死亡是衡量罪行是否极其严重的客观标准之一，除此之外，犯罪分子的主观心态（是故意还是过失，犯罪动机是否卑劣）也是考虑是否适用死刑的重要标准。对此，1999年10月27日最高人民法院《全国法院维护农村稳定刑事审判工作座谈会纪要》明确指出："间接故意杀人与故意伤害致人死亡，虽然都造成了死亡后果，但行为人故意的性质和内容是截然不同的。不注意区分犯罪的性质和故意的内容，只要有死亡后果就判处死刑的做法是错误的，这在今后的工作中，应当予以纠正。对于故意伤害致人死亡，手段特别残忍，情节特别恶劣的，才可以判处死刑。"由此可见，并非只要有死亡后果就判处犯罪分子死刑，正确把握以命偿命原则就不会出现不当扩张死刑适用的不良后果。其二，以命偿命具有积极限制死刑适用的机能，即如果犯罪分子并未实际剥夺被害人的生命，就不能判处犯罪分子死刑。换言之，剥夺了被害人的生命，未必一定就要判

---

① 夏勇. 死刑与"最严重的犯罪"——《公民权利和政治权利国际公约》第6条第2款评议//夏勇. 公法：2000年第2卷. 北京：法律出版社，2000：271.

处犯罪分子死刑，但是，如果犯罪分子没有剥夺被害人的生命，则绝不应该判处犯罪分子死刑。由此，是否剥夺了被害人的生命，就成为判处犯罪分子死刑的基本门槛。

（二）宪法的基本控制方案

以命偿命可以成为宪法控制死刑适用的基本方案，即造成被害人死亡是判处犯罪分子死刑的最低门槛，犯罪分子没有危害他人生命的，不得判处犯罪分子死刑。以命偿命具体包括现实死亡原则、一命偿一命原则与偿命方式对等原则三个方面。

1. 现实死亡原则

当被害人实际死亡时，达到了适用死刑的最低门槛。不过，以命偿命原则并不意味着只有被害人现实死亡时，才能判处犯罪分子死刑。犯罪分子危害他人生命，但未导致他人死亡的，原则上不能判处死刑。但是，考虑到我国刑法规定的实际状况以及1984年联合国《关于保障面临死刑的人的权利的保障措施》第1条的精神，不能僵化地理解以命偿命原则。虽然被害人并未死亡，但是犯罪结果在事实上几乎可以与被害人死亡等值时，亦可例外地判处犯罪分子死刑。例如，根据我国《刑法》第234条的规定，以特别残忍手段致人重伤造成严重残疾的，有可能判处死刑。在笔者看来，在故意伤害他人但并未出现死亡结果的案件中，仅在伤害结果造成被害人生不如死、可将伤害结果视为如同剥夺了他人生命的场合，才可以判处犯罪分子死刑。这种伤害结果导致被害人生不如死的情形主要有：（1）严重毁容，即使医治后也丑陋不堪，出现在公众面前时导致公众惊骇的；（2）被害人成为植物人；（3）肢体或者器官被毁，无法独立生活的。总之，造成被害人死亡或者可以作出与造成被害人死亡同等的评价，且符合适用死刑的其他条件时，才可以要求犯罪分子以命偿命。

现实死亡原则在涉及侵犯人身的犯罪中，适用较为容易。但是，我国刑法典对贪污、受贿等职权犯罪以及毒品犯罪也设置了不少死刑，对于这些不涉及人身的犯罪，应如何贯彻以命偿命原则，还需要深入研究。

贪污贿赂犯罪不是直接针对人的身体、生命的犯罪，刑法学界不少人主张应当废除贪污贿赂罪的死刑。不过，这是一种立法构想，并不是现实；从《刑法》第3条"法律明文规定为犯罪行为的，依照法律定罪处刑"这一规定出发，在贪污贿赂犯罪尚未被废除死刑之前，对于贪污贿赂罪具有适用死刑的余地。[①] 当然，只有在贪污贿赂罪现实地导致他人死亡的情况下，才符合以命偿命原则，唯有此时才能对犯罪分子判处死刑。例如，国家工作人员贪污地震、洪灾中的救济款，导致不少灾民饿死、冻死的，虽然不是行为人直接剥夺了这些灾民的生命，但是，被害人的死亡与行为人的贪污行为存在直接的因果关系，可以说是贪污犯罪分子的犯罪行为导致了他人死亡，在符合刑法相关条文判处死刑的条件之下，要求以命偿命具有合理性，此时有对犯罪分子判处死刑的余地。反之，贪污贿赂罪的数额极其巨大，例如达到上百亿元，但并未危及任何人的生命时，不应判处犯罪分子死刑。这是因为，这些犯罪分子的罪行虽然极其重大，应当受到刑罚的严惩，但是，"严惩"并不意味着必须适用死刑。其一，此时判处死刑意味着人的生命可以"量化"，犯罪达到一定数额就可以索取（被告）人的生命，违反基本的生命伦理原则。其二，犯罪数额如此巨大，与监管等相关制度不够完善有关，从完善制度入手来防范类似案件的发生才是上策；判处犯罪分子死刑完全是基于目的刑论预防犯罪的考虑，而不是报应刑论以命偿命的结果，故不具有正当性。

从实务来看，毒品犯罪有成为死刑适用"大户"的倾向。如何限制毒品犯罪死刑适用，成为亟待研究的问题。1997年《刑法》对毒品犯罪判处死刑采取了量化标准。例如，根据《刑法》第347条的规定，走私、贩卖、运输、制造海洛因或者甲基苯丙胺50克以上，就有可能判处死刑。笔者认为，走私、贩卖、运输、制造的毒品数量极其巨大，例如达到几十、几百千克时，才有可能导致吸毒者机体衰弱而死亡；仅在这种情形下，才有可能对走私、贩卖、运输、制造毒品的行为作出已造成被害人死亡的法律评价。因此，在相应的毒品数量达到了法定的判处死刑的标准时，仅在有证据证明已有数名吸毒者因吸食这批毒品而死亡或者接近死亡时，才可能对毒品犯罪分子适用死刑，否则至少不应判处毒品犯罪分子死刑立即执行。

1997年《刑法》分则第十章"军人违反职责罪"中有10个条文规定了死刑，是刑法典中死刑最为集中的地方。军人违反职责罪均应当贯彻以命偿

[①] 2015年《刑法修正案（九）》对贪污罪、受贿罪增设了"终身监禁"的规定，虽然极大地降低了判处贪污贿赂犯罪分子死刑立即执行的可能，但并未改变贪污罪、受贿罪的最高刑为死刑的局面。

命原则。例如，战时违抗命令，虽然致使战斗、战役遭受重大损失，但并无士兵死亡的，不应以战时违抗命令罪判处犯罪分子死刑。再如，在战场上贪生怕死，自动放下武器投降敌人，投降后为敌人效劳，但只是从事后勤事务的，不应以投降罪判处犯罪分子死刑；当然，投降后，参与作战行动，导致我方士兵死亡的，此时符合以命偿命原则，应判处犯罪分子死刑。

2. 一命偿一命原则

数人共同犯罪导致被害人死亡时，判处几名犯罪分子死刑才是合理的，是实务中经常面临的问题。从公平性来看，一命偿一命才是合理的，判处死刑的人数不能多于被害人死亡的人数。就历史来看，我国古代存在一命偿一命原则。《大清律例·刑律》"斗殴及故杀人"条规定：数人同谋、共殴他人致死案件中，致命伤下手者处死刑（绞监候），原谋者处杖一百、流三千里刑。但如果本应处杖一百、流三千里刑的原谋者在监狱内，或在押解途中因病死亡，则因被殴致死的人已由在监、在途病故的囚犯"以命抵命"，而对致命伤下手者就应减等处刑，以免出现以二命抵一命的现象。[①] 一命偿一命符合朴素的等量报应观念，有利于限制死刑的适用，值得提倡。基于目的刑论，法院有时从预防犯罪、维护社会秩序出发，对导致一人死亡的案件，判处数人死刑，这种做法是不妥的。

2010年4月最高人民法院刑三庭《在审理故意杀人、伤害及黑社会性质组织犯罪案件中切实贯彻宽严相济刑事政策》规定："共同犯罪中，多名被告人共同致死一名被害人的，原则上只判处一人死刑。处理时，根据案件的事实和证据能分清主从犯的，都应当认定主从犯；有多名主犯的，应当在主犯中进一步区分出罪行最为严重者和较为严重者，不能以分不清主次为由，简单地一律判处死刑。"

由一命偿一命原则可进一步推论，被害人的死亡人数决定（限定）着判处死刑的人数。例如，在数人共同故意犯罪，导致3名被害人死亡时，如果确有必要，且符合报应刑论，那么，（至多）只能判处3名犯罪分子死刑，判处4名犯罪分子死刑就是不合适的。

3. 偿命方式对等原则

不仅是否适用死刑应受到宪法的制约，死刑的执行方式同样应受到宪法

---

① 朱勇. 中国古代法律的自然主义特征. 中国社会科学，1991（5）.

的制约。应当具有统一性与公平性。这样，死刑的正当性才能获得社会共识。

由以命偿命原则可以推导出偿命方式对等原则。剥夺被害人的生命的方式有两种：一种是暴力剥夺被害人生命，如用刀捅死被害人；另一种是非暴力式的，如投毒致使被害人死亡。《刑事诉讼法》第 263 条"死刑采用枪决或者注射等方法执行"的规定，为偿命方式对等原则提供了可能。在死刑执行方式中，枪决具有一定程度的暴力的特性，而注射则多少具有非暴力的特性。因此，从偿命方式对等原则出发，对暴力剥夺他人生命的犯罪分子执行死刑时，可采用枪决的方式执行；而对非暴力剥夺他人生命的犯罪分子执行死刑时，应当采用注射的方式执行。这样，有助于在全国范围内做到死刑执行方式的平等。

四、结语

总之，以命偿命原则符合宪法上生命权平等观念，不违反尊重和保障人权的宪法理念。运用以命偿命原则来控制死刑的适用，或许有不完美之处，但是，通过现实死亡原则、一命偿一命原则与偿命方式对等原则，这一死刑的宪法控制方式获得了公平性、明确性与可实践性，值得学界进一步探讨。

第二章

死刑的立法控制

本章主要对宪法视野下死刑立法的宪法界限、死刑罪名的立法控制以及"审判的时候怀孕的妇女不适用死刑"等问题进行了探讨。

对于死刑立法的宪法界限问题，本书认为，在以宪法为"最高法"的法律秩序中，包括死刑立法在内的刑事立法必须接受宪法规范的限制与约束。我国死刑立法在主体、内容方面存在合宪性问题，需要做必要的调整。在死刑立法具有合法性的背景下，应当积极发挥刑法解释的功能，通过解释从严把关死刑的适用，并在死刑的刑法解释中体现宪法精神，从有利于实现人权保障的视角减少死刑，防止死刑上的"冤案"和"错案"，以实现死刑立法的宪法控制。

1979年我国刑法典颁布时的死刑罪名为28个，然而随后不断膨胀，尽管2011年《刑法修正案（八）》取消13个死刑罪名，2015年又减少9个死刑罪名，至此尚有46个死刑罪名，但仍为世界各国之最。在死刑罪名的立法控制问题上，本章的观点是：从宪法的角度来看，长期以来我国死刑罪名立法控制欠佳。其主要原因有三：一是死刑罪名的立法缺乏宪法上生命权条款的约束；二是死刑罪名的立法未遵循宪法所规定的立法权限；三是死刑罪名的立法缺乏合宪性审查的实践。死刑罪名的立法控制离不开宪法控制，建议通过宪法解释将生命权入宪并在宪法中明确规定对死刑的限制，建议全国人大常委会遵循宪法所规定的立法权限修改刑法，逐步减少死刑罪名，并在对死刑罪名逐一开展合宪性审查的基础上通盘考虑死刑罪名的减少。

对于"审判的时候怀孕的妇女不适用死刑"问题，本章认为，现行刑法规定"审判的时候怀孕的妇女，不适用死刑"，是全国人大履行保护胚胎和胎儿生命的宪法义务的重要体现。最高人民法院对于刑法该条款的司法解释是从保护胚胎和胎儿生命的目的出发进行的法的续造。法官在审判实践中填补"审判的时候怀孕的妇女不适用死刑"存在的法律漏洞时，无论采用类推适用还是目的性扩张方法，都应当以"保护胚胎和胎儿的生命"为基本出发点和归宿。

第一节 死刑立法的宪法界限

一、问题的提出

在刑事立法领域如何体现宪法原则与精神是学术界一直关注的实践性命题。国家刑罚权源于宪法，同时受宪法的控制。在刑事立法中是否规定死刑是整个死刑政策的最核心问题，因为一个国家死刑立法是否符合宪法以及如何通过宪法控制死刑立法直接关系到公民的生命权。是否废除死刑并不仅仅是一种法律判断，而是需要综合考量政治、经济、文化与公众的心态等因素，其中宪法对死刑立法的"价值立场"是不可忽视的要素。有学者认为，"死刑的限制首先是死刑的立法限制，因此死刑的立法政策是极为重要的"[①]。即使在保留死刑的国家，严格控制死刑立法与死刑适用也是得到优先考虑的问题。无论其保留死刑的理由是否具有正当性或合法性，其宪法界限是无法逾越的。

二、死刑立法的宪法基础

在一个国家的法律秩序中，宪法处于根本法地位。宪法作为根本法，具有最高法律效力，可通过规制国家立法、行政与司法权的行使，促成多元规范的统一与协调。这意味着，在以宪法为"最高法"的法律秩序中，包括死刑立法在内的所有刑事立法必须接受宪法规范的限制与约束，并在趋向宪法价值的调试中寻求其正当性基础。

（一）宪法是刑事立法权的规范依据

对国家刑事立法权的合理解释首先以宪法确认的国家权力体系的合理认

[①] 陈兴良. 死刑政策之法理解读. 中国人民大学学报，2013（6）.

知为基础。刑事立法权存在的基本前提是宪法对国家权力体系的划分。宪法将来源于人民的国家权力划分为立法权、行政权与司法权,并授予立法机关、行政机关与司法机关分别行使。由此,这一建立在宪法规范基础之上对国家权力的功能区分与权力配置,使得国家立法权从国家权力体系中相对独立出来,并在不同的立法领域具体化为刑事法、民事法等立法类型。宪法作为刑事立法权存在的规范基础,具有独立的规范效力与价值形态。

我国宪法文本对刑事立法权的依据做了必要的规定。《宪法》第2条第1款规定:"中华人民共和国的一切权力属于人民"。《宪法》第58条规定:"全国人民代表大会和全国人民代表大会常务委员会行使国家立法权。"《宪法》第62条明确列举"制定和修改刑事、民事、国家机构的和其他的基本法律"为全国人民代表大会的职权之一;并在第67条中规定,全国人民代表大会常务委员会在全国人民代表大会闭会期间,对全国人民代表大会制定的法律(包括刑事基本法律)有进行部分补充和修改的职权。这些规定无疑从宪法文本上明确了刑事立法权的行使主体和权限划分,明确了宪法是国家刑事立法的前提和基础。虽然我国宪法文本中并没有出现"死刑"一词,但规定死刑的刑法属于刑事基本法律,从规范体系上说,全国人大是决定是否实行死刑制度的最高权力机关。在宪法文本规定的最高权力机关没有宣布死刑违反宪法的情况下,最高权力机关制定的《刑法》对死刑的规定具有合法依据,但如何解释刑法上的"罪行极其严重的犯罪分子",如何判断"罪行极其严重",死刑是否属于"酷刑"等实体和程序问题,需要通过宪法解释寻求立法原意,以实现刑法正义和宪法正义的统一。

关于宪法对刑事立法的规范依据,《刑法》第1条规定:"为了惩罚犯罪,保护人民,根据宪法,结合我国同犯罪作斗争的具体经验及实际情况,制定本法。"《刑事诉讼法》第1条规定:"为了保证刑法的正确实施,惩罚犯罪,保护人民,保障国家安全和社会公共安全,维护社会主义社会秩序,根据宪法,制定本法。"刑法和刑事诉讼法条文中的"根据宪法,制定本法"是宪法发挥"调整一般规范的创造"[①] 功能的媒介,也体现了宪法在刑事立法

---

① 奥地利法学家汉斯.凯尔森将宪法分为实质意义上的宪法与形式意义上的宪法,其中,实质意义上的宪法是调整一般规范的创造的那些规范,以及在现代法律里,决定立法的机关和程序的那些规范,是每个法律秩序的一个主要因素。凯尔森. 法与国家的一般理论. 北京:中国大百科全书出版社,1995:142.

中的基础地位。

（二）死刑立法受宪法价值的约束

既然国家的刑事立法权的存在以宪法为规范基础，死刑立法作为国家刑事立法权的具体行使自然应接受宪法价值的指引和约束。宪法授予立法机关的立法权并不是绝对的，正如洛克所指出的：立法权，不论属于一个人或较多的人，不论经常或定期存在，是每一个国家中的最高权力，但是，它对于人民的生命和财产不是，并且也不可能是绝对地专断的。① 国家刑事立法权不是绝对的，其行使不应超越宪法价值的拘束。

具体到国家的死刑立法，由于涉及国家对公民生命权的剥夺，其合宪性基础是十分脆弱的。由于生命权对人类生存的维护与发展具有核心价值，对其进行限制时应遵循严格的标准与程序。从宪法逻辑看，社会个体赋予国家的权力中本质上并不包括剥夺其社会成员生命的权力，死刑实际上超越了合理限制的限度。根据立宪主义原理，基本人权的本质内容是不能限制的，所谓本质内容，首先包括的权利是生命权。因此，死刑制度的存在与宪法逻辑之间是存在冲突的，虽满足其合法性，但其正当性的基础是脆弱的。② 死刑立法合宪性基础的脆弱性对具体的死刑立法活动提出了要求，即死刑立法应当充分尊重公民的生命权价值，将死刑严格限定在必要的范围之内，在死刑立法和适用上合理平衡不同的利益，力求将宪法价值引入具体的利益平衡之中。在美国，司法实践中出现了"比较均衡审查标准"，将死刑适用作为宪法问题来看待，突出死刑判决中的宪法元素。当然，在是否采用以及如何采用何种审查标准问题上，学者之间也有不同的观点。针对传统的均衡审查理论，有学者提出"个案均衡审查"（specific proportionality review）标准，强调行为类型与法定性之间的平衡，在个案中保持价值中立，在比较均衡中进行合理的价值判断。③ 虽然刑法规定了死刑，但"严格控制死刑是宪法对死刑立法的一种要求：立法上将死刑限定在严重危害国家安全、公共安全以及极为严重的暴力犯罪上"④。

---

① 洛克. 政府论：下. 叶启芳，瞿菊农，译. 北京：商务印书馆，1996：83.
② 金善择. 宪法事例演习. 首尔：韩国法文社，2000：338-339.
③ EVAN J MANDERY. In defense of specific proportionality review. 65 Alb. L. Rev, 883（2002）.
④ 陈永鸿. 一个理论的误区：死刑侵犯人权. 法学评论，2006（6）.

我国宪法序言规定："全国各族人民、一切国家机关和武装力量、各政党和各社会团体、各企业事业组织，都必须以宪法为根本的活动准则，并且负有维护宪法尊严、保证宪法实施的职责。"《宪法修正案》第24条明确规定："国家尊重和保障人权。"这意味着，国家立法、行政与司法机关都负有尊重和保障包括生命权在内的基本人权的宪法义务。在具体的死刑立法过程中，可考虑参照我国签署的《公民权利和政治权利国际公约》等国际人权公约关于保护公民生命权的规定，以开放、理性与宽容的理念贯彻宪法尊重和保障生命权等基本人权的要求。[①]

三、死刑立法的合宪性控制

根据我国死刑立法的演变及死刑适用状况的综合分析，在刑事司法中，有关死刑罪名、死刑条款解释的合宪性基础、死刑犯的人权保障、死刑执行方式等问题上仍有需要探讨的实践问题。

（一）死刑立法主体的合宪性问题

基于刑事立法涉及公民的基本权利，1982年宪法将制定和修改刑事基本法律的权力授予全国人大，并明确规定在全国人大闭会期间，全国人大常委会可对全国人大制定的基本法律（包括刑事基本法律）进行部分补充和修改，但是不得同该法律的基本原则相抵触。这从宪法上确立了全国人大在刑事立法上的主导地位。

但在立法实践中，自1982年宪法扩大全国人大常委会的职权之后，全国人大常委会不仅享有了立法权，而且在立法数量以及立法权限等方面有时超出了其宪法界限，现实运作中全国人大常委会修改基本法律的界限也被悄然打破。[②] 在具体的死刑立法过程中，全国人大常委会有时突破宪法设定的

[①] 比如，《公民权利和政治权利国际公约》第6条规定："一、人人有固有的生命权。这个权利应受法律保护。不得任意剥夺任何人的生命。二、在未废除死刑的国家，判处死刑只能是作为对最严重的罪行的惩罚，判处应按照犯罪时有效并且不违反本公约规定和防止及惩治灭种族罪公约的法律。这种刑罚，非经合格法庭最后判决，不得执行。三、兹了解：在剥夺生命构成灭种罪时，本条中任何部分并不准许本公约的任何缔约国以任何方式克减它在防止及惩治灭绝种族罪公约的规定下所承担的任何义务。四、任何被判处死刑的人应有权要求赦免或减刑。对一切判处死刑的案件均得给予大赦、特赦或减刑。五、对十八岁以下的人所犯的罪，不得判处死刑；对孕妇不得执行死刑。六、本公约的任何缔约国不得援引本条的任何部分来推迟或阻止死刑的废除。"这对于我国死刑立法可发挥重要的指引作用。

[②] 韩大元. 论全国人民代表大会之宪法地位. 法学评论，2013（6）.

立法界限，在死刑立法的重大问题上发挥实质性的主导作用，削弱了全国人民代表大会在刑事立法权上的主导地位。如 20 世纪 80 年代，面临"严打"的形势，1983 年 9 月 2 日第六届全国人民代表大会常务委员会第二次会议通过《关于严惩严重危害社会治安的犯罪分子的决定》（以下简称《从重决定》）规定：

> 为了维护社会治安，保护人民生命、财产的安全，保障社会主义建设的顺利进行，对严重危害社会治安的犯罪分子必须予以严惩。为此决定：
>
> 一、对下列严重危害社会治安的犯罪分子，可以在刑法规定的最高刑以上处刑，直至判处死刑：
>
> 1. 流氓犯罪集团的首要分子或者携带凶器进行流氓犯罪活动，情节严重的，或者进行流氓犯罪活动危害特别严重的；
>
> 2. 故意伤害他人身体，致人重伤或者死亡，情节恶劣的，或者对检举、揭发、拘捕犯罪分子和制止犯罪行为的国家工作人员和公民行凶伤害的；
>
> 3. 拐卖人口集团的首要分子，或者拐卖人口情节特别严重的；
>
> 4. 非法制造、买卖、运输或者盗窃、抢夺枪支、弹药、爆炸物，情节特别严重的，或者造成严重后果的；
>
> 5. 组织反动会道门，利用封建迷信，进行反革命活动，严重危害社会治安的；
>
> 6. 引诱、容留、强迫妇女卖淫，情节特别严重的。
>
> 二、传授犯罪方法，情节较轻的，处五年以下有期徒刑；情节严重的，处五年以上有期徒刑；情节特别严重的，处无期徒刑或者死刑。

此外，全国人民代表大会常务委员会在此次会议上同时通过了《关于迅速审判严重危害社会治安的犯罪分子的程序的决定》（以下简称《迅速决定》），规定：

> 为了迅速严惩严重危害社会治安的犯罪分子，保护国家和人民的利益，决定：
>
> 一、对杀人、强奸、抢劫、爆炸和其他严重危害公共安全应当判处死刑的犯罪分子，主要犯罪事实清楚，证据确凿，民愤极大的，应当迅

速及时审判,可以不受刑事诉讼法第一百一十条规定的关于起诉书副本送达被告人期限以及各项传票、通知书送达期限的限制。

  二、前条所列犯罪分子的上诉期限和人民检察院的抗诉期限,由刑事诉讼法第一百三十一条规定的十日改为三日。

  全国人大常委会通过的《从重决定》新增了 7 种常见罪的死刑罪名。在"严打"期间,根据迅速刑事制裁的要求,某地曾经创造了从故意杀人案件发生到对杀人犯执行死刑只有 6 天时间的最短纪录。在 1983 年"严打"以后,一直到 1997 年《刑法》修订之时,全国人大常委会通过 24 个《决定》和《补充规定》,增设罪名数十种,死刑罪名也大为增加:从 1979 年《刑法》的 28 个死刑罪名增至 74 个死刑罪名。[①] 可以说,这一期间,全国人大常委会在死刑立法上完全处于主导的地位,并且改变了全国人大在 1979 年刑法中确立的死刑立法体系。

  1997 年《刑法》实施以来,全国人大常委会在死刑立法中仍处于主导地位。2006 年 10 月 31 日,第十届全国人民代表大会常务委员会第二十四次会议通过修改《中华人民共和国人民法院组织法》(以下简称《法院组织法》)的决定,将《法院组织法》第 13 条修改为:"死刑除依法由最高人民法院判决的以外,应当报请最高人民法院核准。"此次修改将死刑核准权重新收归最高人民法院,延续了全国人大常委会对于死刑核准制度所具有的调整权[②],这实际上超越了宪法规定的全国人大常委会所行使的职权范围。[③] 2011 年 2 月 25 日,第十一届全国人民代表大会常务委员会第十九次会议通过了《刑法修正案(八)》,取消了 13 个经济性非暴力犯罪的死刑,这也涉及对死刑立法体系的重大调整。2015 年《刑法修正案(九)》又减少了 9 个死刑罪名。从结果来看,死刑罪名的减少符合尊重生命权的宪法精神,但从

---

① 陈兴良. 刑法的刑事政策化及其限度. 华东政法大学学报,2013 (4).
② 1983 年 9 月 2 日,第六届全国人民代表大会常务委员会第二次会议通过《全国人民代表大会常务委员会关于修改〈中华人民共和国人民法院组织法〉的决定》,对全国人大通过刑法和人民法院组织法确认的死刑核准制度做出重大调整,规定:"死刑案件除由最高人民法院判决的以外,应当报请最高人民法院核准。杀人、强奸、抢劫、爆炸以及其他严重危害公共安全和社会治安判处死刑的案件的核准权,最高人民法院在必要的时候,得授权省、自治区、直辖市的高级人民法院行使。"
③ 死刑核准制度属于重要的刑罚制度,根据宪法确立的全国人大与全国人大常委会的职权划分,应当属于全国人大的职权范围。

宪法确立的全国人大与全国人大常委会的宪法关系来看，全国人大常委会实际上取代了全国人大在死刑立法上的宪法地位。正如有学者指出："原本由代表人民的三千多名代表制定的刑法，后来由其中的一部分人决定其含义。这不仅与《宪法》第62条有关全国人民代表大会有权'改变或者撤销全国人民代表大会常务委员会不适当的决定'的规定相矛盾，而且难以使法治建立在民主基础之上"[①]。可以说，在死刑立法领域，宪法规定与刑法修改之间的冲突是比较严重的，需要根据宪法进行调适。

（二）死刑立法内容的合宪性控制

1979年刑法典中规定了28个死刑罪名，1997年刑法典修订后，刑法典分则规定了多达68个死刑罪名，占罪名总数的16.9%。即使《刑法修正案（八）》和《刑法修正案（九）》分别取消了13个和9个死刑罪名后，我国仍有46个死刑罪名。在死刑罪名具有合法性基础的情况下，如何对其内容进行合宪性控制，以达到减少死刑、控制死刑最终为废除死刑创造条件是需要思考的重要理论问题。

1. 死刑宽泛的适用范围对公民的生命权构成过度限制

基于死刑的严酷性和不可逆转性，为避免对公民的生命权构成过度限制，我国刑法总则将死刑适用对象只限定于"罪行极其严重的犯罪分子"。但在实践中如何把握"极其严重"是体现宪法价值的核心问题。由于缺乏对宪法价值的充分考量，无论是在立法解释还是在司法实践中，总体上对刑法分则规定的"罪行极其严重"的理解与解释过于宽泛，死刑被适用于各种不同性质的犯罪行为。在我国刑法分则保留的46个死刑罪名中，不仅包括暴力犯罪，如故意杀人罪、故意伤害罪、强奸罪、抢劫罪等，还包括诸多非暴力犯罪，如生产、销售假药罪、贪污罪、受贿罪等。根据学者的统计，在《刑法修正案（八）》取消13个经济性非暴力犯罪的死刑罪名之前，我国刑法中的68种死刑罪名中有44种为非暴力犯罪。[②] 据此计算，2015年以前，55种死刑罪名中仍有31种非暴力犯罪。非暴力犯罪死刑罪名占总的死刑罪名的56%。我国刑法将死刑适用于非暴力犯罪，尤其是适用于经济性非暴力犯罪，虽然有客观的理由与必要性，但这种死刑理念在宪法上的确存在是

---

① 张明楷. 罪行法定与刑法解释. 北京：北京大学出版社，2008：180.
② 赵秉志. 死刑立法改革专题研究. 北京：中国法制出版社，2009：245.

否对公民的生命权构成过度限制的合理怀疑。特别是在经济类非暴力犯罪中，国家剥夺罪犯的生命并不是预防经济犯罪的根本的和唯一的防范手段。比如，1982年全国人大常委会《关于严惩严重破坏经济的罪犯的决定》实施以后，将走私等经济犯罪的法定最高刑上升至死刑，但是，死刑并没有改变经济犯罪泛滥的趋势。据1987年的统计，全国检察机关1986年立案侦查的经济犯罪案件比1984年增长近30%，比1985年增加72.5%，其中，查出的经济大案比1984年增加1.2倍。① 有学者从法经济学的角度指出，通过其他的刑罚方法，比如罚金刑②，可能更有利于达到预防经济犯罪的目的。

此外，刑法分则中还存在一些不明确的规定。比如，《刑法》第234条第1、2款分别规定："故意伤害他人身体的，处三年以下有期徒刑、拘役或者管制。""犯前款罪，致人重伤的，处三年以上十年以下有期徒刑；致人死亡或者以特别残忍手段致人重伤造成严重残疾的，处十年以上有期徒刑、无期徒刑或者死刑。本法另有规定的，依照规定。"其中，"特别残忍手段"是一个不明确的概念，往往靠法官来判断，其裁量权的范围是非常广泛的，其判断关系到是否可对罪犯适用死刑。由于各地司法资源的不平衡和法官素质的不同，有可能出现"同案不同判"的现象。死刑立法上的不明确性，给司法适用中的扩大解释留下了必要空间，有可能导致过度限制公民生命权的现象。

2. 剥夺死刑犯政治权利的合宪性标准问题

根据《刑法》第57条的规定，对于被判处死刑、无期徒刑的犯罪分子，应当剥夺政治权利终身。关于"政治权利"的范围，《刑法》第54条明确列举包括："（一）选举权和被选举权；（二）言论、出版、集会、结社、游行、示威自由的权利；（三）担任国家机关职务的权利；（四）担任国有公司、企业、事业单位和人民团体领导职务的权利。"

在上述规定中，剥夺死刑犯的第1、3、4项"政治权利"是合宪的。我国《宪法》第34条在规定年满18周岁的公民享有选举权和被选举权的同时，明确规定"依照法律被剥夺政治权利的人"不享有此项权利。对于此规定，可以理解为在公民选举权和被选举权的认定上，宪法将部分权力授予了

---

① 陈兴良. 死刑备忘录. 武汉：武汉大学出版社，2006：5.
② 于楠，徐光东. 死或者不死——对于经济性非暴力犯罪的法经济学思考. 北华大学学报（社会科学版），2013（5）.

全国人大，即全国人大可以通过法律认定哪部分人被剥夺了"政治权利"，从而不能享有选举权和被选举权。《刑法》第 54 条的第 1、3、4 项条款正是全国人大行使宪法授予的此项权力的结果。[①] 但是这并不意味着全国人大可以随意剥夺公民宪法上的其他政治权利，全国人大对于公民"政治权利"的剥夺必须具备类似《宪法》第 34 条的规范基础。

据此，《刑法》规定的死刑犯的"言论、出版、集会、结社、游行、示威自由的权利"是否属于被剥夺的"政治权利"之列、是被"剥夺"还是被"限制"是需要探讨的。有学者认为将其列入"政治权利"范围不符合我国《宪法》第 35 条的规定。[②]《宪法》第 35 条规定："中华人民共和国公民有言论、出版、集会、结社、游行、示威的自由。"根据宪法的体系解释，公民在行使上述自由的时候，只要遵守《宪法》第 51 条的规定，没有损害"国家的、社会的、集体的利益和其他公民的合法的自由和权利"，其自由便不受限制，也不会被剥夺。对于死刑犯而言，在死刑执行之前，其宪法上的"言论、出版、集会、结社、游行、示威自由的权利"是存在的，只是被限制，其权利仍在规范保护的射程之内。退一步讲，即使死刑犯突破了《宪法》第 51 条的限制，其上述自由也是不能够被"剥夺"的，而只能被"限制"。此外，刑法笼统地将言论、出版、集会、结社、游行、示威自由的权利纳入被剥夺的"政治权利"的范围，有可能忽视了宪法规定的上述自由具有的不同属性。比如，言论自由就包括政治性言论自由和非政治性言论自由。因此，即使刑法剥夺死刑犯的政治权利具有宪法依据，刑法这种笼统的规定也会因其对公民言论自由的过度限制而失去合宪性基础。

可见，根据《刑法》第 57 条，把剥夺政治权利的范围直接扩大到包括《宪法》第 35 条规定的权利是有悖于宪法原则的，需要通过个案的分析方法，确立合理的解释方法，防止通过刑法剥夺死刑犯依据宪法享有的基本权利，导致刑法解释逾越宪法界限。

---

① 担任国家机关职务与国有企业、事业单位和人民团体的领导职务，是以公民享有"选举权和被选举权"为基础的，因而剥夺公民的选举权和被选举权，也意味着剥夺其担任国家机关职务与国有企业、事业单位和人民团体的领导职务的权利。当然，领导职务的范围也是不确定的概念，需要结合个案对其内涵进行必要的立法解释。

② 刘松山. 宪法文本中的公民"政治权利"——兼论刑法中的"剥夺政治权利". 法学论坛，2006 (2).

四、刑法解释要遵循宪法原则

如前所述，在死刑立法具有合法性的背景下，我们也可以从理念的角度讨论死刑存废问题，但更现实的选择是积极发挥刑法解释的功能，通过解释从严把关死刑的适用，并在死刑的刑法解释中体现宪法精神，从有利于实现人权保障的角度减少死刑，严格死刑程序，特别防止死刑上的"冤案"和"错案"，以实现死刑立法的宪法控制。

首先，重新审视宪法与刑法的关系，强化宪法对刑法的价值控制，将死刑的刑事政策上升为宪法问题，从宪法上寻找刑事立法的依据。比如，美国联邦最高法院就曾根据宪法第八修正案为死刑立法确立了严格的标准。在1976年的Gregg v. Georgia案中，联邦最高法院指出，死刑的适用要严格限于特定的重罪，不能被恣意甚至恶意适用于满足报复和威慑的目的。各州死刑法律的内容至少要满足以下两项原则：（1）必须以明确客观的标准来指导和限制在量刑中死刑的适用，所有死刑案件必须经过上诉法院的复审，从而确保这些标准的客观性；（2）必须要求法官和陪审团考虑被告人的主观恶性和历史记录。[①] 此死刑立法原则在联邦最高法院之后的死刑判决中得到进一步发展和细化。而从中国的司法实践看，虽然《刑法》第1条规定"根据宪法……制定本法"，表达了规范层面的效力，但其在价值层面上并没有有效地体现宪法精神，在秩序与人权保障上缺乏体系化的判断标准与理念支撑。

其次，从各国经验来看，在保留死刑制度的情况下，可以通过适用死刑的程序达到"事实上废除死刑"的目的。如韩国刑法规定了死刑，宪法法院也宣布死刑并不违反宪法，但从1997年之后没有执行一次死刑，被国际社会称为"事实上废除死刑的国家"。在日本，围绕死刑的宪法依据问题，历来有合宪说、违宪说与折中说三种主张，其争论的焦点集中于《日本宪法》第31条规定与人的尊严之间的关系、死刑是否属于"酷刑"、尊严与死刑是否绝对对立等。其中，主张折中论的平川宗信教授的观点具有一定的代表性。他提出"宪法的死刑论"命题，主张与刑罚权相关的生命权属于人权范

[①] Gregg v. Georgia, 428 U.S. 153 (1976).

畴，需要从宪法理论与规定的体系化视角判断死刑的正当性。① 根据这一思路，日本学术界普遍主张"适用违宪"理论，主张在具体适用寻求死刑与宪法价值的一体性。如根据日本刑事诉讼法规定，自死刑判决确定后的6个月内执行，由法务大臣签署死刑命令。但现实是，逾期不执行死刑的情况大量存在。这种做法虽然引起实定法上是否合法的争议，但其以宪法价值为基础形成了一定的社会共识。在我国的刑事立法与刑事司法中，特别是在进行刑法解释时，上述经验是可以借鉴的。

最后，通过严格的刑法解释减少死刑的适用。刑法解释是对刑法条文内涵的一种说明。我国《刑法》规定了46个死刑罪名，每个罪名都存在个案中解释的空间，在多种可能的解释中，应始终优先选用最能符合宪法原则的方式②，以有效发挥宪法在刑法解释中的功能。对此，我们既需要精细化的解释技术与程序，也需要解释的理念。解释理念是否符合人权原则，对死刑条文的解释产生重要影响。如果站在宪法的立场，从维护人权的原则解释相关条文，有可能在客观上起到减少死刑的效果。正如有学者指出的，"宪法不仅是制定刑法的法律依据，而且是解释刑法的法律依据，对刑法解释也必须与宪法相协调"③。因此，在死刑的司法适用中，应积极将宪法价值引入刑法解释过程，建立在刑事立法与刑事司法中运用宪法的机制与程序，克服死刑立法上的"工具主义"倾向，维护宪法在刑事立法与适用中的权威，全面落实"国家尊重和保障人权"的宪法原则。

第二节 宪法视野下死刑罪名的立法控制

尽管2011年全国人大常委会通过的《刑法修正案（八）》取消了13个经济性非暴力犯罪死刑罪名，2015年《刑法修正案（九）》取消了9个死刑罪名，但目前我国刑法仍有46个死刑罪名，还是世界上死刑罪名最多的国家。④

---

① 山内敏弘. 生命权与死刑制度. 一桥法学，2002年第一卷第1号.
② 卡尔·拉伦茨. 法学方法论. 陈爱娥，译. 北京：商务印书馆，2005：217.
③ 张明楷. 刑法学. 3版. 北京：法律出版社，2007：30.
④ 2015年8月29日第十二届全国人大常委会第十六次会议通过了《中华人民共和国刑法修正案（九）》，取消了9个死刑罪名：走私武器、弹药罪，走私核材料罪，走私假币罪，伪造货币罪，集资诈骗罪，组织卖淫罪，强迫卖淫罪，阻碍执行军事职务罪，战时造谣惑众罪。

在废除死刑已经成为一种世界潮流①的今天，显然我国要控制死刑，不仅应当在司法实践中控制死刑的适用，而且同时，甚至首先必须在立法上控制死刑，进一步削减死刑罪名。值得关注的是，2013年11月12日中国共产党十八届三中全会通过的《中共中央关于全面深化改革若干重大问题的决定》明确提出："逐步减少适用死刑罪名"。关于死刑罪名的立法控制，我国法学界虽有些探讨，但鲜见学者从宪法角度加以分析。在此，本书就拟从宪法的角度对死刑罪名的立法削减作一点探讨，以期抛砖引玉。

一、我国死刑罪名的立法变迁

1949年新中国成立后，我国法制不健全，30年间没有制定刑法典，关于死刑的规定仅见于几个单行刑法，如1951年的《惩治反革命条例》《妨害国家货币治罪暂行条例》，1952年的《惩治贪污条例》等。这些单行刑法涉及可处死刑的罪名主要是反革命罪，包括背叛祖国罪、策动叛变罪、持械聚众叛乱罪、间谍罪、资敌罪、利用封建会道门进行反革命活动罪、反革命破坏罪、反革命杀害罪等，此外还有贪污贿赂罪、伪造国家货币罪等。然而，在审判实践中，还出现过故意杀人罪，故意伤害（致死）罪，强奸妇女罪，惯窃、惯骗罪，虐待致死罪，毁损通讯设备罪，制造、贩卖假药罪，盗卖、盗运珍贵文物罪等被判处死刑的情形，但并非依据法律上的明文规定，而是依据"惩办与宽大相结合"的刑事政策精神。② 直到1979年新中国第一部刑法典的制定，死刑罪名的立法才开始被纳入法制轨道。为此，本书关于死刑罪名的立法概况主要从1979年刑法典的制定谈起。

（一）1979 年刑法典颁布时的死刑罪名为 28 个

1979年7月1日，第五届全国人民代表大会第二次会议通过了新中国第

---

① 截至2022年1月11日，全世界已有108个国家废除了所有犯罪的死刑，8个国家废除了普通犯罪的死刑（战时犯罪除外），28个国家在事实上废除了死刑（虽然在法律上保留了死刑，但在过去10年或更长的时间内没有执行过死刑，不执行死刑已成为一个政策或惯例），共计全球有144个国家（即超过三分之二的国家）在法律或事实上废除了死刑；只有55个国家保留了死刑。而且，自1976年以来共有86个国家废除死刑，也就是说近36年来平均每年有2个以上国家废除死刑。参见 Abolitionist and Retentionist Countries. http://www.deathpenaltyinfo.org/abolitionist-and-retentionist-countries.

② 高铭暄. 我国的死刑立法及其发展趋势. 法学杂志，2004（1）.

一部刑法典——《中华人民共和国刑法》（1980年1月1日起施行），当时规定的死刑罪名为28个。具体的死刑罪名，详见表2-1。

表2-1　　　　　　1979年刑法典颁布时的死刑罪名（28个）

在刑法分则中的位置	死刑罪名	数量
第一章　反革命罪	（1）背叛祖国罪；（2）阴谋颠覆政府罪；（3）阴谋分裂国家罪；（4）策动叛乱罪；（5）策动叛变罪；（6）投敌叛变罪；（7）持械聚众叛乱罪；（8）聚众劫狱罪；（9）组织越狱罪；（10）间谍罪；（11）特务罪；（12）资敌罪；（13）反革命破坏罪；（14）反革命杀人罪；（15）反革命伤人罪。	15个
第二章　危害公共安全罪	（1）放火罪；（2）决水罪；（3）爆炸罪；（4）投毒罪；（5）以其他危险方法危害公共安全罪；（6）破坏交通工具罪；（7）破坏交通设施罪；（8）破坏易燃易爆设备罪。	8个
第三章　破坏社会主义经济秩序罪	无。	0
第四章　侵犯公民人身权利、民主权利罪	（1）故意杀人罪；（2）强奸妇女罪；（3）奸淫幼女罪。	3个
第五章　侵犯财产罪	（1）抢劫罪；（2）贪污罪。	2个
第六章　妨害社会管理秩序罪。	无。	0
第七章　妨害婚姻、家庭罪。	无。	0
第八章　渎职罪。	无。	0
共计		28个

　　1979年刑法分则中规定死刑的条文共计15条，涉及28种具体犯罪，其中反革命罪占9条15个罪名，危害公共安全罪占2条8个罪名，侵犯公民人身权利、民主权利罪占2条3个罪名，侵犯财产罪占2条2个罪名。规定死刑的条文占刑法分则实际规定犯罪和刑罚的97个条文的15%；可以判处死刑的罪名占刑法分则中152个罪名的18%；在刑法分则规定的8类犯罪中，仅有4类犯罪中有死刑条款。值得注意的是，在死刑条款和死刑罪名中，反革命罪分别占总数的60%和57%，这说明当时的死刑主要是用来对

付反革命犯罪的手段。①

（二）1997 年刑法修订前全国人大常委会通过特别刑法增加 47 个死刑罪名，死刑罪名达到 75 个

1979 年刑法制定实施后，随着我国经济体制改革的发展，我国进入了一个体制转轨、社会转型的历史时期，这时社会整合力量减弱、失范效应发生，出现了一个犯罪高潮。为此，在 1997 年刑法修订之前，全国人大常委会先后通过了 23 个具有特别刑法性质的条例、决定和补充规定，对刑法有关内容进行了大量的修改补充，其中包括增加了大量的死刑罪名。② 关于 1997 年刑法修订之前全国人大常委会通过特别刑法增设的死刑罪名究竟有多少个，学者们有不同的看法，有学者的统计是 53 个③；有的学者认为是 50 个④；还有学者认为是 46 个。⑤ 为了更好地进行新旧刑法的比较，笔者参照 1997 年《最高人民法院关于执行〈中华人民共和国刑法〉确定罪名的规定》来确定全国人大常委会特别刑法中的死刑罪名名称，进而统计出 1997 年刑法修订之前（主要是 1981 年至 1995 年间）全国人大常委会特别刑法增设的死刑罪名为 47 个。这 47 个死刑罪名增设的具体情况，见表 2-2。

表 2-2　1997 年刑法修订前全国人大常委会通过特别刑法增设的死刑罪名（47 个）

序号	时间	特别刑法	增设的死刑罪名	数量
1	1981 年 6 月 10 日五届全国人大常委会第 19 次会议	《中华人民共和国惩治军人违反职责罪暂行条例》	(1) 窃取、刺探、收买、非法提供军事秘密罪；(2) 阻碍执行军事职务罪；(3) 盗窃武器装备、军用物资罪；(4) 破坏武器装备罪；(5) 破坏军事设施罪；(6) 战时造谣惑众罪；(7) 临阵脱逃罪；(8) 战时违抗命令罪；(9) 谎报军情罪；(10) 假传军令罪；(11) 投降罪；(12) 掠夺、残害战区无辜居民罪。	12 个

---

① 鲍遂献. 对中国死刑问题的深层思考. 法律科学，1993 (1).
② 陈兴良. 死刑备忘录. 武汉：武汉大学出版社，2006：106.
③ 李云龙，沈德咏. 死刑专论. 北京：中国政法大学出版社，1997：85.
④ 胡云腾. 存与废——死刑基本理论研究. 北京：中国检察出版社，2000：202.
⑤ 同②.

续前表

序号	时间	特别刑法	增设的死刑罪名	数量
2	1982年3月8日五届全国人大常委会第22次会议	《关于严惩严重破坏经济的罪犯的决定》	(1) 走私罪；(2) 套汇罪；(3) 投机倒把罪；(4) 盗窃罪；(5) 惯窃罪①；(6) 盗运珍贵文物出口罪；(7) 贩毒罪；(8) 受贿罪。	8个
3	1983年9月2日六届全国人大常委会第2次会议	《关于严惩严重危害社会治安的犯罪分子的决定》	(1) 流氓罪；(2) 故意伤害罪；(3) 拐卖人口罪；(4) 非法制造、买卖、运输枪支、弹药、爆炸物罪；(5) 盗窃、抢夺枪支、弹药、爆炸物罪；(6) 组织反动会道门反革命活动罪；(7) 利用封建迷信进行反革命活动罪；(8) 引诱、容留卖淫罪；(9) 强迫妇女卖淫罪；(10) 传授犯罪方法罪。②	10个
4	1988年9月5日七届全国人大常委会第3次会议	《关于惩治泄露国家秘密犯罪的补充规定》	为境外窃取、刺探、收买、非法提供国家秘密罪。	1个
5	1990年12月28日七届全国人大常委会第17次会议	《关于禁毒的决定》	走私、贩卖、运输、制造毒品罪。	1个
6	1991年6月29日七届全国人大常委会第20次会议	《关于惩治盗掘古文化遗址古墓葬犯罪的补充规定》	盗掘古文化遗址、古墓葬罪。	1个

---

① 1994年1月17日，福建省高级人民法院就对惯窃犯可否适用《关于严惩严重破坏经济的罪犯的决定》第1条第1项向最高人民法院提出请示："最高人民法院：1982年3月8日全国人大常委会通过的《关于严惩严重破坏经济的罪犯的决定》第一条第（一）项中对《刑法》第一百五十二条盗窃的处刑作了补充和修改，此项规定中对《刑法》第一百五十二条仅列了盗窃罪，未列惯窃罪，惯窃罪虽属盗窃罪的范畴，但系独立的罪名，此项规定是否适用于惯窃罪不明确。我们意见，惯窃罪的基本特征属盗窃罪，而且是盗窃罪中更严重的一种犯罪，犯罪情节特别严重的可适用此规定，是否正确，望予批复。"1994年2月9日，最高人民法院研究室作出了关于对惯窃罪可否适用《关于严惩严重破坏经济的罪犯的决定》第1条第1项问题的答复："福建省高级人民法院：你院闽高法〔1994〕11号《关于对惯窃犯可否适用〈关于严惩严重破坏经济的罪犯的决定〉第一条第（一）项的请示》收悉。经研究，我们认为，根据1992年12月11日最高人民法院、最高人民检察院《关于办理盗窃案件具体应用法律的若干问题的解释》第六条的规定，犯惯窃罪，数额特别巨大的，可适用全国人大常委会《关于严惩严重破坏经济的罪犯的决定》第一条第（一）项的规定处罚。"

② 前9个是对刑法中原有的9种犯罪增设了死刑，最后的传授犯罪方法罪是新增设的可判死刑的新罪名。

续前表

序号	时间	特别刑法	增设的死刑罪名	数量
7	1991年9月4日七届全国人大常委会第21次会议	《关于严惩拐卖、绑架妇女、儿童的犯罪分子的决定》	(1) 拐卖妇女、儿童罪； (2) 绑架妇女、儿童罪； (3) 绑架勒索罪。	3个
8	1991年9月4日七届全国人大常委会第21次会议	《关于严禁卖淫嫖娼的决定》	(1) 组织卖淫罪； (2) 强迫卖淫罪。	2个
9	1992年12月28日七届全国人大常委会第29次会议	《关于惩治劫持航空器犯罪分子的决定》	劫持航空器罪。	1个
10	1993年7月2日八届全国人大常委会第2次会议	《关于惩治生产、销售伪劣商品犯罪的决定》	(1) 生产、销售假药罪； (2) 生产、销售有毒、有害食品罪。	2个
11	1995年6月30日八届全国人大常委会第14次会议	《关于惩治破坏金融秩序犯罪的决定》	(1) 伪造货币罪；(2) 集资诈骗罪； (3) 票据诈骗罪；(4) 信用证诈骗罪。	4个
12	1995年10月30日八届全国人大常委会第16次会议	《关于惩治虚开、伪造和非法出售增值税专用发票犯罪的决定》	(1) 虚开增值税专用发票罪； (2) 伪造、出售伪造的增值税专用发票罪。	2个
共计				47个

1979年刑法规定了28个死刑罪名，加上全国人大常委会通过特别刑法增加了47个死刑罪名，这样到1997年刑法修订之前，我国的死刑罪名在事

实上达到 75 个。为此，有学者惊叹"我国的死刑立法急剧膨胀，死刑适用范围之广，死刑增长速度之快，令人震惊"，并指出这是一种"危险的倾向"①。

（三）1997 年刑法修订确定 68 个死刑罪名，在数量上比原来减少 7 个

为适应随着我国政治、经济和社会生活的发展变化而出现的许多新情况、新问题，1997 年我国对 1979 年刑法作了比较全面系统的修改，1997 年 3 月 14 日第八届全国人民代表大会第五次会议通过了修订后的《中华人民共和国刑法》（通常称之为"1997 年刑法"）。1997 年修订后的刑法规定的死刑罪名为 68 个。

值得指出的是，仅从刑法条文来看，1979 年刑法只有 28 个死刑罪名，而 1997 年刑法有 68 个死刑罪名，好像一下子增加了 40 个死刑罪名。其实，1997 年在修订刑法时死刑罪名并没有多少新的增加，只是"要制定一部统一的、比较完备的刑法典。将刑法实施 17 年来由全国人大常委会作出的有关刑法的修改补充规定和决定研究修改编入刑法"②，这样也将 1979 年刑法制定以来全国人大常委会制定的特别刑法中的 47 个死刑罪名编入刑法典。时任全国人民代表大会常务委员会副委员长王汉斌 1997 年 3 月 6 日在第八届全国人民代表大会第五次会议上所作的《关于〈中华人民共和国刑法（修订草案）〉的说明》中还专门对"死刑问题"作了说明："有些同志认为现行法律规定的死刑多了，主张减少。这是值得重视的。但是，考虑到目前社会治安的形势严峻，经济犯罪的情况严重，还不具备减少死刑的条件。这次修订，对现行法律规定的死刑，原则上不减少也不增加。"

从总体上看，与 1979 年刑法以及此后全国人大常委会有关补充规定相比，1997 年修订后的刑法典取消了反革命破坏罪、反革命杀人罪、反革命伤人罪、组织反动会道门反革命活动罪、利用封建迷信进行反革命活动罪、阴谋颠覆政府罪、策动叛乱罪、策动叛变罪、奸淫幼女罪、套汇罪、投机倒把罪、惯窃罪等死刑罪名（其中许多罪名本身都取消了）；死刑罪名走私罪分解为走私武器、弹药罪，走私核材料罪，走私假币罪，走私文物罪，走私

---

① 鲍遂献. 对中国死刑问题的深层思考. 法律科学，1993（1）.
② 参见时任全国人民代表大会常务委员会副委员长王汉斌 1997 年 3 月 6 日在第八届全国人民代表大会第五次会议上所作的《关于〈中华人民共和国刑法（修订草案）〉的说明》。

贵重金属罪，走私珍贵动物、珍贵动物制品罪，走私普通货物、物品罪等死刑罪名；盗窃、抢夺枪支、弹药、爆炸物罪分解为盗窃、抢夺枪支、弹药、爆炸物罪，抢劫枪支、弹药、爆炸物罪；新增加了破坏电力设备罪，金融凭证诈骗罪，盗掘古人类化石、古脊椎动物化石罪，军人叛逃罪，非法出卖、转让军队武器装备罪等死刑罪名；整合了拐卖人口罪与拐卖妇女、儿童罪，组织卖淫罪与引诱、容留卖淫罪，强迫卖淫罪与强迫妇女卖淫罪，绑架妇女、儿童罪与绑架勒索罪等死刑罪名；还有一些死刑罪名在名称上作了修改完善。这样，1997 年刑法修订后我国的死刑罪名在数量上略有减少，从原来实际上的 75 个减少至 68 个（见表 2-3），减少了 7 个死刑罪名。但总的说来，我国刑法典的死刑罪名配置具有死刑罪名配置广泛、死刑罪名配置比重大、暴力犯罪死刑配置范围广、非暴力犯罪死刑配置数量大的特点[①]，死刑罪名之多为世界之最。

表 2-3　　　　　　　　　　1997 年刑法修订后的死刑罪名（68 个）

在刑法分则中的位置	死刑罪名[②]	数量
第一章　危害国家安全罪	（1）背叛国家罪；（2）分裂国家罪；（3）武装叛乱、暴乱罪；（4）投敌叛变罪；（5）间谍罪；（6）为境外窃取、刺探、收买、非法提供国家秘密、情报罪；（7）资敌罪。	7 个
第二章　危害公共安全罪	（1）放火罪；（2）决水罪；（3）爆炸罪；（4）投毒罪；（5）以危险方法危害公共安全罪；（6）破坏交通工具罪；（7）破坏交通设施罪；（8）破坏电力设备罪；（9）破坏易燃易爆设备罪；（10）劫持航空器罪；（11）非法制造、买卖、运输、邮寄、储存枪支、弹药、爆炸物罪；（12）非法买卖、运输核材料罪；（13）盗窃、抢夺枪支、弹药、爆炸物罪；（14）抢劫枪支、弹药、爆炸物罪。[③]	14 个

---

①　赵秉志，等. 穿越迷雾：死刑问题新观察. 北京：中国法制出版社，2009：295.
②　死刑罪名的具体名称，来源于 1997 年《最高人民法院关于执行〈中华人民共和国刑法〉确定罪名的规定》。
③　由于 2001 年 12 月 29 日《中华人民共和国刑法修正案（三）》的出台，2002 年 3 月 15 日最高人民法院、最高人民检察院公布了《关于执行〈中华人民共和国刑法〉确定罪名的补充规定》，取消"投毒罪"罪名，代之以"投放危险物质罪"；取消"非法买卖、运输核材料罪"罪名，代之以"非法制造、买卖、运输、储存危险物质罪"；"盗窃、抢夺枪支、弹药、爆炸物罪"更名为"盗窃、抢夺枪支、弹药、爆炸物、危险物质罪"；"抢劫枪支、弹药、爆炸物罪"更名为"抢劫枪支、弹药、爆炸物、危险物质罪"。

续前表

在刑法分则中的位置	死刑罪名	数量
第三章　破坏社会主义经济秩序罪	（1）生产、销售假药罪；（2）生产、销售有毒、有害食品罪；（3）走私武器、弹药罪；（4）走私核材料罪；（5）走私假币罪；（6）走私文物罪；（7）走私贵重金属罪；（8）走私珍贵动物、珍贵动物制品罪；（9）走私普通货物、物品罪；（10）伪造货币罪；（11）集资诈骗罪；（12）票据诈骗罪；（13）金融凭证诈骗罪；（14）信用证诈骗罪；（15）虚开增值税专用发票、用于骗取出口退税、抵扣税款发票罪；（16）伪造、出售伪造的增值税专用发票罪。	16个
第四章　侵犯公民人身权利、民主权利罪	（1）故意杀人罪；（2）故意伤害罪；（3）强奸罪；（4）绑架罪；（5）拐卖妇女、儿童罪。	5个
第五章　侵犯财产罪	（1）抢劫罪；（2）盗窃罪。	2个
第六章　妨害社会管理秩序罪	（1）传授犯罪方法罪；（2）暴动越狱罪；（3）聚众持械劫狱罪；（4）盗掘古文化遗址、古墓葬罪；（5）盗掘古人类化石、古脊椎动物化石罪；（6）走私、贩卖、运输、制造毒品罪；（7）组织卖淫罪；（8）强迫卖淫罪。	8个
第七章　危害国防利益罪	（1）破坏武器装备、军事设施、军事通信罪；（2）故事提供不合格的武器装备、军事设施罪。	2个
第八章　贪污贿赂罪	（1）贪污罪；（2）受贿罪。	2个
第九章　渎职罪	无。	0个
第十章　军人违反职责罪	（1）战时违抗命令罪；（2）隐瞒、谎报军情罪；（3）拒传、假传军令罪；（4）投降罪；（5）战时临阵脱逃罪；（6）阻碍执行军事职务罪；（7）军人叛逃罪；（8）为境外窃取、刺探、收买、非法提供军事秘密罪；（9）战时造谣惑众罪；（10）盗窃、抢夺武器装备、军用物资罪；（11）非法出卖、转让军队武器装备罪；（12）战时残害居民、掠夺居民财物罪。	12个
共计		68个

（四）2011年《刑法修正案（八）》取消13个死刑罪名

随着经济社会的发展，又出现了一些新的情况和问题，需要对刑法的有关规定作出修改。中央关于深化司法体制和工作机制改革的意见也要求进一步落实宽严相济的刑事政策，对刑法作出必要的调整和修改。"经与各有关方面反复研究，一致认为我国的刑罚结构总体上能够适应当前惩治犯罪，教育改造罪犯，预防和减少犯罪的需要。但在实际执行中也存在一些问题，需要通过修改刑法适当调整。一是，刑法规定的死刑罪名较多，共68个，从司法实践看，有些罪名较少适用，可以适当减少。二是，根据我国现阶段经济社会发展实际，适当取消一些经济性非暴力犯罪的死刑，不会给我国社会稳定大局和治安形势带来负面影响。"[①] 为此，2011年2月25日第十一届全国人民代表大会常务委员会第十九次会议通过了《中华人民共和国刑法修正案（八）》，取消了13个经济性非暴力犯罪死刑罪名，占死刑罪名总数的19.1%。取消的13个死刑罪名是：（1）走私文物罪；（2）走私贵重金属罪；（3）走私珍贵动物、珍贵动物制品罪；（4）走私普通货物、物品罪；（5）票据诈骗罪；（6）金融凭证诈骗罪；（7）信用证诈骗罪；（8）虚开增值税专用发票、用于骗取出口退税、抵扣税款发票罪；（9）伪造、出售伪造的增值税专用发票罪；（10）盗窃罪；（11）传授犯罪方法罪；（12）盗掘古文化遗址、古墓葬罪；（13）盗掘古人类化石、古脊椎动物化石罪。

2011年《刑法修正案（八）》取消了13个死刑罪名后，死刑罪名减至55个（见表2-4）。

表2-4　　　　　　　　2011年刑法修订后的死刑罪名（55个）

在刑法分则中的位置	死刑罪名	数量
第一章　危害国家安全罪	（1）背叛国家罪；（2）分裂国家罪；（3）武装叛乱、暴乱罪；（4）投敌叛变罪；（5）间谍罪；（6）为境外窃取、刺探、收买、非法提供国家秘密、情报罪；（7）资敌罪。	7个
第二章　危害公共安全罪	（1）放火罪；（2）决水罪；（3）爆炸罪；（4）投放危险物质罪；（5）以危险方法危害公共安全罪；（6）破坏交通工具罪；（7）破坏交通设施罪；（8）破坏电力设备罪；（9）破坏易燃易爆设备罪；（10）劫持航空器罪；（11）非法制造、买卖、运输、邮寄、储存枪支、弹药、爆炸物罪；（12）非法制造、买卖、运输、储存危险物质罪；（13）盗窃、抢夺枪支、弹药、爆炸物、危险物质罪；（14）抢劫枪支、弹药、爆炸物、危险物质罪。	14个
第三章　破坏社会主义经济秩序罪	（1）生产、销售假药罪；（2）生产、销售有毒、有害食品罪；（3）走私武器、弹药罪；（4）走私核材料罪；（5）走私假币罪；（6）伪造货币罪；（7）集资诈骗罪。	7个

---

① 全国人大常委会法制工作委员会主任李适时2010年8月23日在第十一届全国人民代表大会常务委员会第十六次会议上所作的《关于〈中华人民共和国刑法修正案（八）（草案）〉的说明》。

续前表

在刑法分则中的位置	死刑罪名	数量
第四章 侵犯公民人身权利、民主权利罪	(1) 故意杀人罪；(2) 故意伤害罪；(3) 强奸罪；(4) 绑架罪；(5) 拐卖妇女、儿童罪。	5个
第五章 侵犯财产罪	抢劫罪。	1个
第六章 妨害社会管理秩序罪	(1) 暴动越狱罪；(2) 聚众持械劫狱罪；(3) 走私、贩卖、运输、制造毒品罪；(4) 组织卖淫罪；(5) 强迫卖淫罪。	5个
第七章 危害国防利益罪	(1) 破坏武器装备、军事设施、军事通信罪；(2) 故意提供不合格的武器装备、军事设施罪。	2个
第八章 贪污贿赂罪	(1) 贪污罪；(2) 受贿罪。	2个
第九章 渎职罪	无	0个
第十章 军人违反职责罪	(1) 战时违抗命令罪；(2) 隐瞒、谎报军情罪；(3) 拒传、假传军令罪；(4) 投降罪；(5) 战时临阵脱逃罪；(6) 阻碍执行军事职务罪；(7) 军人叛逃罪；(8) 为境外窃取、刺探、收买、非法提供军事秘密罪；(9) 战时造谣惑众罪；(10) 盗窃、抢夺武器装备、军用物资罪；(11) 非法出卖、转让军队武器装备罪；(12) 战时残害居民、掠夺居民财物罪。	12个
共计		55个

（五）2015 年《刑法修正案（九）》取消死刑罪名 9 个

取消死刑的罪名有：(1) 走私武器、弹药罪；(2) 走私核材料罪；(3) 走私假币罪；(4) 伪造货币罪；(5) 集资诈骗罪；(6) 组织卖淫罪；(7) 强迫卖淫罪；(8) 阻碍执行军事职务罪；(9) 战时造谣惑众罪。

二、长期以来死刑罪名立法控制欠佳的宪法检视

从横向来看，与世界上保留死刑的国家相比较，我国刑法规定的死刑罪名是比较多的。从纵向来看，1979 年我国制定的刑法所规定的死刑罪名也才 28 个，正如彭真 1979 年 6 月 26 日在第五届全国人民代表大会第二次会议上所作的《关于七个法律草案的说明》中就《中华人民共和国刑法（草案）》所指出的："我国现在还不能也不应废除死刑，但应尽量减少使用。早在一九五一年，中共中央和毛泽东同志就再三提出要尽量减少死刑。现在，

建国将近三十年，特别在粉碎'四人帮'以后，全国形势日益安定，因此刑法（草案）减少了判处死刑罪的条款。"[1] 从宪法的角度来看，我国死刑罪名数量立法控制缺乏有效性主要有以下三个原因。

（一）死刑罪名的立法缺乏宪法上生命权条款的约束

死刑，又称生命刑，它要剥夺的是罪犯的生命。显然，死刑与人类最为珍贵的权利——生命权密切相关，死刑罪名的有无以及多少是与生命权的保障程度成正比的。也正因为如此，世界上废除或者限制死刑的国家大多在宪法中规定了生命权条款[2]，并且往往将它与死刑问题一起规定。

例如，《瑞士宪法》第10条第1款规定："每个人都享有生命权。禁止死刑。"《芬兰宪法》第7条规定："每个人都享有生命权、人身自由、完整性和安全。""任何人不得判处死刑，遭受拷打或其他侵犯人格尊严的待遇。"《葡萄牙宪法》第24条规定："人的生命不可侵犯。""在任何情况下不适用死刑。"《西班牙宪法》第15条规定："人人享有生命和身心完整的权利，在任何情况下不遭受拷打或不人道或贬低人格的惩罚和待遇。除了在战争时期军事刑法所规定的情形之外，废除死刑。"《日本宪法》第13条规定："一切国民作为个人都受到尊重。对于国民的生命、自由和追求幸福的权利，只要不违反公共福祉，在立法和其他国政上必须给予最大的尊重。"《印度宪法》第21条规定："除依照法律规定的程序外，不得剥夺任何人的生命和人身自由。"《俄罗斯宪法》第20条规定："每个人都享有生命权。""死刑在废除之前可由联邦法律规定，作为惩罚侵害生命的特别严重犯罪的特殊措施，同时要为被告提供由陪审团参加的法庭审判其案件的权利。"等等。[3]

正因为上述国家有了生命权条款的宪法约束，所以这些国家的刑法要么没有规定死刑，亦即没有死刑罪名，要么刑法上所规定的死刑罪名较少。比如，日本刑法规定的死刑罪名只有12个：（1）内乱罪；（2）诱致外患罪；（3）援助外患罪；（4）对现住建筑物等放火罪；（5）爆炸罪；（6）侵害现住建

---

[1] 全国人民代表大会常务委员会法制工作委员会. 中华人民共和国法律汇编（1979—1984）. 北京：人民出版社，1985：642.

[2] 上官丕亮. 废除死刑的宪法学思考. 法商研究，2007（3）.

[3] 上官丕亮. 宪法与生命——生命权的宪法保障研究. 北京：法律出版社，2010：附录"全球161国宪法生命权条款表".

筑物等罪；(7) 颠覆列车等致死罪；(8) 威胁交通罪的结果加重犯；(9) 水道投毒致死罪；(10) 杀人罪；(11) 强盗致死罪；(12) 强盗强奸致死罪。① 又如，印度刑法典 511 个条文只有 10 个条文涉及死刑，在这 10 个条文中有 8 个是涉及人命的犯罪，另外 2 个涉及叛国犯罪，也正如印度著名学者哈日·辛·郭尔（Hari Singh Gour）所指出的，印度的死刑罪名实际上只有两个，即叛国罪和谋杀罪。②

在我国，人权以及作为第一人权的生命权一直没有在宪法中规定，死刑的立法自然没有生命权条款的宪法约束，这是我国死刑罪名立法控制不佳的重要原因之一。在 2004 年"国家尊重和保障人权"正式载入宪法之后，尊重和保障生命权的理念依然没有成为社会的基本共识。比如，对于 2011 年《刑法修正案（八）》取消了 13 个死刑罪名，占死刑罪名总数的 19.1%，学者们都予以充分肯定，认为 1979 年新中国刑法颁布以来的第一次减少死刑罪名，凸显了对生命的尊重和对人权的保障，"这是我国严格限制死刑在立法上迈出的重要一步"③。"这种调整在一定程度上体现了刑法人性化、轻刑化的趋势，彰显了对生命尊严和人权的尊重。"④ 但是，在全国人大常委会对《刑法修正案（八）（草案）》的审议过程中，对于"草案减少了 13 个经济性非暴力犯罪的死刑，在常委会审议和征求意见过程中，大多数常委会组成人员、部门和地方赞成草案的规定。但有的常委会委员、部门和专家提出，对其中的有些犯罪是否取消死刑需要慎重，建议减少一些取消死刑的罪名"⑤。而且，在《刑法修正案（八）（草案）》的立法说明、审议报告中都没有提及取消 13 个经济性非暴力犯罪死刑罪名对生命权保障的意义，似乎取

---

① 曾赛刚．死刑比较研究．长春：吉林大学出版社，2012：114.
② 同时，值得一提的是，正因为印度的死刑罪名少，所以从 1999 年至 2007 年的 9 年间，印度只执行了 1 例死刑。蔡桂生．死刑在印度//刑事法评论：第 23 卷．北京：北京大学出版社，2008：265-268.
③ 周婷玉，周英峰，赵超．我国取消 13 个死刑罪名．[2014-03-01]．新华网 http://news.xinhuanet.com/2011-02/25/c_121123806.htm.
④ 韩大元．死刑冤错案的宪法控制——以十个死刑冤错案的分析为视角．中国人民大学学报，2013（6）.
⑤ 全国人大法律委员会副主任委员李适时 2010 年 12 月 20 日在第十一届全国人民代表大会常务委员会第十八次会议上所作的《全国人民代表大会法律委员会关于〈中华人民共和国刑法修正案（八）（草案）〉修改情况的汇报》。

消 13 个死刑罪名不是出于尊重和保障生命权的考虑，而是如"立法说明"所指出的，是因为"从司法实践看，有些罪名较少适用，可以适当减少"。在 2014 年《关于〈中华人民共和国刑法修正案（九）（草案）〉的说明》中，关于取消 9 个死刑罪名，也没有提及生命权，只是强调："党的十八届三中全会提出，'逐步减少适用死刑罪名'。中央关于深化司法体制和社会体制改革的任务也要求，完善死刑法律规定，逐步减少适用死刑的罪名。据此，总结我国一贯坚持的既保留死刑，又严格控制和慎重适用死刑的做法，经与中央政法委一道同各有关方面反复研究，拟从以下两个方面体现减少适用死刑罪名"。"这次准备取消死刑的 9 个罪名，在实践中较少适用死刑，取消后最高还可以判处无期徒刑。对相关犯罪在取消死刑后通过加强执法，该严厉惩处的依法严厉惩处，可以做到整体惩处力度不减，以确保社会治安整体形势稳定。此外，上述犯罪取消死刑后，如出现情节特别恶劣，符合数罪并罚或者其他有关犯罪规定的，还可依法判处更重的刑罚。"① 可以说，正因为我国的立法过程缺乏宪法上生命权条款的约束，缺乏尊重和保障生命权的宪法意识，所以死刑罪名的立法长期以来没有严格受到宪法的约束。

（二）死刑罪名的立法未遵循照宪法所规定的立法权限

1979 年刑法是全国人大根据 1978 年宪法制定的，随后 1982 年 12 月我国制定了现行宪法，而在 1979 年刑法制定后至 1997 年修订前的期间全国人大常委会通过了 12 个增设死刑罪名的条例、规定和决定，其中前 2 个是在 1982 年宪法制定前出台的，后 10 个是在 1982 年宪法制定后出台的，显然我国死刑罪名的立法涉及两部宪法，即 1978 年宪法和 1982 年宪法。

1978 年宪法第 22 条规定："全国人民代表大会行使下列职权：……（二）制定法律；……"第 25 条规定："全国人民代表大会常务委员会行使下列职权：……（三）解释宪法和法律，制定法令；……"1982 年宪法第 62 条规定："全国人民代表大会行使下列职权：……（三）制定和修改刑事、民事、国家机构的和其他的基本法律；……"第 67 条规定："全国人民代表大会常务委员会行使下列职权：……（二）制定和修改除应当由全国人民代表大会制定的法律以外的其他法律；（三）在全国人民代表大会闭会期

---

① 全国人大常委会法制工作委员会主任李适时 2014 年 10 月 27 日在第十二届全国人民代表大会常务委员会第十一次会议上所作的《关于〈中华人民共和国刑法修正案（九）（草案）〉的说明》。

间，对全国人民代表大会制定的法律进行部分的补充和修改，但是不得同该法律的基本原则相抵触；……"显然，包括死刑罪名在内的刑事制度，属于涉及国家基本制度及公民生命安全的重大事项，应由最高国家权力机关即全国人大立法，制定成"基本法律"，而不应由全国人大常委会立法（包括不得制定成为"法令"）。正因为如此，所以1979年刑法是由全国人大制定的而不是由全国人大常委会制定的，而且当时的"立法说明"明确强调"刑法是国家的基本法之一"[①]。

无疑，在1997年刑法修订前，全国人大常委会12次通过出台条例、规定和决定增设了47个死刑罪名，超越了其立法权限。或许，有人会提出1981年6月10日第五届全国人大常委会第十九次会议通过的《中华人民共和国惩治军人违反职责罪暂行条例》属于"法令"，符合当时宪法关于全国人大常委会有权制定"法令"的规定。其实，这只是表面现象。如上所述，死刑罪名的增设属于"制定法律"的范围，1981年全国人大常委会通过"法令"来增设了12个死刑罪名，显然无论在内容上还是在形式上都有违法规定。也许，还有人会提出：1982年宪法规定，全国人大常委会在全国人大闭会期间，有权对全国人大制定的法律进行部分的补充和修改，故全国人大常委会作出补充规定增设死刑罪名是合宪的。的确，根据1982年宪法的规定，全国人大常委会有权对全国人大制定的法律进行补充和修改，但是根据宪法的规定，"补充和修改"必须是"部分补充和修改"，而且"不得同该法律的基本原则相抵触"。在1982年宪法修改之后，全国人大常委会通过了2个"补充规定"和8个"决定"，新增设了27个死刑罪名，几乎与1979年刑法典所规定的28个死刑罪名数量持平。

可以说，全国人大常委会没有严格遵守宪法有关立法权限的规定及精神进行立法，是我国死刑罪名立法控制不佳，特别是自1979年刑法制定后至1997年修订前死刑罪名立法膨胀的一个重要原因。

（三）死刑罪名的立法缺失合宪性审查的监督机制和实践

各国的宪法实践表明，合宪性审查是限制乃至废除死刑，包括规范和减少死刑罪名的重要保障。例如，1972年美国联邦最高法院在Furman v. Georgia

---

① 全国人民代表大会常务委员会法制工作委员会. 中华人民共和国法律汇编（1979—1984）. 北京：人民出版社，1985：641.

案中，接受了辩护律师提出的陪审团不受限制的死刑裁量既违反了委托人拥有的宪法第十四修正案所规定的正当程序权利也违反了宪法第八修正案"禁止残酷且异常刑罚"规定的意见，撤销该案死刑判决，这是美国联邦最高法院历史上首次撤销死刑判决。美国联邦最高法院在判决中还要求各州暂停死刑执行，直至"通过立法修正为陪审员和法官提供死刑裁量标准或更为限制性地界定可以适用死刑的罪名，从而符合联邦最高法院的规则"。在其后的4年里，美国联邦国会及全国35个州议会纷纷重新制定死刑法律，修正死刑审判程序，加强对死刑裁量的规范和限制。此后，美国联邦最高法院1977年又在Coker案中认为，对未造成被害人死亡的强奸罪适用死刑是过度的且不符合宪法第八修正案的要求，将强奸罪排除在死刑罪名之外；1982年在Enmund案中认为对没有实施谋杀、没有杀人故意，仅对重罪实施起到帮助作用的犯人判处死刑不符合宪法第八修正案的比例原则，将非谋杀实行犯排除在死刑罪名之外；2008年在Kennedy案中，美国联邦最高法院认为，联邦州对于强奸幼童罪规定死刑违反宪法第八修正案，且从更为宽泛的意义看，对未导致被害人死亡的，也不应规定死刑。通过数十年美国联邦最高法院有关死刑问题违宪审查实践的监督和推动，美国各州刑法的死刑罪名范围逐步走向统一，绝大部分州的刑法确立了以谋杀罪作为死刑基本适用标准的原则，一般只对最为恶劣的与剥夺他人生命有关的一级谋杀罪适用死刑。1994年美国颁布《联邦暴力犯罪控制及法律执行法》（Violent Crime Control and Law Enforcement Act），虽然规定的死刑罪名有50个，但其中46个是涉及谋杀的犯罪。目前，除联邦法律仍对叛国罪、大宗毒品犯罪等非谋杀类犯罪规定有死刑之外，美国的死刑罪名一般集中于谋杀罪，而且主要针对最为严重的一级谋杀、加重谋杀或重罪谋杀。[1]

依据我国宪法的规定，全国人大及其常委会负责"监督宪法的实施"，但全国人大及其常委会在实践中从未对包括死刑立法在内的法律开展过合宪性审查，所以我国的死刑罪名立法与其他国家的相比，缺少了一个控制和纠错的监督机制，相应地，死刑罪名是否减少也就完全依赖立法者的自觉。

---

[1] 魏昌东. 美国司法型死刑控制模式与中国借鉴. 法学，2013（1）.

三、死刑罪名削减的宪法思路

世界各国及我国的实践均已经表明,在死刑废除之前,需要通过立法控制死刑(主要是削减死刑罪名),然而立法能否控制死刑的关键在于死刑立法(包括死刑罪名的立法)能否受到有效的控制,而控制死刑立法的关键又在于宪法作用的发挥。显然,死刑罪名的立法控制离不开宪法控制。"死刑立法控制的内容应当主要在'立法控制死刑'和'控制死刑立法'两个基本面上考虑,二者不可偏废,而无论是从立法控制死刑,还是从控制死刑立法角度而言,宪法控制都是死刑立法控制不可或缺的重要路径"[①]。

(一) 建议通过宪法解释将生命权入宪并在宪法中明确规定对死刑的限制

为控制死刑罪名的立法,限制死刑乃至适应世界潮流而最终废除死刑,建议通过宪法解释(必要时也不排除宪法修改)在我国宪法文本中明确规定生命权及限制死刑条款,以强化对死刑罪名立法的控制,让立法者今后在开展死刑罪名立法时受到宪法的明确约束。

我国已经签署联合国大会通过的《公民权利和政治权利国际公约》(全国人大常委会尚未正式批准),为此建议借鉴联合国《公民权利和政治权利国际公约》的有关规定和相关解释以及外国立宪的有效经验,在宪法上对生命权及死刑限制作出明确规定。《公民权利和政治权利国际公约》第6条规定:"人人有固有的生命权。这个权利应受法律保护。不得任意剥夺任何人的生命。""在未废除死刑的国家,判处死刑只能是作为对最严重的罪行的惩罚"。联合国人权事务委员会认为,对"最严重的罪行"这一表述应作限制性解释,只有那些仅仅作为一种例外措施而判处的死刑才符合《公约》第6条第2款的规定。"最严重的罪行"仅局限于故意杀人以及故意施加严重的身体伤害。在任何情况下,都不能对财产犯罪、经济犯罪、政治犯罪以及一般而言不涉及使用暴力的罪行规定死刑。[②] 1984年5月25日联合国经济及社会理事会第1984/50号决议通过、后被联合国大会认可的《关于保护面临

[①] 雷建斌. 死刑立法控制的宪政之维//赵秉志,威廉·夏巴斯. 死刑立法改革专题研究. 北京:中国法制出版社,2009:319.

[②] 曼弗雷德·诺瓦克.《公民权利和政治权利国际公约》评注:修订第二版. 孙世彦,毕小青,译. 北京:生活·读书·新知三联书店,2008:146,147.

死刑的人的权利的保障措施》第 1 条也规定："在未废除死刑的国家，只有最严重的罪行可判处死刑，且最严重犯罪应理解为只限于蓄意的而结果为害命或其他极端严重后果的罪行。"① 笔者的具体建议是：由全国人大常委会对我国现行《宪法》第 33 条第 3 款"国家尊重和保障人权"作出宪法解释，明确解释出如下内容："人人享有生命权。""国家尊重和保障生命权，禁止任意剥夺任何人的生命"。"死刑在废除之前，只能由法律规定用于惩罚故意侵害生命或者其他后果极端严重的犯罪。"如果采取修宪方式的话，则由全国人大在《宪法》第 33 条中增加一款，补充规定上述内容。②

（二）建议全国人大常委会遵循宪法所规定的立法权限修改刑法，逐步减少死刑罪名

如前面所述，全国人大常委会通过补充规定和决定等方式增设死刑罪名，有违背《宪法》第 62 条和第 67 条关于全国人大及其常委会的立法权限规定之嫌，建议全国人大常委会今后不再采用 1997 年刑法修订之前 12 次通过出台条例、决定和补充规定的方式增设 47 个死刑罪名的做法，不再超越立法权限增设死刑罪名，而应当适应废除死刑的世界潮流，严格遵循我国《宪法》第 67 条所规定的立法权限，通过修改刑法的方式，逐步减少死刑罪名。

值得一提的是，在 2014 年"两会"期间，全国人大常委会法制工作委员会刑法室副主任臧铁伟就"人大立法与监督工作"的相关问题回答中外记者的提问时表示：刑法的修改工作已经列入了年度立法计划，正在根据十八届三中全会的精神，根据我国经济社会发展的情况和打击犯罪的需要，听取各方面的意见，研究逐步减少死刑的问题。③ 而且，如前所述，2015 年 8 月 29 日，第十二届全国人大常委会第十六次会议通过了《中华人民共和国刑法修正案（九）》，取消了 9 个死刑罪名。

（三）建议全国人大及其常委会在对死刑罪名逐一开展合宪性审查的基础上通盘考虑死刑罪名的减少

在我国现行宪法监督体制下，全国人大及其常委会仍然可以对死刑罪名

---

① 威廉姆·夏巴斯. 国际法上的废除死刑：第 3 版. 赵海峰，等译. 北京：法律出版社，2008：108，423.
② 上官丕亮. 论生命权的限制标准. 江汉大学学报（社会科学版），2012（6）.
③ 中国新闻网. 人大常委会法工委：研究逐渐减少适用死刑罪名. （2014-03-09）[2014-03-20]. http://www.chinanews.com/gn/2014/03-09/5928127.shtml.

立法开展合宪性审查工作，审查工作的重点不是也没有必要宣布自己制定的刑法死刑条款违反宪法，而是逐一对死刑罪名进行合宪性审查，在《宪法》第 33 条第 3 款"国家尊重和保障人权"与第 28 条"国家维护社会秩序，镇压叛国和其他危害国家安全的犯罪活动，制裁危害社会治安、破坏社会主义经济和其他犯罪的活动，惩办和改造犯罪分子"之间进行平衡，并在此基础上重新通盘考虑刑法中死刑罪名的设置，尽可能地减少死刑罪名。

我国刑法虽然在 2011 年《刑法修正案（八）》通过之前规定了多达 68 个死刑罪名，但在事实上大多数死刑罪名基本上闲置不用。早在上个世纪 90 年代，就有学者调查，在司法实践中，一个省市每年实际适用的死刑罪名一般不超过 15 个，有的还不超过 10 个，杀人、抢劫、强奸、盗窃、伤害、放火、爆炸、拐卖人口、贩卖毒品等几种罪名的死刑适用量，占到了全部死刑适用量的 90% 以上。[①] 2011 年《刑法修正案（八）》通过之后，有学者研究指出，我国刑法所保留的 55 个死刑罪名中，仍有 21 个属备而不用的罪名，分布于《刑法》分则第一章"危害国家安全罪"、第七章"危害国防利益罪"和第十章"军人违反职责罪"中；而在 34 个具有实际适用性的罪名中，有 14 个罪名（放火罪，决水罪，爆炸罪，投放危险物质罪，以危险方法危害公共安全罪，劫持航空器罪，生产、销售假药罪，生产、销售有毒、有害食品罪，故意杀人罪，故意伤害罪，强奸罪，绑架罪，拐卖妇女、儿童罪，抢劫罪）在犯罪构成要素中明确规定了在杀害被害人或致使被害人死亡的情形下可适用死刑，有 8 个罪名（破坏交通工具罪，破坏交通设施罪，破坏电力设备罪，破坏易燃易爆设备罪，暴动越狱罪，聚众持械劫狱罪，组织卖淫罪，强迫卖淫罪）在"造成严重后果"或"情节特别严重"中可以包括对死亡结果的评价，其他 12 个罪名（非法制造、买卖、运输、邮寄、储存枪支、弹药、爆炸物罪，非法制造、买卖、运输、储存危险物质罪，盗窃、抢夺枪支、弹药、爆炸物、危险物质罪，抢劫枪支、弹药、爆炸物、危险物质罪，走私武器、弹药罪，走私核材料罪，走私假币罪，伪造货币罪，集资诈骗罪，走私、贩卖、运输、制造毒品罪，贪污罪，受贿罪）则在规范表述中不包括侵害生命法益的内容。[②] 2015 年《刑法修正案（九）》

[①] 胡云腾. 死刑通论. 北京：中国政法大学出版社，1995：303.
[②] 魏昌东. 美国司法型死刑控制模式与中国借鉴. 法学，2013 (1).

又取消9个死刑罪名后，我国刑法上的死刑罪名减少至46个。

针对目前我国死刑罪名的现状，笔者建议全国人大及其常委会根据"国家尊重和保障人权"特别是尊重和保障生命权的宪法精神，在逐一开展合宪性审查的基础上通盘考虑现有死刑罪名的去留，参考联合国关于死刑适用范围的意见，考量我国从古到今"杀人偿命"的历史传统和当下民意，原则上只保留那些故意侵害他人生命的死刑罪名，取消那些长期闲置不用的特别是非故意侵害他人生命的非暴力犯罪的死刑罪名，同时可借鉴印度、日本、美国等国的立法经验，也保留少量叛国犯罪和大宗毒品犯罪的死刑罪名。考虑到死刑罪名立法属于基本法律的范畴，可先由全国人大常委会通过刑法修正案的方式分几个阶段取消一些不常用的非暴力犯罪的死刑罪名，然后应当由最高国家权力机关即全国人大对刑法作一次较全面的修改，较彻底地对我国的死刑罪名进行改革（包括对一些死刑罪名进行整合）。[①] 到时，原则上只保留：（1）背叛、分裂国家罪；（2）武装叛乱、暴乱罪；（3）放火、决水、爆炸、投放危险物质或以其他危险方法危害公共安全致人死亡罪；（4）破坏交通工具、交通设施致人死亡罪；（5）破坏电力设备、易燃易爆设备致人死亡罪；（6）劫持航空器致人死亡罪；（7）抢劫、抢夺枪支、弹药、爆炸物、

[①] 陈兴良教授曾经对1997年刑法68个死刑罪名的削减提出过具体的建议：（1）关于备而不用的死刑罪名之存废，刑法分则第一章"危害国家安全罪"的7个死刑罪名，只需保留背叛国家罪和分裂国家罪的死刑，其余皆可废止；第七章"危害国防利益罪"的2个死刑罪名没有必要设立；第十章"军人违反职责罪"的12个死刑罪名可以适当削减，保留战时违抗命令罪，战时临阵脱逃罪，为境外窃取、刺探、收买、非法提供军事秘密罪的死刑，其余死刑可废止。（2）关于经济犯罪的死刑之存废，第三章"破坏社会主义秩序罪"的16个死刑罪名，这些罪名的死刑完全是不合理的；刑法分则第五章"侵犯财产罪"的2个死刑罪名，其中抢劫罪如果是采用故意杀人手段进行抢劫，可规定以故意杀人罪论处，故抢劫罪应当废除死刑，至于盗窃罪，也没有必要设置死刑；分则第八章"贪污贿赂罪"的2个死刑罪名，在短时间内难以废除，待条件成熟时予以废除。（3）关于普通刑事犯罪的死刑之存废，刑法分则第二章"危害公共安全罪"的14个死刑罪名，应当将这些犯罪的法定最高刑设置为无期徒刑，并规定：犯本罪故意造成他人死亡的，以故意杀人罪论处；第四章"侵犯公民人身权利、民主权利罪"的5个死刑罪名，故意杀人罪是"死刑保留论的最后堡垒"，必将是最后废除的死刑罪名；强奸罪应分为普通强奸与加重强奸，普通强奸不应保留死刑，加重强奸可以保留死刑；绑架罪，杀害被绑架人的可按照故意杀人罪判处死刑，致使被绑架人死亡的不应设置死刑；故意伤害罪、拐卖妇女儿童罪的死刑应当废除；第六章"妨害社会管理秩序罪"的8个死刑罪名均应废除［陈兴良. 中国死刑的当代命运. 中外法学，2005（5）］。赵秉志教授则提出了一个分三个阶段削减减少与逐步废止死刑罪名的步骤设想：第一阶段，至2020年我国全面建成小康社会之时，基本废止非暴力犯罪的死刑；第二阶段，从2020年起再经过20年的发展，在条件成熟时进一步废止非致命性暴力犯罪的死刑；第三阶段，至迟到2050年新中国成立100周年时，全面废止死刑（赵秉志. 死刑改革研究报告. 北京：法律出版社，2007：81）。

危险物质致人死亡罪；(8) 生产、销售假药致人死亡罪；(9) 生产、销售有毒、有害食品致人死亡罪；(10) 故意杀人罪；(11) 故意伤害致人死亡罪；(12) 强奸致人死亡罪；(13) 绑架致人死亡罪；(14) 拐卖妇女、儿童致人死亡罪；(15) 抢劫致人死亡罪；(16) 暴动越狱、聚众持械劫狱致人死亡罪；(17) 强迫卖淫致人死亡罪；(18) 走私、贩卖、运输、制造大宗毒品罪等 17 个左右的死刑罪名。当然，到条件成熟时，我们应当像世界上越来越多的国家那样，彻底废除死刑。

第三节 "审判的时候怀孕的妇女不适用死刑"的宪法分析

一、问题的提出

我国现行《刑法》第 49 条第 1 款规定："犯罪的时候不满十八周岁的人和审判的时候怀孕的妇女，不适用死刑。"但对于如何理解和适用"审判的时候怀孕的妇女，不适用死刑"存在争议。

1979 年《刑法》第 44 条就曾明确规定"审判的时候怀孕的妇女，不适用死刑"。在审判实践中，最高人民法院对于如何适用"审判的时候怀孕的妇女，不适用死刑"曾作出三个答复：其一，1983 年 9 月 20 日最高人民法院《关于人民法院审判严重刑事犯罪案件中具体应用法律的若干问题的答复》（以下简称《答复一》）指出：无论是在关押期间，或者是在法院审判的时候，对怀孕的妇女，都不应当为了要判处死刑，而给进行人工流产；已经人工流产的，仍应视同怀孕的妇女，不适用死刑。如果人民法院在审判时发现，在羁押受审时已是孕妇的，仍应依照上述法律规定[①]，不适用死刑。其二，1983 年 12 月 30 日最高人民法院《关于人民法院审判严重刑事犯罪案件中具体应用法律的若干问题的答复（二）》（以下简称《答复二》）指出：对怀孕的妇女不适用死刑，也包括不能判处其死刑缓期二年执行。其三，1991 年 3 月 18 日最高人民法院研究室《关于如何理解"审判的时候怀孕的妇女不适用死刑"问题的电话答复》（以下简称《电话答复》）指出：在

---

① 即当时的《刑法》第 44 条、《刑事诉讼法》第 154 条。

羁押期间已是孕妇的被告人，无论其怀孕是否属于违反国家计划生育政策，也不论其是否自然流产或者经人工流产以及流产后移送起诉或审判期间的长短，仍适用人民法院对"审判的时候怀孕的妇女，不适用死刑"。上述三个答复中，1983年的两个答复已经被废止[①]，1991年的《电话答复》至今仍然有效。

1997年刑法实施后，最高人民法院于1998年8月4日在《关于对怀孕妇女在羁押期间自然流产审判时是否可以适用死刑问题的批复》（以下简称《批复》）中指出：怀孕妇女因涉嫌犯罪在羁押期间自然流产后，又因同一事实被起诉、交付审判的，应当视为"审判的时候怀孕的妇女"，依法不适用死刑。结合最高人民法院1991年与1998年的两个司法解释，我国刑法规定的"审判的时候怀孕的妇女，不适用死刑"可解释如下：（1）"审判的时候怀孕的妇女"不仅包括审判时怀孕的妇女，还包括审判前羁押期间怀孕的妇女；（2）"怀孕"的认定与是否违反计划生育政策无关；（3）"怀孕的妇女"包括羁押期间流产的妇女。

但上述刑法规定及其司法解释在实践中的适用面临诸多挑战，比如：怀孕的妇女是否包括怀孕的变性人？"审判的时候怀孕"是否包括未被羁押而怀孕或羁押时未怀孕而变更强制措施后怀孕的情况？怀孕是否包括代孕？怀孕的妇女是否包括羁押期间与审判期间自然分娩的妇女？审判时处于哺乳期的妇女是否可适用死刑？等等。对于上述问题，有学者已经进行了深入研究，但结论往往诉诸未来的立法完善。[②] 那么，在立法完善之前，倘若上述问题在审判实践中出现，法官应当如何裁判呢？笔者尝试从宪法的视角对刑法规范体系进行分析，并提出可行的解决方案。

二、"审判的时候怀孕的妇女不适用死刑"的立法目的

关于"审判的时候怀孕的妇女不适用死刑"的立法目的，学界一般认为

[①] 2012年11月19日，由最高人民法院审判委员会第1560次会议通过、2013年1月18日起施行的《最高人民法院关于废止1980年1月1日至1997年6月30日期间发布的部分司法解释和司法解释性质文件（第九批）的决定》废止了《关于人民法院审判严重刑事犯罪案件中具体应用法律的若干问题的答复》和《关于人民法院审判严重刑事犯罪案件中具体应用法律的若干问题的答复（二）》，废止理由为"答复依据已被废止，不再适用"。

[②] 主要参考文献有：曾龙. 论"审判的时候怀孕的妇女不适用死刑". 求索，2006（6）；纪凤华，林志标. 建议修改"审判时怀孕的妇女不适用死刑"规定的时间限制. 人民检察，2005（7）.

该条款是为了保护胎儿。比如，有学者指出，在刑事诉讼的各个阶段上怀孕的妇女，都不适用死刑。这主要是从保护胎儿和实行人道主义考虑的，怀孕的胎儿是无辜的，不能因为孕妇有罪而株连胎儿。[①] 这一解释是合理的，但不够全面。从医学上来讲，怀孕又称妊娠，是从胚胎着床于子宫内膜开始，而胎儿一般是指怀孕8周以后的胎体。因此，刑法上规定怀孕的妇女不适用死刑，保护的不只是胎儿，还包括早期胚胎。在刑法上对孕妇不适用死刑，不仅是出于人道主义的考虑，更是刑法贯彻尊重和保障生命价值的宪法精神的重要体现。

（一）胚胎与胎儿的生命在宪法上生命权的保护范围之内

尽管我国宪法没有明确规定生命权，但生命权作为公民其他一切权利的前提与基础，完全可以从宪法文本中解释出来。是否在宪法上直接规定生命权并不影响生命权作为基本权利的属性与价值。[②] 对于生命权的宪法保障从何时开始，目前学界存在三种代表性的观点：其一，"胚胎说"。该说认为生命权的宪法保障始于胚胎。如有学者认为，随着人类对自身了解的增加，生命一般被认为开始于有生命现象的个体，而生命现象则始于精子与卵子融合或以无性生殖技术形成胚胎之际，宪法上对生命权的保障应始于胚胎。[③] 其二，"胎儿说"。该说认为对于生命权的保障始于胎儿。如有学者指出，宪法学意义上的生命价值的认定主要依据自然科学的研究成果，即从胎儿开始享受生命权。[④] 其三，"出生说"。该说认为生命权的保障始于自然人出生。《中华人民共和国民法典》第13条规定："自然人从出生时起到死亡时止，具有民事权利能力，依法享有民事权利，承担民事义务。"有学者认为这一规定从自然人民事权利能力方面暗示生命权始于自然人的出生。

笔者认为，从尊重生命的宪法价值角度来讲，生命权的保障应始于胚胎。理由如下：其一，应当区分宪法上的生命权与民法上的生命权。正如有的学者指出："宪法上的生命权与民法上的生命权的性质不同，民法上的生命权属于私权利，只能对抗私人主体对生命权的侵害；而宪法上的生命权属

[①] 陈兴良. 规范刑法学. 北京：中国政法大学出版社，2003：211.

[②] 韩大元. 论生命权的价值//张庆福. 宪政论丛：第4卷. 北京：法律出版社，2004：107.

[③] 李震山. "复制人"科技发展对既有法律思维与制度之冲击——以基本权利保障为例. 月旦法学杂志，2001（79）.

[④] 胡锦光，韩大元. 中国宪法. 北京：法律出版社，2010：264.

于公权利，可以对抗国家权力对生命权的侵害。"① 依据民法典：自然人作为私权利的生命权可能始于出生，但这并不意味着宪法上对生命权的保障也始于自然人出生，作为公权利的生命权要求国家提供更为广泛的生命权保障义务。其二，从各国经验来看，胎儿的生命权已经受到各国宪法的普遍承认和保护。在胎儿生命权的宪法保障方面，德国、美国等国通过宪法判例确立了比较稳定的宪法保障体制，使胎儿的生命权价值得到了肯定。② 诸多国家的宪法明确规定了胎儿的生命权，如《赞比亚宪法》第12条第2款规定："任何人不得通过结束怀孕剥夺胎儿的生命，除非符合议会专门法案规定的条件。"③ 其三，从胚胎、胎儿到新生儿，是生命成长的连带过程，对这一过程的前端宪法保护的缺失往往意味着后续的宪法保护已失去了意义。因此，从尊重生命的宪法价值出发，对生命权的保障应追溯至胚胎的形成。胚胎与胎儿的生命都在宪法上生命权的保障范围之内。

（二）"审判的时候怀孕的妇女不适用死刑"体现宪法精神

在我国的法律秩序中，宪法具有最高的法律效力，包括立法机关在内的一切国家机关都必须以宪法为根本的活动准则，并且负有维护宪法尊严、保障宪法实施的职责。《刑法》第1条明确规定："为了惩罚犯罪，保护人民，根据宪法，结合我国同犯罪作斗争的具体经验及实际情况，制定本法。"这进一步确认了宪法在刑法制定中的规范基础地位。立法机关在制定刑法时，应当以宪法为最高的立法准则，在包括死刑立法在内的所有刑事立法中贯彻宪法精神。而《刑法》第49条关于"审判的时候怀孕的妇女不适用死刑"的规定，正是全国人大贯彻保障胚胎、胎儿生命的宪法精神的重要体现。

此外，需要指出的是，刑法规定"审判的时候怀孕的妇女不适用死刑"，并不侧重于保护妇女的权益，而主要是为了保护胚胎和胎儿的生命。因此，对于刑法规定的"审判的时候怀孕的妇女不适用死刑"，应当从如何才能更为稳妥地保障胚胎和胎儿生命的角度进行法律解释或法的续造。

---

① 上官丕亮. 论宪法上的生命权. 当代法学，2007（1）.
② 胡锦光，韩大元. 中国宪法. 北京：法律出版社，2010：268.
③ 据学者统计，截止到2010年10月，有9个国家的宪法明确规定了胎儿的生命权。上官丕亮. 宪法与生命——生命权的宪法保障研究. 北京：法律出版社，2010：108.

三、"审判的时候怀孕的妇女不适用死刑"的司法解释

1979年刑法实施以来,最高人民法院针对"审判的时候怀孕的妇女不适用死刑"的相关司法解释都是针对具体案件中如何适用刑法规定的解释,在形式上并未超出最高人民法院司法解释的权限。

(一)"审判的时候怀孕的妇女不适用死刑"的司法解释的性质

最高人民法院司法解释的结论扩大了"审判的时候怀孕的妇女"的字义范围,给人一种法院对刑法条款作出扩大解释的印象。其实,最高人民法院对"审判的时候怀孕的妇女不适用死刑"的解释并不是扩大解释,而是法的续造。

所谓刑法的扩大解释,也称扩张解释,是指刑法条文所使用的文字失于狭隘,不足以表明刑法的真实意义,于是扩张其意义,使其符合刑法的真实意义的解释方法。扩张解释的特点是,对用语的解释使其通常含义更为宽泛。扩大解释得出的结论,并未超出刑法用语可能具有的含义,而是在刑法文义的"射程"之内进行解释。[①] 而最高人民法院对"审判的时候怀孕的妇女不适用死刑"的解释结论其实超出了刑法文义的"射程"。比如,《电话答复》和《批复》将刑法规定的"审判的时候"解释为包括审判前的羁押时期,这明显超出了"审判的时候"字义的射程。同样,《电话答复》和《批复》将"审判的时候怀孕的妇女"解释为包括整个羁押期间流产的妇女,也超出了刑法字义的"射程"。迈尔·海奥茨曾适切地指出,字义具有双重任务,它是法官探寻意义的出发点,同时也划定其解释活动的界限。[②] 最高人民法院超越字义"射程"的司法解释,其实超越了解释本身的界限,因此,并不能将其理解为一种扩大解释,而应当是一种法的续造行为。

根据卡尔·拉伦茨对法的续造的分类,法的续造包括法律内的法的续造和超越法律的法的续造。"狭义的解释之界限是可能的字义范围。超越此等界限,而仍在立法者原本的计划、目的范围内之法的续造,性质上乃是漏洞填补=法律内的法的续造,假使法的续造更逾越此等界限,惟仍在整体法秩序的基本原则范围内者,则属超越法律的法的续造。"[③] 正如上文分析指出,

---

[①] 张明楷. 刑法分则的解释原理. 北京:中国人民大学出版社,2003:16-17.
[②] 拉伦茨. 法学方法论. 陈爱娥,译. 北京:商务印书馆,2005:202.
[③] 同②247.

刑法规定"审判的时候怀孕的妇女不适用死刑",其立法的根本目的在于保护胚胎和胎儿的生命,但立法者在实现刑法该立法目的时,在条文设计上存在漏洞,即审判前羁押期间怀孕的妇女以及羁押期间妇女怀孕状态的变动未被列入规整范围。① 最高人民法院正是针对审判实践中暴露出的上述刑法规范漏洞,通过法的续造予以填补。

(二) 最高人民法院填补法律漏洞的方法

根据是否欠缺适用规则,卡尔·拉伦茨曾将法律漏洞区分为两种,即"开放的"漏洞及"隐藏的"漏洞。"就特定类型事件,法律欠缺——以其目的本应包含之——适用规则时,即有'开放的'漏洞存在。就此类事件,法律虽然含有得以适用的规则,惟该规则——在评价上并未虑及此类事件的特质,因此,依其意义及目的而言——对此类事件并不适宜,于此即有'隐藏的'漏洞存在。"② 根据此分类,刑法对于审判前羁押期间怀孕的妇女以及羁押期间妇女怀孕状态的变动未加规定,属于欠缺适用规则的情况,应归于"开放的"法律漏洞。对于这一"开放的"法律漏洞,若从法学方法论上分析最高人民法院的漏洞填补方法,笔者认为最高人民法院运用了类推适用和目的性扩张两种方法。

所谓类推适用系指,将法律针对某构成要件(A)或多数彼此相类的构成要件而赋予之规则,转用于法律所未规定而与前述构成要件相类的构成要件(B)。转用的基础在于:二构成要件——在与法律评价有关的重要观点上——彼此相类,因此,二者应作相同的评价。易言之,系基于正义的要求——同类事物应作相同处理。③ 最高人民法院将审判前羁押期间怀孕的妇女纳入"审判的时候怀孕的妇女"的范围便采用了类推适用的方法。对此可分析如下:刑法之所以规定"审判的时候怀孕的妇女不适用死刑",主要原因在于保护胚胎与胎儿的生命,这意味着该条款评价的重心在于是否"怀

---

① 根据卡尔·拉伦茨的理论,在判断是否存在法律漏洞时,"同类事物同等处遇"这一内存于任何法律中的原则需要加以考量。刑法将"审判的时候怀孕的妇女"作为法定的不适用死刑的量刑情节加以规定,但对与"审判的时候怀孕的妇女"具有类似性质的"审判前的羁押时期怀孕的妇女",未设定规则,这一规则欠缺可认定为法律漏洞。拉伦茨. 法学方法论. 陈爱娥,译. 北京:商务印书馆,2005:252.

② 拉伦茨. 法学方法论. 陈爱娥,译. 北京:商务印书馆,2005:254.

③ 同②258.

孕"，"审判前羁押期间怀孕的妇女"在"怀孕"这一点上与"审判的时候怀孕的妇女"是相同的。此外，尽管"审判前羁押期间"与"审判的时候"乍看起来属于两个不同的时间阶段，但"审判前的羁押"与"审判"在公权力的行使这一点上是同质的。对于"怀孕的妇女"而言，无论处于上述哪个阶段，其都处于国家公权力的控制之下，其所处的境遇在实质上是相同的。更何况，上述两个时间段国家公权力的行使在时间上是前后衔接的，在功能上是相互交融、相辅相成的。据此，最高人民法院将"审判前羁押期间怀孕的妇女"与"审判的时候怀孕的妇女"视为同类事物，作相同评价，其实借助了类推的方法。

目的性扩张是指，法律文义涵盖的内容不足以反映其立法意图需要的调整范围，为贯彻立法意图而将其适用范围扩张到法律文义并不包括的内容。[①] 在目的性扩张中，一个规范的事实构成可以被补充上某种案件类型，以至于它可以适用于没有被它的初始词义所包括的事实。[②] 最高人民法院的司法解释，在上述类推适用的基础上，进一步通过目的性扩张将羁押期间流产的妇女纳入不适用死刑的量刑情节之中。根据字义的日常理解，流产是妇女结束怀孕的一种表现形式，因此流产的妇女并不在"怀孕的妇女"的字义"射程"范围内。但倘若不将羁押期间流产的妇女纳入不适用死刑的量刑情节中，可能会导致刑法的目的——胚胎与胎儿生命的保护——在涉及"羁押期间流产的妇女"的案件中难以实现。因为，在有些案件中，为了可对涉案妇女判处死刑，公权力机关可能会借助各种手段迫使妇女流产，从而达到适用死刑的目的。此类事件中，不仅妇女的生命权难以得到保障，而且刑法该条款保护胚胎和胎儿生命的立法目的也会落空。正是为了尽量避免此类事件的发生，最高人民法院从保护"胚胎和胎儿生命"的立法目的出发，将羁押期间流产的妇女纳入不适用死刑的量刑情节之中。

上述对于最高人民法院司法解释的解读是根据法律适用的基本原理，从司法解释的结论与刑法条款的对照中反向推导出的。这一从法学方法论上对最高人民法院司法解释的重新阐释，并不是为了论证最高人民法院司法解释

---

① 孔祥俊. 法律方法论：第三卷. 北京：人民法院出版社，2006：1478.
② 阿列克西. 法 理性 商谈——法哲学研究. 朱光，雷磊，译. 北京：中国法制出版社，2011：84.

的合法性，而是为了探寻对于"审判的时候怀孕的妇女不适用死刑"存在的法律漏洞的填补方法。因为，在审判实践中，面对刑法该条款可能存在的其他漏洞，不得拒绝裁判的法官必须设法填补，而上述阐释的目的正在于为法官填补漏洞提供方法论上的指引。

四、"审判的时候怀孕的妇女不适用死刑"规范的填补

最高人民法院对"审判的时候怀孕的妇女不适用死刑"的司法解释在法官审理相关案件中发挥了重要作用，但司法解释并没有填补"审判的时候怀孕的妇女不适用死刑"的所有漏洞。该条款仍然存在其他漏洞，需要法官在审判实践中予以填补。对此，最高人民法院在司法解释中运用的法律漏洞填补方法，即类推适用与目的性扩张，法官在具体案件中也可以适用。

（一）审判的时候怀孕的变性人能否适用死刑

变性人是指通过性别重置手术或其他方法来改变原本的生理性别的人。随着现代医学的发展，人通过手术改变性别已经成为社会现实。有资料显示，截至2007年，我国大约有40万人要求进行变性手术，已有一千余人完成了变性手术，变性人已经形成一个不容忽视的社会群体。[1] 有刑法学者已对变性人可能涉及的刑法上的重婚罪和强奸罪等相关问题进行了探讨[2]，但学界对于怀孕的变性人[3]能否适用死刑的问题鲜有关注。

立法者规定"审判的时候怀孕的妇女不适用死刑"时并未预见到变性人怀孕的问题。但按照立法者的规范意图，为保护胚胎与胎儿的生命，怀孕的变性人应在法律意向的规整范围之内。并且，对于怀孕的变性人能否适用死刑的问题，也难以通过法律解释来解决。因为，"妇女"的字义"射程"无法涵盖变性人。尤其是女性变为男性的变性人，我们很难从"妇女"这一概念中解释出来。据此，可以认定这是刑法该条款的一个"开放的"法律漏

---

[1] 张亦嵘. 法律不应再对变性人失语. 法制日报, 2007-03-02 (6).
[2] 江海昌. 变性人是否属重婚罪主体. 检察日报, 2002-11-14; 陈永德. 对修改"强奸罪"法条的一点建议——法律保护的对象应该包括女性、男性和变性人. 人民公安报, 2014-01-02.
[3] 由女性变为男性的变性人，有的子宫等生殖器官并未切除，是可以怀孕的。比如，2008年6月，美国俄勒冈州变性人托马斯·比提生下了一名女婴；2009年6月，美国加利福尼亚州30岁男子斯科特·莫尔生下一名男婴。[2014-06-15]. 搜狐网. http://health.sohu.com/20100128/n269871830.shtml.

洞。从时间上来看，这一法律漏洞也是因技术演变而发生的嗣后的法律漏洞。对于这一法律漏洞，法官在审判实践中可以通过类推适用或目的性扩张的方法来加以填补。倘若通过类推适用的方法，法官可以从刑法规范所意图实现的目的上认定"怀孕的变性人"与"怀孕的妇女"，都处于"怀孕"状态，都存在保护胚胎与胎儿生命的必要，在法评价上属于同类事物。因此，对于审判时怀孕的变性人不适用死刑。倘若从目的性扩张的角度来分析，法官可以内存于该刑法条款中"保护胚胎与胎儿生命"的目的为根据，推导出：随着现代医学的发展应当进一步扩充刑法该规范中不适用死刑的对象范围，将"怀孕的变性人"也纳入其中。因为，变性人也可以怀孕，如果将怀孕的变性人排斥于该规范的适用范围，刑法该规范意图实现的"保护胚胎与胎儿生命"的目的便不能圆满实现，也会产生严重的评价矛盾或明显的不公正。

（二）未被羁押时怀孕的妇女能否适用死刑

对于未被羁押而怀孕的妇女能否适用死刑的问题，我们以审判实践中出现的一个案例"张、杨共同杀人案"①为中心展开分析。

被告人张某，女，23岁，因涉嫌故意杀人犯罪于2000年9月25日被刑事拘留，同年10月25日被逮捕。被告人杨某，女，23岁，因涉嫌故意杀人犯罪于2000年10月30日被刑事拘留，同年11月30日被逮捕。

张某与同学杨某关系较密，因杨多次向张借钱后不还，引起张的母亲章某的不满，遂到杨家干涉，并阻止张与杨交往。杨对章怀恨在心。2000年7月，杨对张谈起张母章某如死亡，张则可获自由，且可继承遗产，张亦认为母亲管束过严，两人遂共谋杀害章某。同年8月23日晚，张在家中给其母章某服下安眠药，趁章昏睡之机，将杨提供的胰岛素注入章体内。因章不死，张遂又用木凳等物砸章头部。次日中午，杨至张家，见章尚未死亡，即与张共同捆绑章的手，张仍用木凳猛砸章头部。被害人章某终因颅脑损伤而死亡。嗣后，张、杨两人取走章的存折、股票磁卡等，由杨藏匿。张购买水泥，并将章的尸体掩埋于家中阳台上。同年10月8日，公安机关查实杨涉嫌参与共同杀人时，杨正怀孕在身，但未及时采取相应的强制措施。10月

---

① 下文案例的简介和各方主张，引自：张华. 从张、杨共同杀人案谈如何理解"审判时怀孕的妇女". 政治与法律，2002（3）.

20 日杨产下一男婴并被其遗弃。公诉机关指控被告人张、杨共同故意杀死一人，两被告人的行为均已构成故意杀人罪，提请依照《刑法》第 232 条规定，分别予以严惩。

在本案审理过程中，对于杨某能否适用死刑问题，存在不同的意见。杨的辩护人认为，公安机关掌握杨涉嫌参与杀人犯罪的事实时，杨正怀孕在身，对杨应视为"审判时怀孕的妇女不适用死刑"。公诉人答辩时指出，杨在审判时已分娩，客观上已不具备《刑法》第 49 条规定的法定事实；刑法对于"审判时怀孕的妇女不适用死刑"的规定是出于对胎儿的保护考虑。杨产下婴儿后遗弃，再对其适用《刑法》第 49 条与立法精神不符。法院最后采纳了辩护人的意见，认为公安机关已掌握杨涉嫌参与杀人的犯罪事实，又得知杨怀孕，但暂缓采取强制措施，依照《刑法》第 49 条的规定，对杨仍可视为"审判的时候怀孕的妇女不适用死刑"。

本案暴露出"审判的时候怀孕的妇女不适用死刑"的另一个法律漏洞，即倘若公安机关不作为，未被羁押的怀孕的妇女生产后能否适用死刑的问题，该条款未设可适用的规则。本案中，法院指出了对杨适用"审判的时候怀孕的妇女不适用死刑"的主要依据在于"公安机关已掌握杨涉嫌参与杀人的犯罪事实，又得知杨怀孕，但暂缓采取强制措施"，这一理由是合理的，但推理过程略显粗糙。其实，公安机关对于怀孕的杨某暂缓采取强制措施，既存在基于"义愤"严惩孕妇的可能，也存在基于道义而保护孕妇的可能，并不存在明显的过错。问题的关键在于，本案中杨某尽管没有被羁押，但实际上处在国家公权力的控制之下，法官得基于类推的方法推定此种情形之下怀孕的杨某与羁押期间怀孕的妇女属于同种情形，应基于实质平等的原理予以同等对待。

此外，由于最高人民法院的司法解释中没有明确怀孕的妇女自然分娩的情况下应当如何适用法律，本案中法官还应当分析"分娩"与最高人民法院司法解释中"人工流产"与"自然流产"的同质性。对此，法官也可借助类推适用或目的性扩张的方法来实现。比如，基于类推适用方法可分析如下：最高人民法院司法解释中的"人工流产"与"自然流产"都是被用以表达结束怀孕之意，而"分娩"在这一点上与"人工流产""自然流产"并无差别，应视为同种情况。采用目的性扩张方法可分析如下：倘若法院认定羁押期间"分娩"的妇女可适用死刑，那便极有可能导致一种非常糟糕的情况的产生，即怀孕的妇女为了规避死刑而主动寻求流产，这与"保护胚胎和胎儿的生命"的立法目的相违背。因此，为了避免上述情形的出现，对刑法的该条款应当进行目的性扩张，将"分娩"的情形纳入不适用死刑的量刑情节之中。

类推适用与目的性扩张也可用以分析其他类似情形。比如，出现上述案件情形后或羁押改变为取保候审后，怀孕的杨某逃逸，后来分娩或流产的情况；妇女被羁押时未怀孕而在被变更强制措施后怀孕的情况[①]，这两种情况都可根据上文类推适用中该妇女是否在"国家公权力"的有效控制之下为标准进行判断：第一种情况下，假如杨某逃逸后在脱离国家公权力的控制的情形下分娩或流产，不应被视为"怀孕的妇女"；但若杨某在分娩或流产之前被公权力机关重新控制，则属于"怀孕的妇女"。第二种情况下，由于妇女仍在国家公权力的控制下，应被视为"怀孕的妇女"。

结　语

需要指出的是，借助类推适用与目的性扩张完成法的续造本身是存在界限的，只有当法律漏洞真实存在的时候才有适用的空间。倘若不存在法律漏洞，则应当通过一般的法律解释解决实践中的疑难案件。比如，对于代孕的妇女是否应当适用死刑的问题，我们就不应借助类推适用或目的性扩张的方法来解决。因为"代孕的妇女"完全在"怀孕的妇女"字义的"射程"范围之内，法官只需要对"怀孕的妇女"作适度的扩张解释即可囊括"代孕的妇女"。再如，对于处在哺乳期的妇女能否适用死刑的问题，尽管"审判的时候怀孕的妇女不适用死刑"这一条款对此没有可适用的规则，但并不能因此而认定该条款存在法律漏洞。因为对于哺乳期的妇女是否可适用死刑的问题，并不在刑法该条款立法试图调整的范围之中，其与保护胚胎与胎儿生命的立法目的也没有直接的相关性，可视为立法者将之划属到刑法该条款之外。当然，这并不意味着我们赞同对哺乳期的妇女适用死刑，而只是认为从刑法的该条款中难以推导出不可适用死刑的结论。

---

① 曾龙. 论"审判的时候怀孕的妇女不适用死刑". 求索，2006（6）.

总之，法官在从事填补法律漏洞的法的续造工作中，应注重与宪法价值的协调，在填补"审判的时候怀孕的妇女不适用死刑"存在的法律漏洞时，无论采用类推适用还是目的性扩张方法，都应当以"保护胚胎和胎儿的生命"为基本出发点和归宿。

第三章

死刑的程序控制

　　本章主要就死刑冤案的程序控制、死刑冤错案的宪法控制、检警一体化模式、侦查监督制度的中国模式及其改革、最高人民法院核准死刑案件程序等问题进行了集中探讨。

　　就死刑冤案的程序控制问题，本书认为，死刑的适用应避免两种情形：一是错误适用，即发生冤错；二是不当适用，即过度适用。二者都构成对生命权的侵犯，其中，死刑冤案对法治和人权的损害尤甚。死刑冤案的成因是多方面的，既有司法体制不科学的原因，也有刑事程序不完善的原因。我国2012年、2018年进行的刑事诉讼法修改，进一步完善了诉讼程序，有助于死刑冤案的预防。未来应当推进司法体制改革，不断完善刑事程序，这是在制度上防止冤案、控制死刑的关键。

　　对于死刑冤错案的宪法控制，本书认为，现代社会对生命权价值的最大挑战之一就是死刑错案的出现。死刑错案的出现与立法机关、行政机关及司法机关未妥当履行保护生命权的宪法义务密切相关。应当通过树立尊重生命权的文化、逐步减少刑法上的死刑罪名、对死刑犯的基本权利予以充分的程序保障、加强死刑适用的司法控制等方式构建预防死刑错案的宪法机制。

　　对于检警一体化模式问题，本书认为，我国现行警察主导侦查模式具有相当程度的改革空间，在控辩式庭审方式改革背景下愈益暴露出弊端，不仅难以满足检察机关有效指控以惩罚犯罪的需要，也无法适应侦查监督以保障人权的要求。实践中出现的检察引导侦查改革，是对现行接力型检警关系模式的突破，其本质是检警一体化，构成当下诉讼程序改革与司法体制改革的一项重要创新。检警一体化模式的实质，是检察机关参与侦查权的行使，并非检警机关在组织上的一体化，亦非二者角色的混同。我国建构检警一体化模式，不仅存在理论基础，而且具有法律依据。该模式有助于提升侦查质量以强化检察机关指控犯罪的能力，也便于检察机关践行侦查监督职能。

在侦查监督制度的中国模式及其改革问题上，本书认为，检察机关对侦查实施一元化监督，构成侦查监督制度的中国模式。检察监督侦查模式具有重大缺陷：对自行侦查的监督陷入同体监督的困局，对公安侦查的监督则存在追诉主导的局限性。其实质是自我监督、控方内部监督，弊端在于规避、排斥异体监督，即来自控方之外的法院监督和律师监督。在该模式下，侦查讯问监督机制缺失易致刑讯发生，逮捕因审查程序中法官缺位和律师参与不足而沦为追诉的附庸，搜查、扣押、监听等强制处分亦未能建立起外部审查监督机制。以上种种，致自由、财产、隐私诸权处于侦查机关的完全控制之下。为实现对侦查的监督，应贯彻法治和保障人权宪法原则，根据诉讼结构理论建立对强制侦查的法院监督机制和律师监督机制，并完善程序规则约束侦查行为。

针对最高人民法院核准死刑案件程序问题，本书认为，死刑废除是当今国际社会法治发展的潮流和趋势。中国现阶段虽不能在立法上废除死刑，但可以通过司法严格控制死刑，并最大限度地避免误判错杀。《刑事诉讼法》和相关司法解释已对死刑案件建构了以死刑复核程序为中心的特殊保障机制。但是，死刑复核程序尤其是最高人民法院核准死刑案件的程序在运作中还存在诸多问题和争议，导致其纠正死刑错误、统一死刑标准以及削减死刑数量的功能不能充分发挥。因此，有必要在新刑事诉讼法的背景下对最高人民法院核准死刑案件涉及的诸多程序问题及其改革完善进行系统分析。

第一节 死刑冤案的程序控制

近年来，佘祥林案、赵作海案、张辉叔侄案等死刑冤案的曝光，对人们的内心造成了巨大的震撼，同时司法的公正性也屡屡受到质疑。这些公民虽然没有被执行死刑，并"幸运"地得以沉冤昭雪，但都曾被一审法院判处死刑，面临生命被剥夺的危险。面对媒体，张高平、张辉对警察刑讯逼供和非法使用"狱侦耳目"的悲愤控诉，令人痛感刑事程序上的重大漏洞和缺陷，并对侦查权滥用产生深深的忧虑。张高平在再审法庭上说："今天你们是法官、检察官，但你们的子孙不一定是法官、检察官，如果没有法律和制度的保障，你们的子孙很有可能和我一样被冤枉，徘徊在死刑的边缘。"这番掷地有声、振聋发聩的话语，怎能不引起每个人心灵的共鸣？

清末修律大臣沈家本一针见血地指出："查诸律中，刑事诉讼律尤为切要。西人有言：刑律不善不足以害良民，刑事诉讼律不备，即良民亦罹其害。"① 由此可以说刑事诉讼法不完善是造成死刑冤案的根本原因。死刑冤案不仅给当事人及其家人带来无法弥补的巨大伤害，而且会严重销蚀人们对司法的信心。我们不能满足于冤案个案的纠错，而应当检讨死刑冤案的成因，正视司法体制与刑事程序存在的缺陷，不断完善司法体制和刑事程序，逐渐消除滋生冤案的因素，最大限度地防止死刑冤案。

一、死刑冤案的成因

司法误判在哪个国家都有发生，在保留死刑的国家，也都无法完全避免死刑冤案，但成因有别。在我国，近年来披露的死刑冤案之形成，固然有传统文化、社会转型期、舆论压力、维护社会稳定之需要等多种因素，但更多地缘于司法体制与刑事程序存在的缺陷。近来，中央政法委、最高人民法院、最高人民检察院等机构对造成冤案的教训进行了深刻总结，纷纷制定防止冤错案件的意见，这些意见对于防止冤错案件具有积极意义。不过，笔者认为，更为重要的是，应当认真反思司法体制与刑事程序存在的不足，不断改革司法体制，完善刑事程序，从制度上防止冤错。

（一）刑事司法体制问题

审判独立是实现司法公正的前提，独立无偏的法庭是防止冤错、维护法治的保障。马克思主义经典作家有言："法官除了法律就没有别的上司。"② 我国宪法也确认了审判权独立行使原则（第 131 条）。然而独立审判的价值仍未被充分认识和尊重，法院审判仍会受到干预和干扰。特别是面对地方党委、人大、政府等部门个别官员的干预与压力，法院对故意杀人等重大案件

---

① 张国华，李贵连．沈家本年谱初编．北京：北京大学出版社，1989：248．
② 马克思恩格斯全集：第 1 卷．北京：人民出版社，1956：76．

中的被告人是否进行司法精神病鉴定、犯罪指控是否达到"案件事实清楚，证据确实、充分"的定罪标准、量刑尤其是是否适用死刑等问题，有时难以做到独立裁判。[①] 法院往往面临法律效果与所谓社会效果的冲突与矛盾，有时在外部压力下，为追求"社会效果"而牺牲法律的公正，乃至酿成冤错。从司法体制来看，主要存在以下问题。

1. 三机关关系原则使法院难以独立审判

《宪法》第140条规定，人民法院、人民检察院和公安机关办理刑事案件，应当分工负责，互相配合，互相制约，以保证准确有效地执行法律。然而"分工负责"体制在实践运行中存在不足，在发挥监督制约和防错纠错功能方面存在缺陷。虽然《宪法》第131条规定人民法院依照法律规定独立行使审判权，《刑事诉讼法》第3条规定审判由人民法院负责，但由于过分强调法院与检察机关、公安机关之间的配合以及检察机关作为国家法律监督机关的地位，使得法院独立性不足，审判制约公诉指控的功能乏力。在处理强奸、抢劫、杀人等重大、恶性案件时，三机关之间往往配合有余而制约不足，有时甚至"联合办案"。在现行司法体制下，法院既不能对侦查实施同步监督制约，其审判也失去独立性和中立性，有时法庭审判流于形式，只是对侦查结果的确认而已，丧失了公正审判的功能。

2. 律师辩护制度的功能受到抑制难以充分发挥

在死刑案件中，律师的辩护极为重要，是防止冤案的重要保障。律师的一项重要职责是，根据事实和法律，提出被告人无罪的材料和意见，能够帮助法庭发现案件事实和证据的疑点，对案件作出全面的判断。但在我国司法实践中，律师辩护在防止死刑冤案方面的作用甚微。主要原因是，人民法院、人民检察院、公安机关之间"互相配合"以及一些地方政法体制的弊端，使得律师在司法体制和刑事程序中处于边缘、弱势地位。公权力机关对律师存有很深的偏见，总认为律师是在吹毛求疵，妄图帮助被告人逃脱惩罚。律师的正常辩护活动受到公权力机关的压制甚至排斥，辩护意见尤其是无罪辩护意见不被尊重。如在佘祥林案、赵作海案、张高平、张辉叔侄案这

[①] 实践中造成冤案的原因有很多，笔者认为最重要的，就是法院独立审判功能不足。事实上，对于地方领导关注的刑事案件，如果审判庭认为证据不足，往往难以作出无罪判决。对于法院而言，现实中存在着种种压力。

些冤案中,律师都提出了无罪辩护的有力理由,但没有受到有关机关的重视。正是司法体制上的不足使得法院失去了裁判主体应有的独立性和中立性,也使得作为防止冤错重要机制的辩护制度虚置,律师在刑事诉讼中的作用难以发挥,这是造成死刑冤案的又一项重要原因。

(二) 刑事程序问题

我国刑事程序存在诸多问题,包括侦查程序和审判程序都存在一些规定过于粗糙、原则的问题,无法形成有力的冤案预防机制。

1. 侦查制约机制缺乏,讯问程序失控

死刑冤案之所以形成,最常见、最主要的原因是侦查人员刑讯逼供或者使用威胁、引诱、欺骗等非法方法讯问犯罪嫌疑人。可以说,几乎每一个冤案都和刑讯逼供或者变相刑讯有直接关系。刑讯逼供在我国司法实践中一直存在,根本原因在于讯问嫌疑人程序缺乏监督,"严禁刑讯逼供"的规定流于形式。侦查人员讯问嫌疑人都是秘密进行,不受时间限制。这种缺乏监督、制约的权力必然被滥用。

实践中存在限期破案的行政命令机制与破案激励机制,违背了诉讼的基本规律。一些地方搞限期破案、破案立功制度,以破案率作为考核奖惩的依据,加大了公安机关破案的压力,刺激了逼供的功利主义思想。这些违背诉讼规律的措施不取消,刑讯逼供等非法侦查行为就难以根除,冤案也就在所难免。

犯罪嫌疑人的基本权利缺乏制度保障,不具备基本的防御能力,也是造成死刑冤案的一项重要原因。一个公民一旦涉嫌犯罪成为嫌疑人,大多被长期羁押,丧失了意志自由和与外界联系的权利。犯罪嫌疑人难以得到律师的有效帮助,不能与家人见面。如果犯罪嫌疑人存在冤情,难以寻求有效的救济途径。

证明方法落后、侦查失范是造成死刑冤案的又一项重要原因。长期以来,侦查以抓获犯罪嫌疑人为中心,取证以获取口供为中心,这种落后的、原始的侦查模式、证明方法是发生冤错的重要原因。在公安机关"负责"侦查的体制下,侦查行为不够规范,一些侦查人员主观臆断,凭想当然认定案件事实。如在佘祥林案和赵作海案中,在没有对死者进行DNA鉴定的情况下,武断地认定死者身份,导致被害人身份认定错误,从而造成侦查方向错

误。再如辨认现场程序极不规范，本应具有客观性的侦查行为，即便实行录音录像和见证人见证，也不乏弄虚作假者。

2. 法院公正审判功能未能得到充分发挥

被告人享有获得公正审判的权利，包括无罪推定的权利、公开审判的权利、迅速审判的权利、不被强迫自证其罪的权利、律师帮助的权利、传唤和询问证人的权利（含质问或请求法院质问对他们不利的证人的权利、传唤和询问辩方证人的权利）、有充足时间和条件准备辩护的权利，这些都是保障辩护权、预防冤案的重要机制，然而实践中对其往往重视不足，保障不够。比如，由于存在证人出庭率极低、法庭审理书面化、法庭调查空洞化等问题，面对法定的证明标准，由于过分追求惩罚犯罪的诉讼功能，导致罪疑难以从无，从而造成冤错。这当然主要是由刑事诉讼法关于审判程序的规定过于原则造成的。2012年修改后的《刑事诉讼法》条文数达到290条，对审判程序有所完善，但也不过增加了9个条文。目前，第三编"审判"（包括"审判组织""第一审程序""第二审程序""死刑复核程序""审判监督程序"五章）仅有76个条文（略多于第二编"立案、侦查和提起公诉"的74个条文），其中，"第一审程序"条文最多，也仅有41条，而公诉案件普通程序更是只有区区24条。

我们应当从一个个死刑冤案的血的教训中，全面认真反思司法体制和刑事程序中的缺陷与不足，通过体制和程序的改革与完善，避免悲剧重演。

二、2012年刑事诉讼法预防死刑冤案的程序规定

2012年3月14日，十一届全国人大五次会议完成了刑事诉讼法的第二次修改。这次修改，不仅将"尊重和保障人权"写进刑事诉讼法，而且在规范侦查程序、完善审判程序方面作了较大努力，相关程序规定有利于防止死刑冤案。

（一）规范侦查讯问程序

2012年刑事诉讼法修改，进一步规范了讯问犯罪嫌疑人程序。如修订后的刑诉法规定，拘留、逮捕后，应当立即将被拘留、逮捕人送看守所羁押，至迟不得超过24小时（2012年刑诉法第83条、第91条）；犯罪嫌疑人被送交看守所羁押以后，侦查人员对其进行讯问，应当在看守所内进行

(2012年刑诉法第116条）；侦查人员在讯问犯罪嫌疑人的时候，对于可能判处死刑的案件，应当对讯问过程进行录音或者录像。录音或者录像应当全程进行，保持完整性（2012年刑诉法第121条）。如果上述规定能够得到执行，将有助于遏制刑讯逼供，进而有助于防止死刑冤案。

（二）完善辩护制度

2012年刑事诉讼法修改，强化了律师辩护制度，有助于防止死刑冤案。第一，规定犯罪嫌疑人自被侦查机关第一次讯问或者采取强制措施之日起，有权委托辩护人。比侦查中可以聘请律师提供法律帮助、审查起诉阶段有权委托辩护人的原有规定有所进步。第二，对于犯罪嫌疑人、被告人可能被判处死刑，没有委托辩护人的，将人民法院应当为其指定辩护，修改为人民法院、人民检察院和公安机关都应当通知法律援助机构指派律师为其提供辩护（2012年刑诉法第34条第3款），即将法律援助引入了侦查程序和审查起诉程序。第三，规定辩护律师持律师执业证书、律师事务所证明和委托书或者法律援助公函，有权会见犯罪嫌疑人、被告人。看守所应当及时安排会见，至迟不得超过48小时。辩护律师会见犯罪嫌疑人、被告人，不被监听。第四，规定辩护律师自人民检察院对案件审查起诉之日起，可以查阅、摘抄、复制本案的案卷材料。上述规定提前了死刑案件中法律援助介入的时间，扩大了辩护律师的诉讼权利和参与度，有助于发挥律师在防止死刑冤案中的积极作用。

（三）完善证据制度

死刑案件犯罪事实的准确认定，需要完善的证据制度。2012年刑事诉讼法修改完善了证据制度，有助于防止死刑冤案的发生。第一，规定公诉案件中证明被告人有罪的举证责任由人民检察院承担（2012年刑诉法第49条）。由此，证明被告人有罪是检察机关的责任，检察机关、公安机关不能让犯罪嫌疑人、被告人自证清白。第二，规定"不得强迫任何人证实自己有罪"（2012年刑诉法第50条）。这赋予了侦查人员尊重嫌疑人供述自愿性的义务，朝着确认沉默权的方向迈出了坚实的一步。第三，确立了非法证据排除规则（2012年刑诉法第54条～第58条），设置了具有一定可操作性的非法证据调查、排除程序。规定排除采用刑讯逼供等非法方法收集的犯罪嫌疑人、被告人供述，不得作为起诉意见、起诉决定和判决的依据。并规定，收集物证、书证不符合法定程序，可能严重影响司法公正，如果不能补正或者作出合理解释的，对该证据也应当予以排除。第四，规定了证人保护制度（2012年刑诉法第61条）与证人作证经济补偿制度（2012年刑诉法第63条），有利于实现被告人的质证权和辩护权。第五，完善了"证据确实、充分"的证明标准（2012年刑诉法第53条），非达到法定的证明标准，不能认定有罪并判处死刑。上述规定为防止死刑冤案设定了有力的证据制度规范。

（四）完善审判程序

防止死刑冤案，需要完善的审判程序。2012年刑事诉讼法修改，审判程序中的若干重要环节得到完善，有利于保障被告人的公正审判权，防止死刑冤案。第一，完善了证人出庭作证制度，建立了强制证人出庭作证制度，有利于保障被告人的质证权及案件事实的正确认定。2012年刑诉法第187条第1款规定，公诉人、当事人或者辩护人、诉讼代理人对证人证言有异议，且该证人证言对案件定罪量刑有重大影响，人民法院认为证人有必要出庭作证的，证人应当出庭作证。该条第2款、第3款还规定了人民警察、鉴定人出庭作证的要求。2012年刑诉法第188条规定，经人民法院通知，证人没有正当理由不出庭作证的，人民法院可以强制其到庭。第二，规定被告人被判处死刑的上诉案件，第二审法院应当组成合议庭开庭审理（2012年刑诉法第223条），有利于发挥二审审查事实的功能。第三，规定原审法院对于二审法院因原判决事实不清楚、证据不足发回重新审判的案件作出判决后，被告人提出上诉或者人民检察院提出抗诉的，第二审人民法院应当依法作出判决或者裁定，不得再发回原审人民法院重新审判。这一规定有利于防止反复发回重审，避免久拖不决与超期羁押。第四，完善了死刑复核程序。死刑复核程序是死刑案件的终审程序，具有纠正冤错，严格死刑适用标准，控制死刑适用的重大功能。2007年，最高人民法院收回下放二十多年的死刑核准权，恢复了全部死刑案件的复核程序，为防止死刑冤案设置了一道坚实的屏障。此次修改的进步在于：首先，规定最高人民法院复核死刑案件，应当讯问被告人，辩护律师提出要求的，应当听取辩护律师的意见（2012年刑诉法第240条）。相比于以往的书面审查方式，言词听取意见的方式更有利于发现冤错。其次，规范了复核后的裁判方式。根据2012年刑诉法的规定，最高人民法院复核死刑案件，应当作出核准或者不核准死刑的裁定。对于不核准死刑的，最高人民法院可以发回重新审判或者予以改判（2012年刑诉法第239条）。其中，"予以改判"的裁判方式对于纠正死刑冤案更为有力。

三、司法体制和刑事程序的改革与完善展望

为了进一步控制死刑的适用，防止死刑冤案，未来应当推进司法体制改革，继续完善刑事程序。

（一）推进司法体制改革

法院之所以受到外部干预而不能实现独立审判，主要是因为法院的独立性弱，这与现行司法体制直接关联。由于人事和财政不独立，法院处处受制于地方。因此，应当使人民法院摆脱某些地方的不当干预。其实，那些地方以维护社会稳定为名而进行的协调、干预，并非党领导司法工作的正确方式，而是对审判独立和司法公正的不当干预，是在破坏法治，损害党的威信和宪法法律的权威，侵蚀了党的执政基础。因此，应当通过推进司法体制改革，实现人民法院独立行使审判权。

1. 完善分工负责，互相配合，互相制约原则

"分工负责，互相配合，互相制约"原则之下，侦查、起诉、审判被切割成三个独立的诉讼阶段，所谓的互相制约，特别是法院对公安机关、检察机关侦查的制约不复存在。法院只有在检察机关提起公诉后进行实体审判时才能对公诉案件予以审查，而在审判前程序中，法院根本不参与，对于检察机关、公安机关侦查权的行使过程并不进行同步的审查、监督、制约。侦查是由公安机关与检察机关各自"负责"的，排除了法院的审查与制约。而不正确理解"互相配合"原则，容易混淆法院（中立的审判机关）与检察机关、公安机关（追诉机关）的职能区别，审判职能应有的独立性、中立性也会受到极大的侵蚀。这一原则反映了对不同国家权力的性质与功能认识不足，容易导致"联合办案"、共同追诉的诉讼倾向。为了实现法院行使审判权的独立性和中立性，要完善"分工负责，互相配合，互相制约"原则，加强法院对公安、检察机关侦查的监督制约，实现法院对检察指控的独立裁判权。

2. 坚持依照法律独立行使审判权

在实现法院独立行使审判权的过程中，应当进一步保障法官独立办案。依据法律解释学，宪法和人民法院组织法确立了合议庭与独任法官的独立审判权。《宪法》第128条规定，人民法院是国家的审判机关。《人民法院组织法》第29条规定，人民法院行使审判权的基本组织形式有两种，即合议庭与独任庭。而《宪法》第131条规定的"人民法院依照法律规定独立行使审判权，不受行政机关、社会团体和个人的干涉"，其实质就是审判组织包括合议庭与独任庭独立行使审判权，不受行政机关、社会团体和个人的干涉，其对案件的审理与判决权，相对于法院院长、庭长以及审判委员会均具有独立性。得出这一结论，乃基于以下两点理由。

首先，审判委员会对个案的讨论是被动的。根据《人民法院组织法》第36、37条的规定，各级人民法院设立审判委员会，其任务之一是讨论决定重大、疑难、复杂案件的法律适用。据此，审判委员会是一种特殊的审判组织，因为它并不直接审理案件，而仅"讨论案件"，且其讨论案件限于被动启动。具体来说，其一，对于未决案件而言，《刑事诉讼法》第185条规定，合议庭开庭审理并且评议后，应当作出判决。对于疑难、复杂、重大的案件，合议庭认为难以作出决定的，由合议庭提请院长决定提交审判委员会讨论决定。审判委员会的决定，合议庭应当执行。其二，对于已决案件而言，《人民法院组织法》第37条第1款第3项规定，审判委员会"讨论决定本院已经发生法律效力的判决裁定、调解书是否应当再审"；第39条第1款规定，"合议庭认为案件需要提交审判委员会讨论决定的，由审判长提出申请，院长批准"。

其次，院长、庭长作为法院内的行政领导，并无任何法律依据对自己未参加合议庭审理的案件进行任何形式的过问与干预。因为1979年《人民法院组织法》在提到法院院长与庭长职权时，仅有以下四处：其一，合议庭由院长或者庭长指定审判员一人担任审判长。院长或者庭长参加审判案件的时候，自己担任审判长（第10条第4款）；其二，审判人员是否应当回避，由本院院长决定（第16条）；其三，各级人民法院院长对本院已经发生法律效力的判决和裁定，如果发现在认定事实上或者在适用法律上确有错误，必须提交审判委员会处理（第14条）；其四，各级人民法院审判委员会会议由院长主持（第 11 条第 3 款）。由上可知，法院院长、庭长只有在作为合议庭组成人员时才实际行使审判权，以及在审判委员会讨论案件时作为审判委员会委员行使表决权。换言之，在未参加合议庭或者未提交审判委员会讨论的案件中，法院院长、庭长并不是审判权的行使主体。2018 年《人民法院组织法》第 40 条虽然规定，人民法院院长负责本院全面工作，监督本院审判工作。

综上可知，对于合议庭（独任庭）正在审理的案件，法院院长、庭长并无法律依据过问、干预，而审判委员会也无法律根据予以讨论。这和诉讼基本理论是一致的。根据直接言词原则，合议庭作为案件事实的审理者，理应实行审、判合一，并以当庭宣判为原则。① 然而作为法院行政领导的院长、庭长审批案件制即未审理案件而行使审判权，从某种程度上说已经成为我国审判权运行的一种常态。② 这种院长、庭长介入未决个案审批的方式，有其产生的历史背景，如恢复法制之初法官专业化水平较低，立法不完备等。不过随着法制日益健全以及法官职业化水平的提升，这种权宜之计在保障裁判质量方面的意义已经失去，亦非实现对法官监督的有效方式。首先，这种方式损害了合议庭的独立性，削弱了审判法官的自主性与责任心，使合议流于形式。其次，这种方式导致庭审结束不能当庭宣判，大大降低了审判效率。再次，这种方式使得审判责任制混乱不清，难以建立真正的审判责任制。③ 最后，这种方式将裁判权集中于院长、庭长个人，而这种非公开的决策方式使得司法腐败的防范愈加困难。

2012 年《最高人民法院关于适用〈中华人民共和国刑事诉讼法〉的解释》第 178 条规定，拟判处死刑的案件，合议庭应当提请院长决定提交审判委员会讨论决定。笔者认为，这一规定违反了《刑事诉讼法》第 185 条。同时，笔者赞同废除审判委员会讨论决定案件制度的主张，为了落实法官独立

---

① 陈卫东，刘计划. 集中审理原则与合议庭功能的强化. 中国法学，2003 (1).

② 早在 1980 年即刑法与刑事诉讼法开始实施的第一年，就有研究者提出应当改变院长、庭长审批案件这种做法，全面列举了七个方面的理由：院长、庭长审批案件的制度是没有法律根据的；审批制与法定的合议制是相抵触的；审批制的存在，不利于陪审制的贯彻执行；审批制违反民主集中制的原则；审批制不利于审判独立；审批制不利于增强、提高审判人员的政治责任心和政策业务水平；审批制不是纠正错案的保证。参见：刘春茂. 法院院长、庭长审批案件制度的探讨. 法学杂志，1980 (2).

③ 法院的判决书是由合议庭成员署名的，然而判决结论并非合议庭作出的，试想这种局面下如何真正建立法官责任制呢？

审判，建议审判委员会刑事方面的委员直接进入合议庭参与案件的审理。而2020年刑诉法的司法解释也对此进行了回应性地细化规定，其第216条第2款规定："对下列案件，合议庭应当提请院长决定提交审判委员会讨论决定：（一）高级人民法院、中级人民法院拟判处死刑立即执行的案件，以及中级人民法院拟判处死刑缓期执行的案件……"

为了严格限制死刑适用，防止死刑冤案，应当增加合议庭人数从而扩大合议庭规模，以实现死刑适用的慎重性和准确性。如可规定中级人民法院审判一审死刑案件，由审判员5人或者由审判员3人和人民陪审员6人组成合议庭进行；高级人民法院和最高人民法院审判、复核死刑案件，由审判员5人组成合议庭进行。在域外，审判重罪案件的法庭法官人数多于轻罪案件的法庭法官人数。如法国重罪法庭由3名法官（1名审判长、2名陪审官）和9名陪审员组成；日本2004年《关于裁判员参加刑事审判的法律》规定，对于被告人不认罪的案件，合议庭由3名法官和6名裁判员组成。

为了严格限制死刑适用，防止死刑冤案，还应确立合议庭一致同意或2/3以上绝对多数同意才能对被告人判处死刑的原则。关于合议庭的评议原则，《刑事诉讼法》第184条规定的是"少数服从多数原则"。基于死刑刑罚的严重性，笔者认为，判处死刑应实行合议庭成员一致同意的规则（至少应实行2/3以上绝对多数同意而不能是简单多数同意的规则）。这是在程序上防止死刑冤案的一种保障机制。这在国际上有例可循，如《俄罗斯联邦刑事诉讼法典》第301条第2款规定，合议庭在评议解决每个问题时，均按多数票决定，但该条第4款同时规定，"只有在所有法官一致同意时才能对犯罪人判处死刑"。

3. 发挥律师的辩护职能

律师的独立、有效辩护，是预防死刑冤案的重要保障。人民法院、人民检察院、公安机关必须保障辩护律师依法辩护的权利，任何侵犯辩护律师权利的行为都应受到法律的追究。在法庭审判过程中，辩护律师的意见应得到尊重。凡不采纳辩护律师意见的，应当在判决书、裁定书中予以充分说理。

4. 完善人民陪审员制度

应当发挥人民陪审员制度在死刑冤案预防及死刑控制方面的积极作用。结合国际经验，我国应将可能判处死刑的案件一律适用陪审。对于死刑案件，定罪或量刑问题争议性更大，更需要民众智慧的发挥及民意的表达；更需要发挥陪审员制衡法官的作用，保障个人权利以及提高司法的公信力。发挥陪审制度的功能，应当保障人民陪审员独立有效地参与审判。为此，应进行以下改革：第一，为了将普通人的情感和最底层的社会正义观念融入审判，应取消对陪审员过高文化程度要求，回归陪审员平民化。第二，限定陪审员被抽选参与陪审的案件数量，如每名适格公民每年陪审的案件不得超过一件。在俄罗斯，同一人在一年之内最多只能有一次作为陪审员出席审判庭（《俄罗斯联邦刑事诉讼法典》第326条第3款）。而在法国，5年内担任过陪审员的公民可要求职责豁免（《法国刑事诉讼法典》第258－1条）。第三，陪审员不再适用任期制，而改为由基层人大常委会按司法年度制作年度候选人民陪审员名册，每年更新一次。第四，扩大陪审合议庭的规模，如前述，由法官3人和人民陪审员6人组成合议庭审理死刑案件。第五，落实随机抽选机制，避免指定陪审员。为了保障控辩双方尤其是被告人选择人民陪审员的权利，应通知多于实际需要员额的候选人民陪审员到庭进行"庭选"①。

（二）完善刑事程序

完善刑事程序，包括改革侦查程序与检警关系，完善辩护、证据、强制措施等制度，完善审判程序等。

1. 改革侦查程序

死刑冤案的形成，错误的侦查是主因。"侦查中所犯的错误往往具有不可弥补性"，"许多实证研究指出，错误裁判最大的肇因乃错误侦查，再好的法官、再完美的审判制度，往往也挽救不了侦查方向偏差所造成的恶果"②。由此，改革侦查程序，对侦查活动实施严格的规范与监督，是防止死刑冤案的基本要求。其中，刑讯逼供是一大顽症，也是造成死刑冤案的最大元凶。解决之道在于落实《刑事诉讼法》第52条"不得强迫任何人证实自己有罪"的规定，尊重犯罪嫌疑人、被告人认罪的自愿性，保障口供的真实性。为此，需要建立犯罪嫌疑人自愿供述的保障措施，防止刑讯、变相刑讯的发生。包括：（1）明确规定被指控者享有沉默权。为避免"不得强迫任何人证

---

① 刘计划. 刑事公诉案件第一审程序. 北京：中国人民公安大学出版社，2012：57-74.
② 林钰雄. 检察官在诉讼法上之任务与义务. 法令月刊，1998：10.

实自己有罪"成为空洞的规定，应当从程序上予以保障。应明确规定，犯罪嫌疑人、被告人对于侦查人员、检察人员、审判人员的讯问享有保持沉默的权利。同时，应删除《刑事诉讼法》第120条"应当如实回答"的规定，因为其与"不得强迫任何人证实自己有罪"的规定存在矛盾。（2）明确规定讯问人员的权利告知义务与规则。讯问人员应当告知被讯问人保持沉默的权利及自愿供述的法律后果，否则讯问无效，所获取的口供不能作为指控证据。（3）建立讯问时律师在场制度。（4）落实讯问过程全程同步录音录像制度，防止侦查人员规避这一制度。（5）对讯问实施规范与限制。为了防止"疲劳战"，应对连续讯问予以限制。如规定侦查人员每次讯问犯罪嫌疑人的时间，及两次讯问之间的间隔时间，原则上禁止夜间讯问。

此外，应实现侦查模式由口供中心主义向以实物证据、科学证据为中心的转变，DNA鉴定等科学手段应当应用于所有有必要的强奸、杀人等可能判处死刑的重大案件。为了防止侦查权滥用，对搜查、扣押、监听等强制侦查、秘密侦查行为，也应逐步实行法官司法审查制度，以实现对侦查的监督和制约。

2. 实行检警一体化改革

检警一体化改革，是指实行检察机关对重大案件直接介入侦查机制。[①]对于公安机关侦查的重大案件，如杀人、强奸致死、抢劫致死等可能判处死刑的案件，检察机关需要直接介入侦查。之所以介入这些案件，是因为这些案件最易发生冤错。究其原因是，命案最受社会关注，导致公安机关破案压力最大，实务中要求"命案必破"即为明证，压力之下极易犯错。再者，命案被害人已死亡，案件往往没有目击证人等直接证据，因此侦查实务中对口供的依赖程度最高，最易发生非法获取口供的情形，并导致错案的发生。[②]最高人民检察院于2015年发布的《关于加强出庭公诉工作的意见》指出，要"积极介入侦查引导取证"。2019年《人民检察院刑事诉讼规则》第256条也明确："经公安机关商请或者人民检察院认为确有必要时，可以派员适时介入重大、疑难、复杂案件的侦查活动，参加公安机关对于重大案件的讨

---

① 刘计划. 检警一体化模式的理性解读. 法学研究，2013（6）.

② 2013年3月26日，浙江省高级人民法院再审宣判张高平、张辉被控强奸无罪案就是一个极好的例证。

论，对案件性质、收集证据、适用法律等提出意见，监督侦查活动是否合法。"这些都是对检察机关探索多年的介入侦查、引导取证工作机制的明确规定，为检警一体化确立了规范依据，未来应为刑事诉讼法所确认。

3. 完善辩护制度

律师辩护对于防止死刑冤案具有重要意义，应进一步强化死刑案件中的律师辩护。第一，提前指定辩护的时间。建议将死刑案件指定辩护的时间提前为拘留一开始。第二，强化会见权。律师会见死刑案件在押犯罪嫌疑人，应在采取拘留或者逮捕后第一时间进行。如在法国，拘留的一般期限为48小时，而律师介入拘留的时间为第1小时和第24小时。第三，确立律师在场权。侦查人员讯问犯罪嫌疑人时，律师有权在场，这在英国、美国、德国等国和我国台湾地区已成为现实。律师在场能够实现对讯问的监督，落实"不得强迫任何人证实自己有罪"的规定。第四，赋予辩护律师在侦查阶段的调查取证权。律师在侦查程序中调查取证，不带有强制性，属于辩护人的应有权利。

4. 完善证据制度

证据制度对于防止死刑冤案具有根本意义，我国应进一步完善证据制度。第一，建立传闻证据排除规则。为了保障被告人的质证权，防止死刑冤案，应建立传闻证据排除规则。对于被告人可能被判处死刑的案件，应实现全部证人出庭作证，证人不出庭的，法庭应拒绝控方宣读书面证言，并不得将其作为定案的根据。我国台湾地区"刑事诉讼法"第159条"无证据能力者（一）"即规定："被告以外之人于审判外之言词或书面陈述，除法律有规定者外，不得作为证据。"第二，为了保障证人出庭作证，应当制定证人保护法。我国台湾地区即于2000年制定"证人保护法"，共有23条。第三，完善非法证据排除规则。目前，非法证据排除规则的实施还存在许多困难，包括启动难、调查难、排除难等问题。应当继续完善非法证据排除规则，使其能够发挥程序制裁以及预防冤错的功能。应当深化司法体制改革，保证人民法院依法独立排除非法证据。一审法院排除非法证据的，检察机关可以抗诉，但是不得据此对一审法官进行监督、追诉。

5. 完善强制措施制度

根据无罪推定原则，犯罪嫌疑人、被告人应当是自由的。刑事诉讼法用了很大的篇幅规范强制措施①,但是未能解决普遍羁押、长期羁押等问题。②而这些问题蕴藏着酿成死刑冤案的巨大风险。为此,应缩短拘留期限,使之不超过 48 小时,实现看守所的中立化,并进行法院统一审查逮捕模式的改革。③ 只有这样,才能避免侦查机关以捕代侦,消除刑讯逼供的土壤。我国台湾地区自 1997 年实行羁押改革,将羁押权划归法院,而检察官仅有羁押声请权之后,侦查中羁押人数即随之大幅减少。2008 年羁押人数仅占地方检察署起诉人数（含声请简易判决处刑）的 4.3%,改革使得审前羁押真正成为一种例外。台湾地区羁押制度改革的成功经验,对我们具有启示意义。

6. 完善第一审程序

为了克服庭审流于形式的弊病,发挥审判程序防止死刑冤案的功能,应当强化审判公开原则,完善法庭调查程序。第一,调整对被告人口供的调查程序,于法庭调查最后进行,以降低对口供的依赖。根据举证责任条款,被告人没有义务作出不利于己的陈述,不应负有接受强制讯问的义务。为此,应当取消证据调查前公诉人讯问被告人环节,改由法官在公诉人宣读起诉书后询问被告人,告知被告人有保持沉默的权利,可作有罪答辩,亦可作无罪答辩。然后进行证据调查。④ 第二,建立交叉讯问规则,实现对证人的充分质证。该规则被认为是庭审发现事实真相的最佳装置。⑤

7. 完善第二审程序

死刑案件二审应采复审制。第二审法院开庭审理死刑上诉案件,在坚持全面审查原则的同时,应注重事实审。法庭调查可以对原审判决提出异议的事实、证据以及提交的新的证据为重点。被告人及其辩护人对证人证言、被害人陈述、鉴定结论有异议的,证人、鉴定人、被害人必须出庭作证。第二审法院应当在裁判文书中写明人民检察院的意见、被告人的辩解和辩护人的意见,以及是否采纳的情况并说明理由。总之,应当完善死刑案件第二审程

---

① 1996 年《刑事诉讼法》第一编第六章"强制措施"共有 27 个条文,占法典条文总数的 12%。2012 年、2018 年修改后,27 条增为 35 条,仍占法典条文总数的 12%。
② 刘计划. 逮捕功能的异化及其矫正——逮捕数量与逮捕率的理性解读. 政治与法律, 2006 (3).
③ 刘计划. 逮捕审查制度的中国模式及其改革. 法学研究, 2012 (2).
④ 刘计划. 中国控辩式庭审方式研究. 北京：中国方正出版社, 2005：247-254.
⑤ 同④231-235.

序，充分发挥死刑二审程序的纠错功能。

8. 改革死刑复核程序

现行死刑复核程序仍然存在一些有待探讨的问题。第一，关于听取辩护律师意见。《刑事诉讼法》第 251 条第 1 款规定，最高人民法院复核死刑案件，辩护律师提出要求的，应当听取辩护律师的意见。笔者认为，法官听取辩护律师意见的程序须规范：应采开庭形式，并通知最高人民检察院派检察官到庭，避免单方面听取辩护律师意见。第二，关于听取最高人民检察院意见。《刑事诉讼法》第 251 条第 2 款规定，在复核死刑案件过程中，最高人民检察院可以向最高人民法院提出意见。笔者认为，最高人民检察院向最高人民法院提出意见，既可以是书面意见，也可以是口头意见。提出书面意见的，最高人民法院应当将书面意见的副本送达被告人和辩护律师；最高人民法院听取口头意见的，应当通知辩护律师到庭，辩护律师和检察官可以互相辩论。另外，死刑复核程序中必须实行法律援助制度，应当保障辩护律师享有会见权、阅卷权等诉讼权利，最高人民法院应将复核后作出的裁定送达辩护律师。

笔者认为，为了更有效地控制死刑，防止死刑冤案，在条件成熟的时候，应当废除死刑复核程序，对死刑案件进行三审终审制改造[①]，并对死刑三审案件实行强制辩护制度。

第二节 死刑冤错案的宪法控制

一、问题的提出

死刑是一种十分严厉的刑罚。基于死刑刑罚的严酷性与不可逆转性，我国《刑法》对死刑的适用加以严格限制，规定其只能适用于"罪行极其严重"的犯罪分子。

但在实践中仍有死刑的适用背离刑法规范的要求，导致了一些死刑冤案和错案（以下统称"错案"）的发生。笔者通过北大法宝和媒体报道收集了

---

① 陈卫东，刘计划. 死刑案件实行三审终审制改造的构想. 现代法学，2004（5）.

十个有较大社会影响的死刑错案①，对其可归类如下：（1）被判处死刑立即执行，执行死刑后，发现是错案。如"滕兴善案"。（2）被判处死刑立即执行后，尚未执行，最高人民法院基于量刑问题不予核准，发回重审后，被改判死缓。如"王志才案"和"李飞案"。（3）被判处死刑立即执行，尚未执行，最高人民法院基于证据与程序存在问题两次不予核准，发回重审，重审后部分罪犯改判死缓。如"代宜宁等案"。（4）一审被判死刑立即执行，后改判有期徒刑或死缓，执行一段时间发现是错案。如"佘祥林案"与"杜培武案"。（5）一审分别判处死刑与无期徒刑，二审改判为死缓与有期徒刑，执行一段时间后，发现是错案。如"浙江叔侄案"。（6）一审被判处死缓，执行或关押一段时间后，发现是错案。如"赵作海案""李久明案"及"张振风案"。如表3-1所示。

表 3-1　　　　　　　　　十大死刑错案一览表

案件	一审刑罚	二审是否改判	是否被核准	是否执行	是否存在刑讯逼供
滕兴善案	死刑	否	是（高院）	是	存在
佘祥林案	死刑	改判有期徒刑		是	存在
赵作海案	死缓	未经	是	是	存在
杜培武案	死刑	改判死缓	是	是	存在
李久明案	死缓	否（发回重审）			存在
叔侄案	死刑 无期徒刑	改判死缓、有期徒刑	核准死缓判决	是	存在
代宜宁等案	死刑	否	否（发回重审）	部分人执行死缓	未发现
张振风案	死缓	否（发回重审）			存在
王志才案	死刑	否	否（发回重审）	执行死缓	未发现
李飞案	死刑	否	否（发回重审）	执行死缓	未发现

---

① 分别为"滕兴善案"、"佘祥林案"、"赵作海案"、"杜培武案"、"李久明案"、"浙江叔侄案"（以下简称"叔侄案"）、"台州市人民检察院诉代宜宁等人贩卖毒品案"（以下简称"代宜宁等案"）、"张振风案"、"王志才故意杀人案"（以下简称"王志才案"）、"李飞故意杀人案"（以下简称"李飞案"）。较大社会影响的案件包括最高人民法院指导案例，最高人民法院公报的案件或媒体大量报道、引发民众关注的案件。

对于上述死刑错案发生的原因，有些学者从刑法学或诉讼法学的角度做过一些分析[1]，而从宪法学视角对其加以分析的成果[2]相对较少。从宪法角度看，错案发生的原因是多方面的，其中最重要的原因是宪法价值未能充分体现在刑法和诉讼程序运行过程之中。[3] 可举例如下。

第一，死刑错案发生的前提是死刑制度的存在。倘若不存在死刑或者已经废除死刑，上述死刑错案不可能发生。在保留死刑的制度下，难以完全避免死刑错案的出现。因此，死刑制度在宪法上是否存在正当性是需要我们首先关注的基本问题。

第二，多数死刑错案存在不同形式、不同程度的刑讯逼供，而刑讯逼供是对犯罪嫌疑人基本权利的严重侵犯，也是对人类文明底线的亵渎。特别在刑事侦查过程中，应当充分保障犯罪嫌疑人的基本权利。

第三，审判机关是死刑错案纠正的最后防线，而上述有的死刑错案中，审判机关的独立审判权受到了外界不同形式和程度的干扰。此外，审判机关对死刑的适用标准也不统一，无法平等地保护犯罪嫌疑人的权利。因此，如何保障审判机关在死刑案件中公平审判以及独立行使审判权是一个重要的宪法问题。

第四，法检公三机关在办理死刑案件过程中没有严格遵守《宪法》第140条的规定，相互配合有余、相互制约不足，也引发我们进一步思考：如何充分发挥《宪法》第140条预防死刑错案的功能？

第五，死刑案件的发生与执法人员宪法意识薄弱有着密切关系。有些死刑案件中，执法人员明知犯罪嫌疑人没有犯罪，而在破案压力的驱使下，对其刑讯逼供，毫无尊重公民生命权的宪法意识。因此在死刑案件中，应切实提高执法人员的人权意识。

---

[1] 如陈卫东."佘祥林案"的程序法分析.中外法学，2005（5）；陈兴良.中国刑事司法改革的考察：以刘涌案和佘祥林案为标本.浙江社会科学，2006（6）；叶青，陈海锋.由赵作海案引发的程序法反思.法学，2010（6）.

[2] 仅有个别学者对相关案件做过一些宪法学分析，比如赵娟.八二宪法结构性权力失衡症剖解——切脉吴英案.江苏社会科学，2013（2）.

[3] 不同国家死刑错案发生的原因是不尽相同的，如在美国无辜者错误地被判处死刑的原因主要有：目击证人指认错误；缺乏科学技术检验证据或者检验错误；警察、检察官的违法行为；律师的无效辩护；犯罪嫌疑人错误认罪，其中包括误导精神不健全者认罪、逼供、诱供等。柯恩，赵秉志.死刑司法控制论及其替代措施.北京：法律出版社，2007：479.

二、死刑制度与生命权价值

实践中发生的死刑错案引发了部分学者对死刑制度正当性的质疑，而很多质疑只是建立在死刑存废问题的论争上，并没有充分考虑死刑与宪法价值之间的关系问题。

（一）"宪法的死刑论"

针对上述问题，国外有的学者进行了理论反思，提出了一些主张。如有日本学者提出"宪法的死刑论"的理论。[①] 他认为，死刑问题是当为问题，不能以感情和信仰来解决，最终表现为价值判断问题。首先，解决死刑制度正当性问题，需要大家确定公认的价值标准，并把共同的价值作为判断事实的基础；其次，宪法理念与价值就是"共同的价值标准"；再次，死刑制度是一种法律制度，死刑存废本质上关系到死刑制度评价问题。所有法律制度存在与发展的基础是宪法，应在宪法理念与原则下寻求其发展基础；第四，死刑制度是国家剥夺个人生命权的法律制度，而生命权是基本人权，保护基本人权是宪法的基本理念，那么死刑制度能否获得以人权保障为核心价值的宪法理念的支持？这些问题的解释转化为"宪法的死刑论"。从宪法与刑法的关系看，对死刑制度的评价不能仅仅限于死刑制度合宪或违宪问题的判断上，要同时考虑宪法的立法政策，侧重于从宪法价值层面对死刑制度存在的基础进行综合判断。

（二）死刑合宪性的争论

在宪法与死刑问题上，日本学术界比较关注死刑与宪法规范之间的关系，而其违宪审查机关在对死刑进行宪法解释时，通常趋向于合宪性判断。[②] 比如，在日本，主张死刑制度合宪的学者一般以《日本宪法》第31条的解释为标准判断其合宪性基础。[③] 提出死刑制度违宪的学者主要从《日本宪法》第9条、第13条、第36条等综合的角度判断其规范基础，提出要从宪法体系论角度评价死刑制度的存在基础。也有学者采取折中的学术观点，认为"人的尊严与生命权"是死刑论的原点，虽然不能说它完全违宪，但从

[①] 平川宗信. 死刑制度与宪法理念. 法学家，1996（1110）.

[②] 同①.

[③] 押久保伦夫. 死刑与残酷刑罚//宪法判例百选. 5版，2007：26.

《日本宪法》的序言、第 13 条和其他条文看，死刑制度的存在并不是宪法价值所期待的选择。

围绕死刑是否违反宪法的问题，我国学界进行了长期的争论，合宪论和违宪论都有其理由。但在死刑错案问题上，学界则具有基本共识，即死刑本身有错判、误判的可能性，错误的死刑判决一旦付诸执行则不可逆转，错杀无辜，根本无法救济。[①] 基于对死刑错判的担忧，有些人主张废除死刑，认为死刑的威慑力并没有得到证明，即使死刑制度具有威慑力，以此作为根据保留死刑也并不符合现代刑法追求的刑罚缓和教育思想。如果出现死刑的错案或者冤案，已执行死刑的生命无法救济，给死刑犯及其家属造成的损失是无法挽回的。

（三）死刑正当性基础的脆弱性

判断死刑制度是否合宪，也就是判断剥夺生命权的死刑制度是否具有宪法上的正当性。如果把生命权的权利性理解为绝对的权利，那么死刑制度的存在是违反宪法的，国家权力不应对具有前国家性质的权利进行限制，更不能剥夺之。由于各国宪法对生命权规定的方式不同，能否肯定其绝对性是需要论证的命题。从生命权的自然属性看，其确实具有绝对性，是不能被剥夺的自然权利。但从生命权存在的形式与实际的形态看，如把生命权的价值解释为宪法体系中的权利形态，依据宪法和法律的规定，对其进行合理限制是必要的，但不能违反比例原则。

由于生命权对人类生存的维护与发展具有重要的价值，对其进行限制时应遵循严格的标准与程序。从宪法逻辑看，社会个体赋予国家的权力中并不包括剥夺其社会成员生命的权力，死刑实际上超越了合理限制的限度。根据宪法原理，基本人权的本质内容是不能限制的，所谓"本质内容"中首先包括的权利是生命权。

（四）死刑的刑法规范与宪法规范的张力

在讨论死刑制度的合宪性时，学者们注意到了死刑的刑法规范与宪法规范的价值冲突问题。刑法规范的合法性与宪法规范的合宪性之间发生冲突时如何进行合理的解释？如果刑法规范明确规定的刑罚手段中包括死刑，那么

---

① 赵秉志. 关于中国现阶段慎用死刑思考. 中国法学，2011 (6).

死刑制度的合法性（未必具有正当性）似乎是无可争议的，随之而来的问题是规定死刑制度的规范本身是否存在违反宪法问题。

从各国宪法文本看，通常在宪法上不具体规定死刑的刑罚手段，一般授权给立法者，由立法者具体判断。立法者在刑法上作为刑罚手段规定死刑制度时应体现宪法基本原则，在程序和内容上作出严格的限制，因为宪法规范上没有具体规定生命权并不影响生命权价值的维护。针对当前我国宪法文本中没有具体规定生命权，有学者主张生命权应当入宪。其实，是否在宪法文本中直接规定生命权条款，并不是判断生命权保障程度及其性质的唯一标准。当宪法文本中没有明文规定生命权条款时，可以通过宪法解释方法寻求依据，借助已有的基本权利条款确定能够证成生命权价值的条款。有学者认为，刑法的罪刑法定原则的基础是宪法的程序价值，即"刑法的宪法原则"[①]。因此，确立死刑制度合宪性基础的意义在于合理地选择国家刑罚权的宪法界限，以宪法价值严格控制刑法的死刑规范，为最终以死刑的不合宪性代替死刑的合法性奠定伦理和法律基础。

三、预防死刑错案与国家的保护义务

根据宪法规定，国家有义务保护包括生命权在内的基本权利，需要通过宪法严格控制死刑的程序，防止死刑错案的发生。

在宪法上，死刑制度面临的最大的难题是如何防止死刑案件中的错判，即"无辜者被处死"的现象。在保留死刑制度的国家，即使采用最完备的制度和程序，也难免会出现死刑上的错判。对已执行死刑后被发现错判者，国家无论给予多少赔偿，也无法恢复生命。"滕兴善案"充分说明了这一点。

（一）死刑错案与立法机关对生命权的保护

生命权的立法保护，即立法机关在制定法律的过程中体现尊重和保障生命权的精神，将宪法和国际人权文件中体现的人权保护原则落实到具体的立法过程当中，赋予其法律上的拘束力。而通过对上述死刑错案的分析，可以发现我国立法机关对于生命权的保护存在诸多疏漏。可以说，立法机关对生

---

① 曲新久. 刑法的精神与范畴. 北京：中国政法大学出版社，2000：361.

命权保护不到位是死刑错案发生的重要原因之一。

我国在死刑的刑事政策上，总体上实行"少杀慎杀"的刑事政策，力求在人权理念与死刑的现实功能之间寻求合理的平衡，但有时也趋向于选择扩张和强化死刑的刑事政策。1979年刑法典中规定了28种死刑罪名，1997年刑法典的修订后，刑法典分则规定了多达68种死刑罪名。2011年全国人大常委会通过《刑法修正案（八）》取消了13个罪名的死刑。[①] 这13个罪名主要是经济性、非暴力犯罪，占我国刑法死刑罪名的19%以上。[②] 这种调整在一定程度上，体现了刑法人性化、轻刑化的趋势，彰显了对生命尊严和人权的尊重。

目前我国刑法仍有46个罪名中规定了死刑。早在20世纪80年代，我国即有学者主张应废除经济类犯罪的死刑，指出死刑对于经济类犯罪的预防作用实在微乎其微，靠死刑无法遏制经济犯罪，并认为死刑之所以对经济犯罪惩治成效不大，主要是由于经济犯罪是由经济、政治、法律等各类因素促成的。国家政策上的失误、经济管理上的混乱、政府机构中的腐败、经济关系网的干扰、社会监督的疲软、刑事立法的不足等，无一不是导致经济犯罪日益猖獗的重要原因。[③] 对经济类犯罪规定死刑还有将金钱置于生命价值之上的嫌疑，违背了生命权价值优先的宪法理念，"吴英案"便是例子。

2009年12月，吴英因集资诈骗罪被浙江省金华市中级人民法院一审判处死刑。该案涉及的焦点问题为集资诈骗罪是否应判死刑。《刑法修正案（八）》取消的13个死刑罪名中，有5个是金融类的犯罪，但不包括集资诈骗罪。对于没有取消的原因，全国人大常委会给出的解释是为了维护财产权益、金融秩序和社会稳定。但正如有学者所指出，就立法目标而言，财产权益、金融秩序和社会稳定无疑是重要的公共利益，但以剥夺一个公民的生命

---

① 它们是：走私文物罪，走私贵重金属罪，走私珍贵动物、珍贵动物制品罪，走私普通货物、物品罪，票据诈骗罪，金融凭证诈骗罪，信用证诈骗罪，虚开增值税专用发票、用于骗取出口退税、抵扣税款发票罪，伪造、出售伪造的增值税专用发票罪，盗窃罪，传授犯罪方法罪，盗窃古文化遗址、古墓葬罪，盗掘古人类化石、古脊椎动物化石罪。

② 早在草案一审时，全国人大法律委员会副主任委员李适时曾表示我国的刑罚结构在实际执行中存在死刑偏重、生刑偏轻等问题，需要通过修改刑法适当调整。郑赫南．刑法修正案（八）：给我们带来什么？．检察日报，2011-02-28（6）．

③ 陈兴良．死刑备忘录．武汉：武汉大学出版社，2005：5-6．

为代价去实现这些利益,其难以通过比例原则的审查。① 可以说,我国的立法机关对于经济类、非暴力犯罪的死刑未及时废除,客观上有立法不作为之嫌。

此外,死刑错案还暴露出我国立法机关对于死刑适用标准的不统一问题。对于死刑的适用标准,我国1979年刑法典规定为"罪大恶极"的犯罪分子,1997年刑法典改为只适用于"罪行极其严重"的犯罪分子,但对于何谓"罪行极其严重",立法机关并没有给出明确的解释,有时不得不借助于司法解释填补其空白,造成立法解释权的削弱,客观上导致了实践中死刑司法适用不统一,有悖于宪法的平等原则,给国家法制的统一性带来损害。

(二) 死刑错案与行政机关对生命权的保护

生命权的行政保护,即行政机关在制定行政法规、行政政策和执行行政命令的过程中,始终以维护人的生命尊严为出发点和目的,不得片面为了行政任务的达成而侵害人的生命价值。

通过对上述死刑错案的分析,我们发现行政机关在执法过程中对于生命权的保护存在诸多问题,其中,侦查机关对于犯罪嫌疑人的刑讯逼供问题尤为突出。

在"滕兴善案"中,起初滕兴善不承认自己杀了人,但几个月后他"认罪了"。那天他一瘸一拐地回监,摸着自己伤痕累累的手脚,对同室的陈功良说:"他们这样整我,轮流审问,连打带骂,不让睡觉,谁能受得了呀?我顶不住了,只好承认杀了人。"说完仰天大哭。②

在"佘祥林案"中,连续10天11夜的"突击审讯",由两队警察轮番上阵实行疲劳轰炸,对佘祥林施加了让人无法承受的肉体痛苦和精神折磨,使其陷于极度疲劳、极度困乏和极度恐惧中,产生一种生不如死的感觉,直至屈从于拷问者的意志,承认了原本并未犯过的"罪行"③。

此外,"赵作海案""杜培武案""李久明案""张氏叔侄案"及"张振风案"中都存在刑讯逼供的问题。而侦查人员刑讯逼供的主观恶意又有所不

---

① 赵娟. 八二宪法结构性权力失衡症剖解——切脉吴英案. 江苏社会科学, 2013 (2).
② 滕兴善 一个比佘祥林更加悲惨的人. 沈阳晚报, 2006 - 02 - 14. http://news.sohu.com/20060214/n241816037.shtml.
③ 于一夫. 佘祥林冤案检讨. 南方周末, 2005 - 04 - 14.

同：有的案件中侦查人员的刑讯逼供是出于对现代科技的盲目相信，比如在"杜培武案"中，侦查人员过分相信测谎仪对杜培武说谎的测试结果，对杜培武加以刑讯逼供；有的案件中，侦查人员刑讯逼供是有意为之，比如在张振风案中，据称当年曾进行的 DNA 鉴定已排除其作案嫌疑，但当地刑警大队副大队长余鹏飞隐匿了该项证据。①

而之所以存在上述刑讯逼供，直接原因可归结为两点：第一，侦查人员缺乏尊重生命的执法理念。在死刑案件的侦查过程中，侦查人员往往采取"有罪推定"的侦查思维，漠视公民的生命权价值。第二，侦查人员面临"命案必破"的外在压力。在重大刑事案件发生后，侦查机关承担着极大的侦查压力，尤其在"命案必破""从重从快"等政策的要求下，面对破案与线索匮乏的矛盾，加上追求高破案率的绩效评价标准，侦查机关只得采取各种可能的途径讯问犯罪嫌疑人。

（三）死刑错案与审判机关对生命权的保护

审判机关对生命权的保护，即要求审判机关依法裁判，维护生命价值，当出现生命价值与其他价值相冲突的情形，为实现公平正义的要求，应当优先考虑保护生命权的价值。在实施司法审查制的国家，司法机关通常有权以判例的形式扩展生命权的保护范围和程度。司法保护中的关键是，通过刑事司法程序保障被羁押人的权利。通过对上述十个死刑错案的分析发现，我国审判机关并没有充分履行保护公民生命权的宪法义务，主要体现在如下几个方面。

第一，刑法典中的"罪行极其严重"的司法适用标准过于宽松。比如在"王志才案"中，一审及二审中，法院对于死刑立即执行与死刑缓期执行的界限的把握不准确，没有考虑到可以不判死刑立即执行的相关情况。直到最高人民法院不核准被告人王志才死刑，发回山东省高级人民法院重审后，后者才考虑到"本案系因婚恋纠纷引发，王志才求婚不成，恼怒并起意杀人，归案后坦白悔罪，积极赔偿被害方经济损失，且平时表现较好"等情况，改判死缓。"李飞案"也存在类似情形。

第二，案件审理程序存在问题。有的案件存在明显违反死刑案件审理程

---

① 王景曙. 张振风案是错案还是假案?. 彭城晚报，2010-09-10.

序规范的情况。比如，在"代宜宁等案"中，二审法院浙江省高级人民法院维持一审法院对代宜宁等人的死刑判决后，报请最高人民法院核准，被最高人民法院驳回，但浙江高院在重新审理该案时，未另行组成合议庭，这明显违背了相关法定程序。

第三，死刑核准权的实效性也面临问题。比如在"滕兴善案"中，当时死刑核准权被下放到高级人民法院，湖南高级人民法院在对滕兴善的上诉予以驳回的同时，核准死刑，这凸显了死刑核准权下放的弊端。尽管2007年之后，最高人民法院已经收回了死刑复核权，但死刑核准权的运行仍面临一些问题。正如有学者指出，从整体上看，死刑复核程序中制约法院的因素较少，被告人、辩护人及检察机关的主体参与性十分有限。[①]

（四）死刑错案与"法检公"之间的制约关系

我国《宪法》第140条规定："人民法院、人民检察院和公安机关办理刑事案件，应当分工负责，互相配合，互相制约，以保证准确有效地执行法律。"其中的分工负责意味着三机关有不同的权力范围，三机关互相独立，各司其职；相互配合体现的便应当是以独立为基础的工作程序上的衔接关系；而互相制约是三机关关系的核心与关键，如果没有这种制约功能，所谓的分工负责就失去了意义，互相配合也会严重变质。宪法规定"制约"机制的目的是体现"权力制约"原则，防止公权力的滥用。当然，制约本身不是目的，根本目的在于通过制约来保障法律适用的公正性，从而体现保障公民权利的宪法价值。而通过对上述死刑错案的分析发现，三者在办理死刑案件过程中过分强调配合，缺乏必要的制约，主要体现在如下几个方面。

第一，公安机关强大的侦查权未能得到有效约束。可以说，在实际生活中公安机关高于检察院和法院的地位使其强大的侦查权未能得到有效约束，这成为死刑错案频发的直接原因之一。在上述侦查机关对犯罪嫌疑人实施刑讯逼供的七起案件中，没有任何一起得到检察机关或法院的纠正。有的案件中，当事人明确向检察机关或法院提出刑讯逼供的证据，法院与检察院却并没有依法纠错。比如在"杜培武案"中，为了引起法官的注意，杜培武悄悄地将他在遭受刑讯逼供时被打烂的一套衣服藏在腰部，利用冬季穿衣较多的

[①] 刘仁文，郭莉. 论死刑复核法律监督的完善. 中国刑事法杂志，2012（6）.

有利条件,外罩一件风衣将这一有力证据带进法庭。开庭不久,他再次提出刑讯逼供问题,要求公诉人出示照片。杜培武还使出了最后一招:当着包括法官、公诉人、律师及几百名旁听者的面扯出被打烂的衣服证明他曾经遭到刑讯逼供,证明他过去的有罪供述均是被迫的因而依据法律是无效的,但他所做的这一切被法庭漠视。

第二,检察院对公安机关的制约能力有限,甚至弱于公安机关对检察院的制约。在办理死刑案件中,除了将案卷退回公安机关补充侦查之外,检察院对公安机关似乎没有更有效的监督制约机制。而对于检察院的退卷行为,公安机关可以要求复议,还可以提请上级检察院复核。如果在法定期间内未能获取新证据或出现其他法定事由,公安机关依法应当撤销案件,释放犯罪嫌疑人。但在实践中,公安机关往往不愿意主动撤销案件,而是反复要求检察院复议、复核,最后的结果要么是不了了之,要么通过其他途径向检察院施加压力,使其最终接受案卷并提起公诉。如在"赵作海案"中,从被拘留到一审错判前后历时 37 个月,累计羁押时间超过 1 000 天,这一时间早已超过《刑事诉讼法》规定的最长羁押时间。事实上,检察院以退卷的方式制约公安机关,对于打击犯罪、保障人权而言效果并不理想,"有的基层检察院与公安机关沟通顺畅,案件能及时退回公安消化。大部分则比较棘手,公安机关不愿意退回处理。有的不起诉案件,公安机关还反复要求复议、复核"。这使得检察院的退卷行为演变成延缓纠正公安机关错误羁押的缓兵之计。①

第三,法院的地位相对"虚弱",缺乏作出无罪判决的能力。在三机关办案流程中,审判既是最后一个环节,也是避免错案发生的最后一道防线。通过对上述死刑错案的分析发现,一审法院对于移送起诉的案件都作出了有罪判决,其中,除三个案件判死缓,一个案件分别判死刑和死缓外,其余六个案件都判死刑立即执行。并且,上诉至二审法院的九个死刑错案中,没有任何一个案件在二审法院得到完全纠正,最多判轻一些或发回重审。对于重大刑事案件,法院的主审法官往往难以完全依照自己的判断作出判决,即便认为存在证据问题,在检察院坚持起诉的情况下,法院所采取的"最稳妥"的处理方式是疑罪从轻,而非疑罪从无。这种诉讼模式"体现了公安机关主

---

① 韩大元,于文豪. 法院、检察院和公安机关的宪法关系. 法学研究,2011 (3).

导刑事司法所带来的必然结果，也恰恰体现了法院甚至检察机关的妥协[1]，因为法院一旦判决犯罪嫌疑人无罪，就说明检察院和公安机关办错案了，将会影响三机关间的"合作"关系，甚至在案件被办成"铁案"的情况下，连"疑罪"都不存在。

第四，有些地方的政法委对于三机关审判工作进行过多的"协调"，造成三机关的制约关系失去了意义。比如佘祥林案中地方政法委的协调使法院的独立审判权受到干预，最后导致冤假错案。

时任最高人民法院副院长万鄂湘在国务院新闻办召开的第二十二届世界法律大会新闻发布会上，面对媒体的提问指出，"佘祥林案"给我们一个教训：任何时候，无论是死刑案件还是其他案件，审判机关都必须严守公平和正义的最后一道防线，严把事实关，确保程序公正和实体公正。[2]

四、健全预防死刑错案的宪法机制

2013年8月13日中央政法委出台了《关于切实防止冤假错案的指导意见》，要求在侦查、起诉和审判工作中严格依法办事，防止冤假错案。对于如何预防死刑冤案、错案的发生，笔者认为至少应从如下几个方面进行考虑。

（一）树立尊重生命权的文化与理念

在我国的现实生活中，不尊重生命权的现象是比较严重的。法治国家应把尊重生命权的价值转化为社会基本共识，特别是国家机关在行使职权的过程中，应树立生命权价值高于一切的意识，不能漠视生命权价值。

树立生命权至上的价值理念对于预防死刑错案的发生尤为重要。对此，我们首先应当纠正"命案必破"的错误理念。"命案必破"违背办理刑事案件的客观规律。其实，由于主客观诸多因素的影响，必定会有一部分命案难以侦破。国内外的刑侦实践表明，对命案达到70%至80%的破案率都是不容易的，"命案必破"是一种不切实际的过高要求。而为了追求这种"硬性指标"直接会导致两种情况：一是"不破不立"，形成一部分隐案、黑案；

---

[1] 陈瑞华. 留有余地的判决——一种值得反思的司法裁判方式. 法学论坛，2010（4）.
[2] 吴兢. 最高人民法院副院长回应"佘祥林案"——审判机关必须严把事实关. 人民日报，2005-04-15.

二是虚报战功。只要抓到一个犯罪嫌疑人，就要其认罪。只要招认了就算破了案。在这种功利主义的驱动下，出现冤假错案就在所难免。[1] 其次，要树立正确的执法理念。有的执法者面对繁重的"破案"任务，产生对犯罪行为的愤怒、对破案压力的焦虑、对完成任务的急迫等情绪，还有的执法者急于做出政绩。一些执法者受这些情绪影响或利益驱动，置法律于不顾而实施了刑讯逼供行为。因此，有必要促使执法者深刻认识刑讯逼供行为的危害，端正执法理念，增强抵制刑讯逼供行为的自觉性和主动性。[2] 最后，应当在普通民众中宣扬生命权与人道主义价值，逐步改变死刑报应的传统文化。

（二）逐步减少刑法上的死刑条款

在保留死刑的情况下，更应该注重从减少死刑罪名入手建立预防错案的机制。国家有义务保护所有公民的生命权，对生命的价值给予高度的重视。因为即使死刑制度的实体和程序再完备，也会不可避免地出现错杀的情况。因此，当一个国家基于历史、文化与现实等因素保留死刑制度时必须建立非常严格的程序，把死刑罪名限制到最小的范围，并尽可能减少执行死刑的人数。目前，我国还不具备废除死刑的条件，但这一事实并不说明死刑制度具有正当性。为了在死刑制度中体现宪法精神与原则，有必要确立如下程序：规定死刑的各种法律条款与刑事政策之间保持合理的比例关系；完善宣告死刑程序；应制定独立的死刑侦查、起诉和审判的特殊程序，制定"死刑程序法"。当社会发展到一定阶段后有必要根据社会成员的法律感情和共识逐步废除死刑。

对于死刑适用标准中的"罪行极其严重"，我国立法机关可借鉴联合国人权事务委员会对《公民权利和政治权利国际公约》第 6 条第 2 款[3]规定的"最严重的罪行"的解释，将我国刑法中的规定限制在"故意侵害生命或其他极端严重的暴力犯罪"[4]，不能随意扩大解释。

（三）保障死刑犯的基本权利

预防死刑错案的发生，还需要加强对死刑犯基本权利的程序保障。对

---

[1] 于一夫. 佘祥林冤案检讨. 南方周末，2005-04-14.
[2] 方工. 正确执法理念是遏止刑讯逼供的关键. 检察日报，2013-06-25.
[3] 《公民权利和政治权利国际公约》第 6 条第 2 款规定："在未废除死刑的国家，判处死刑，只能是作为对最严重的罪行的惩罚"。
[4] 上官丕亮. 宪法与生命——生命权的宪法保障研究. 北京：法律出版社，2010：103.

此，我国 2012 年修改的《刑事诉讼法》至少在如下几个方面完善了对于死刑犯基本权利的保护，比如：（1）将"国家尊重和保障人权"写入刑事诉讼法总则，这为保障死刑犯的基本权利提供了原则性指导。（2）规定严禁刑讯逼供和以威胁、引诱、欺骗以及其他非法方法收集证据，不得强迫任何人证实自己有罪。（3）强调采用刑讯逼供等非法方法收集的犯罪嫌疑人、被告人供述和采用暴力、威胁等非法方法收集的证人证言、被害人陈述，应当予以排除。（4）最高人民法院复核死刑案件，应当讯问被告人，听取辩护人的意见。在复核死刑案件过程中，最高人民检察院可以向最高人民法院提出意见。最高人民法院有必要将死刑复核结果通报最高人民检察院。（5）侦查人员在讯问犯罪嫌疑人的时候，可以对讯问过程进行录音或者录像；对于可能判处无期徒刑、死刑的案件或者其他重大犯罪案件，应当对讯问过程进行录音或者录像。

2012 年修改的《刑事诉讼法》对于保障死刑犯的基本权利提供了重要的程序性保障，在死刑案件的办案过程中，应当充分加以落实。事实证明，严格的诉讼程序和公平的审判，在保证无辜的人不被执行死刑方面发挥着重要作用。1996 年联合国经社理事会鼓励尚未废除死刑的成员国"给予每一个可能被判处死刑的被告人所有的保证以确保审判公正"。为了保证死刑判决的公正性，未来在《刑事诉讼法》实施过程中，可以进一步完善相关程序，比如，是否应当规定犯罪嫌疑人的沉默权、赦免权、强制性上诉权，暂停死刑执行权、规定被判死刑与死刑的执行之间隔一定年限，以等待新证据的出现等。

（四）加强死刑适用的司法控制

尽管我国现行刑法规定了 46 种死刑罪名，但倘若审判机关在适用与解释刑法的过程中，充分发挥法官的自由裁量权，对死刑的适用加以严格限制，也有利于减少死刑的误判。

首先，应当强化司法机关对于死刑案件审理的程序控制。在死刑案件的审判过程中，法院应当更加重视非法证据排除规则或者传闻证据规则的规定，将控方非法获得的证据排除掉，就可能达到预防死刑错案发生的效果。

其次，对于死刑案件，审判机关应当强化死刑案件特殊的刑事证明标准。对此，可参考联合国《关于保护面对死刑的人的权利的保障措施》有关

"只有在对被告的罪行根据明确和令人信服的证据、对事实没有其他解释余地的情况下,才能判处死刑"的规定。此外,应当强化审判机关在死刑案件审理过程中的独立性,排除任何外在干扰。另外,可以考虑通过指导性案例制度统一死刑适用的标准。

(五)强化"法检公"之间的相互制约功能

预防死刑错案的发生,应当进一步强化"法检公"之间的相互制约关系。

在公安机关和检察机关的关系上,应当着眼于宪法确定的检察院和公安机关之间的分工负责和保障人权的法治原则,在处理两者关系时必须坚持各自的相对独立性,在此基础上强化检察院对公安机关的制约。

在检察机关和法院的关系上,检察机关是国家专门的法律监督机关,法律监督权是检察机关行使的独立的国家权力。在刑事司法程序中,检察院和法院通过独立履行法定职责,以实现国家刑罚权。检察院是侦查、起诉阶段的主导者,法院在审判和执行中具有决定权。检察院的首要职责是提起公诉,但这只是表明被告人具有犯罪的嫌疑,是否构成犯罪和如何定罪量刑,则由法院审查和判断。检察院有权对法院审判活动进行法律监督,其前提是维护审判独立和司法公正。在死刑案件复核过程中,应当加强检察机关对死刑复核制度的监督。[①]

在法院和公安机关的关系上,应建立法院对公安机关进行有效控制的程序。由于审判是刑事司法程序的最后步骤,也是保障人权的最后一环,因此法院应当发挥强有力的制约能力。就法院对公安机关的制约而言,应当体现程序性和实体性两方面特征:一方面,这种制约是在刑事司法程序中进行的,是通过正当法律程序实现的;另一方面,法院可以对刑事侦查手段做出实体判断,但判断的事项、标准、后果等要有法律的明确规定,避免违背司法的消极性与被动性特征。

结 语

宪法的逻辑体系与出发点是人的尊严与生命权价值的维护,任何一种法

[①] 万春. 死刑复核法律监督制度研究. 中国法学,2008(3).

律制度或公共政策都应回归到宪法价值体系之内，以体现人的尊严。面对生命权理念与现实的冲突，我们有必要牢固树立"生命至上"的理念，认真地反思死刑制度面临的问题与挑战，关注社会现实中人的生命权被漠视、被侵害的各种现象，坚持疑罪从无原则。① 保护每个人的生命权，扩大生命权价值的保护范围，减少和预防死刑错案应当成为整个社会的基本共识，也应成为现代宪法和刑法存在与发展的共同价值基础。

第三节　检警一体化模式的理性解读

一、引言

死刑的过度适用和错误适用都会对生命权构成侵犯，其中，死刑的错误适用导致的死刑冤案对法治和人权的损害尤甚。防止死刑冤案应从源头上控制侦查权力的滥用，在刑事程序中形成有力的冤错案件预防机制。作为警察部门与法院之间的"谷间带"，检察机关自诞生之日起就被寄予厚望，担负着控制侦查权的重任，因此，检警关系一直以来都是各国刑事制度中的重要内容。瑞典学者布瑞恩·艾斯林认为，检警关系体现在侦查模式中比较典型，世界上存在的侦查模式可分为三种：(1) 警方检察官模式，指警察侦查犯罪，并负责起诉；(2) 检察官引导模式，指检察官在刑事侦查活动中起主导作用；(3) 警察主导模式，指警察主导侦查但将案件的起诉工作移交给检察官进行。② 我国《宪法》第140条和《刑事诉讼法》第7条均规定，人民法院、人民检察院和公安机关在刑事诉讼中的关系为"分工负责，互相配合，互相制约"。根据检察机关和公安机关之间"分工负责"即公安机关侦查、检察机关起诉这一接力型的基本关系原则，我国侦查模式属于第三种，即警察主导侦查模式。我国学者一般将第二种模式称为"检警一体化"，并

---

① 沈德咏认为："我们必须保持清醒的认识，同时在思想上要进一步强化防范冤假错案的意识，要像防范洪水猛兽一样来防范冤假错案，宁可错放，也不可错判。错放一个真正的罪犯，天塌不下来，错判一个无辜的公民，特别是错杀了一个人，天就塌下来了。"沈德咏. 我们应当如何防范冤假错案. 人民法院报，2013-05-06 (2).

② 艾斯林. 比较刑事司法视野中的检警关系. 人民检察，2006 (22).

认为大陆法系国家和地区如法国、德国、日本与我国台湾地区实行这一模式。①

布瑞恩·艾斯林指出,警察主导侦查模式面临一系列困难。来自联合国亚洲远东预防犯罪和罪犯待遇研究所(UNAFEI)的材料表明,该模式有下列问题:(1)不恰当的程序性方法。包括侦查人员实施非法侦查,如对犯罪嫌疑人的拘留超出法定期限,获取物证和证言时滥用权力,还包括不当使用裁量权和无正当理由而决定进行刑事诉讼程序的问题。(2)侦查中的延误问题。各级警务机构都存在延误问题,原因包括:警方侦查人员工作任务过重;启动侦查延迟导致犯罪嫌疑人逃跑、证据遭到破坏。(3)法律和侦查知识不足。由于警察缺乏深入的法律培训,在搜查、扣押、逮捕和羁押、讯问程序中就会发生违规侦查现象,而且会忽视证据之间的不一致。(4)警察与检察官之间缺乏协作。经常有反映称警察和检察官之间的协作和交流关系破裂。如果旨在促进两者间理解的措施没有到位,就容易导致二者缺乏交流或者存在误解。由于缺乏协作,警方有时在侦查终结、实施拘留后才向检察官通知案件情况,这时检察官对搜集证据提出建议已经太晚了。②

我国警察主导侦查模式同样存在上述问题,且更为普遍和严重。这主要是因为,我国实行法治的时间较短,特别是经历了法制遭到完全破坏的"文化大革命"③,公安机关曾经长期处于缺乏程序法约束的状态。由于存在重实体轻程序、重打击轻保护的诉讼传统,加上程序教育的不足与业务培训的缺乏,公安机关进行的侦查活动极不规范,无论是侦查人员的程序意识、人权意识、证据意识,还是侦查取证的规范性、全面性、时效性,都存在着突出的问题,侦查业务素养尚难以适应检察机关公诉的需要。

20世纪90年代中期前,我国检察机关和公安机关的关系问题,如检察

---

① 陈兴良. 检警一体:诉讼结构的重塑与司法体制的改革. 中国律师, 1998(11); 陈卫东, 郝银钟. 侦、检一体化模式研究——兼论我国刑事司法体制改革的必要性. 法学研究, 1999(1); 陈卫东, 刘计划. 论检侦一体化改革与刑事审前程序之重构//陈兴良. 刑事法评论:第8卷. 北京:中国政法大学出版社, 2001; 陈瑞华. 刑事诉讼的前沿问题. 北京:中国人民大学出版社, 2005:517; 罗结珍. "译者导言"//贝尔纳布洛克. 法国刑事诉讼法. 罗结珍,译. 北京:中国政法大学出版社, 2009:5.

② 艾斯林. 比较刑事司法视野中的检警关系. 人民检察, 2006(22).

③ "文化大革命"期间,诸如"刑讯有理"、"办案要立足于有,着眼于是"、"一人供听、二人供信、三人供定"、"大棒底下出材料,后半夜里出战果",这些标志性的口号成为主导性的诉讼理念,导致公安机关的讯问及其他侦查取证活动完全失去了法治的约束。

机关"提前介入"是否具有合法性①，虽曾引发理论争论但尚未产生对"分工负责"这一检警关系基本原则的质疑。而从 20 世纪 90 年代后期开始，检警关系真正进入学术研究的视野。学界之所以此时开始普遍关注检警关系，并突破"分工负责"的接力型关系原则，相继提出"检警一体化""侦检一体化""检侦一体化"等命题②，根本原因是，1996 年刑事诉讼法修改开启的控辩式庭审方式改革使得检察机关在审判中的举证责任空前加大。那么，如何理解检警一体化？呼之欲出的检警一体化模式改革其理论基础是什么？在域外的实践状况怎样？我国为什么要实行检警一体化模式改革？我国实行这一新模式有无法律依据？检警一体化模式的实施路径怎样设计？对于这些问题的回答，在 2012 年刑事诉讼法修改进一步推动控辩式庭审方式改革的新形势下③，显得尤为迫切。基于此，本节将对上述问题作出初步回答。

二、为检警一体化正名

所谓"检警一体"，是指"为有利于检察官行使控诉职能，检察官有权指挥刑事警察进行对案件的侦查，警察机关在理论上只被看作是检察机关的辅助机关，无权对案件作出实体性处理"④。在我国法学界，尽管支持者对这一模式进行了必要的解释，但对"检警一体化"这一术语仍存在诸多误解，直接影响了刑事诉讼法修改和司法体制改革的进程。为此，仍需进一步

---

① 吴军. 检察机关提前介入刑事侦查的几个问题. 法律科学，1989（6）；李建明. 检察机关提前介入刑事诉讼问题. 政治与法律，1991（2）.

② 宋英辉，张建港. 刑事程序中警、检关系模式之探讨. 政法论坛，1998（2）；陈兴良. 检警一体：诉讼结构的重塑与司法体制的改革. 中国律师，1998（11）；陈卫东，郝银钟. 侦、检一体化模式研究——兼论我国刑事司法体制改革的必要性. 法学研究，1999（1）；陈卫东，刘计划. 论检侦一体化改革与刑事审前程序之重构//陈兴良. 刑事法评论：第 8 卷. 北京：中国政法大学出版社，2001；陈瑞华. 刑事诉讼的前沿问题. 北京：中国人民大学出版社，2005：517.

③ 虽然 2012 年修改后的刑事诉讼法在起诉方式上发生了回转性的变化，但总体上仍然保持了控辩式庭审方式改革的趋势. 刘计划. 刑事公诉案件第一审程序. 北京：中国人民公安大学出版社，2012：28-34.

④ 1997 年至 1999 年曾任北京市海淀区人民检察院主管公诉副检察长的陈兴良教授以其职业的敏锐性最早提出了这一改革建议，认为这种侦查体制赋予检察官主导侦查的权力，能够为其履行控诉职能打下良好的基础. 陈兴良. 检警一体：诉讼结构的重塑与司法体制的改革. 中国律师，1998（11）；从"法官之上的法官"到"法官之前的法官"——刑事法治视野中的检察权. 中外法学，2000（6）.

为检警一体化正名。

第一，检警一体化指的是检察机关和公安机关行使侦查职能的一体化，规范的是二者之间的工作关系、业务关系，而非二者在组织体系上的一体化。有反对者认为，检警一体化主张不符合各国检警关系的设置模式。① 其实，引起论争的根源在于对于检警一体化存在不同理解。最早提出检警一体化命题的陈兴良教授对此给予了澄清，即"检警一体"并非检警两个机关完全否定互相的独立性，不是从组织上将警察机关归属于检察机关，它们的"一体"指的是业务上的一种服从关系，检察机关具有对侦查进行指导，甚至是指挥的一种权力。② 陈瑞华教授也认为，强调检警一体化并非要取消公安机关或者将其合并到检察机关之中，而是在保留检察机关和公安机关整体设置的前提下，对它们在刑事追诉活动中的关系进行新的调整和规范。③ 这无疑与反对者的主张是一致的。如龙宗智教授也认为，"检察官与警察在组织和体制上互不隶属，但在刑事司法业务上则可能相互协作，而且由于侦查服从于起诉需要，通常检察官对侦查官员有一定的监督和指导乃至指挥的权力"，只不过龙教授认为这是"一种工作关系"，"不是检、警一体化要求的组织关系"④。事实上，支持者主张的检警一体化并非检警机关组织上的一体化，而仅是一种工作关系。综上可知，无论是支持者还是反对者，在检警关系改革内容的认识上，实属殊途同归。

现代各国都建立了检察机关与警察机构，而检警一体化是在检警组织体系各自独立的前提下实现的。这种检警在侦查职能上的一体化，实质是检察官具有对警察侦查活动的参与权，检警共同行使侦查权，共同对侦查负责。在此意义上，检警一体化并非检警一家，这并无必要；而是把侦查职能纳入检察机关控制的范围内，真正实现监督。⑤

第二，检警一体化并非意味着检察机关对公安机关侦查的每一起案件全面参与并领导、指挥警察进行全部侦查活动，即既非检察机关参与公安机关

---

① 龙宗智．"检警一体化"——兼论我国的检警关系．法学研究，2000（2）．
② 陈兴良．建立科学的检警关系．检察日报，2002-07-15．
③ 陈瑞华．刑事诉讼的前沿问题．北京：中国人民大学出版社，2005：517．
④ 同①．
⑤ 其实，实质意义上的检警一体化在组织上一体是存在的，如对于检察机关侦查的案件，就是由检察机关全程负责侦查与起诉的。

侦查的所有案件，亦非对公安机关侦查过程全面参与以及全程领导、指挥进行侦查。在检警一体化模式下，检察官并非每案亲力亲为，大包大揽。这既不可能，也无必要。在实践中，检察机关在行使随机参与权的前提下，只是根据实际需要，自行决定介入侦查的时机与程度。一般而言，检察官介入的案件比例较低，主要是重大案件，如杀人案件；参与的环节一般是重大侦查行为。在实务中，检察官并不会随意干预警察的侦查行为，在实行检察引导侦查体制的国家和地区，并未出现检察官和警察之间的摩擦或者冲突，相反，彼此间有很好的合作。

　　从实践来看，检警一体化是相对意义上的。瑞恩·艾斯林指出，检察官引导侦查模式在绝对意义上相当少见，而是以多种多样的混合形式普遍存在。在包括印度尼西亚、日本、老挝、菲律宾和韩国等在内的法域，检察官都可以启动侦查，但他们在实践中并不侦查所有案件。检察官能够启动侦查，给办理案件带来很多益处，他们对法律的解释可能更具专业性，移送公诉的案件质量会更高。证据还表明，在这种制度下，定罪率会更高。龙宗智教授认为，检警一体化将削弱国家刑事侦查能力。[①] 这一判断实属误解，并无实际根据。其实，龙宗智教授认可"为适应刑事诉讼的改革发展，需协调检警关系"，并提出了调整检警关系的三项原则、两套方案和一系列具体措施。这些原则、方案、措施大都是借鉴日本或者我国台湾地区的相关规定，都是支持者主张的检警一体化的内容，甚至超出了一体化的范围。瑞恩·艾斯林指出，检察官引导侦查模式也存在问题，如在大部分国家甚至在那些特别强调检察官引导侦查的法域，检控机构资源的有限性特别是人力资源的缺乏比警务系统的严重得多。不过，我们有充分理由安排警察和检察官在侦查活动中职能清晰、各尽其能。[②]

　　第三，检警一体化不仅有助于提高侦查取证的质量，还具有实现检察机关侦查监督职能的功能。我国现行的侦查与审查起诉分段接力式模式，割裂了检警之间应有的紧密联系。审查逮捕成为侦查阶段检察机关审查案件的唯一方式，且具有滞后性、书面性等缺陷[③]，使得检察监督在很大程度上被虚

---

① 龙宗智."检警一体化"——兼论我国的检警关系.法学研究，2000（2）.
② 艾斯林.比较刑事司法视野中的检警关系.人民检察，2006（22）.
③ 刘计划.逮捕审查制度的中国模式及其改革.法学研究，2012（2）.

置了。事实上，检察机关只有参与公安机关实施的侦查过程，进行动态的跟踪，才能避免或者第一时间发现并纠正违法侦查行为。因此，检察机关参与公安机关侦查的过程，也就是实施监督的过程。那种认为检警一旦一体化，就破坏了所谓"张力"的说法是不成立的。相反，若不改革现行检警关系，检察机关与公安机关之间"距离"有了，但是取证质量降低了，且因监督滞后导致监督功能丧失了。检警一体化就是为了整合国家的追诉力量，同时消除检察机关监督的滞后性与书面性缺陷，实现有效监督。有人认为检警一体化会损害检察机关的监督职能，这是一种重大误解。检警一体化与检察机关的侦查监督职能之间不仅不存在对立关系，而且恰恰有利于实现监督。那种认为检警一体化将"进一步恶化对侦查程序相对人的基本人权保障"的说法更是罔顾事实的无稽之谈。[①]

最高人民检察院工作报告表明，检察机关对公安机关监督的内容包括两个方面：一是所谓"执法不严、打击不力"的问题。包括对应当立案而不立案的督促侦查机关立案；对应当逮捕而未提请逮捕、应当起诉而未移送起诉的，决定追加逮捕、追加起诉。二是所谓"侵犯诉讼参与人合法权益"的问题。包括对违法动用刑事手段插手民事经济纠纷等不应当立案而立案的督促侦查机关撤案；对不符合逮捕条件的决定不批准逮捕；对依法不应当追究刑事责任或证据不足的决定不起诉；对侦查活动中滥用强制措施等违法情况提出纠正意见。前者属于"追诉性"监督，体现了检察机关对追诉权的主导地位。后者属于"权利性"监督，也应成为侦查监督的重点。但是，只有在检警一体化的前提下，才能实现检察机关对追诉犯罪的主导权，也才能实现检察机关对公安机关实施强制措施、秘密侦查措施包括逮捕、讯问、搜查、扣押、监听等的监督，真正实现保护人权的监督功能。

第四，检警一体化内含公安机关服务于检察机关公诉职能而承担侦查后的辅助责任之义。其一，公安机关侦查终结后仍负有补充侦查的义务。我国《刑事诉讼法》第175条第2款即规定，"人民检察院审查案件，对于需要补充侦查的，可以退回公安机关补充侦查……"其二，公安机关负有向检察机关提供证据材料的义务，负有派出侦查人员出庭对侦查的合法

[①] 杨宗辉，周虔."检警一体化"质疑．法学，2006（5）．

性进行证明的义务。《刑事诉讼法》第 175 条第 1 款规定,"人民检察院审查案件,可以要求公安机关提供法庭审判所必需的证据材料","认为可能存在本法第五十六条规定的以非法方法收集证据情形的,可以要求其对证据收集的合法性作出说明",这是 2012 年修改《刑事诉讼法》时新增的规定。这表明,为了协助检察官出庭支持公诉,《刑事诉讼法》在已有基础上进一步规定,如果庭审中辩护方对证据的合法性提出异议,警察就应当按照检察官要求出庭接受质证,继续履行支持检察机关指控犯罪的职责。

三、检警一体化的理论基础与域外实践

检讨我国的检警关系,不能不考察域外检察官与警察在侦查中的关系。根据我国学界通说,大陆法系国家和地区实行这一模式,并且检警一体化模式具有坚实的理论基础。

(一) 检警一体化的理论基础

1. 检察官的孕育机理

"现代的刑事程序吸取了纠问程序中国家、官方对犯罪追诉的原则(职权原则),同时保留了中世纪的无告诉即无法官原则(自诉原则),并将这两者与国家公诉原则相联结,产生了公诉人的职位:检察官。"[1] 由此可见,检察官的孕育而生是刑事程序改革的产物,是现代刑事诉讼实行控诉(公诉)原则的组织基础,它使得改革前法官行使的司法权被一分为二:检察官行使控诉(公诉)权,而法官则保留了审判权。作为刑事诉讼的追诉者、"原告",检察官需对公诉负责,而侦查作为检察官履行公诉职责的必要准备,理应成为公诉权的组成部分,并应受其控制。日本学者土本武司即指出,"检察官对一切犯罪具有侦查权。此为检察官身为公诉权机关所当然的解释"[2]。由此,检警一体化在诉讼模式的演进中获得了理论根据。这可以溯源至现代检察制度的创设初衷:"从检察官的形成历史来看,大陆法系国家在刑事诉讼程序中引入检察官的目的,首要在于破除中古时期由法官一手包办侦查与审判两项职务的纠问制度,因而,解除法官侦查职

---

[1] 拉德布鲁赫. 法学导论. 米健,朱林,译. 北京:中国大百科全书出版社,1997:122.
[2] 土本武司. 日本刑事诉讼法要义. 董璠舆,宋英辉,译. 台北:五南图书出版公司,1997:44.

务并赋予检察官侦查权限之当然结果,乃承认检察官在侦查程序中之主宰地位"①,"检察官乃侦查主,刑事警察仅为其辅助机构,乃势所必然的安排设计"②。

2. 刑事诉讼职能理论

从现代诉讼职能理论来看,与诉讼三角结构相对应,刑事诉讼职能包括控诉、辩护与审判三种基本职能,且各有其行使主体。在现代国家机构体系中,检察机关与警察机构共同承担控诉职能。基于控诉职能一体性的要求,检察机关和警察机构具有功能指向的一致性。但在控诉主体内部,检察机关与警察机构之间并非平行关系,而表现为主从关系,即"检主警辅"。罗结珍教授指出,"不论检察院在预审程序中有多少特权,作用多么强势,仍然不能改变其作为当事人的地位。检察院是刑事诉讼中的原告,是控方,即使是在由犯罪受害人告诉并成为民事当事人从而发动公诉的情况下,它仍然是并且始终是'主当事人'或者'公众当事人'"③。检察官作为"主当事人"出庭公诉履行指控犯罪的职责,必须以庭前准备——侦查为基础。在此意义上,侦查须为公诉服务,而公诉应当统领、统帅侦查。但由于检察机关体制上"有将无兵",既无足够侦查之人力,也无堪以侦查的设备④,因此,刑事警察就成了检察机关的辅助机关。⑤

3. 检控犯罪的实际需要

作为专门承担控诉职能的主体,检察机关不仅专责公诉,而且为此目的,应当对所有案件的侦查活动负责。由于检察机关难以实际承担所有的侦查工作,因此为其设立辅助机关即刑事警察具体实施侦查。而实践表明,警察的侦查取证并不天然地能够满足检察机关公诉的需要。公诉取得成功需要侦查取证的全面性、规范性与时效性。全面性是指取证需达到证据确实充分

---

① Vgl. nur Kramer, Grundbegriffe des Strafverfahrensrechts, 1997, Rdnr. 98. 转引自林钰雄. 检察官论. 北京:法律出版社,2008:11.
② 林钰雄. 检察官在诉讼法上之任务与义务. 法令月刊,1998(10).
③ 罗结珍. "译者导言"//贝尔纳布洛克. 法国刑事诉讼法. 罗结珍,译. 北京:中国政法大学出版社,2009:5.
④ 同②.
⑤ 罗科信. 刑事诉讼法. "第十章 检察机关及其辅助机关",吴丽琪,译. 北京:法律出版社,2003:60 以下;林钰雄. 刑事诉讼法:上册. 第四章 检察官及其辅助机关. 台北:元照出版有限公司,2004:136 以下.

的程度；规范性是指证据收集的程序须合法，在法律上是可采的而不能是应予排除的；时效性是指侦查的及时性，要求及时侦查，抓住最有利的时机收集证据，否则，实物证据可能灭失，人证可能因人的流动、死亡而丧失。但基于行政权行使的特征，警察在侦查中可能追求效率而忽视法庭审判对指控证据的严格要求。因此，为公诉需要计，检察官必须保留侦查实施权并应享有指挥侦查权。试想，如果有一个与其掣肘的警察机关，如何保障检察机关的控诉职能有效实现？故此设若侦查不受检察机关的节制，不能以公诉需要为指向，就难以保障追诉职能的正确发挥。诚如斯言："欧陆法系创设检察官制度的根本目的之一，便是以一个严格受法律训练及拘束的公正客观官署，控制警察活动的合法性，避免法治国沦为警察国，因此以检察官主控侦查程序，司法警察的追诉活动受其指挥监督。"[1]

（二）域外检警一体化的立法与实践

在检察官制度的起源国法国，刑事诉讼中实行检警一体化模式。[2]《法国刑事诉讼法典》第 12 条规定，"司法警察的职权由本编所指的警官、官员和警员行使，受共和国检察官领导。"第 41 条规定："共和国检察官对违反刑法的犯罪行为进行或派人进行一切必要的追查与追诉行为。为此目的，共和国检察官领导其所在法院辖区内的司法警察警官与司法警察警员的活动。……共和国检察官享有本卷第一编第一章第二节以及特别法规定的、与司法警察警官身份相关的一切权力和特权。在发生现行犯罪的情况下，共和国检察官行使第 68 条赋予的权力。"第 68 条规定："共和国检察官来到现场，即停止司法警察警官对案件的管辖权力。在此场合，共和国检察官完成本章规定的司法警察的所有行为。共和国检察官亦可指令所有的司法警察警官继续进行办案活动。"司法警官和检察官都可以接受告诉与告发，但司法警官知悉重罪、轻罪与违警罪时应立即报告检察官，并依职权或者按检察官的指令进行初步调查。对重罪或轻罪进行初步调查的司法警官如已查明推定的犯罪行为人，也应向检察官报告。在司法警官的晋级条件中，检察长的评

---

[1] 林钰雄. 刑事诉讼法：上册. 第四章 检察官及其辅助机关. 台北：元照出版有限公司，2004：137.

[2] 罗结珍. "译者导言"//贝尔纳布洛克. 法国刑事诉讼法. 罗结珍，译. 北京：中国政法大学出版社，2009：5.

价则是需要考虑的内容之一。①

19世纪下半叶,德国将检察官制从法国引入本国,这带来"改良"的刑事诉讼程序的出现。1877年德国刑事诉讼法确立了检察官领导、指挥侦查的检警一体化体制。赫尔曼教授指出:"《德国刑事诉讼法典》第163条规定,在侦查刑事犯罪行为范围内,警察只担负着辅助检察院的责任,只能作'不允许延误的决定',对自己的侦查结果应当'不迟延地'送交检察院,由检察院进行进一步侦查。然而实际情况却是警察常常自主地将侦查程序进行到底,然后才向检察院移送侦查结果。而对于检察院来讲,如果没有足够的人员,它也根本不可能执行刑事诉讼法所规定的程序模式。"② 由此可见,一方面,法律规定检察官应当负责侦查,从而将侦查权赋予了检察机关,这符合创设检察官职位的初衷,解决了检察机关与警察之间法律关系的本源问题;另一方面,作为检察机关辅助机关的警察机关往往在案件侦查完毕后才移交检察官,"全部犯罪案件中约有70%是由警察单独侦查的"③。这一现实表明检警关系经历了演变的过程。之所以出现实践与法律之间的差异,是因为警察的侦查能力与侦查质量随着实践的发展获得了较大的提升。可以说,决定检察官领导警察侦查广度与深度的是警察侦查工作的质量和案件的性质。经过百年的职业历练,德国警察的职业化、专业化水平日益提高,侦查能力得以提升,侦查质量也就较高。在这种情况下,检察官完全没有必要就每个案件指挥侦查,因此检察官就会逐渐减少指导、领导乃至坐享其成。实践中,刑事侦查由警察进行,只有在涉及谋杀案件和严重的经济、环境犯罪案件时,检察官才会从一开始就主动参与侦查,许多检察院还设有处理这些事务的专门部门。④ 另外,也要看到,警察逮捕的犯罪嫌疑人必须在24小时内提交检察官,由后者决定是否向法官申请羁押;警察实施搜查、扣押、监听,也要先经检察官同意再由检察官向法官申请。可见德国检察官对警察的制约采取了事前与事中同步进行的模式。

---

① 罗结珍. "译者导言"//贝尔纳布洛克. 法国刑事诉讼法. 罗结珍, 译. 北京:中国政法大学出版社, 2009:5.
② 赫尔曼. 德国刑事诉讼法典中译本序言. 李昌珂, 译. 德国刑事诉讼法典. 北京:中国政法大学出版社, 1995:3.
③ 龙宗智. "检警一体化"——兼论我国的检警关系. 法学研究, 2000(2).
④ 魏根特. 德国刑事诉讼程序. 岳礼玲, 温小洁, 译. 北京:中国政法大学出版社, 2004:41.

效法欧陆检察官制的我国台湾地区也确立了检察官的侦查权及指挥警察侦查的体制。台湾地区"法院组织法"第 60 条规定："检察官之职权如左：一、实施侦查、提起公诉、实行公诉、协助自诉、担当自诉及指挥刑事裁判之执行。二、其他法令所定职务之执行。""刑事诉讼法"第 228 条第 1、2 项规定："检察官因告诉、告发、自首或其他情事知有犯罪嫌疑者，应即开始侦查。前项侦查，检察官得限期命检察事务官、第 230 条之司法警察官或第 231 条之司法警察调查犯罪情形及搜集证据，并提出报告。必要时，得将相关卷证一并发交。""调度司法警察条例"第 1 条规定："检察官因办理侦查执行事件，有指挥司法警察官、命令司法警察之权，推事于办理刑事案件时亦同。"上述规定确立了检察官在侦查程序中与司法警察（官）之间的关系，是就具体案件的指挥与被指挥关系，亦即检察官拥有就所承办的个案指挥司法警察的权限，这也是台湾学界与司法实务界的共识。"刑事诉讼法"第 231-1 条固然有"检察官对于司法警察官或司法警察移送或报告之案件，认为调查未完备者，得将卷证发回，命其补足，或发交其他司法警察官或司法警察调查。司法警察官或司法警察应于补足或调查后，再行移送或报告。对于前项之补足或调查，检察官得限定时间"的责令补充调查规定，但从上述规定来看，"责令补充调查"的规定并不表示检察官对司法警察只有审查权。理由是，"调度司法警察条例"及其子法"检察官与司法警察机关执行职务联系办法"中都有检察长（首席检察官）就检察官个案中指挥之司法警察依其执行情况"径予"奖惩之规定。若是以法院与检察署的"院检关系"来作对照，法官纵使在审理检察署所起诉或上诉的案件后判决无罪甚至依"刑事诉讼法"第 161 条第 2 项裁定驳回起诉，"法律"并未（也不可能）设计法官对检察官可以径予奖惩的规定，即可明白台湾地区的检警关系是指挥关系而不只是审查关系。

台湾地区的检警关系，一言以蔽之，是"检察官拥有就所承办之个案指挥司法警察的权限"。在杀人案件中看这一关系模式会更清楚。根据"刑事诉讼法"第 228 条第 1 项，相验程序属于前阶段，即是个"可能成为案件来源"的程序，因为假如相验程序中发现有犯罪嫌疑（比如该"非病死或可疑为非病死者"系遭他杀，这也相当常见，实务上最常见的是车祸过失致死案件）的话，就属于"刑事诉讼法"第 228 条第 1 项因"其他情事"（即相验程序）知有犯罪嫌疑的情形，检察官就必须开始侦查。实务中，绝大多数案件是由警察先到场查证并尽速报请检察官前往相验。这涉及一个事实上的环境因素是：司法警察的人数较检察官多，警察机关在各乡里也都设有分局及派出所。简单地说，哪里有人属于"非病死或可疑为非病死者"，司法警察本来就该比检察官早知道一点。但根据经验，从司法警察知悉特定之死亡案件到检察官到场相验，时间差不会超过一天，如果是大型意外事故或是可以预见将属社会瞩目案件的个案，司法警察通报的速度会更快。须知，司法警察若敢不即时报请检察官相验，便有可能面临检察长依"调度司法警察条例"及相关子法的惩戒。在相验程序中检察官到场其实是让整件案件在法律上迅速出现侦查的领导者，并不代表检察官能无视于相关工作伙伴的专业（比方说司法警察的鉴识科学及法医的法医学），就此而言，检察官和警察是一起工作的，不过在相验程序发动之后，若到了要对刑案侦查工作作成决定的当口，决定者必然是检察官应无疑问。[①] 对于检警关系改革，林钰雄教授认为，"并不在于迁就现实而将侦查主的地位改归司法警察，也不在于组织上将所有司法警察改隶检察机关，而在于从组织法的人事事项及诉讼法的审查规定，确立主辅关系，落实检察官有效指挥监督其辅助机关的侦查主地位"[②]。

或许英美法系国家检警一体化色彩不如大陆法系国家强，但实行的也并非警察主导侦查模式。与大陆法系国家相似，英美法系国家的检察官与警察同样保持着密切的联系，符合一体化的精神。在美国，联邦总检察长是司法部的首长。在其麾下，不仅有联邦的刑事起诉机关——各联邦司法区的检察署，而且有联邦的主要犯罪侦查机关，包括联邦调查局和联邦缉毒署。这些带有"联邦警察"性质的侦查机关在开展侦查活动时，要接受联邦总检察长的领导。美国各州的地方检察官一般被称为当地执法系统的首长，他们不仅负责刑事案件的起诉工作，而且可以指导甚至直接指挥警方的侦查活动。[③] 警察遇有需要逮捕、讯问、搜查、扣押、监听时，一般会向检察官寻求法律

---

① 对于现实中的检警关系，检察官无疑最有发言权。为此，笔者专门咨询了台湾地区许华伟检察官，他为笔者提供了实践中的检警合作情况，澄清了笔者心中的疑惑，特此致谢。
② 林钰雄. 刑事诉讼法：上册. 第四章 检察官及其辅助机关. 台北：元照出版有限公司，2004：138. 检察机关与其他侦查机关的关系改革也面临同样的课题.
③ 何家弘. 构建和谐社会中的检警关系. 人民检察，2007（23）.

上的意见，以帮助实现取证行为的合法性，避免庭审阶段成为非法证据被排除。如法律要求警察逮捕嫌疑人后应尽快（24小时内）送交法庭，由检察官申请羁押。在加利福尼亚州，虽然大部分案件由警方调查，准备材料给检察官决定是否起诉，但复杂的大案、要案，则由警察初步调查，将材料送到检察官办公室，检察官办公室会指派一名检察官与警察一起合作，互相协助，至调查完毕。可见，在美国，虽然相对而言警察训练有素，但检察官与警察仍然保持较为密切的联系，具有一体化的特征。有的州设有派驻警察局的检察官，有些州则设有轮值检察官，与警察保持联系。在法庭审理阶段，检察官还可以要求目睹实施犯罪或者了解犯罪情况的警察作为控诉方的证人出庭作证，警方应当积极配合。

英国为传统上实行警方检察官模式的国家。不过根据1985年制定的《刑事起诉法》，自1986年10月1日，成立了皇家检察院，统一行使公诉权，同时也扩大了检察机关在刑事侦查中的作用。1988年4月6日，正式建立了总检察长领导下的严重欺诈局，直接立案侦查起诉涉案金额500万英镑以上的重大复杂的欺诈案件。虽然英国警察长期从事侦查工作，但并非警察侦查完毕才交给检察官那么简单。事实上，检察官和警察的关系非常密切。1998年，英国议会甚至决定检察院应在警察局中派驻他们的检察官，向警察提供建议，从而加强检察官在刑事侦查中的作用，加强检察院与警察局之间的联系，提高刑事司法效率。[①] 由此，英国的检警也具有一体化的特征。

四、实践需要：检警一体化之于中国刑事诉讼改革的必要性

我国学者在上世纪90年代后期开始关注检警关系，并突破"分工负责"基本原则提出"检警一体化""侦检一体化""检侦一体化"等命题，是有特定背景的。这一背景就是，1996年修改《刑事诉讼法》时进行了控辩式庭审方式改革，而此项改革对公诉制度乃至刑事司法体制产生了深远的影响。新庭审方式打破了公安机关、检察机关、人民法院接力办案的诉讼模式，基本确立了控辩对抗的审判中心主义体制，凸显了法院作为裁判机关的中立性。在新庭审方式下，检察官的举证责任被大大强化，公诉

---

① 刘立宪，谢鹏程. 海外司法改革的走向. 北京：中国方正出版社，2000：98.

压力骤然增加。出庭检察官要在法庭上取得公诉的成功，固然需要具有扎实的法律素养与高超的法律技能（这一需要催生了主诉检察官制度），更需要具有合法性且确实、充分的证据（这一需要催生了检察引导侦查的改革实践）。

在我国，绝大多数刑事案件是由公安机关独立实施侦查的[①]，检察机关和公安机关之间实行"分工负责"，即公安机关侦查终结后方移送检察机关审查起诉，这导致检察机关审查起诉与公安机关侦查几乎完全脱节。观察诉讼实践可知，这一关系模式造成了消极的后果。公安机关的侦查活动没有受到有效的监督控制，并与公诉指控发生了断裂，从证据收集的质量到法定程序的遵守，都乏善可陈。一方面，公安机关收集证据的质量不高，检察机关审查起诉时不得不频频退回补充侦查，导致退查率居高不下。如 2000—2004 年的 5 年间，北京市检察机关退回补充侦查案件数不断增加，与受理案件的总件数和总人数的比率都超过了 20%，平均为 21.6% 和 27.6%。[②]再如 1998 年 1 月至 6 月底，河南安阳市、区两级检察院共受理公安机关（不含五县）移送起诉案件 247 案 372 人，退回补充侦查 111 案 176 人，退查率为 44.9% 和 47%，其中移送起诉大案 27 件 63 人，退回补充侦查 24 件 59 人，退查率更高达 88.9% 和 93.7%。而退查的主要原因是证据不足、事实不清。[③]公诉案件退查率居高不下，造成了追诉效率的降低与诉讼效益的受损。造成这一现象的原因，就是检察机关失去了对侦查权的控制。若检察官对公安机关收集证据的过程一无所知，审查起诉发现事实不清、证据不足时，固然可以退回补充侦查或者自行侦查，但由于丧失了最佳时机，往往导致证据无法补足，影响公诉功能的发挥。而"侦查中所犯的错误往往具有不可弥补性"，"许多实证研究指出，错误裁判最大的肇因乃错误侦查，再好的法官、再完美的审判制度，往往也挽救不了侦查方向偏差所造成的恶果"[④]。如胥敬祥案，检察机关曾七次退回补充侦查，之后勉强起诉，法院"无奈"

---

① 数据表明，检察机关直接受理侦查的案件占全部公诉案件的 4% 左右。如 2011 年检察机关侦查后提起公诉的案件为 3 万件，而同年检察机关提起公诉的案件为 80 万件。
② 徐航. 退回补充侦查制度的实证分析——以审查起诉环节为视角的观察. 中国刑事法杂志，2007（3）.
③ 孟宪祯. 对"移送起诉"退查率居高不下的情况调查. 河南公安高等专科学校学报，1999（1）.
④ 林钰雄. 检察官在诉讼法上之任务与义务. 法令月刊，1998（10）.

定罪，最终酿成错案。① 又如赵作海案，检察机关曾三次退回补充侦查，最终由政法委协调，法院"无奈"作出有罪判决。② 笔者认为，对于这些错案，不能简单地归责于法官的审判水平低或者责任心不强，因为多次退补本身就表明案件证据不足；受制于现行司法体制，法院缺乏审判独立性保障③，导致审判难以否定侦查结论。而协调定案的工作机制更难实现实际问责。④ 我们固然可以指责其中的协调不当，但是真正值得反思的还是如何提高侦查质量。试想，假如检察官于侦查开始后第一时间介入，动态地了解侦查过程，并就证据收集作出指引，就可能避免错误的侦查。无疑地，检察机关与公安机关在办理重大案件特别是杀人案件的处理程序上的接力型模式，已经暴露出巨大的漏洞与缺陷。个别公安机关侦查的粗陋甚至重大过错，导致检察机关沦为"二传手"，失去了对犯罪追诉的有效控制。

另外，辩护方针对刑讯逼供等非法取证现象而申请排除非法证据的个案越来越多，公安机关侦查取证的合法性面临日益增加的质疑与挑战。1998年最高人民法院制定的《关于执行〈中华人民共和国刑事诉讼法〉若干问题的解释》即确立了非法言词证据排除规则，但未得到执行。随着2010年7月1日《关于刑事诉讼中排除非法证据的规定》的公布实施，以及2012年修改后刑事诉讼法对于非法证据排除规则的确立，对侦查行为合法性异议的审查成为法庭审理的法定程序，因此，检控方面临的考验将愈加严峻，应对侦查行为的合法性审查已然成为现实发生的、不可回避的课题⑤，而这种压力最终都必然转嫁给检察官。特别是2012年修改后刑事诉讼法第49条明文规定了检察机关的举证责任，即"公诉案件中被告人有罪的举证责任由人民检察院承担"，这里检察官同样负有证明指控证据具有合法性的举证责任。此外，公安机关在搜查、扣押程序中自我授权，脱离检察

---

① 杜萌. 省检院坚持抗诉 胥敬祥：冤狱13年有罪变无罪. 法制日报，2005-06-01.
② 邓红阳. 赵作海案再曝"留有余地"潜规则. 法制日报，2010-05-13.
③ 中共十五大、十六大、十七大、十八大报告一再提出要保障人民法院依法独立行使审判权，可见这一宪法规定在实践中仍会遭遇被架空的困境。事实上，如果人民法院真正实现了独立审判，必将给检察机关的公诉与侦查带来更大考验。
④ 陈光中，肖沛权. 关于司法权威问题之探讨. 政法论坛，2011（1）；顾永忠. 畅通监督渠道 强化过程监督——关于侦查监督的若干思考. 河南社会科学，2010（6）.
⑤ 传统上，人民法院对于辩护方提出排除非法证据申请的，往往予以搪塞，检察机关则以各种理由予以回绝。

机关的控制,同样也成为辩护方质疑程序合法性的对象。

综上可知,公安机关侦查不力导致取证不够充分,以及取证程序欠缺合法性要件,都可能成为酿成冤错的隐患,使得检察机关面临双重压力,成为最终的承受者。

实践需要是改革的动力之源,而检警的共识则是改革的基础。针对检警人员进行的实证研究表明,对我国分离、接力型的检警关系模式进行改革具有迫切性。被调查者指出现实中的检警关系在诸多方面存在有待改进之处:(1)检警"相互配合"难以形成最佳合力。因二者工作关系中的工作方式主要是书面审查,不易发现侦查取证中存在的问题。同时由于相互独立,检察机关对公安机关并无领导指挥的权力,导致检警在追诉犯罪方面无法形成最佳合力。(2)检察机关对公安机关的监督难以落实。立案监督不力的表现是"监督的效果欠佳,公安机关没有及时改正"。造成立案监督不力的主要原因在于:"没有规定公安机关仍旧不立案的惩罚和救济措施,对于公安机关接受监督立案后但是不认真侦查导致案件无法侦破的,检察机关没有相应的监督权力";"对于公安机关不应立案而立案的,检察机关有权发出纠正违法通知书,但是这种监督手段乏力"。侦查监督效果也不理想,主要原因在于:"检察机关侦查监督缺乏实质的领导、指挥权,难以及时有效纠正违法侦查行为";"侦查监督通常具有滞后性,难以有效预防违法侦查行为";"侦查监督的手段一般是纠正违法意见书和检察建议,这种手段的强制性不强,导致监督不力";"对违法取证的监督,因为检察机关主要是书面审查,所以难以发现";"对违法取证的监督,即使发现,一般也难以排除违法取证获得的证据,更难以追究违法取证的侦查人员的相关责任"[1]。

我国检警关系不改革,警察主导侦查模式沿袭不变,其消极后果将愈益突显。检警一体化改革的提出,正是为了实现有效追诉的需要,也是为了实现侦查监督进而实现合法追诉的需要。一国检警关系模式的选择,必须和本国刑事法治的发展阶段相适应,应根据实际需要进行制度安排。对于检警关系改革,不能片面地拿某个国家的现状进行对比,尤其不能在误读域外经验的情况下轻率地得出结论。毕竟我国刑事程序的发展处于改革阶段与转型时

---

[1] 北京市海淀区人民检察院"检警关系课题组". 检警关系现状与问题的调查分析. 人民检察,2006(22).

期，与域外发达国家和地区刑事诉讼制度相对完善不可同日而语。1998年以来，面对检警关系不畅导致普遍地退回补充侦查损害公诉价值的现实，实务中自发的检察引导侦查改革实践，取得了良好的效果。部分学者敏锐地洞察到这一变化，进而提出极具理论价值和现实意义的检警一体化建议，其实质就是实现检警关系的转型，是在打破警察主导侦查模式基础上建立的以检察机关为主导的新型检警关系模式。实践表明，以检察引导乃至领导侦查为主要内容的检警一体化已然成为我国刑事程序和司法体制改革的一项重要内容。

五、检警一体化的法律依据

我国实行检警一体化改革的实质，是检察机关参与乃至领导、指挥公安机关对管辖案件实施的侦查行为。有人认为改革缺乏法律依据，理由是，公安机关与检察机关是并列的两大侦查机关，各自对管辖案件享有独立的侦查权；检察机关对于公安机关侦查的案件，仅有审查批捕权、审查起诉权以及发现侦查行为违法时提出"纠正意见"的侦查监督权，不能干预公安机关的侦查活动。其实上述理解是根据刑事诉讼法关于职能管辖规定进行的表象化解释，看似正确，实际却忽视了检察机关对所有犯罪案件皆有侦查权的法律规定。也有学者认同检警一体化改革，但认为缺乏法律依据，也是因对相关法律不甚了解形成的误判。

事实上，我国现行法律对检察机关享有完整的侦查权有明确的规定，构成了检警一体化改革的法律依据。1979年、1983年、1986年《人民检察院组织法》第11条均规定："人民检察院发现并且认为有犯罪行为时，应当依照法律程序立案侦查，或者交给公安机关进行侦查。侦查终结，人民检察院认为必须对被告人追究刑事责任时，应当向人民法院提起公诉；认为不需要追究刑事责任时，应当将原案撤销。"[①] 该规定即我国实行检警一体化改革

---

① 该条内容和《德国刑事诉讼法》第160条第1款、我国台湾地区"刑事诉讼法"第228条的内容颇为相似。《德国刑事诉讼法》第160条第1款规定，"只要获得有关可能存在犯罪行为的信息，检察官就必须开始侦查。"我国台湾地区"刑事诉讼法"第228条（侦查之开始及讯问被告后之处置）规定："检察官因告诉、告发、自首或其他情事知有犯罪嫌疑者，应即开始侦查。""前项侦查，检察官得限期命检察事务官、第230条之司法警察官或第231条之司法警察调查犯罪情形及收集证据，并提出报告。必要时，得将相关卷证一并发交。"上述条款成为德国、我国台湾地区检察官实为侦查权主体，而警察仅为其辅助机构的法律渊源，构成检察官领导、指挥警察进行侦查的法律根据。

的法律依据，因为它明确了侦查权的所有者与行使者。虽然，2018年修正的《人民检察院组织法》已经删去了相关内容，但对其进行深入解读仍能帮助我们理解立法精神。解读该规定，可以得出以下四点结论。

首先，"人民检察院发现并且认为有犯罪行为时，应当依照法律程序立案侦查"的规定将所有犯罪案件的立案侦查权赋予了检察机关，而对所有犯罪案件进行立案侦查据此成为检察机关的法定职责。检察院组织法之所以规定检察机关对所有犯罪案件享有侦查权，是因为检察机关作为唯一的公诉机关，承担着追诉犯罪的专门与全部的责任，而侦查不过是公诉的准备而已。[①] 其法理依据在于，检察机关作为刑事诉讼的控方，并非单纯的法庭公诉机关，而是一个对追诉犯罪负有专责的机关（广义上的公诉包括出庭公诉及为出庭公诉做准备的所有活动），须对追诉犯罪负全面的责任。林钰雄教授即指出，"改革的刑事诉讼制度将刑事程序拆解为侦查（追诉）、审判两大阶段，由新创的检察官主导侦查程序，原来纠问法官之权力则被削弱为单纯之审判官"，"同时，新制改采'控诉原则'，由检察官担任控方"[②]。

其次，"或者交给公安机关进行侦查"的规定表明，检察机关可以根据实际情况，将侦查权授权给公安机关行使。与当今世界其他国家和地区的情况一样，我国检察机关受制于自身侦查人员数量不足，且侦查装备、侦查技术欠缺，实际侦查能力等方面力有不逮，在担当公诉的同时难以实际完成所有犯罪案件的侦查工作，因此需要对侦查的实施作出变通性的规定，即检察机关可以授权公安机关实施侦查。根据1979年、1983年、1986年《人民检察院组织法》规定的精神，我国刑事诉讼法在划分立案管辖时，在为检察机关保留职务犯罪案件侦查实施权的基础上，将其他大部分刑事案件的侦查实施权划归、配置给公安机关、国家安全机关以及其他机关。为此，应当正确认识检察院组织法关于侦查权主体的规定与刑事诉讼法关于侦查权分配的规定之间的逻辑关系。一方面，检察院组织法将侦查权赋予了检察机关，并授权检察机关交给公安机关行使，在此基础上，刑事诉讼法对侦查权进行了具体分工，分别配置给了公安机关、国家安全机关、军队保卫部门、监狱，并根据实际为检察机关保留了职务犯罪案件的侦查权。因此，侦查实施权的分

---

① 在德国刑事诉讼法典中，第二编第二章"公诉之准备"规定的即侦查程序。
② 林钰雄. 检察官在诉讼法上之任务与义务. 法令月刊, 1998（10）.

工是一种结果,检察机关由于人力、侦查能力不足,在保留部分犯罪案件即职务犯罪案件侦查权的同时,将大部分案件的侦查实施权交给了公安机关等机关,不能改变检察机关享有完整侦查权的组织法规定。这与世界各国警察都是实施侦查主要力量的实践相符。而1979年刑事诉讼法对此体现得更为明显。该法第13条共有三款,即:"告诉才处理和其他不需要进行侦查的轻微的刑事案件,由人民法院直接受理,并可以进行调解。""贪污罪、侵犯公民民主权利罪、渎职罪以及人民检察院认为需要自己直接受理的其他案件,由人民检察院立案侦查和决定是否提起公诉。""第一、二款规定以外的其他案件的侦查,都由公安机关进行。"这三款依次规定了法院直接受理的案件范围以及检察机关、公安机关受理案件的范围,特别是第3款与第2款之间的逻辑关系,无疑体现了公安机关在行使侦查权时是分享检察机关侦查权的辅助机关这一组织法精神。

再次,由于公安机关享有的侦查实施权来源于检察机关的法律授权,因此检察机关决定是否立案、撤案与侦查终结,参与公安机关对犯罪案件的侦查过程,对其侦查进行指导、引导,乃至根据公诉需要提出侦查取证的特定要求,是顺理成章、自然而然之事。检察机关将侦查权交给公安机关行使,并不意味着检察机关丧失对立案侦查权的控制权。基于法庭公诉的需要,检察机关参与公安机关的侦查,对公安机关的取证进行领导、指挥,这是检察机关享有完整侦查权的应有之义,实属理所当然。"公安机关行使的侦查权是一种专属的权力,与检察机关没有关联","检察机关对公安机关的侦查活动无权介入"等说法,都是有违法律精神的,是站不住脚的。

最后,由于公安机关行使侦查权时易于滥用权力,潜藏着侵犯人权的巨大风险,因此,检察机关不能将侦查实施权一放了之,而应当在授权后对公安机关实施的侦查过程进行监督与控制,以保证侦查行为合法进行,并保障基本人权。世界各国和地区的检察机关与警察机构之间都存在着这种工作上的监督与控制关系。当今世界上检察机关对警察侦查的控制,主要体现在警察对犯罪嫌疑人采取人身强制措施、讯问以及采取搜查、扣押、监听等强制处分与秘密侦查措施时进行初步审查上,即警察应当事先向检察机关报告并提出申请,在大陆法系和英美法系国家的检警关系中皆是如此。通常警察逮捕犯罪嫌疑人后需向检察官报告,检察官认为有羁押必要再向法院申请许可令状。同样地，警察认为需要采取搜查、扣押、监听等措施时，亦需先向检察官报告，由后者向法官申请令状。因此，在现代国家和地区，警察虽实施侦查行为，但凡是涉及逮捕、羁押、搜查、扣押、监听等涉及基本权干预的措施，须经检察官审查再向法院申请，这体现了检察机关对警察侦查活动的监督与控制。

在我国刑事诉讼法中有诸多规定体现了检警一体化的诉讼理念，构成检警一体化的程序法依据。如关于公安机关负责人回避的决定主体的规定。《刑事诉讼法》第31条规定，公安机关负责人的回避由同级人民检察院检察委员会决定。这一规定体现了检察机关对于公安机关行使侦查权正当性的保障义务。刑事诉讼法中还有一些规定是检察机关参与公安机关侦查过程的法律依据。如《刑事诉讼法》第87条规定，公安机关要求逮捕犯罪嫌疑人的时候，应当写出提请批准逮捕书，连同案卷材料、证据，一并移送同级人民检察院审查批准。该条还特别规定，"必要的时候，人民检察院可以派人参加公安机关对于重大案件的讨论"。这里明确是"必要的时候""重大案件"，表明是基于实务的需要，即检察机关参与重大案件的侦查具有必要性，而不应理解为对检察机关参与公安机关侦查的限制。另外，《刑事诉讼法》第175条第1、2款的规定也表明了检察机关和公安机关之间的这种关系。第1款规定，在审查起诉时，检察机关"可以要求公安机关提供法庭审判所必需的证据材料；认为可能存在本法第五十六条规定的以非法方法收集证据情形的，可以要求其对证据收集的合法性作出说明"。第2款规定，在审查起诉时，对于需要补充侦查的，"可以退回公安机关补充侦查"，"也可以自行侦查"。基于此，为了保障侦查的质量，检察机关将其工作向前延伸，参与公安机关的侦查过程，是符合实际需要和立法精神的，并不构成对公安机关职权的干预。

六、检警一体化的孕育与实施路径

（一）检警一体化模式的孕育

在我国，检警一体化模式自"提前介入"孕育而生。在1979年刑事诉讼法实施期间，检察机关"提前介入"即已获得了实践。[①] 在1996年刑事诉

---

① 吴军. 检察机关提前介入刑事侦查的几个问题. 法律科学，1989（6）；李建明. 检察机关提前介入刑事诉讼问题. 政治与法律，1991（2）.

讼法实施期间,"提前介入"演进为"检察引导侦查"机制。2000年9月,在全国检察机关第一次侦查监督工作会议上,最高人民检察院提出了"依法引导侦查取证"的工作思路。2002年3月11日,第九届全国人大第五次会议上的最高人民检察院报告提出,"深化侦查监督和公诉工作改革,建立和规范适时介入侦查、强化侦查监督的工作机制"。同年5月15日,最高人民检察院在全国刑事检察工作会议上提出了"坚持、巩固和完善适时介入侦查、引导侦查取证、强化侦查监督"的工作机制等四项改革措施。其间,一些地方检察机关积极试行,如河南周口市人民检察院提出引导侦查取证的"三三制"[①]。

检察系统的研究者通过实证研究也就改革检警关系提出建议,目标是"加强沟通和交流,创新工作机制",体现了检警一体化的价值取向,描绘了未来检警关系的新图景。检警人员认为,彼此之间的沟通和交流不足,需要创新工作机制,创建沟通和交流的平台。检察官和警官普遍赞成"建立定期联席协商会议制度",即"检察机关与公安机关的各办案具体部门召开联席会议,就办案中的普遍性问题和疑难个案进行讨论交流,达成共识"。检警主张的创新工作机制包括:(1)个案引导侦查。即"对于疑难、重大、复杂案件,检察机关要派人亲赴现场,并适时开展引导侦查取证工作"。(2)宏观引导侦查。即"定期对退补案件和不起诉案件进行调研分析,注重从证据标准的把握上引导侦查,以庭审要求对待证据收集工作"。(3)拓宽侦查监督的信息来源。即"确立检察机关对公安机关侦查活动的知悉权,以便检察机关对侦查活动实行全程监督与侦查指导"。(4)加大侦查监督中的技术投入。即"建立对被羁押犯罪嫌疑人定时讯问制度,以抑制刑讯逼供现象"。(5)综合采用多样化的侦查监督手段。即"灵活采取多种监督手段,包括重大疑难案件提前介入事前监督、普通的刑事案件事后监督、强制措施的运用同步监督以及对讯问进行同步监督(如通过录音录像方式)等"[②]。

近来,地方检察机关也在制定检察引导侦查的细则,践行了检警一体化的精神,积累了改革的经验。如宁夏吴忠市人民检察院制定了《死刑案件公

---

① 牛学理. 从"三三制"到"检察引导侦查". 检察日报,2002-07-15.
② 北京市海淀区人民检察院"检警关系课题组". 检警关系现状与问题的调查分析. 人民检察,2006(22).

诉、侦监同步介入引导侦查取证实施办法》。① 该办法专门规范了对死刑案件的提前介入制度，规定了介入的目的、任务、时间、步骤、引导取证的方式、方法。该办法提出公诉、侦监同步介入，发案信息及时通报，要求从侦查源头介入引导侦查取证，采用调阅案件证据、参加现场勘查检验、尸检会商、介入提审、参与案件讨论等多种方式进行。侦查取证方向引导注重"四个"转变，以克服死刑案件取证中经常出现的纰漏和瑕疵。由此，检察机关介入侦查得以实现制度化。

在实务界积极推进检察引导侦查改革的同时，理论界也展开了讨论。陈瑞华教授对于检警一体化的基本要求进行了理论概括，为检警一体化改革提供了基本框架。他指出，一体化检警关系有以下几个特点：一是检察机关应当对所有刑事案件的追诉负有责任，它应当是法定的唯一侦查机构，而公安机关则是其辅助机关，应服从检察机关的统一领导和指挥。二是刑事追诉程序的启动、进行和终结应当由检察机关统一决定，公安机关无权就诸如立案、移送起诉、撤销案件等事项进行处分。三是较为重大的侦查行为，尤其是可能导致公民基本权益受到限制的强制处分，一律由检察机关决定实施，并报请司法裁判机构进行审查和授权。四是对于刑事警察采取的违法侦查行为，检察机关有权随时加以制止和纠正，并可以随时撤换负责侦查的刑事警察。五是在整个刑事诉讼过程中，检察机关有权要求刑事警察随时给予协助，如补充收集证据、出庭作证。②

检警一体化是有别于现行检察机关与公安机关在起诉与侦查职能上完全分离的一种新型诉讼理念，也是一种创新性的工作机制与司法体制，需要立法确认及具体的实施机制。2011年8月24日提交十一届全国人大常委会第22次会议审议的《刑事诉讼法修正案（草案）》即初露端倪。其第44条规定："增加一条，作为第113条：对于公安机关立案侦查的故意杀人等重大案件，人民检察院可以对侦查取证活动提出意见和建议。"虽然2012年3月14日经十一届全国人大第五次会议表决通过的修改后刑事诉讼法未能保留这一条，但毕竟曾被立法部门纳入考虑之列。值得肯定的是，该制度在最高

---

① 李永福. 宁夏吴忠市检察院出台提前介入引导侦查命案新办法. http://www.jcrb.com/procuratorate/jckx/201211/t20121105_978097.html.

② 陈瑞华. 刑事诉讼的前沿问题. 北京：中国人民大学出版社，2005：518.

人民检察院随后制定的诉讼规则中得以确立。2012年11月23日最高人民检察院公布的《人民检察院刑事诉讼规则（试行）》第361条规定："对于重大、疑难、复杂的案件，人民检察院认为确有必要时，可以派员适时介入侦查活动，对收集证据、适用法律提出意见，监督侦查活动是否合法。"① 规则起草部门负责人指出，这一新增规定的目的是提高侦查取证的质量，这也是对检察机关探索多年的介入侦查、引导取证工作机制的明确规定。检察机关介入侦查、引导取证，既可以是侦查监督部门，也可以是公诉部门；既可以是检察机关认为确有必要时主动介入侦查、引导取证，也可以是侦查机关邀请检察机关派员介入。介入的方式包括参与案件讨论，参与调查取证提出意见等。介入侦查、引导取证主要是对侦查机关的取证、适用法律等提出意见，并非代替侦查机关调查取证。② 此后，2015年《最高人民检察院关于落实〈中共中央关于全面推进依法治国若干重大问题的决定〉的意见》及《最高人民检察院关于加强出庭公诉工作的意见》都提出提前介入侦查的相关要求，勾勒了我国"检察引导侦查取证的基本蓝图"，2019年《人民检察院刑事诉讼规则》第256条规定："经公安机关商请或者人民检察院认为确有必要时，可以派员适时介入重大疑难、复杂案件的侦查活动"，这些都为检警一体化确立了规范依据，为刑事诉讼法确认奠定了基础。

（二）检警一体化的实施路径

为了实现检警一体化模式下的新型工作关系，应当制定规范检警关系的条例与办法。有学者即指出，建立检察指导警方侦查的合作关系，必须以具体明确的制度为保障，而且要确立有效的合作办案机制，否则就会徒有虚名。③ 具有借鉴意义的是，我国台湾地区于1980年7月4日颁布实施了"调度司法警察条例"。其第1条规定，检察官因办理侦查执行事件，有指挥司法警察官、命令司法警察之权。第7条规定，检察官请求协助或为指挥命令时，得以书面或提示指挥证以言词行之；必要时得以电话行之。第9条规定，受检察官之指挥命令者，应即照办，不得藉词延搁。第10条规定，检

---

① 这一规定或许有超越权限之嫌，但正如前文所述，是符合宪法原则的，是实践需要使然。
② 陈国庆，李昊昕.《人民检察院刑事诉讼规则（试行）》修改的主要问题理解与适用. 人民检察，2012（24）.
③ 何家弘. 构建和谐社会中的检警关系. 人民检察，2007（23）.

察官与司法警察机关于职务之执行，应密切联系；其办法由行政院定之。据此，于1998年11月11日颁布了"检察官与司法警察机关执行职务联系办法"，共27条。

制定检察机关与公安机关之间一体化的工作机制，应包括以下几项主要内容。首先，检察机关及检察官有权命令、指挥公安机关及其侦查人员进行立案、侦查活动，公安机关及其侦查人员应当服从；公安机关知悉犯罪发生时应立即报告检察机关，对于刑事案件的立案、撤销与侦查终结，检察机关有审查决定权，公安机关对检察机关作出的决定必须执行；检察机关对警察享有直接的奖惩权，也可以对公安机关侦查人员的工作业绩作出书面评价，作为公安机关对侦查人员进行奖惩的依据。

其次，建立检察机关与公安机关办理刑事案件时随时交换意见的制度、定期举行全国和地方性检警联席会议机制、检警相互列席业务研讨会议制度以及检警分别指定人员切实联系的制度。如检察机关应设轮值检察官，负责和公安机关保持日常联系。轮值检察官由具有侦查和公诉经验的检察官充任。轮值检察官可常驻公安机关，了解立案与侦查取证的情况，进行立案侦查业务指导与督促取证。公安机关在侦查时，发生法律上之疑义时，可随时以言词或电话请求检察官解答或指示。

再次，实行检察机关对重大案件直接介入侦查机制。对于公安机关侦查的重大案件，特别是杀人、强奸致死、抢劫致死等案件，检察机关需要直接介入侦查。之所以将杀人、致死案件列为重点，是因为这些案件最易发生错案。究其原因是，命案最受社会关注，导致公安机关破案压力最大，实务中要求"命案必破"即为明证，压力之下极易犯错。再者，命案被害人已死亡，案件往往没有目击证人等直接证据，因此侦查实务中对口供的依赖程度最高，最易发生非法获取口供的情形，并导致错案的发生。[①]

又次，为了加强检察机关对重大侦查行为的监督，应缩短公安机关提请逮捕前的拘留期限，并建立公安机关实施搜查、扣押、监听等措施须向检察机关申请的制度。实务中拘留的问题较突出。公安机关可以在自行决定拘留

---

① 2013年3月26日，浙江省高级人民法院再审宣判张高平、张辉被控强奸无罪案就是一个极好的例证。

后长达 30 日内控制犯罪嫌疑人的人身，并进行缺乏监督的讯问。① 在这种情况下，检察机关失去了对拘留的有效监督。② 为此，公安机关实施拘留后，应第一时间通知检察机关，便于检察机关监督。驻所检察官应对羁押场所每天巡查，并在警察讯问时在场监督，以避免刑讯等非法取证行为的发生。③

最后，公安机关对检察机关的配合应延伸至庭审阶段，这是由侦查服务于公诉需要决定的。如辩护方对侦查取证的合法性提出异议，侦查人员特别是讯问人员就应根据法庭审理的需要出庭作证。这在 2012 年修改后的《刑事诉讼法》第 187 条（现为第 192 条）中已得到体现。当辩护方提出诸如存在刑讯逼供或者强迫嫌疑人自证其罪的抗辩时，侦查人员应当出庭接受质证，证明取证程序合法，这也是对检察官公诉活动的支持。

七、结语

在我国刑事诉讼程序发展与司法体制改革进程中，检警关系改革已然成为一项重要议题。如上文所述，我国进行检警一体化模式改革具有法律依据，既有利于高效地追诉犯罪，也有利于实现侦查监督。检警一体化改革意味着对现行检警关系的调整，引发误解乃至抵制实属难免。但是我们可以清晰地看到，检警一体化已经超越理论建构，在实践中业已发生，并上升为最高人民检察院制定的程序规则，今后或将在刑事诉讼法中获得确认。

当然，我们也要看到检警一体化在侦查监督方面的价值有限性。检警一

---

① 这样的个案在实践中并不鲜见，如佘祥林被公安机关刑事拘留 10 天 11 夜后，即被逼迫承认"杀妻"。

② 1954 年《逮捕拘留条例》规定公安机关提请检察院批准逮捕前的拘留期限为 24 小时；1979 年《逮捕拘留条例》和《刑事诉讼法》将这一期限规定为 3 日，特殊情况下可以延长 1 日至 4 日；1996 年《刑事诉讼法》仍将这一期限规定为 3 日，特殊情况下可以延长 1 日至 4 日，但又规定，"三类案件"即流窜作案、多次作案、结伙作案案件可延长至 30 日。

③ 法国的法律修改具有启示意义。2000 年 6 月 15 日之前，法律只是规定侦查机关应尽快将拘留措施通知共和国检察官。2000 年 6 月 15 日的法律则规定，侦查机关应在拘留一开始即通知共和国检察官。这一规则的确立，更有利于实现检察机关对司法警察的监督。我国台湾地区"检察官与司法警察机关执行职务联系办法"第 7 条则规定，司法警察官、司法警察逮捕或拘提犯罪嫌疑人后，除依规定得不解送者外，应于逮捕或拘提之时起 16 小时内，将其解送检察官讯问。检察官命其即时解送者，应即解送。

体化模式的功能是二元的，主要在于提升侦查的质量和效益，而在侦查监督方面其价值又是有限的。毫无疑问，实现侦查监督仍需建构其他机制。在我国，在提及侦查监督主体时，人们往往把注意力集中在检察机关身上，基于宪法中检察机关是"国家的法律监督机关"以及刑事诉讼法中"人民检察院依法对刑事诉讼实行法律监督"的规定，寄希望于检察机关的监督。事实上，对于包括检察机关在内的所有侦查机关的侦查活动，仅靠检察机关的监督是不够的，特别是检察机关对自身进行的侦查存在自我监督、内部监督的显见局限性。

在现代各国，对侦查的监督控制主要不是依靠检察机关，而更多的是依靠法官的司法审查、律师的监督及法律对侦查机关自身行为的约束机制。具体来说，法院审查控制机制表现为法官对各种强制侦查与秘密侦查措施实施审查与授权，如通过对羁押进行及时、审判性的审查，保障被指控者及其辩护律师的参与权，实现羁押审查程序的公正性与理由的法定性；通过对警察机构、检察机关实施搜查、扣押、监听申请的审查，防范这些关涉公民基本权利的措施被滥用。律师的监督功能则通过参与侦查过程获得实现，主要是在场参与重大侦查行为，如侦查人员讯问犯罪嫌疑人时律师在场，就有利于防止刑讯逼供等侵犯人权事件的发生。法律对侦查机关实施重大侦查行为的约束机制也是重要的制度安排。这方面的规定，如法律要求侦查人员讯问时须首先告知犯罪嫌疑人享有沉默权，未经告知该权利并保障认罪的自愿性，将导致排除口供的法律后果；对侦查讯问过程实行全程同步录音、录像；羁押场所独立于侦查机构；实行嫌疑人进入羁押场所时由独立医生进行身体检查的制度，等等。从比较法的经验看，我国进行检警一体化改革的同时，还应建立侦查监督的多元主体模式，以全面实现对侦查的监督与控制。

第四节　侦查监督制度的中国模式及其改革

引　言

死刑冤案不仅给当事人及其家属带来极大痛苦，也对司法公信力造成严重损害。前文述及，侦查权力的失控是造成我国死刑冤案最主要的原因，因此，应完善刑事程序，加强对侦查权力的控制，从源头上防止冤错案发生。《刑事诉讼法》第108条第1项规定，"侦查"是指公安机关、人民检察院对于刑事案件，依照法律进行的收集证据、查明案情的工作和有关的强制性措施。该法除了在第一编第六章专章规定"强制措施"外，还于第二编第二章专章规定了"侦查"。立法机关对规范强制措施的适用和侦查的运行尤为重视，从法典来看，"强制措施"一章多达35条，"侦查"一章条文数量则最多，为54条，两章合计89条，占全部条文的29%，远远超出有41个条文的第三编第二章"第一审程序"，甚至超过有76个条文的第三编"审判程序"。从内容来看，刑事诉讼法根据"分工负责"原则，赋予了公安机关、检察机关等侦查机关及侦查人员完全自主的侦查权，即将所有侦查行为包括各种强制侦查行为[①]，皆授权由侦查机关及侦查人员自行决定实施。如《刑事诉讼法》第136条规定，为了收集犯罪证据、查获犯罪人，侦查人员"可以"进行搜查；第141条规定，在侦查活动中发现的可用以证明犯罪嫌疑人有罪或者无罪的各种财物、文件，"应当"查封、扣押；第150条规定，公安机关根据侦查犯罪的需要，经过严格的批准手续，"可以"采取技术侦查措施。[②]

为了实现侦查的合法性和客观性，刑事诉讼法对侦查机关及侦查人员提出了自律要求。如《刑事诉讼法》第3条第2款规定，"人民法院、人民检察院和公安机关进行刑事诉讼，必须严格遵守本法和其他法律的有关规定"；第14条第1款规定，"人民法院、人民检察院和公安机关应当保障犯罪嫌疑人、被告人和其他诉讼参与人依法享有的辩护权和其他诉讼权利"；第52条规定，"审判人员、检察人员、侦查人员必须依照法定程序，收集能够证实犯罪嫌疑人、被告人有罪或者无罪、犯罪情节轻重的各种证据"，"严禁刑讯逼供和以威胁、引诱、欺骗以及其他非法方法收集证据，不得强迫任何人证实自己有罪"。此外，《刑事诉讼法》还在"回避"一章中规定了侦查人员回

[①] 根据侦查行为对公民基本权利干预程度的不同，人们一般将侦查分为"强制侦查"与"任意侦查"两种。强制侦查，又称强制处分，包括逮捕、羁押、搜查、扣押、监听等干预公民人身、财产、隐私等基本权的行为。

[②] 从公安部2020年修正的《公安机关办理刑事案件程序规定》第265条来看，所谓"严格的批准手续"，不过是"报设区的市一级以上公安机关负责人批准"，因此，采取技术侦查措施同样是由侦查机关决定的。

避制度，即具有法定情形的，侦查人员应当自行回避，当事人及其法定代理人、辩护人、诉讼代理人也有权要求他们回避。然而，自律要求和回避制度仍无法防止侦查机关及侦查人员实施违法行为。

经验表明，侦查权极易滥用且造成严重后果。正如德国检察制度的创始者萨维尼所指出的："警察官署的行动自始蕴藏侵害民权的危险，而经验告诉我们，警察人员经常不利关系人，犯下此类侵害民权的错误。"[①] 而"侦查中所犯的错误往往具有不可弥补性"，"许多实证研究指出，错误裁判最大的肇因乃错误侦查，再好的法官、再完美的审判制度，往往也挽救不了侦查方向偏差所造成的恶果"[②]。在侦查权的行使过程中，其中的强制侦查构成对公民宪法基本权利的干预，一旦滥用将产生侵犯人权的后果。基于防范侦查权滥用从而保护基本权利的目的，应当对侦查进行监督，由此对建立侦查监督制度的必要性并无争议。当今世界各国侦查监督制度形成了不同的模式。域外对于强制侦查形成了多元监督模式，除了追诉主体内部检察机关对侦查的监督外，对侦查的监督控制主要来自裁判方的法院和辩护方的律师。

有别于域外经验，我国侦查监督制度形成了检察机关一元主体模式。除了《宪法》第134条规定人民检察院是国家的法律监督机关，《刑事诉讼法》第8条规定人民检察院对刑事诉讼实行法律监督这些法律依据外，《人民检察院组织法》明确规定了检察机关的侦查监督职能。该法第20条规定，人民检察院"对诉讼活动实行法律监督"[③]。我国侦查监督制度的基本特点是，由承担侦查、公诉职能的检察机关对侦查实施监督，从而形成了侦查监督制度的中国模式。正如有学者所指出的，"我国的侦查监督制度，在传统上主要围绕检察机关这一国家专门的法律监督机关，行使审查批准逮捕权、立案监督权、侦查活动监督权等权力构筑起来"[④]。这一模式的本质在于，强调检察机关作为侦查监督主体的唯一性，排斥法院和律师对侦查的监督。

在我国学界，与审判监督职能备受质疑不同[⑤]，对于检察机关行使侦查

---

① 转引自龙宗智. 评"检警一体化"——兼论我国的检警关系. 法学研究, 2000 (2).
② 林钰雄. 检察官在诉讼法上之任务与义务. 法令月刊, 1998 (10).
③ 该条还规定了人民检察院的如下职权：对刑事案件进行审查，批准或决定是否逮捕、起诉。由此可见，审查逮捕、审查起诉本身不属于侦查监督的范畴。
④ 但伟，姜涛. 侦查监督制度研究——兼论检察引导侦查的基本理论问题. 中国法学, 2003 (1).
⑤ 刘计划. 检察机关刑事审判监督职能解构. 中国法学, 2012 (5).

监督职能鲜见异议者。如有学者认为："当前，各界对检察机关监督公安机关的立案、侦查活动没有什么异议，而且大都主张强化检察机关对立案、侦查工作的监督力度。"① 然而笔者对此有不同认识。众所周知，我国长期存在侦查权滥用的突出问题，如 2000 年全国人大常委会进行首次刑事诉讼法执法检查后指出，刑讯逼供、超期羁押等问题不容忽视、比较突出。② 另外，查封、冻结、扣押等措施也存在被滥用的问题。尤其是近年来，多起因刑讯逼供、不规范侦查引起的冤错案件相继曝光，更是暴露出强制措施制度和侦查程序存在的重大缺陷。③ 这些问题与我国侦查监督制度模式存在缺陷导致侦查缺乏有效监督有直接关系。虽然 2012 年刑事诉讼法修改试图强化检察机关对侦查的监督，但并没有对侦查监督制度进行实质性的改革，无法改变侦查监督不力的局面。为此，需要反思我国侦查监督制度模式，并探讨其改革问题。

一、侦查监督制度中国模式的实证分析

评估检察机关监督侦查模式，可通过对其运行状况、实际效果予以实证分析进行。广义而言，我国检察机关实施的侦查监督包括立案监督和侦查监督，因为公诉案件的立案其实质是侦查的启动程序。历年最高人民检察院工作报告中都有一部分内容，即"认真履行对诉讼活动的法律监督职责"或者"强化对诉讼活动的法律监督，维护司法公正"；中国法律年鉴社则公开出版《中国法律年鉴》，它们对检察机关实施立案监督、侦查监督的数据进行了年度统计，有助于我们了解侦查监督的实际状况，便于分析检察机关监督侦查的效果。

（一）立案监督

立案监督是 1996 年刑事诉讼法修改时新增的制度。这一制度由该法第 87 条（现为第 113 条）所确立。立法起草部门指出，"本条是根据实践中存

---

① 陈国庆，石献智. 刑诉法再修改涉及检察机关的几个问题. 人民检察，2004（11）.
② 侯宗宾. 全国人大常委会执法检查组关于检查《中华人民共和国刑事诉讼法》实施情况的报告. [2013-09-10]. 中国人大网：http://www.npc.gov.cn/wxzl/gongbao/2001-03/09/content_5132037.htm.
③ 佘祥林案、赵作海案、张高平、张辉叔侄案等冤案的教训极为深刻，这些冤案都是侦查人员刑讯逼供、不规范侦查的结果。

在的一些公安机关应当立案而不立案，群众告状无门，对犯罪打击不力的实际情况而新增加的规定"[①]。由此可知，增设该条的立法目的，是加强立案管理，防止公安机关有案不立，以实现对所有犯罪的依法追诉。

阅览表3-2，可初步得出以下三点结论：（1）自确立立案监督制度以来，全国检察机关提出立案监督的案件数量总体上呈上升趋势，并于2013年达到顶峰，该年提出书面纠正件次甚至是1998年提出书面纠正件次的63倍。这表明，公安机关掌握追诉尺度即立案标准的能力不足，从而影响了对犯罪的追诉；也表明检察机关在不断强化对立案的监督，体现出检察机关实施立案控制的必要性和重要性。（2）在检察机关实施的立案监督中，为监督立案而书面提出纠正件次超过了为监督撤案而书面提出纠正件次，前者约为后者的2倍。这表明，检察机关更多地自立于追诉犯罪的立场，体现了其追诉主体的诉讼本能。（3）检察机关提出的书面纠正意见并未为公安机关所全部接受。1998—2018年，立案监督的纠正率为89.5%，这表明检察机关进行的监督存在效力不足的问题。

表3-2　人民检察院纠正违法（立案监督）情况统计表（1998—2018）

年度	书面提出纠正（件次）	已纠正（件次）	纠正率	监督立案（件次）	已纠正（件次）	监督撤案（件次）	已纠正（件次）
1998	900	654	72.7%				
1999	1 484	1 189	80.1%				
2000	1 599	1 226	76.7%				
2001	1 846	1 510	81.8%				
2002	7 420	7 723	104.1%				
2003	5 876	5 302	90.2%				
2004	8 242	7 613	92.4%				
2005	24 021	21 667	90.2%	20 182	17 940	3 839	3 737
2006	23 182	21 231	91.6%	18 551	16 662	4 631	4 569
2007	24 010	22 185	92.4%	19 172	17 421	4 839	4 764
2008	28 908	26 972	93.3%	22 061	20 198	6 847	6 774

---

① 全国人大常委会法制工作委员会刑法室. 中华人民共和国刑事诉讼法条文说明、立法理由及相关规定. 北京：北京大学出版社，2008：242.

续前表

年度	书面提出纠正（件次）	已纠正（件次）	纠正率	监督立案（件次）	已纠正（件次）	监督撤案（件次）	已纠正（件次）
2009	28 014	26 208	93.6%	21 191	19 466	6 823	6 742
2010	44 154	41 906	94.9%	32 830	31 203	11 311	10 703
2011	33 167	31 653	95.4%	21 201	19 786	11 966	11 867
2012	49 842	48 000	96.3%	29 372	27 837	20 470	20 163
2013	57 381	54 570	95.1%	31 754	29 359	25 627	25 211
2014	42 272	38 909	92.0%	24 072	21 236	18 200	17 673
2015	28 010	24 893	88.9%	17 546	14 509	10 464	10 384
2016	30 093	25 311	84.0%	18 668	14 650	11 425	10 661
2017	37 809	32 511	86.0%	22 941	18 587	14 868	13 924
2018	46 588	40 600	87.1%	26 866	22 215	19 722	18 385
小计	524 818	481 833	89.5%	326 407	291 069	171 032	165 557

在我国，公诉案件的立案即侦查的启动，因此，立案监督即对侦查启动的监督。刑事诉讼法确立的立案监督制度赋予了检察机关对所有刑事案件的立案控制权，其实质就是由检察机关拥有、行使启动侦查的统一决定权，即由检察机关决定是否启动追诉程序。这样规定是有理论和政策依据的，公安机关行使的侦查权是检察机关授予的，检察机关当然有权决定是否立案。[①]

原本刑事诉讼法仅规定了检察机关监督立案权，即只是为了防止公安机关有案不立造成对犯罪的漏诉，其本意是保证侦查及时启动，防止公安机关怠于行使侦查权，由此，也体现了检察机关追诉犯罪的基本职责。不过，最高人民检察院自行发展出了监督撤案制度。[②] 这源于实践中存在公安机关违法动用刑事手段的现象。据此，实践中的检察机关立案监督包括两个方面：一方面，监督纠正有案不立、有罪不究、以罚代刑等问题，通过监督促使侦查机关立案；另一方面，纠正滥用刑事手段插手民事经济纠纷、违法立案等问题，监督侦查机关撤销案件。包括监督立案、监督撤案在内的立案监督，实质即由检察机关统一执掌侦查启动权。

[①] 具体论证请参见：刘计划. 检警一体化模式再解读. 法学研究，2013 (6).
[②] 1999年《人民检察院刑事诉讼规则》第378条规定："对于公安机关不应当立案而立案侦查的，人民检察院应当向公安机关提出纠正违法意见。"

虽然刑事诉讼法确立了立案监督制度，但该制度无疑存在缺陷。由于"立案监督"将检察机关和公安机关之间定位为监督关系，这影响了检察机关作出决定的效力。实证研究表明，检察机关对公安机关的立案监督难以落实。立案监督不力的表现是"监督的效果欠佳，公安机关没有及时改正"。造成立案监督不力的主要原因在于："没有规定公安机关仍旧不立案的惩罚和救济措施，对于公安机关接受监督立案后但是不认真侦查导致案件无法侦破的，检察机关没有相应的监督权力"；"对于公安机关不应立案而立案的，检察机关有权发出纠正违法通知书，但是这种监督手段乏力"[1]。2010年7月26日，最高人民检察院、公安部印发《关于刑事立案监督有关问题的规定（试行）》。其称，制定本规定的目的是"加强和规范刑事立案监督工作，保障刑事侦查权的正确行使"。第1条规定，刑事立案监督的任务是确保依法立案，防止和纠正有案不立和违法立案，依法、及时打击犯罪。由此可知，由于立案监督控制的是立案，并非对强制侦查的审查监督，因此与保障人权的价值并不直接相关。需要注意的是，该规定第10条赋予了公安机关要求复议、提请复核权，这或许体现了互相制约原则，但是有损追诉效率和检察机关的权威。大陆法系国家实行检警一体化，侦查启动、实施权都是属于检察官的权力，警察不过是辅助机构和执行者。在这一模式下，法律直接将侦查启动权置于检察官的控制之下。如《俄罗斯联邦刑事诉讼法典》第146条规定，侦查员、调查人员关于提起刑事案件的决定应立即送交检察长。检察长在收到决定后，应立即对提起刑事案件表示同意或者作出拒绝提起刑事案件或将材料发还进行补充审查的决定。这种制度设计无疑更为有效。笔者认为，改革我国立案监督制度，应当根据检警一体化模式的要求，确立检察机关对立案的审查权，公安机关必须服从检察机关作出的立案或者撤案的决定。[2]

（二）侦查监督

相对于广义的侦查监督，"侦查活动监督"属于狭义的侦查监督。《〈最高人民检察院工作报告〉有关用语说明》对"侦查活动监督"进行了解释，

---

[1] 北京市海淀区人民检察院"检警关系课题组". 检警关系现状与问题的调查分析. 人民检察，2006 (22).

[2] 刘计划. 检警一体化模式再解读. 法学研究，2013 (6).

即指人民检察院依法对公安机关（包括国家安全机关等其他侦查机关）的侦查活动是否合法进行的法律监督，主要包括：（1）不批捕；（2）不起诉；（3）追加逮捕；（4）追加起诉；（5）纠正违法。其中"纠正违法"是指"人民检察院在审查批准逮捕工作中，如果发现公安机关的侦查活动有违法情况，应当通知公安机关予以纠正，公安机关应当将纠正情况通知人民检察院"以及"人民检察院在对案件审查起诉的时候，必须查明'侦查活动是否合法'"。

根据刑事诉讼法的规定和最高人民检察院工作报告，结合表3－3、表3－4，可以发现我国检察机关侦查监督具有以下几个特点：（1）检察机关侦查监督是为了实现侦查的合法性，并具有双重直接目的。一是追诉犯罪，包括追加逮捕、追加起诉；二是保障人权，包括不批捕、不起诉。这和域外侦查监督的目的仅为或者侧重于保障人权不同。（2）检察机关侦查监督的范围狭窄。从实践来看，仅包括在审查逮捕与审查起诉之后作出批准或者不批准逮捕、提起公诉或者不起诉的决定，以及在审查逮捕工作中、对案件审查起诉的时候，发现公安机关的活动有违法情况通知予以纠正。这和域外侦查监督主要围绕逮捕、羁押、搜查、扣押、监听等干预公民基本权利的强制处分进行审查不同。（3）检察机关侦查监督是事后进行的。一般地，在公安机关提请批准逮捕、移送审查起诉时，人民检察院才进行审查监督，或者在当事人提出申诉、控告时才进行审查监督。对于公安机关立案侦查的案件，提请批准逮捕时，对犯罪嫌疑人的拘留可能已达多日甚至近30日，由此审查极为滞后。这与域外由法官对强制侦查进行事前审查或者即时审查监督不同。（4）检察机关侦查监督采取的主要形式为单方、书面审查，监督的方式主要是提出纠正意见。其后果是，前者，难以发现违法问题；后者，"纠正意见"的强制力不足。这和域外侦查监督采取对审、言词审查方式以及以令状进行授权的方式（未经授权不得采取强制处分）不同。（5）检察机关提出纠正意见的次数较少。虽然检察机关历年提出纠正意见上万次（2013年达到7万余次），但相对于公安机关每年立案侦查的案件数量即数百万件（2015年达到717万余件），检察机关提出纠正意见的案件比例无疑很小。1998—2018年，全国公安机关刑事案件立案共106 170 737起，检察机关进行侦查监督599 003件次，仅占0.6%。但这并不说明侦查过程中的违法问题就少，恰恰说明检察机关监督侦查模式存在局限性。(6)检察机关提出的书面纠正意见并未为公安机关所全部接受。1998—2018年，侦查监督的纠正率为85.5%，这表明检察机关进行的监督存在效力不足的问题。

表3-3　人民检察院纠正违法（侦查监督）情况统计表（1998—2018年）

年度	全国公安机关刑事案件立案（起）	书面提出纠正（件次）	已纠正（件次）	纠正率	批捕（件次）	已纠正（件次）	起诉（件次）	已纠正（件次）
1998	1 986 068	10 168	6 507	64.0%				
1999	2 249 319	13 254	9 130	68.9%				
2000	3 637 307	13 273	10 071	75.9%				
2001	4 457 579	11 260	8 139	72.3%				
2002	4 336 712	9 091	7 043	77.5%				
2003	4 393 893	8 334	6 527	78.3%				
2004	4 718 122	7 561	6 622	87.6%				
2005	4 648 401	7 845	6 713	85.6%	4 998	4 692	2 847	2 020
2006	4 653 265	11 368	9 901	87.1%	5 329	5 088	6 039	4 813
2007	4 807 517	15 634	14 173	90.7%	7 805	7 550	7 829	6 623
2008	4 884 960	22 424	20 676	92.2%	12 296	11 943	10 128	8 733
2009	5 579 915	25 974	24 229	93.3%	14 308	14 005	11 666	10 224
2010	5 969 892	34 180	32 599	95.4%	18 880	18 415	15 300	14 184
2011	6 005 037	39 812	38 217	96.0%	20 801	20 450	19 011	17 767
2012	6 551 440	57 280	55 582	97.0%	30 584	30 238	26 696	25 344
2013	6 598 247	72 718	70 432	96.9%	37 684	36 650	35 034	33 782
2014	6 539 692	55 299	52 340	94.6%	30 452	28 810	24 847	25 530
2015	7 174 037	37 292	31 874	85.5%	20 497	17 768	16 795	14 106
2016	6 427 533	39 621	34 230	86.4%	21 878	19 216	17 743	15 014
2017	5 482 570	47 871	40 358	84.3%	27 373	23 562	20 498	16 796
2018	5 069 231	58 744	50 455	85.9%	34 652	30 834	24 092	19 621
小计	106 170 737	599 003	535 818	85.5%	287 537	269 221	238 525	212 557

表 3-4　　　　人民检察院追捕、追诉情况统计表（1998—2017 年）

年度	追加逮捕（人）	追加起诉（人）	追加逮捕小计（人）	追加起诉小计（人）
1998	6 957	3 094	50 863	25 297
1999	9 083	4 242		
2000	—	—		
2001	13 341	6 440		
2002	—	—		
2003	9 440	5 220	63 500	42 430
2004	10 660	5 670		
2005	12 686	8 646		
2006	14 858	10 703		
2007	15 856	12 191		
2008	20 703	16 679	—	—
2009	21 232	18 954		
2010	—	—		
2011	36 976	31 868		
2012	—	—		
2013	39 656	34 933	12.4 万	12.4 万
2014	27 496	32 280		
2015	18 196	23 722		
2016	43 960			
2017	—	—		

对于我国侦查监督制度，有学者进行实证研究后指出，"侦查监督权并没有充分控制侦查权。在侦查监督运行中，侦查监督权威与手段较弱，实务中侦查监督基本依赖卷宗"，"侦查监督权运行不力的原因在于侦查监督的理念突出犯罪控制而弱化人权保障，侦查监督主体对违法侦查行为与违法侦查人员缺乏制约"[①]。上述结论揭示了检察机关监督侦查的现实及其成因。实践中，侦查监督制度未能实现对侦查的有效控制从而充分保障人权，是由我国侦查监督制度模式存在重大缺陷造成的。

---

① 左卫民，赵开年. 侦查监督制度的考察与反思——一种基于实证的研究. 现代法学，2006（6）.

二、侦查监督制度中国模式的缺陷分析

侦查监督制度中国模式的特点在于监督主体一元化,即只有检察机关一个监督主体。这一模式对于监督侦查活动、保障基本人权发挥了一定的作用,但也存在根本缺陷。检察机关侦查监督不力导致侦查权滥用,公民基本权利不时受到侵犯,甚至酿成冤错案件。检察监督模式的缺陷在于,作为监督主体的检察机关承担着侦查、公诉组成的追诉职能,它所进行的侦查监督属于追诉主体内部的监督,具有不可克服的局限性。受部门主义之限,这一问题未能获得理论上的正本清源。正如有学者所指出的,"部门主义表现在检察研究的各个方面。例如研究侦查监督,大体上是讲侦查监督的重要性以及如何加强立案监督、侦查行为监督的措施,而很少论及侦查监督自身的局限,例如如何处理同为控诉角色,立场的一致性对侦查监督的不利影响,包括对侦查取证中的违法行为常常从控诉的角度给予理解与宽容,对逮捕必要性常常只是从是否有利于控诉来考虑等"[①]。无论自侦案件还是他侦案件,检察监督模式都存在重大缺陷。

(一)检察监督无法克服自行侦查监督的固有缺陷

检察机关作为侦查机关,虽然直接受理的案件范围与数量小(少)于公安机关,但也依照法律规定对有关刑事案件行使侦查权。"检察机关的侦查权与公安机关的侦查权具有共性,即都是为了揭露和证实犯罪,权力行使中也都存在着滥用权力的可能性。"[②] 因此,检察机关自行侦查同样需要监督。而检察监督模式无法回答检察机关对自身行使侦查权如何实现有效监督的问题。

1. 自我监督的局限性

在检察监督模式下,检察机关集侦查主体与侦查监督主体于一身,自侦监督沦为自我监督,其本质是同体监督。我国检察机关虽内设侦查监督部门,对侦查部门实施侦查负有监督职责,但这一监督模式在检察长负责制下存在重大缺陷,导致功能受限。[③]

---

① 龙宗智. 我国检察学研究的现状与前瞻. 国家检察官学院学报, 2011 (1).
② 李建明. 检察机关侦查权的自我约束与外部制约. 法学研究, 2009 (2).
③ 或许"同体监督""自我监督"本身就是伪概念,一个诉讼主体内的分支之间是否构成监督,这是大可质疑的。是不是所有公权力机关都可以主张通过这种同体监督来拒绝外部监督呢?

第一，在追求效率价值的侦查职能与追求人权保障价值的侦查监督职能之间的冲突中，侦查监督职能不可避免地让位于侦查职能，侦查职能则凌驾于侦查监督职能。在我国检察一体化体制下，检察机关实行检察长负责制。《人民检察院组织法》第 36 条规定，检察长领导检察院的工作。《人民检察院刑事诉讼规则（试行）》第 4 条中规定，"检察官在检察长领导下开展工作"。根据规定，侦查中的重大决定如逮捕、搜查、扣押等皆由检察长作出。检察长既要领导侦查、公诉，对追诉犯罪负责，同时又是强制侦查权的行使者。实践中，各种强制处分的适用就是为侦查破案、取证服务的。阅读最高人民检察院工作报告就可发现，整个检察系统是以打击犯罪为首要任务的。在此局面下，监督职能显然无法充分发挥，通过侦查监督实现保障人权的功能受到抑制。

第二，侦查监督部门内置于检察机关，须接受检察长的统一领导，并无独立性，对侦查部门的监督效果难于实现。其一，侦查监督部门审查范围狭窄，且服务于侦查职能，保障人权的功能有限。侦查监督部门仅审查逮捕一种强制处分，对于其他强制侦查行为如搜查、扣押、监听等，都是由侦查部门报请检察长决定，侦查监督部门连形式上的审查也不存在了。其二，即便是审查逮捕过程中附带进行的监督，其保障人权的功能也是极其乏力的。实践中，检察机关奉行"构罪即捕"，逮捕是为侦查服务的。"犯罪侦查，尤其是大要案件侦查，需要统一指挥、协调行动，即以组织性和纪律性保障侦查效益。"① 而侦查监督部门不可能通过破坏组织纪律性来阻碍本机关对侦查效益的追求。在侦查效率性与程序合法性的冲突中，在追诉犯罪与保障人权的冲突中，侦查监督部门能否履行合法性监督义务、实现人权保障不无疑问。② 此外，审查起诉部门审查案件主要是为公诉做准备，即便附带行使监督职能，但在侦查已终结的情况下，侦查监督也不过是无关痛痒的形式要求，又会有多少成效呢？

第三，侦查监督部门审查逮捕、审查起诉部门审查起诉实行事后审查机制，无法防止刑讯逼供的发生。检察机关直接受理案件的侦查同样存在发生

---

① 龙宗智. 检察机关办案方式的适度司法化改革. 法学研究，2013（1）.
② 2004 年 4 月 26 日，最高人民检察院发出《关于印发〈检察机关自侦案件扣押、冻结款物专项检查工作实施方案〉的通知》，竟然要求各级检察院"自查自纠"。

刑讯逼供的可能性，同样需要监督，但这一问题并未得到解决。虽然早在2006年最高人民检察院就开始要求各级检察机关讯问职务犯罪案件嫌疑人实行全程同步录音录像制度，但该制度并没有得到认真实施，未能发挥自我监督的作用。近年来发生的职务犯罪案件嫌疑人非正常死亡事件，就证明了这一点。如冉建新案，2011年6月4日，湖北省巴东县人民检察院提审犯罪嫌疑人原湖北省利川市都亭办事处主任冉建新，当天16时30分，冉建新死亡。经调查有关人员涉嫌构成刑讯逼供罪，被依法提起公诉。[①] 2012年1月19日，湖北省鹤峰县人民法院开庭审理本案。法院经审理认为，案涉检察机关侦查人员构成刑讯逼供罪。可见，检察机关侦查人员实施讯问，同样可能存在刑讯逼供而没有实行有效的监督机制。有学者指出："刑讯逼供等非法取证行为在职务犯罪侦查领域并非个别现象。检察机关侦查权的自我约束机制与外部制约机制严重弱化。最高人民检察院设计的检察机关讯问职务犯罪嫌疑人的自我监督机制和外部制约机制基本上荡然无存。"[②]

综上，检察机关实行自我监督缺乏有效性。根源在于，检察机关承担着侦查与公诉等追诉职能，即便名为法律监督机关，但其基本职责与监督者所应具有的异体性、外部性、独立性之间存在矛盾。虽然近年来检察机关一直在提"强化内部监督制约"，但是，无法克服自我监督的价值有限性，无以充分发挥侦查监督的作用。

2. 上级监督的局限性

鉴于自侦自捕，侦查监督沦为自我监督，为回应质疑，检察机关一直在探索监督制度的创新，试图加强系统内监督。2005年9月，最高人民检察院出台《关于省级以下人民检察院对直接受理侦查案件作撤销案件、不起诉决定报上一级人民检察院批准的规定（试行）》《人民检察院直接受理侦查案件立案、逮捕实行备案的规定（试行）》，分别实行撤案、不起诉报批制度以及立案、逮捕备案审查制度。2009年9月，最高人民检察院发布《关于省级以下人民检察院立案侦查的案件由上一级人民检察院审查决定逮捕的规定（试行）》，实行职务犯罪案件审查逮捕权上提一级的制度。上述规定体现了检察一体化的特征，意图加强上级检察机关对下级检察机关的领导和监督制

[①] 姚祯发. 湖北一受贿干部异地受审时死亡 死因尚未查明. 中国青年报，2011-06-08.
[②] 李建明. 检察机关侦查权的自我约束与外部制约. 法学研究，2009 (2).

约，但存在弊端。[①] 即便是上级检察机关加强了对下级检察机关立案、撤案、逮捕、不起诉的控制，但是与侦查监督应有的广泛性相比，实在是太有限了，很难期待能够发挥多大的监督作用。一则，上级检察院对下级检察院的监督仅限于审查逮捕，而不包括其他强制侦查行为。二则，即便就审查逮捕而言，上级检察机关的审查监督也存在功能局限。[②]

检察机关作为侦查机关，可能成为实施侵权行为的被控告机关。为应对这一冲突，新《刑事诉讼法》第 47 条（改为第 49 条）和第 115 条（现为第 117 条）规定，当事人、辩护人等可以向上一级人民检察院申诉或者控告，即以检察系统内部的行政性监督来克服被控告主体与救济主体同一的矛盾。而充当权利救济角色的上级检察机关，同样也是侦查机关，当下级检察机关成为"被告"时，其果真能够做到客观公允吗？这一制度设计无疑是存在问题的。[③]

在检察一体化体制下，上下级检察机关之间为领导与被领导关系。在此关系模式中，发挥上级检察机关对下级检察机关的侦查监督功能在诉讼机制上是存在缺陷的。林钰雄教授指出，"上级监督的效能比诉讼监督相去甚远"，"试想，每天有成千上万件案件在全台湾检察署内周转，区区几个上级，凭什么本领和时间来监督这些大大小小的案件，凭什么基础和标准来评断检察官所为的千千万万处分是否滥权？会引起'兴趣'者，恐怕就是那些最无党政免疫力的政治性案件而已，至于绝大多数非关政治的案件，纵使是滥权处分，也是乏人问津"。他力主由法院进行诉讼监督，认为"诉讼监督模式则否，关乎政治也好，非关政治也好，起诉不起诉，羁押不羁押，同有受诉讼监督的机会"，"诉讼监督机制本质上是对事不对人，而且是持续性监督"[④]。

3. 人民监督员制度的局限性

2003 年年底，检察系统开始试行人民监督员制度。这是为了回应社会

---

① 需要指出的是，上级审查制是最高人民检察院自行推出的改良举措，并无法律依据，合法性值得怀疑。2012 年刑事诉讼法修改并未对上述改良措施予以吸收，表明立法机关未予认可。
② 刘计划. 逮捕审查制度的中国模式及其改革. 法学研究，2012（2）.
③ 龙宗智. 检察机关办案方式的适度司法化改革. 法学研究，2013（1）.
④ 林钰雄. 检察官论. 北京：法律出版社，2009：262.

对检察监督的质疑而探索建立的一种社会监督机制。① 该制度意在于职务犯罪案件办理过程中设置一道社会监督程序，以弥补检察机关自行侦查案件从立案、逮捕到提起公诉等诉讼环节缺乏外部监督的缺陷。

然而人民监督员制度存在较大缺陷，使其监督功能极为有限。首先，人民监督员由检察机关选任，履行职责的各项保障由检察机关负责，使其依附于检察机关而失去独立性。其次，人民监督员的活动受制于检察机关，如监督案件由检察机关组织，参加检察机关组织的执法检查活动须受邀，由此难以进行常规监督。最后，人民监督员提出的建议和意见并无强制法律效力，从而缺乏实质意义上的监督制约功能，由此实际价值有限。

人民监督员制度被认为是对检察机关侦查职能进行外部监督与制约的制度，但该制度的实践效果并不理想。有学者即指出，"人民监督员制度难以在侦查监督领域发挥作用"，"虽然人民监督员制度构成检察机关侦查权自我约束机制的一部分，但这一制度在监督侦查权依法行使方面作用甚微"②。

(二) 检察机关对公安机关侦查的监督存在重大缺陷

检察机关对公安机关等其他侦查机关侦查的监督，从表面来看克服了同体监督的缺陷，但在制度上仍然存在诸多缺陷。这些缺陷使得检察机关并没有成为适格的侦查监督主体。

1. 检察机关的非中立性

"现代的刑事程序吸取了纠问程序中国家、官方对犯罪追诉的原则（职权原则），同时保留了中世纪的无告诉即无法官原则（自诉原则），并将这两者与国家公诉原则相联结，产生了公诉人的职位：检察官。"③ "从检察官的形成历史来看，大陆法系国家在刑事诉讼程序中引入检察官的目的，首要在于破除中古时期由法官一手包办侦查与审判两项职务的纠问制度，因而，解

---

① 最高人民检察院相继制定了多个关于人民监督员制度的法律文件，如 2003 年 9 月 2 日通过、2004 年 7 月 5 日修订的《关于实行人民监督员制度的规定（试行）》、2005 年 12 月 27 日起施行的《关于人民监督员监督"五种情形"的实施规则（试行）》、2012 年 10 月 29 日发布实施的《最高人民检察院关于实行人民监督员制度的规定》2016 年 7 月 5 日发布实施的《关于人民监督员监督工作的规定》、2019 年 8 月 27 日发布实施的《人民检察院办案活动接受人民监督员监督的规定》等。前三个文件因后一个文件的实施已失效。

② 李建明. 检察机关侦查权的自我约束与外部制约. 法学研究，2009（2）.

③ 拉德布鲁赫. 法学导论. 米健，朱林，译. 北京：中国大百科全书出版社，1997：122.

除法官侦查职务并赋予检察官侦查权限之当然结果,乃承认检察官在侦查程序中之主宰地位"[1],而"检察官对一切犯罪具有侦查权。此为检察官身为公诉权机关所当然的解释"[2],同时,"检察官乃侦查主,刑事警察仅为其辅助机构,乃势所必然的安排设计"[3]。由此可知,检察官作为现代刑事程序改革的产物,是承担公诉职能的主体,并对所有刑事案件享有侦查权。

在我国,检察机关承担追诉职能,负责直接受理案件的侦查、公安机关侦查案件的补充侦查以及公诉案件的起诉指控工作。检察机关居于犯罪指控者的地位,决定了其缺乏中立性。从实践来看,检察机关侦查监督具有追诉性监督和权利性监督两种功能。最高人民检察院历年工作报告即表明,检察机关对公安机关监督的内容有两个方面:一方面,监督执法不严、打击不力的问题,包括"对应当立案而不立案的,督促侦查机关立案";"对应当逮捕而未提请逮捕、应当起诉而未移送起诉的,决定追加逮捕、追加起诉"。另一方面,监督侵犯诉讼参与人合法权益的问题,包括"对违法动用刑事手段插手民事经济纠纷等不应当立案而立案的,督促侦查机关撤案";"对不符合逮捕条件的,决定不批准逮捕";"对依法不应当追究刑事责任或证据不足的,决定不起诉";"对侦查活动中滥用强制措施等违法情况提出纠正意见";"清理超期羁押,监督纠正超期羁押"等。[4] 两种监督功能之间无疑存在冲突,而本应单纯为制约侦查、保障权利而进行的侦查监督,难以避免地以追诉为主。虽然最高人民检察院工作报告中称,"坚持打击犯罪与保障人权并重,既注意监督纠正有罪不究、执法不严的问题,又重视监督纠正侵犯人权、冤及无辜的问题,努力做到严格依法、客观公正"[5],并称"各级检察机关不断强化监督意识,着力提高敢于监督、善于监督、依法监督的能力,努力做到有罪追究、无罪保护、严格依法、客观公正",但是无法改变检察机

---

[1] Vgl. nur Kramer, Grundbegriffe des Strafverfahrensrechts, 1997, Rdnr. 98. 转引自林钰雄. 检察官论. 北京:法律出版社,2009:11.

[2] 土本武司. 日本刑事诉讼法要义. 董璠舆,宋英辉,译. 台北:五南图书出版公司,1997:44.

[3] 林钰雄. 检察官在诉讼法上之任务与义务. 法令月刊,1998:10.

[4] 最高人民检察院曾会同公安部组织开展逮捕工作专项检查,目的在于促进逮捕措施的依法正确适用。

[5] 2002年、2004年、2008—2010年的最高人民检察院工作报告都提出"坚持打击犯罪与保障人权并重",2011年、2012年则提出"坚持惩治犯罪与保障人权并重",2013年更提出"在依法惩治犯罪的同时,更加注重保障人权"。

关以追诉职能为主导的价值取向。对于检察机关而言，打击犯罪是第一位的，如高检报告里似乎总少不了"始终保持对严重刑事犯罪的高压态势。严厉打击……犯罪，全力维护社会安定"这样的表述。

公安机关行使本属检察机关所有的侦查权时无权自行决定逮捕，而需报请检察机关批准，其实质是，检察机关作为侦查机关却拥有批捕权，这和检察机关自侦自捕没有本质区别。检察机关行使逮捕批准权，集中体现了其追诉职能。本来批准逮捕须具有社会危险性这一必要性要件，但实践中检察机关适用逮捕实体化，即"构罪即捕"。为了追诉的需要，检察机关维持了极高的批捕率和捕诉率，并在批捕后极力追求定罪以规避错误逮捕的赔偿责任，而在定罪目标不能实现的情况下，则易滥用撤回起诉。①

2. 检察机关侦查监督范围的空洞性

2000年9月，在浙江杭州召开的全国检察机关第一次侦查监督工作会议上，最高人民检察院将"批捕厅"更名为"侦查监督厅"。该厅负责对全国刑事犯罪案件犯罪嫌疑人的审查批捕、决定逮捕和立案监督、侦查活动监督工作的指导。随之，地方检察机关也将批捕部门更名为侦查监督部门。由此，检察机关正式成立了侦查监督部门。但由此可知，侦查监督是以审查批捕为主要内容和依托的。

检察机关对公安机关侦查进行的监督相当有限。从范围来看，不涉及讯问犯罪嫌疑人活动，也不涉及搜查、扣押、监听的审查。对这些重大侦查行为监督的缺位导致刑讯逼供及滥用搜查、扣押等强制处分的行为无从受到同步的监督。《人民检察院刑事诉讼规则》第567条规定，人民检察院侦查活动监督主要发现和纠正16个方面的违法行为。该条列举的方面很多，但是真正基于防范侦查权滥用从而保障人权的并不多。

我国刑事诉讼法规定"严禁刑讯逼供"，而侦查讯问易发生刑讯逼供，但检察机关对侦查讯问并没有建立起有效的监督机制，更无实时监督机制，至于审查逮捕、审查起诉这些事后审查机制根本无法实现对讯问的监督。实践中，被告人在法庭上辩称遭受刑讯逼供的，控方几乎毫无例外地予以否认，动辄声称"没有证据证明存在刑讯逼供"，甚至通过出具警方"办案说

---

① 刘计划. 逮捕审查制度的中国模式及其改革. 法学研究, 2012 (2).

明"的方式以证"清白"。如 2013 年 3 月 26 日由浙江省高级人民法院再审纠正的张氏叔侄案,一审判决书中记载,"西湖刑侦大队出具的《情况说明》证实在审讯中张高平自然供述自己犯罪事实,侦查人员严格依法办案,不存在对张高平进行刑讯逼供、诱供等非法获取口供的行为"。现在看来,公安机关出具的《情况说明》实属掩盖事实的谎言。检察机关在审查逮捕、审查起诉与出庭支持公诉时,对嫌疑人、被告人的申诉控告,根本未进行实质、有效调查,而是对口供笔录照单全收。人们自然会问:检察机关的监督职能是如何发挥的?对于检察机关的不作为,法院进行法庭审理时也就无法查明,于是乎判决"其所谓遭到刑讯和逼供没有任何证据支持","故对上述辩解和辩护意见,本院不予采纳"。2012 年刑事诉讼法第 50 条(现为第 52 条)增加规定"不得强迫任何人证实自己有罪",但是《人民检察院刑事诉讼规则》并未能建立起防止嫌疑人被强迫认罪的任何监督机制。

3. 检察机关审查监督的滞后性与事后性

在检察机关对公安机关侦查进行的监督中,事前审查的强制侦查行为只有逮捕一种,且具有一定的滞后性。根据《刑事诉讼法》第 91 条,对于流窜作案、多次作案、结伙作案的重大嫌疑分子,提请审查批准逮捕的拘留时间可以延长至 30 日。实践中,公安机关往往将这一期限适用到非上述"三类案件"的普通案件中,导致检察机关对长达 30 日的拘留期间内侦查人员进行的讯问及其他侦查活动毫无监督可言。审查起诉是在侦查终结之后才进行的,是对侦查结果的审查,目的是审查案件是否具备提起公诉的条件,为提起公诉做准备。其中虽有监督的要求,即要审查侦查活动是否合法(《刑事诉讼法》第 171 条第 5 项),发现公安机关的侦查活动有违法情况时,应当通知予以纠正(《人民检察院组织法》第 21 条),但问题在于,本来通过书面审查就难以发现违法侦查行为,在所有侦查活动都已经完成的情况下发现违法问题更为困难,即便发现了违法情形,试想又能如何纠正并给予嫌疑人及辩护人救济呢?因此,监督难以落到实处。

审查逮捕、审查起诉作为检察机关监督侦查的两种程序机制,是发现侦查违法的主要来源,但因具有滞后性、事后性缺陷,并体现出追诉为本的倾向,导致侦查监督功能弱化。实践中,侦查监督部门由于各种原因而将监督工作集中于审查逮捕,而由于逮捕功能遭遇异化,导致逮捕率极高。审查起诉重在审查提起公诉的条件，而监督违法功能不足。试想，案件到了审查逮捕与审查起诉之时，如果犯罪嫌疑人提出讯问中存在刑讯逼供，检察机关可能进行认真调查吗？实践中难免睁一只眼闭一只眼，除非发生嫌疑人死亡事件，极少进行调查，甚至发生过检察机关在嫌疑人非正常死亡事件中帮助公安机关掩饰真相的实例。①

检察机关对讯问犯罪嫌疑人程序没有建立监控机制，搜查、扣押、监听也无事先审查和同步监督。检察机关所谓的监督可能就是接受当事人的申诉，而申诉机制的效果极差，因为损害后果已经造成，无法救济。总之，检察机关无从及时、全面知悉公安机关在侦查过程中发生了哪些违法行为，也就难以起到监督侦查行为合法性的作用。

4. 检察机关审查监督程序的行政化

检察机关对公安机关侦查活动的审查监督本来主要限于审查逮捕（审查起诉实为对侦查结果的审查），而审查逮捕又陷入行政化的审批程序之中。这种行政化使得检察机关审查逮捕程序与方式存在书面化、秘密性、单向性与追诉性等缺陷。书面化是指检察机关采用书面形式审查公安机关移送的提请批准逮捕书、案卷材料和证据。即便2012年刑事诉讼法增加了言词审查的要求，也并未要求全部讯问嫌疑人。即便讯问嫌疑人，其重点也是对犯罪事实的核实，而忽视对逮捕必要性的审查，缺陷依然存在。② 秘密性是指审查程序不公开，逮捕决定也是秘密作出的。单向性是指检察人员审查案卷材料和证据以及讯问犯罪嫌疑人、听取辩护律师意见，都是单向进行的，无法形成抗辩。追诉性是指检察机关作为追诉机关，重批捕以利于追诉犯罪，而轻羁押替代措施如取保候审，从而不利于保障人权。具有上述缺陷的行政化审查程序，决定了检察机关更多地关注逮捕的证据要件而忽视对必要性要件的审查，致使"构罪即捕"，逮捕率过高、羁押时间过长。

---

① 陕西省米脂县人杨东山在2007年2月15日晚上被当地派出所以涉嫌强奸罪为名刑事拘留。几个小时后，杨家人得到通知：杨东山被打死在看守所。公安机关的解释是，杨东山是被同监舍的嫌疑人打死的。杨家人对死因产生怀疑。3月12日，杨家人被迫在检察院领导的陪同下与该县公安局签订了"经济补偿协议"：甲方（公安局）一次性补偿乙方（杨东山家人）死亡补偿金、丧葬费、子女教育费等共计23.88万元，乙方不得与任何单位和个人纠缠。（死亡之后的非常协议//中央电视台《今日说法》栏目组. 今日说法2007.2. 北京：中国人民公安大学出版社，2007.）

② 刘计划. 逮捕审查制度的中国模式及其改革. 法学研究，2012（2）.

至于审查起诉，更具有内部行政化审查的意味。检察机关在审查起诉时对讯问笔录等案卷、证据所进行的审查，其实现侦查监督的价值同样十分有限。另外，即使刑事诉讼法规定了非法证据排除规则，也很难期待检察机关能够有所作为。

（三）小结

综上所论，侦查监督制度中国模式存在多重缺陷，限制了侦查监督制度的应有功能。传统观点认为，《宪法》第134条、《人民检察院组织法》第20条、《刑事诉讼法》第8条分别是检察机关实施侦查监督的宪法依据、组织法依据和诉讼法依据。侦查监督制度中国模式的理论基础，正是建立在上述法律依据基础之上的检察监督理论，而该理论是不符合诉讼职能理论和诉讼结构理论的。近现代检察官制的创设，既强化了国家公诉职能，又使法官摆脱纠问者角色而成为中立的裁判者，也使得辩护职能得以形成并逐渐强化。随之，刑事诉讼模式亦由纠问式走向控诉式，回归控、辩、审三方构造的形态。虽然各国立法关于检察机关地位和职权的规定不尽相同，但其在刑事诉讼中莫不承担侦查、公诉职能，并受法官和律师监督。然而在我国，检察机关还被安排为侦查监督机关，从而陷于职能混杂、角色冲突的局面。作为追诉职能的行使者，检察机关是不可能超越与生俱来的追诉心理而全面有效地保障人权的。龙宗智教授认为，在司法体制中，检察机关的具体职权主要是侦查和起诉，它被安排为一个控诉角色，即代表国家的诉讼原告人。这一制度安排和角色定位，使检察官认识和处理问题，常常难以脱离其控诉角色的思维方式。因此，检察官认识问题，虽也力图做到公正合理，但常常难以避免着重从是否有利于侦查、起诉的控诉需要，是否有利于惩治犯罪来考虑问题，即难以避免"当事人"的思维方式。[①] 左卫民教授在分析检察机关侦查监督不力的深层原因时亦指出，"原因是多方面的，尤为值得关注的一个方面就是控制犯罪的司法理念弱化了侦查监督的人权保障职能"[②]。

在刑事诉讼中，公民基本权利的最大威胁来自追诉机关，包括检察机关和公安机关。将检察机关定位为侦查监督者，助长了侦查权的自治与强大，对被指控者极为不利，增加了权利遭受侵犯的风险和实现救济的难

[①] 龙宗智. 我国检察学研究的现状与前瞻. 国家检察官学院学报，2011（1）.

[②] 左卫民，赵开年. 侦查监督制度的考察与反思——一种基于实证的研究. 现代法学，2006（6）.

度。有人认为，2012年刑事诉讼法强化了检察机关的侦查监督职能，依据是新增的第115条（现为第117条）。该条确立了检察机关对五种违法行为的申诉处理机制，但审读后可以发现，该条并未消除检察监督模式的缺陷，而有限的事后救济并不能解决实际问题。2012年11月，最高人民检察院下发《关于加强侦查监督能力建设的决定》，但是不难发现，检察机关仍然是在原有模式里打转转。龙宗智教授基于强化检察机关法律监督职能的目的出发，主张实行检察机关办案方式的适度司法化改革，包括确认办案的亲历性、判断性要求，实现检察官的相对独立性，以及借鉴对审兼听的司法结构和方法，提高办案的公正性。[①] 笔者认为，检察一体化机制和检察机关追诉主体的角色，决定了司法化与检察制度原理不符，作为一种理想化的设计，其并不现实，实际意义有限，在现代国家则是从来没有实现过的。

在刑事诉讼法律关系中，检察机关作为侦查机关，自身就是监督的对象，赋予其侦查监督者的地位，导致其集侦查机关与侦查监督机关于一身。所谓检察机关监督侦查不过是侦查权的自我管控而已。它导致检察机关垄断了侦查监督职能，规避、排除了其他诉讼主体包括法院和律师的监督，这是我国侦查监督不力的根本原因。发挥检察机关对侦查的监督作用具有积极意义，但仅靠检察机关对侦查进行监督是不够的。完善侦查监督体制，应当建立不同诉讼职能多元主体包括法院和律师监督侦查的体制，实现侦查监督主体和方式的多元化。在我国，虽然宪法规定了"互相制约"原则，但法院对侦查权的制约一直未获有效实践；作为独立于法官、检察官、警察的诉讼主体，律师辩护职能的发挥对检察机关、公安机关的侦查而言都是监督，应当扮演重要的角色，发挥更大的作用。完善侦查监督制度模式，应实现目的的一元化、主体职能的相异性、时间的事前性与同步性、范围的针对性。目的的一元化，是指侦查监督的目的应是防止侦查权滥用，保护公民的人身权、财产权及隐私权。主体职能的异体性，是指应由承担非追诉职能的主体对侦查进行监督。时间的事前性与同步性，是指应采用事前审查或者同步监督的方式，而不能仅仅是事后的申诉处理机制。范围的针对性是指，监督的对象

[①] 龙宗智. 检察机关办案方式的适度司法化改革. 法学研究，2013 (1).

应涵盖对公民人身、财产、隐私诸权利产生严重威胁的各种强制侦查。为了实现侦查监督，还需要实现犯罪嫌疑人更多诉讼权利的法定化，确立侦查人员对犯罪嫌疑人行使诉讼权利的保障义务。

三、侦查监督多元主体模式的构建

近年来，面对侦查权滥用导致权利受到侵犯甚至造成冤狱的现实，加强侦查监督、规范侦查权行使的呼声日高。我国检察机关监督侦查模式因存在缺陷而致功能具有局限性，为此应当改革我国侦查监督制度模式。改革的方向应当是实现监督主体的多元化，明确侦查监督的对象范围即强制侦查[①]，以及实行事前审查、同步监督、事后监督相结合的多元监督方式。

（一）域外侦查监督多元主体模式

有别于我国侦查监督一元主体模式，域外实行的是侦查监督多元主体模式，并实行监督方式多元化。

1. 监督主体多元

所谓侦查监督多元主体模式，是指侦查监督主体不仅有控方内部的检察机关，而且有控方外部的诉讼主体，包括法官和律师。

在现代刑事诉讼中，法院的审判职能不仅体现在对起诉方指控犯罪的实体审判上，而且体现在对强制侦查的审查上，意在监督制约检察官、警察行使的追诉权，维持追诉的合法性。为了防止侦查权滥用，保障基本人权，域外设立了审查强制处分的法官，凡是与基本权利有关的强制处分，如逮捕、羁押、搜查、扣押、电子监听、邮检等，都由治安法官或者法官签发许可令状。这体现了法官对侦查的监督。在英美，逮捕、羁押、搜查、扣押、监听的适用，须经由检察官向治安法官申请，由治安法官进行审查授权，一般称之为司法审查原则。德国则称为"法官保留原则"。在德国，侦查法官是地方法院的一名法官，该法官本人并不侦查，而是针对检察官或者警察的侦查活动为公民的人权提供保护。大多数限制人权的侦查措施（如审前羁押、搜查、扣押、身体检查、扣押邮件和电传）需要得到侦查法官的批准，或者提前报请批准，或者紧急情况下在限制行为发生之后再报请批准。侦查法官应

[①] 李建明. 强制性侦查措施的法律规制与法律监督. 法学研究，2011（4）.

对侦查行为的合法性作出判断，而不去考虑该行为是否可行（《德国刑事诉讼法》第 162 条第 3 款）。①

值得关注的是，近 20 年来，一些国家和地区相继进行了这样的改革，如意大利、保加利亚、法国、俄罗斯以及我国台湾地区等。

意大利、保加利亚的法律确认了检察官的独立地位，并赋予其羁押决定权。但欧洲人权法院的判例认为，《欧洲人权公约》第 5 条第 3 款规定的批准羁押的"法官或者由法律授权行使司法权的其他官员"，必须独立于行政部门以及有关案件当事人，因此，一位参与告发和公诉的地方检察官不适格。受此影响，意大利、保加利亚分别于 1989 年、1997 年修改刑事诉讼法，取消检察官的羁押决定权，以符合《欧洲人权公约》的规定。②

1993 年《俄罗斯联邦宪法》虽然仍在司法权中规定检察机关，但是于第 22 条规定："每个人都有自由和人身不受侵犯的权利。只有根据法院的决定才允许逮捕、关押和监禁。在法院作出决定之前不得将人关押 48 小时以上。"③ 2001 年《俄罗斯联邦刑事诉讼法典》废除了检察机关批准决定强制处分的权力，改为由检察官向法院申请的体制。法典"刑事诉讼原则"部分第 10 条、第 12 条、第 13 条规定，只有经过法院决定，才能正式羁押人（临时拘捕时间不得超过 48 小时）、对住宅进行勘验、搜查、扣押、监听等。第 29 条第 2 款则集中规定了法院的这些权限，第 3 款还规定，法院有权在审前程序过程中依照第 125 条规定的程序审理对检察长、侦查员、调查机关和调查人员行为（不作为）及决定提出的申诉。

我国台湾地区于 1997 年 12 月 19 日公布修正的"刑事诉讼法"。其关于羁押制度最主要的变革是，将侦查之中犯罪嫌疑人之羁押、撤销羁押、停止羁押、再执行羁押等有关羁押的各项处分的决定主体由原来的检察官改为法院。④ 2001 年 1 月 3 日，再次修改"刑事诉讼法"，废除了检察官核发搜索

---

① 魏根特. 德国刑事诉讼程序. 岳礼玲，温小洁，译. 北京：中国政法大学出版社，2004：42-43.

② 高峰. 欧洲人权法院视野下的检察官中立性问题——兼论检察官行使强制处分权的正当性. 犯罪研究，2006（1）.

③ 1977 年苏联宪法第 54 条规定："苏联公民有人身不可侵犯的保障。任何公民非经法院决定或者检察长批准，不受逮捕。"

④ 陈运财. 刑事诉讼与正当之法律程序. 台北：月旦出版社股份有限公司，1998：240.

票的权限，改采"相对法官保留原则"，将搜索权划归法院，从而彻底解构旧有的搜索、扣押的架构基础。① 根据规定，侦查中认有搜索之必要者，除因追蹑现行犯或逮捕脱逃人等外，检察官应以书面记载所需之事项，并叙述理由，声请该管法院核发搜索票；司法警察官得报请检察官许可后，向该管法院声请核发搜索票。声请经法院驳回者，不得声明不服。目前，检察官除了保留扣押权一项强制处分权外，其他均实行令状主义，即由法官审查决定，从而不断扩大法官对侦查的监督。

律师也是侦查监督的主体。律师监督侦查是通过参与重大侦查行为来实现的，包括法官审查羁押申请时出席法庭进行辩护，侦查人员采取重大侦查行为如讯问犯罪嫌疑人以及搜查、扣押时在场。这在英美国家已获得实践。大陆法系国家如德国也在讨论参与式侦查改革的可能性。所谓参与式侦查，其实质就是律师对侦查的参与和监督。②

检察官对警察侦查也具有监督职能，但仅是法院审查的前置程序，是整个侦查监督制度中的一个环节。表现为，警察需要将逮捕的犯罪嫌疑人送交检察官审查决定是否向法院申请羁押，搜查、扣押、监听等强制处分也需要经检察官同意才能向法官申请。这一制度设计，源于侦查权属于检察官，警察不过是其辅助机关。

2. 监督方式多元

域外侦查监督的方式呈现出多元化的格局，包括事前监督、同步监督和事后监督。

（1）事前监督

事前监督是通过令状主义来实现的。令状主义，是指警察、检察官在需要采取强制处分时，须事先向法院提出书面申请，由法官审查决定逮捕、羁押、搜查、扣押、监听等强制处分的适用。为了防止侵犯嫌疑人的权利，要求侦查人员在实施逮捕后毫不迟延地将嫌疑人带到法官面前。在紧急情况下，警察、检察官虽可以实施无证逮捕，但是应当毫不迟延地将犯罪嫌疑人带到法官面前，由法官进行审查。如《美国联邦刑事诉讼规则》第40条规定，如果某人在被控犯罪的地区以外被捕，应当无不必要迟延地将其解送至

---

① 林钰雄. 刑事诉讼法. 台北：元照出版有限公司，2004：351.
② 刘计划. 法国、德国参与式侦查模式改革及其借鉴. 法商研究，2006（3）.

最近的联邦治安法官。再如《德国刑事诉讼法》第 114 条规定，由法官签发逮捕令；第 115 条规定，逮捕之后，应毫不迟延地解送法院，由法官不迟延地进行讯问。又如《日本刑事诉讼法》第 218 条第 1 款规定，侦查机关根据法官签发的令状可以进行搜查或查封。1999 年《监听通讯法》第 4 条第 1 款规定，监听证的签发权人是地方法院的法官。"监听通讯程序与其他强制处分不同，法官保留监听原始记录，并接受监听实施状况说明书，可以说是重要的强制处分。""通过法官进行司法抑制的机会除了令状审查以外还有很多，法官的审查机能具有重要意义。"①

（2）同步监督

同步监督，是指警察进行重大侦查行为时由监督主体在场进行的监督。同步监督主要是来自律师的监督，表现为律师于侦查人员讯问犯罪嫌疑人以及实施搜查、扣押时在场。这在美国、英国较为普遍。近年来，法国、德国等大陆法系国家也在探讨进行参与式侦查模式改革问题。② 我国台湾地区"刑事诉讼法"第 245 条亦规定，"被告或犯罪嫌疑人之辩护人，得于检察官、检察事务官、司法警察官或司法警察讯问该被告或犯罪嫌疑人时在场，并得陈述意见"，"侦查中讯问被告或犯罪嫌疑人时，应将讯问之日、时及处所通知辩护人"。

（3）事后监督

事后监督，是指警察、检察官在实施逮捕、搜查、扣押、监听之后应当向法官报告。如我国台湾地区"刑事诉讼法"第 132 条之 1 规定，搜索票执行后，应将执行结果陈报核发搜索票之法院。未陈报该管法院或经法院撤销者，审判时法院得宣告所扣得之物不得作为证据。检察官于情况急迫时实施的无票搜索，须层报检察长，在搜索执行后 3 日内陈报该管法院，未陈报该管法院或经法院撤销者，审判时法院得宣告所扣得之物不得作为证据。

3. 法律对侦查行为的规制

域外刑事诉讼中还实现了对侦查权行使的合理规制，包括严格限制警察、检察官临时羁押的时间，侦查人员讯问时必须告知犯罪嫌疑人享有沉默

---

① 田口守一. 刑事诉讼法. 张凌，于秀峰，译. 北京：中国政法大学出版社，2010：85.
② 陈卫东，刘计划. 论侦检一体化改革与刑事审前程序之重构//陈兴良. 刑事法评论：第 8 卷. 北京：中国政法大学出版社，2001.

权，未经告知讯问无效，实行讯问录音录像制度，限制侦查讯问的时间，等等，以上机制实现了对侦查的有力控制。它们都要求侦查人员讯问犯罪嫌疑人时，必须告知犯罪嫌疑人享有沉默权，如《德国刑事诉讼法》第136条、《法国刑事诉讼法》第116条、《日本刑事诉讼法》第311条、《俄罗斯联邦刑事诉讼法典》第46条、我国台湾地区"刑事诉讼法"第95条。我国台湾地区"刑事诉讼法"第100条之3还规定，司法警察官或司法警察询问犯罪嫌疑人，不得于夜间行之。"夜间"是指"日出前、日没后"。

综上，域外对侦查的监督控制主要不是依靠检察官，而是依靠法官的司法审查、律师的监督及法律对侦查行为的约束机制。具体说，法院监督控制机制表现为法官对强制侦查与秘密侦查措施实施审查与授权，如通过对羁押进行及时、审判性的审查，保障被指控者及其辩护律师的参与权，实现羁押审查程序的公正性与理由的法定性；通过对警察、检察官实施搜查、扣押、监听申请的审查，防范这些干预公民基本权的措施被滥用。律师的监督职能则通过参与侦查获得实现，主要是在场参与重大侦查行为，如侦查人员讯问犯罪嫌疑人时律师在场，就有利于防止刑讯逼供的发生。法律对侦查机关实施重大侦查行为的约束机制也是重要的制度安排。这方面的规定，如法律要求侦查人员讯问时须首先告知犯罪嫌疑人享有沉默权，未经告知该权利并保障认罪的自愿性，将导致排除口供的法律后果；对侦查讯问过程实行录音、录像；羁押场所独立于侦查机关；实行嫌疑人进入羁押场所时由独立医生进行身体检查的制度，等等。

（二）我国侦查监督制度模式改革展望

在我国，长期以来，检察监督职能被奉为圭臬，检察机关也一直强调法律监督，试图通过加强检察监督来遏制侦查中的违法行为，但因存在制度缺陷，局限性极大。由此，让承担侦查职能的检察机关负责侦查监督实属不当。从比较法的经验看，我国应构建侦查监督的多元主体模式。与我国将检察机关确立为监督机关相比，域外诉讼理论则提出了对检察官的监督问题，如林钰雄教授将法院对检察官的监督称为诉讼监督模式。[①]

改革我国侦查监督制度模式，需要将侦查监督置于诉讼体制内进行检

---

① 林钰雄. 刑事诉讼法. 台北：元照出版有限公司，2004：117-118，132-156.

视。现代刑事诉讼实行控辩审三种诉讼职能的相互制衡，检察机关和公安机关都属于侦查机关，理应接受其他两种诉讼主体的监督制约，而不能仅在控方内部寻求侦查监督问题的解决。

首先，侦查机关应接受法院的监督制约。我国刑事程序有一个显著特点，即侦查期长，相对而言，审判期较短。由于侦查由公安机关、检察机关"负责"，法院仅在公安机关、检察机关完成侦查、提起公诉后才受理、审判一起刑事案件。在此之前，对侦查过程并不实施监督制约。基于宪法规定的"互相制约"原则，应当激活法院对侦查的制约机制，实现事前与事中监督。龙宗智教授认为，检察机关是代表国家的控诉原告人，学理上属于当事人。虽然法院尤其是中国的法院也有角色限制，但由于它在控辩审三方组合的三角式诉讼构造中处于"居于其间、踞于其上"的中间和超越的位置，其角色限制相对较小。[①] 笔者也曾撰文论证过由法院审查逮捕的宪法根据、理论基础、可行性，并进行了程序设计，这些同样适用于法院审查其他强制处分，在此不赘。[②] 笔者认为，法院对强制侦查的审查可从逮捕审查开始，逐步扩大到搜查、扣押、监听等其他强制处分。

其次，应当建立律师对侦查的监督机制，发挥律师在侦查监督方面的作用。根据1979年刑事诉讼法，律师只能在审判阶段为被告人进行辩护，不能在侦查程序中参与，也就无法实施侦查监督。1996年修法之后，允许律师参与侦查程序，但是参与度有限，且因受到侦查机关抵制而出现会见难。律师对于侦查活动并无直接参与，监督功能难以发挥。[③] 2012年修法后，律师在侦查阶段获得了辩护人身份，会见权得到了强化。[④] 目前，会见难的问题基本解决，而新的问题在于会见时间滞后。

律师作为辩护职能的重要行使者，能够发挥监督侦查的积极作用。其一，律师行使辩护职能，能够克服同体监督、内部监督的缺陷，从而实现异体监督。其二，律师数量众多，能够满足侦查监督的需要。根据司法部发布

---

① 龙宗智. 我国检察学研究的现状与前瞻. 国家检察官学院学报，2011 (1).
② 刘计划. 逮捕审查制度的中国模式及其改革. 法学研究，2012 (2).
③ 域外存在警察讯问犯罪嫌疑人时律师在场的实践，而在我国，律师会见犯罪嫌疑人时侦查人员可以在场，无不体现出监督法律关系的倒置状态。
④ 2012年刑事诉讼法废除了律师会见在押犯罪嫌疑人时侦查机关可以派员在场的规定，而代之以律师会见时不被监听的规定。这是我国律师辩护制度发展进程中取得的一项重大进步。

《2020 年度律师、基层法律服务工作统计分析》，截至 2020 年年底，全国执业律师已达 52.2 万多人。其三，为了解决部分犯罪嫌疑人无力聘请律师的问题，可建立值班律师制度。借鉴域外经验，建立值班律师制度，我国已具备相关条件。

律师监督侦查的方式主要表现为在场。我国应建立侦查人员讯问嫌疑人时律师在场制度，以防止刑讯逼供的发生。早在 2002 年，樊崇义教授就进行了侦查讯问全过程律师在场实验，为改革奠定了基础。① 此外，还可以探索建立律师在场见证询问证人、勘验、检查、搜查、扣押、鉴定、辨认等侦查行为的机制，以实现对侦查的全面监督。

最后，应当完善侦查程序，实现对侦查权的有效控制。2012 年刑事诉讼法改革了侦查中讯问犯罪嫌疑人等程序。如规定，拘留、逮捕后应当立即将被拘留、逮捕人送看守所羁押，至迟不得超过 24 小时；讯问应当在看守所内进行；对讯问过程实行录音录像制度。但这些规定仍有缺陷，其规范力不足，难以实现对讯问的监督。如未规定看守所之外进行的讯问无效、获取的口供应予排除，对讯问场所的规范能否实现？再者，在看守所内讯问，就一定能避免发生刑讯吗？侦查讯问虽有全程同步录音录像的要求，但这种自我约束机制缺乏具体规范。虽然《刑事诉讼法》第 52 条规定"不得强迫任何人证实自己有罪"，但无论是《人民检察院刑事诉讼规则》，还是《公安机关办理刑事案件程序规定》，都没有体现这一规定。在讯问嫌疑人之始，并无告知该权利的要求，录音录像制度原则、笼统，并没有建立起防止被迫认罪的机制。再如，规定传唤、拘传犯罪嫌疑人，应当保证饮食和必要的休息时间，但是如何保证、能否保证？对此，《人民检察院刑事诉讼规则》第 83 条、《公安机关办理刑事案件程序规定》第 201 条规定仍然模糊。为此，应当进一步完善相关程序和制度，如缩短拘留期限，恢复 1954 年《逮捕拘留条例》中拘留期限为 24 小时的规定②；实现看守所中立化；确立侦查人员讯问嫌疑人必须首先告知享有不被强迫证明自己有罪的权利（即保持沉默的权利）的义务；建立录音录像制度的严格实施机制；限制讯问嫌疑人的时间，

---

① 杨柳. 樊崇义讲述刑事诉讼三项制度的诞生. 正义网：http://news.jcrb.com/jxsw/201106/t20110614_555944.html. 所谓三项制度，是指"侦查讯问全过程律师在场、录音、录像同步进行"。

② 刘计划. 刑事拘留与审查逮捕的期限应予缩短. 中国司法，2009（3）.

如非特定情形，夜间不得讯问，等等。

结 语

我国传统刑事诉讼理论强调检察监督职能，而忽视了包括侦查职能在内的检察职能自身的受制问题。与域外检察官受到法官、律师的监督与制衡不同，我国检察机关被塑造成了超越控方的监督机关，这是司法制度建构和刑事程序设计中的一大误区。任何对检察官超出犯罪追诉者角色的定位都是违反诉讼原理和司法理性的，据此进行制度安排和程序设定都是不切实际的。长期以来，理论界缺乏对检察监督模式的必要反思，没有充分认识到检察监督理论的局限性，检察监督只能是侦查监督体系中的一个环节，而非监督制度的全部。当前，我国正在深化刑事司法体制改革，需要对检察职能加以理性地认识，不断实现刑事诉讼理论的创新和发展。

应当说，在最初设计刑事程序时，我国立法机关赋予检察机关侦查监督职能并没有错，其不足在于确立了侦查监督一元主体模式，将侦查监督职能仅仅赋予检察机关。确立检察监督制度模式的时代背景是，1979 年制定刑事诉讼法时，适值我国恢复法制之初，法院刚刚恢复重建，其审判工作尚有待逐步理顺，而律师辩护制度也处于初创阶段，尚不完备。在此背景下，受苏联检察制度的影响，注重发挥检察机关对公安机关侦查活动的监督职能是可以理解的。然而，时至今日，司法体制和律师制度已然发生了重大变化，适应依法治国和保障人权宪法原则的新要求，我国侦查监督制度应有所创新和完善。应当根据现代诉讼理论和法治理论，构建侦查监督制度的多元主体模式，发挥法院和律师对侦查的监督制约作用。这不仅是现代国家刑事程序法治的基本经验，也是我国刑事诉讼结构科学化与加强人权保障的根本要求。改革开放以来，我国政治、经济、社会、法治等各领域获得了全面发展，取得了巨大成就，已经为侦查监督制度模式改革提供了各项条件。为此，这一改革应当适时而行。

第五节 最高人民法院核准死刑案件程序

一、引言

死刑是人类社会中最古老的一种惩罚方式。20 世纪 70 年代以后，废除死刑逐渐成为全球性的潮流和趋势。据有关国际组织的统计，目前全世界已经有 108 个国家或地区针对所有犯罪废除了死刑，有 8 个国家针对普通犯罪废除了死刑。另外，还有 28 个国家实际上已经废除了死刑。也就是说，大体上已经有 144 个国家或者地区实际上不再适用死刑，与之相比，只有 58 个国家或者地区坚持适用死刑。[1] 不过，即使是在那些仍然保留死刑的国家和地区，越来越多的也只是将其作为极其例外的例外措施来使用。以美国为例。其每年由于故意攻击而造成的杀人案超过 15 000 件，其中约有 12 000 件发生在有死刑的州。[2] 但是，死刑判决的数量每年通常只为 200 余件。而从 1976 年恢复死刑至 2013 年 6 月 18 日，美国也仅对 1 336 人执行了死刑。面对全球范围内废除死刑的趋势，基于人的生命的至高无上性、不可逆转性以及错杀、冤杀的不可补救性[3]，作为保留死刑又严格限制死刑的大国，我们需要认真研究，如何才能有效控制并减少死刑的适用。有学者认为，在限制死刑的诸多选择路径中，死刑的立法限制无疑具有相当重要的意义和价值。不过，在死刑的适用必须依赖于程序的情况下，要实现中国这些年来大力提倡的"少杀""慎杀""防止错杀"的目标，除了需要从立法上或者说实体上对死刑进行限制以外，更需要从司法上或者说程序上限制死刑的适用。

《刑事诉讼法》和相关司法解释已对死刑案件建构了特别的程序保障：对可能判处死刑的案件级别管辖比较高，至少由中级人民法院作为第一审；对可能判处死刑的案件，应当对讯问过程进行录音或者录像；犯罪嫌疑人、被告人可能被判处死刑，没有委托辩护人的，人民法院、人民检察院和公安机关应当通知法律援助机构指派律师为其提供辩护；对死刑案件的证据运用确立了较为严格的审查判断标准[4]；拟判处死刑的案件，合议庭应当提请院长决定提交审判委员会讨论决定；对被告人被判处死刑的上诉案件，第二审法院应当组成合议庭开庭审理；尤其是，刑事诉讼法还专门针对死刑案件建立了独具中国特色的复核程序，即死刑除由最高人民法院判处的以外，都要报请最高人民法院核准。考虑到死刑复核程序具有统一、控制和减少死刑适用的功

---

[1] 李奋飞. 美国死刑冤案证据剖析及其启示. 中国人民大学学报，2013（6）.
[2] 齐姆林. 美国死刑悖论. 上海：上海三联书店，2008：74.
[3] 王超. 通过程序控制死刑. 河北法学，2008（2）.
[4] 陈瑞华. 刑事司法改革的重大突破. 检察日报，2010-06-04.

能，尤其是考虑现行的死刑复核程序还存在不少问题和争议，导致其不能发挥应有的作用，本节拟对最高人民法院核准死刑案件涉及的程序问题进行系统分析，以使读者可以对现行死刑复核程序的运作及其缺陷有更为深入的理解。

二、核准范围问题

按照《刑事诉讼法》的规定，死刑由最高人民法院核准。但是，最高人民法院可能还承担着死刑案件的一审或者二审的审判职责。由于现行法和有关司法解释均没有对拥有死刑核准权的法院所裁判的死刑案件应否复核以及如何复核作出明确规定，因此在理论界还存在不同的理解。有人认为，一个死刑案件经过有核准权的法院判决后，又经过同一法院复核，核准或者不核准，都是说不通的[①]；还有的学者甚至明确提出，有死刑复核权的法院对自己所作的死刑判决或裁定，自然不需要再进行复核。[②] 而相反的观点则认为，最高人民法院的死刑裁判仍然要经过复核程序。[③] 死刑案件的复核程序属于每一个死刑案件生效的必经阶段，不论哪一级法院，即使是拥有死刑核准权的最高人民法院作出的死刑裁判也不得例外。[④] 笔者认为，至少按照现行法的规定，对自己一审直接判处或者二审裁判维持的死刑案件，最高人民法院不必再进行专门的核准程序。其依据是，《刑法》第 48 条第 2 款和《人民法院组织法》第 17 条的规定，"死刑除依法由最高人民法院判决的以外，都应当报请最高人民法院核准"。这意味着，最高人民法院对自己一审判处死刑的案件，可以不再报请核准。另外，按照《人民法院组织法》的规定，最高人民法院审判的第一审案件（包括死刑案件）的判决和裁定，都是终审的判决和裁定，也就是发生法律效力的判决和裁定。既然最高人民法院审判的第一审案件（包括死刑案件）的判决和裁定都可以直接发生法律效力，那么其二审维持一审判决（包括死刑判决）的裁定更应该发生法律效力，因此也不再需要经过专门的核准程序。对此，《刑事诉讼法》第 261 条第 1 款也

[①] 肖胜喜. 死刑复核程序实践中的几个问题. 法学研究，1986（3）.
[②] 倪寿明. 死刑复核程序不是一切死刑案件的必经程序. 法学研究，1989（2）.
[③] 杨旺年. 简论有核准权法院的死刑裁判也要进行死刑复核//陈光中，徐静村. 诉讼法理论与实践. 广州：中山大学出版社，2005.
[④] 郭华. 死刑复核程序：一个仍未终结的问题——以死刑审判权与核准权的分设为视角. 山东警察学院学报，2008（6）.

明确规定:"最高人民法院判处和核准的死刑立即执行的判决,应当由最高人民法院院长签发执行死刑的命令。"

有人认为,如果最高人民法院对自己一审或二审裁判的死刑案件不再进行复核,会上演"审判权"吞噬"核准权"现象。① 这种担忧其实主要是理论上的,对司法实践的影响应该是微乎其微的。作为国家的最高审判机关,最高人民法院管辖的第一审刑事案件,只是全国性的重大的刑事案件。中华人民共和国成立以来,最高人民法院作为一审法院直接审理的刑事案件也只有"四人帮"案件。由于法律规定可能判处死刑的普通刑事案件均由中级人民法院一审,只有属于全省(自治区、直辖市)性的重大刑事案件才由高级人民法院一审管辖,所以由高级法院一审审理的死刑案件数量极其有限(如果不是完全没有的话)。因此拥有死刑核准权的最高人民法院同时作为二审审理法院的情况同样也极为罕见(如果不是完全没有的话)。当然,要彻底防范"审判权"吞噬"核准权",还需要从立法上通过制度设计解决问题,如通过立法重新配置四级法院的管辖范围,取消最高人民法院和高级人民法院的初审管辖权,将高级人民法院设置为上诉法院,最高人民法院作为终审法院。②

三、启动方式问题

目前,关于死刑复核程序的性质,存在很大的分歧③,主要有"审核程序说"与"审判程序说"两种观点。"审核程序说"认为,死刑复核并不是一种诉讼程序,而是法院内部实行的审核程序,其侧重点在"核"而不在"审"。这种观点主要为法律实务人员(尤其是最高人民法院的法官)所持有。"审判程序说"则认为,死刑复核程序既处理程序问题又处理实体问题,从程序的正当性出发,应具有司法程序的基本特性。笔者认为,应当考虑将死刑复核程序定位为"审判程序"。这不仅因为,将死刑复核程序定位为行政审批程序价值有限,难以适应需要,可能引发诸多问题;更因为,最高人

---

① 郭华. 死刑复核程序:一个仍未终结的问题——以死刑审判权与核准权的分设为视角. 山东警察学院学报,2008(6).

② 有关该问题的详细讨论,参见:车传波. 论我国法院体制改革的路径. 当代法学,2011(4).

③ 陈卫东. 关于完善死刑复核程序的几点意见. 外国法译评,2006(5).

民法院通过死刑复核程序要对死刑案件做出最终的和权威的裁决，这种死刑复核当然带有司法裁判活动的性质和效果。①

另外，《刑事诉讼法》将死刑复核程序规定在第三编"审判"中，与第一审程序、第二审程序以及审判监督程序并列，似乎暗示着死刑复核程序在中国是"不属于普通程序的一个独立审级"②。如果将死刑复核程序定位为审判程序，其启动应当保持消极、被动性。司法审判的功能决定了它自身不能主动地就未呈于它面前的纷争进行审判。为了实现司法资源的合理配置，也基于维护被告人的程序主体地位的考虑，将来可以考虑把死刑复核程序的启动权赋予被告人及其辩护人。不过，改革的前提是，对于死刑案件的第二审必须实行强制上诉制度。③ 即如果一审判处被告人死刑立即执行，被告人不上诉的，则自动地转入二审程序。对于二审维持死刑立即执行的判决的，则只有在被告人及其辩护人提出申请的情况下才能启动由最高人民法院主导的死刑复核程序。对于被告人的申请，法律可以不限制理由，即无论被告人是出于何种动机，均可申请启动死刑复核程序。当然，被告人如果表示服判，也可以放弃启动死刑复核程序的权利。为确保被告人放弃死刑复核程序的行为是明智的和自愿的，可以考虑增设一个由二审法院主持的正式询问程序。即，由二审法院在被告人的辩护律师在场的情况下询问被告人是否申请死刑复核。如被告人明确表示不申请进行死刑复核，死刑复核程序不予启动。这样既体现国家对死刑案件的慎重，体现对被告人意思的尊重，也有利于司法资源的优化配置，提高司法制度的效益。尽管死刑案件比较特殊，但也不是说可以完全无视诉讼效益。毕竟，效益也是现代司法活动追求的价值取向。

四、审判组织问题

作为人民法院审理案件的内部组织形式，审判组织的设置、运行及表决方式直接关系到案件能否得到公正处理。按照通行观点，中国法院的审判组

---

① 陈瑞华. 中国刑事司法的三个传统——以死刑复核制度改革问题为切入点的分析. 社会科学战线，2007（4）.
② 高原. 审级制度视野下死刑复核制度的缺陷及其完善路径. 政治与法律，2012（9）.
③ 联合国经济与社会理事会《关于保护死刑犯权利的保障措施》第6条规定："任何被判处死刑的人均有权向拥有更高审判权的法院上诉，并应采取步骤确保这些上诉全部成为强制性的规定。"

织有三类：独任庭、合议庭和审判委员会。与独任庭和合议庭不同的是，审判委员会是按照所谓"民主集中制"原则在各级法院内部设立的机构，它的职责是"总结审判经验，讨论重大的或者疑难的案件和其他有关审判工作的问题"。由于审判委员会拥有对案件进行"讨论"和作出"决定"的权力，因此它尽管并不直接主持或参加法庭审判，却实际承担着审判职能，成为一种审判组织。那么，最高人民法院进行死刑复核应该采取哪种审判组织？按照现行法的规定，最高人民法院复核死刑案件，应当由审判人员三人组成合议庭进行。有学者认为，以上规定有两个缺陷：一是合议庭人数偏少；二是简单多数原则显得不够慎重。建议增加合议庭人数及严格表决机制来通过审判组织达到限制死刑的作用。① 笔者赞同上述改革建议。不过，目前更需要关注的问题是，如何防范司法实践中替代合议制的所谓"承办人"制的出现。② 这种做法实际剥夺或变相剥夺了其他合议庭成员对案件的评议权力。其实，法律设立合议制主要目的就是发挥集体智慧，并按照民主集中制的方式来处理案件。最高人民法院复核死刑案件，不仅要防范"承办人"制的侵袭，还应赋予承担死刑复核的合议庭对是否适用死刑问题的独立核准权③，原则上不再提交审判委员会讨论。只有合议庭的意见严重分歧时，才可由合议庭提请院长决定提交审判委员会讨论决定。因为，现行审判委员会制度的运作方式决定了，那些旨在规范法庭审判活动的诉讼原则（如审判公开、直接听审、审判集中、言词辩论以及控辩双方的平等对抗等），都会因此难以得到全面彻底的贯彻落实。而我们也没有任何理由假定，审判委员会成员在既不阅卷也不参与合议庭复核活动的情况下，会比主持死刑复核的合议庭成

---

① 陈卫东. 关于完善死刑复核程序的几点意见. 外国法译评，2006（5）.

② 按照中国各级法院实行的"承办人"制度，无论是在庭前准备、法庭审理，还是在裁判文书的草拟、向院庭长乃至审判委员会的汇报等方面，承办法官都对案件负有最终的责任。甚至就连审判业绩的考评以及相应的奖惩问题，也几乎都是以"承办人"为单位而进行管理的。陈瑞华. 论彻底的事实审——重构我国刑事第一审程序的一种理论思路. 中外法学，2013（3）.

③ 对于死刑复核案件是否也要经审委会讨论，法律和有关的司法解释并未作出明确的规定。根据《最高人民法院关于适用〈中华人民共和国刑事诉讼法〉的解释》（以下简称《高法解释》）第216条第1、2款的规定，合议庭开庭审理并评议后应当及时作出判决、裁定。高级人民法院、中级人民法院拟判处死刑立即执行的案件，以及中级人民法院拟判处死刑缓期执行的案件，合议庭应当提请院长决定提交审判委员会讨论决定。不过，这个规定是针对一审或者二审合议庭而言的。至于承担死刑复核的合议庭是否应当遵循这个规定，则存在不同的理解。

员在认定事实上有任何明显的优势。即使是在法律适用方面，目前主要由法院院长、副院长、业务庭庭长、研究室主任等组成的审判委员会也未必比日趋专业化的合议庭更有优势。当然，这并不表明，笔者就主张立即废除审判委员会制度，也不表明，笔者否认院长、副院长、庭长对死刑案件的把关功能，他们完全可以在重大案件中通过参加合议庭的方式，来确保死刑的公正适用。

五、核准方式问题

2012年《刑事诉讼法》尽管对最高人民法院复核死刑案件的程序提出了新的要求，但并没有完全采纳理论界呼吁多年的"诉讼化改造"的主张。[①] 目前，由最高人民法院主持的死刑核准程序依然是行政化的裁判方式。这种裁判方式的典型特征是，通过书面的和间接的阅卷工作，对下级法院的事实裁判进行"复审"；即使听取检察官、辩护律师的意见，也不会在公开的法庭上进行，而往往采取一种非正式的单方面接待方式，或者干脆采取审阅其书面意见的方式；即使在核准死刑裁判之前会见被告人，也不会在公开的法庭上进行，而只会采取秘密提审的方式；即使发现死刑案件存在事实认定方面的疑问，也不会责令控辩双方在调查取证后当庭提交法院，而是由法官进行单方面地"调查取证"，并自行决定证据的取舍……[②]这样的死刑核准程序究竟能在防止死刑误判上发挥多大的作用，不能不令人生疑。特别是在那些控辩双方对案件事实的认定尚有不同意见、对证据的真实性和证明力还存在较大分歧的案件中，这种核准方式的弊端将更为明显。实际上，死刑复核程序虽然不属于普通程序的一个独立审级，但它在本质上仍属于审判程序。因此，从完善的角度看，最高人民法院核准死刑案件应当遵从审判规律，尽可能保持开庭审判的形式。当然，最高人民法院可以根据待核准案件的具体情况，采取繁简不同的程序。原则上，如果案件涉及事实的认定问题，而控辩双方对该事实又存在较大的争议，则应贯彻直接和言辞审理的原

---

① 有关该问题的详细讨论，参见：陈卫东，刘计划. 死刑案件实行三审终审制改造的构想. 现代法学，2004（4）.

② 陈瑞华. 中国刑事司法的三个传统——以死刑复核制度改革问题为切入点的分析. 社会科学战线，2007（4）.

则，并按照证据调查的要求组织较为复杂、正式的庭审程序。在此程序中，不仅可以提出新的证据，还可以申请通知证人出庭，甚至，在必要的时候，合议庭还可以依职权传唤关键证人出庭作证。在证据调查结束之后，控辩双方还可以就被告人是否应该被判处死刑展开辩论。相反，如果控辩双方对该案的事实没有较大的争议，而只是在法律适用问题上存在分歧，则庭审程序就可以相对简易。一般而言，合议庭在听取控辩双方意见的基础上，就可以直接作出裁决。

六、核准原则问题

刑事诉讼法并没有就最高人民法院死刑复核的原则作出具体规定。但是，按照《高法解释》的相关规定，实际上贯彻的是全面审查原则。按照《高法解释》第427条的规定，复核死刑案件，应当全面审查以下内容："（一）被告人的年龄，被告人有无刑事责任能力、是否系怀孕的妇女；（二）原判认定的事实是否清楚，证据是否确实、充分；（三）犯罪情节、后果及危害程度；（四）原判适用法律是否正确，是否必须判处死刑，是否必须立即执行；（五）有无法定、酌定从重、从轻或者减轻处罚情节；（六）诉讼程序是否合法；（七）应当审查的其他情况。"这意味着，最高人民法院目前复核死刑案件，不仅要审理法律问题，也要审理事实问题。但是，由于刑事诉讼中绝对真实不可能实现，对事实的反复审理不但浪费大量的司法资源，与最高人民法院的职责不符，而且无法避免的事实误认将对最高人民法院的权威均成伤害。[①] 因此，笔者认为，应对最高人民法院复核死刑案件所秉持的全面审查原则予以修正。即，最高人民法院复核死刑案件应当限于法律问题，即法律适用问题和程序违法的后果问题。此外，还可考虑将死刑复核的范围限制在被告方申请的理由上。即对于原审裁判中所涉及的事实认定和法律适用问题，凡是被告方没有提出异议的部分，死刑复核时就不再进行审查。当然，如果被告人提出申诉时并没有说明理由，而仅仅是对原审法院所作的死刑立即执行的判决表示不服，则最高人民法院可以依职权进行审查。这既有利于体现当事人的意思自治原则，又能够确保最高人民法院进行

[①] 郑旭. 死刑复核程序全面审查原则的反思. 青海社会科学，2013（6）.

有针对性的复核，节约司法资源。

七、有效辩护问题

辩护权不仅是被追诉人核心的诉讼权利，也是其所享有的宪法性权利，确保被判处死刑的被告人在死刑复核程序中获得律师的有效帮助，这不仅有助于维护死刑复核程序具备最低限度的公正，也是纠正错判、防止错杀的最有效的制度保障之一。然而，现行刑事诉讼法和相关司法解释虽在保障死刑案件中被告人的辩护权问题上作出了特殊的规定[①]，却没有明确要求最高人民法院在死刑复核程序中为被告人指定承担法律援助义务的律师。司法实践中，最高人民法院并不会给被告人指定辩护律师。由于绝大多数死刑被告人根本请不起律师（甚至都不知道还有死刑复核程序），死刑复核程序基本是在没有律师参与的情况下完成的。[②] 另外，由于现行的死刑复核程序是终审之后的特殊程序，立法对律师在该程序中享有的诉讼权利并无明确的规定[③]，因此，律师在面临该程序时总是有种心有余而力不足的无奈，导致死刑复核程序中即使有律师参与，能够起到的辩护作用也非常有限。[④]《刑事诉讼法》第251条第1款和《高法解释》第434条对辩护律师参与死

[①] 《刑事诉讼法》第251条规定："最高人民法院复核死刑案件⋯⋯辩护律师提出要求的，应当听取辩护律师的意见。"最高人民法院、最高人民检察院、公安部、司法部于2007年3月9日颁布的《关于进一步严格依法办案确保办理死刑案件质量的意见》第40条规定："死刑案件复核期间，被告人委托的辩护人提出听取意见要求的，应当听取辩护人的意见，并制作笔录附卷。辩护人提出书面意见的，应当附卷。"最高人民法院、司法部2008年5月21日颁布的《关于充分保障律师依法履行辩护职责，确保死刑案件办理质量的若干规定》第17条规定："死刑案件复核期间，被告人的律师提出当面反映意见要求或者提交证据材料的，人民法院有关合议庭应当在工作时间和办公场所接待，并制作笔录附卷。律师提出的书面意见，应当附卷。"《高法解释》第434条规定："死刑复核期间，辩护律师要求当面反映意见的，最高人民法院有关合议庭应当在办公场所听取其意见，并制作笔录；辩护律师提出书面意见的，应当附卷。"

[②] 目前死刑复核业务律师的参与比率并没有官方的正式统计数据。但据内部知情人员估计，律师的参与率大约在10%~20%之间，有80%以上的死刑复核业务没有律师参与。孙中伟．死刑复核律师的魅力与业务机遇．[2014-07-08]．http://www.9ask.cn/Blog/user/law010/archives/2013/353582.html.

[③] 最高人民法院1992年在《最高人民法院研究室关于律师参与第二审和死刑复核诉讼活动的几个问题的电话答复》中指出："死刑复核程序是一种不同于第一审和第二审的特殊程序。在死刑复核程序中，律师可否参加诉讼活动的问题，法律没有规定，因此不能按照第一审、第二审程序中关于律师参加诉讼的有关规定办理。"因此，有学者主张，应明确死刑复核程序中的辩护律师也应享有会见权、阅卷权和调查取证权等诉讼权利。吴宏耀．死刑复核程序的律师参与．国家检察官学院学报，2012 (6).

[④] 谭玥玫．死刑复核程序中辩护律师的作用：从新《刑事诉讼法》的角度分析．法制博览，2012 (5).

复核程序都进行了规定，这具有很大的进步意义，它明确了律师参与死刑复核程序的合法性，为其提供了重要的制度平台。[①] 不过，在有些参与过死刑复核程序的律师看来，"应当听取辩护律师的意见，这基本就是完全落空的权利"。未来应按照国际社会的要求[②]，将现行的法律援助制度延伸到死刑复核程序之中。不仅如此，为确保死刑复核程序中的被告人能够获得律师的有效帮助，最高人民法院在指定承担法律援助义务的律师时，也应尽量让法律素养较高特别是有死刑辩护经验的律师来担当辩护工作。[③] 这是因为，相对于普通刑事案件而言，死刑案件的辩护更为复杂和重要，对辩护律师提出的要求也更高。然而，现状是由于法律援助经费严重不足等原因，死刑案件中的辩护律师尤其是承担法律援助义务的律师素质普遍不高，并且通常缺乏从事死刑辩护的必要经验，使得死刑案件中的被告人很难获得有效辩护。[④] 这对于实现"少杀""慎杀"的目标显然是不利的。这一结论我们也可以从其他国家的统计数据上得以佐证。在美国的佛罗里达州和佐治亚州，与自己聘请律师的被告人相比，由法庭指定律师的被告人被判处死刑的可能性要大得多。实际上，在佐治亚州，如果考虑到所有其他因素，在被告人只能接受由法庭指定的律师案件中，死刑判决率比被告人自己聘请律师的要高 2.6 倍。

八、法律监督问题

在 2012 年《刑事诉讼法》通过之前，立法者并未就死刑复核程序中的法律监督作出任何明确的规定。因而，对于检察机关应否介入死刑复核，如何监督死刑复核，具体法律监督程序如何设计等，在理论界和司法实务部门

[①] 李璐. 完善死刑复核程序中律师的有效参与——以新刑诉法及司法解释为视角. 中共山西省委党校学报，2013（6）.

[②] 联合国经济社会理事会 1984 年 5 月 25 日通过的《关于保护面对死刑的人的权利的保障措施》第 5 条明确要求："只有在经过法律程序提供确保审判公正的各种可能的保障，包括任何被怀疑或者被控告犯了可判处死刑罪的人有权在诉讼过程中的每一阶段取得适当法律协助后，才可根据主管法庭的终审执行死刑。"

[③] 2008 年 5 月 21 日，由最高人民法院、司法部联合发布的《关于充分保障律师依法履行辩护职责确保死刑案件办理质量的若干规定》已经严格限制了承担死刑案件法律援助律师的资格，要求法律援助机构指派担任死刑案件辩护人的应是"具有刑事案件出庭辩护经验的律师"。该规定还明确规定，被指定担任死刑案件辩护人的律师，不得将案件转由律师助理办理。

[④] 在一次律师论坛上，有位从事死刑复核工作的法官就很不满地指出，其曾经复核的一个死刑案件中，律师的工作非常粗疏，辩护意见就是潦潦草草手写的一张纸。

均引起很大争议。① 修订后的《刑事诉讼法》第 251 条第 2 款明确规定:"在复核死刑案件过程中,最高人民检察院可以向最高人民法院提出意见。最高人民法院应当将死刑复核结果通报最高人民检察院。"《高法解释》第 435 条也明确规定,死刑复核期间,最高人民检察院提出意见的,最高人民法院应当审查,并将采纳情况及理由反馈最高人民检察院。这里虽然没有明确检察机关在死刑复核程序中的监督地位,但从法理及现行法律规定来看,检察机关作为国家的法律监督机关,对死刑复核程序进行法律监督具有正当性。2012 年 11 月 23 日,最高人民检察院公布的《人民检察院刑事诉讼规则(试行)》对死刑复核法律监督进行了细化。2012 年下半年,最高检还成立了死刑复核厅,承办死刑复核法律监督工作。但是,由于目前死刑复核及执行程序、相关工作机制、法律规范及人员配置等方面还存在不少问题,检察机关对死刑案件的法律监督仍面临现实障碍。② 因此,如何加强死刑复核程序中的法律监督,应成为理论和实务研究的重要课题。笔者认为,强化检察机关对死刑复核程序的监督,除了应通过拓展监督方式强化对死刑复核过程的监督以外,还应延伸监督范围强化对死刑复核结果的监督。尤其是对最高人民法院予以核准的死刑案件,人民检察院应当及时进行审查,发现核准死刑不当的,应当及时建议最高人民法院暂缓签发死刑执行命令。

九、核准期限问题

《刑事诉讼法》对侦查、起诉以及一审、二审、审判监督程序的期限问题都作出了明确规定,但是,对于死刑复核则没有明确规定期限。有人认为,死刑复核期限的立法空白,并非立法上的疏漏,而是立法者基于两方面的考虑:一方面,是基于死刑案件的复杂性和特殊性的考虑。死刑案件核准难度大,尤其是个别案件重大、复杂,必须确保死刑案件的质量;另一方面,是基于公正考虑,死刑复核程序是被告人生命权保障的最后一道屏障,必须严格、审慎、慎之又慎。也有学者认为,一方面,死刑复核程序是刑事诉讼程序中的一部分,既然是程序,自然应受期限限制,没有期限限制的程序,不符合程序法制原则的精神,也不符合程序正当原则的要求,无论对于

---

① 万春. 死刑复核法律监督制度研究. 中国法学,2008 (3).
② 刘仁文,郭莉. 论死刑复核法律监督的完善. 中国刑事法杂志,2012 (6).

权力的行使还是对于权利的保障都会产生一定的负面影响。另一方面，从被判处死刑者的角度考虑，无限期地等待或者十分快速地被核准死刑，都是欠妥当的。笔者认为，尽管对死刑复核设定期限确有价值和意义，但是考虑到进入死刑复核程序的案件极为特殊——它们是死刑案件[①]，如果对死刑复核规定明确的期限，既不利于防止冤杀错杀，也不利于实现少杀慎杀。因此，与有些学者的观点有所不同，笔者对死刑复核没有设定期限的做法是表示赞赏的。没有了超期的顾虑，复核法官才可以从容不迫地进行复核，也更有耐心去"核实犯罪事实和证据""梳理案件中的疑点和细节"。这倒不是说，复核结果产生得越慢越好。相反，从这些年的司法实践来看，我们在死刑复核的问题上要担心的不是过慢，而是过快。复核结果如果产生得太快，容易给人以仓促草率之感，至少会让人感到不够审慎。[②] 另外，在死刑复核的问题上，时间还有个非常重要的价值，不应为我们所忽视。那就是，时间拖得越久，越有利于疏导公众情绪并防止"舆论杀人"。

十、处理方式问题

按照《刑事诉讼法》第 250 条的规定，"最高人民法院复核死刑案件，应当作出核准或者不核准死刑的裁定。对于不核准死刑的，最高人民法院可以发回重新审判或者予以改判"。《高法解释》第 429 条又具体规定："最高人民法院复核死刑案件，应当按照下列情形分别处理：（一）原判认定事实和适用法律正确、量刑适当、诉讼程序合法的，应当裁定核准；（二）原判认定的某一具体事实或者引用的法律条款等存在瑕疵，但判处被告人死刑并无不当的，可以在纠正后作出核准的判决、裁定；（三）原判事实不清、证据不足的，应当裁定不予核准，并撤销原判，发回重新审判；（四）复核期

[①] 这些死刑案件，有的错综复杂，有的牵涉面大，有的甚至千奇百怪。更重要的是，由于是死刑案件，一旦出错，就无法挽回。

[②] 以曾经引起了"阵阵杀伐之声"的"药家鑫案"为例。2011 年 4 月 22 日，陕西省西安市中级人民法院以故意杀人罪判处药家鑫死刑，剥夺政治权利终身。宣判后，药家鑫提出上诉。陕西省高级人民法院审理后于 5 月 20 日作出了维持原判的裁定，并依法报请最高人民法院核准。而药家鑫是哪天被执行死刑的呢？6 月 7 日！这意味什么？这意味着，最高人民法院对该案的复核时间可能都不足半个月。虽然，"药家鑫案"被最高人民法院评为 2011 年度全国法院十大精品案例，但是，不少人可能还是会心生疑问：以如此之短的时间复核决定一个人的生死，算是审慎吗？能做到审慎吗?！李奋飞. 正义的底线. 北京：清华大学出版社，2014：122.

间出现新的影响定罪量刑的事实、证据的，应当裁定不予核准，并撤销原判，发回重新审判；（五）原判认定事实正确、证据充分，但依法不应当判处死刑的，应当裁定不予核准，并撤销原判，发回重新审判；根据案件情况，必要时，也可以依法改判；（六）原审违反法定诉讼程序，可能影响公正审判的，应当裁定不予核准，并撤销原判，发回重新审判。"对于上述几种复核后的处理方式，笔者基本上是同意的。但是，对于原判决事实不清楚或证据不充分，是否应当裁定撤销原判决、发回重审，则持不同的意见。笔者认为，在这种情况下最高人民法院将案件发回重审的做法则是不妥当的。且不说相对于二审程序而言，死刑复核程序有其特殊性，更重要的是，在原判事实不清或者证据不足的情况下，最高人民法院将案件发回重审所带来的诉讼程序的"倒流"，不仅会使死刑案件的被告人的羁押期限相应延长，从而导致其长期处于焦虑状态[①]；而且有悖诉讼价值和诉讼目标的实现，最终造成诉讼效率低下。实际上，对案件事实是否清楚的判断带有很强的主观性，既然我们承认诉讼证明活动依赖的"事实"，是对过去事实的一种重塑，是法律真实而不是客观真实[②]，那么最好由最高人民法院依终审权力直接进行判定，不必再发回重审。因为，即使对同一案件，不同的裁判者在认定事实是否清楚方面实际上也往往有很大的区别。最高人民法院在复核中，要判断原判决认定的事实是否错误或是否清楚，只有在查清这个案件正确的、清楚的事实并把两者进行比较的基础上才能得出结论。很显然，如果最高人民法院通过复核已经查清了案件的事实，并据此判定原判决认定事实错误或认定事实不清，那么，不对案件直接改判而发回重审，岂不多此一举？而如果最高人民法院通过复核并未能查明案件的正确事实和清楚事实是什么，又如何能得出原判决认定事实错误或认定事实不清的结论呢？

十一、申请赦免问题

在美国，死刑案件穷尽所有司法程序后，被确定执行死刑的犯人可以通

[①] 有研究显示："在程序未完结之前，有为数众多的死刑犯因为承受不了身体、心理的长期压力而自寻死路。或者自愿赴死，即放弃上诉以加速程序进行，或者选择自杀。"胡云腾，周振杰. 严格限制死刑与严厉惩罚死罪. 中国法学，2007（2）.

[②] 有关该问题的详细讨论，参见：李奋飞. 对"客观真实观"的几点批判. 政法论丛，2006（3）.

过请求宽恕，有免除死刑执行的希望。① 联合国《公民权利和政治权利国际公约》第 6 条第 4 款规定："任何被判处死刑的人应有权要求赦免或减刑。对一切判处死刑的案件均得给予大赦、特赦或减刑。"中国也已签署了该公约，只是尚未批准。不过，考虑到《宪法》第 67 条已明确将"决定特赦"的权力授予了全国人民代表大会常务委员会②，《宪法》第 80 条明确规定了国家主席有权根据全国人民代表大会常务委员会的决定"发布特赦令"，尤其是考虑到《刑法》第 65、66 条已明确提及"赦免"③，中国也应当保障被核准死刑者申请赦免的权利。至于是否要赦免，那要由适格主体进行相关的评估。④ 为顺应限制死刑的发展趋势，防止死刑的滥用和错用，更好地保障面临死刑的人的权利，中国将来应借鉴其他国家和地区立法的经验，制定一般的赦免法，并把死刑犯的赦免也规定于其中。⑤ 死刑赦免制度主要涉及死刑犯赦免种类、死刑犯赦免决定的主体及死刑犯赦免的程序等问题。目前，当务之急是要修改《高法解释》第 499 条的规定，延长等待死刑执行的时间，以确保被判死刑者有时间完成赦免程序。只有这样，才能最大限度地体现执行死刑的慎重性，并尽可能地防止错杀。因为，按照第 499 条的规定，第一审人民法院接到执行死刑命令后，应当在 7 日以内执行。如此之短的期限，被核准死刑者即使能够提出赦免申请，可能也无实质意义。更何况，在法律和司法解释没有要求最高人民法院将复核结果通知被判死刑者及其辩护律师的情况下，许多时候被判死刑者及其辩护律师甚至不知道死刑裁决是否已被最高人民法院核准。因此，笔者建议，在法律修改之前，全国人大常委会应当通过立法解释明确要求最高人民法院在向最高人民检察院通

---

① 唐世月. 当代美国的死刑制度. 时代法学，2007（10）.
② 遗憾的是，从 1949 年至 1975 年为止，中国只进行过几次特赦。除第一次特赦是对战争罪犯、反革命罪犯和普通刑事罪犯实行外，其与六次都是对战争罪犯实行的。1975 年以后，中国再未实行过赦免，更勿谈对死刑犯的赦免。
③ 《刑法》第 65 条规定："被判处有期徒刑以上刑罚的犯罪分子，刑罚执行完毕或者赦免以后……"第 66 条规定："危害国家安全犯罪、恐怖活动犯罪、黑社会性质的组织犯罪的犯罪分子，在刑罚执行完毕或者赦免以后……"在有些学者看来，既然对于实施社会危害性最严重的危害国家安全罪等的犯罪分子刑法都规定了可以赦免（当然这里赦免的对象肯定包括被判处死刑的犯罪人），根据"举重以明轻"的原理，则刑法分则其他各章节的死刑犯罪的犯罪人在满足一定条件的前提下当然也可以予以赦免。马振华. 论死刑赦免制度之激活. 安徽警官职业学院学报，2008（6）.
④ 刘仁文. 死刑的宪法维度. 国家检察官学院学报，2013（4）.
⑤ 王秀梅，曾赛刚. 我国台湾地区死刑控制及其对大陆死刑改革的启示. 法学杂志，2012（2）.

报死刑案件复核结果时，应同时通知被核准死刑者的家属和辩护律师。被核准死刑者的家属和辩护律师申请赦免的，应当向最高人民法院提出。最高人民法院接到赦免申请后，应当裁定暂停执行死刑，并报全国人大常委会决定。

十二、结语

在以上的论述中，本节结合修订后的刑事诉讼法和有关司法解释对最高人民法院死刑核准程序存在的问题及其完善进行了初步的研究。这种研究是有意义的，但又是远远不够的。因为，要建立较为完善的控制和减少死刑适用的程序机制，尤其要达到我们积极追求的"少杀""慎杀"，防止"错杀"的目标，既需要改革与完善现行的死刑复核程序，也需要探讨增加更为有效的保障死刑公正适用的程序和制度，尤其是要在死刑案件的第一审程序上多下功夫。长期以来，一些法院一审审判流于形式的问题已成为司法顽症。这在很大程度上是因为，中国的刑事审判依然盛行着"案卷笔录中心主义"的审判方式。[①] 在这种审判方式下，不仅法官在开庭前要充分阅卷，庭审结束后还会认真研读案卷。更为严重的问题是，由于证人基本不出庭作证[②]，公诉方仅仅通过宣读案卷笔录就可以主导和控制法庭调查过程，从而严重消解了法庭审判存在的根本价值，甚至有使法庭审判沦为审查和确认侦查案卷笔录"手续"的危险。[③] 尽管修订后的刑事诉讼法确立和完善的诸多制度（包括庭前会议制度、统一简易程序、证人出庭作证、延长审判期限、加强律师辩护能力等）对于发挥第一审程序的法庭审判功能，防止刑事误判，无疑有着积极的意义，但是，第一审程序"事实审的形式化"问题仍未得到彻底解决。在有的学者看来，要切实提升裁判者的纠错能力，降低刑事误判（尤其

---

① 有关该问题的详细讨论，参见：陈瑞华. 案卷笔录中心主义——对中国刑事审判方式的重新考察. 法学研究，2006（4）.

② 一位从事法律援助的公职律师在其十余年的律师生涯和近百起刑事案件代理经历中，从未在审判庭上见过控方证人，刑事案件证人不出庭已经成为常例. 易延友. 证人出庭与刑事被告人对质权的保障. 中国社会科学，2010（2）.

③ 刑事审判中的"双高现象"（高速度和高定罪率）就可以作为典型的例证. 有关该问题的详细讨论，参见：李昌盛. 缺乏对抗的"被告人说话式"审判——对我国"控辩式"刑事审判的实证考察. 现代法学，2008（6）.

是死刑误判）的概率，第一审程序（尤其是死刑案件的第一审程序）的法庭审判必须走向"彻底的事实审"。而要走向"彻底的事实审"，当务之急当然是确保修订后的刑事诉讼法所确立的几项新制度能够得到有效的实施。[1]

---

[1] 有关该问题的详细讨论，参见：陈瑞华. 论彻底的事实审——重构我国刑事第一审程序的一种理论思路. 中外法学，2013（3）.

第四章

死刑制度改革的域外经验

本章"死刑制度改革的域外经验",主要就美国死刑冤案证据问题、德国《基本法》与"废除死刑"问题、澳大利亚死刑废除的历史及启示、美国死刑改革的宪法法理以及韩国死刑制度等问题进行了讨论。

在美国死刑冤案证据问题上,笔者认为,冤案的发生往往是多种复杂因素共同作用的结果,其危害甚大。死刑冤案比其他冤案具有更为严重的危害性,因此研究如何防范死刑冤案具有重要的现实意义。有鉴于此,本章以美国死刑冤案证据为视角,对美国死刑案件审判程序的主要特色进行了简要介绍,对其死刑冤案产生的证据原因进行了初步分析,并在此基础上对中国死刑冤案的防范提出了若干思路。

就德国《基本法》与"废除死刑"问题,笔者的主要观点是:德国《基本法》第102条"废除死刑"条款入宪是一个充满争议的过程,至今仍然能在德国的学术界和民间听到支持恢复死刑的声音。"废除死刑"条款的产生与纳粹时期滥用死刑的历史紧密关联。从宪法学角度分析,删除《基本法》第102条或将死刑局限于例外情况并不会涉及《基本法》第1条所确立的"人的尊严"原则,进而不被《基本法》第79条第3款所禁止。

针对澳大利亚死刑废除的历史及启示,笔者的主要观点是:澳大利亚的死刑制度经历了死刑泛化、死刑逐步减少、死刑废除和死刑废除后的巩固四个时期。澳大利亚废除死刑的动力来源于英国死刑改革的影响、工党废除死刑的立场、媒体的宣传和国际公约义务的要求,废除死刑的基本途径体现为立法上的罪名削减、司法上的程序控制以及行政上的减刑适用。

对于美国死刑改革的宪法法理，笔者认为，在全球废除死刑的趋势下，美国在保留该制度的前提下控制其适用，这与美国特有的政治、历史和社会传统有关。联邦最高法院运用司法审查权，结合当下社会发展阐释联邦宪法第八修正案的内涵，是推进美国死刑改革的重要力量。本章结合美国联邦最高法院相关判例，分析了第八修正案在控制死刑方面的运作机理和重要意义。

第一节 美国死刑冤案证据成因剖析

一、问题的提出

法国当代著名律师勒内·弗洛里奥曾指出："公正的审判是不容易的事情。许多外界因素会欺骗那些最认真、最审慎的法官。"[1] 无论是人类的过去，还是现在，抑或是未来，冤枉无辜的人间悲剧都无法完全避免。美国自1989年以来，仅通过DNA检测就使300多起冤狱得以昭雪[2]，他们遇救时已经服刑的平均时间是13.6年。现在，不少美国人都认为，通过DNA成功洗冤的只是"冰山一角"，仍在监狱中被错判的人数可能达数千人，或者可能达数万人。有人甚至说，这些命运不佳的人数量超过十万。[3] 中国从上个世纪70年代至今，已经发现的冤案也有近200起。[4]

---

[1] 勒内·弗洛里奥. 错案. 北京：法律出版社，1984：12.

[2] 目前，美国除俄克拉何马州外，其余49个州和哥伦比亚特区都已经通过了相关法律，允许那些被定罪的人申请进行DNA检测。

[3] 吉姆·佩特罗，南希·佩特罗. 冤案何以发生——一位美国检察总长的沉痛反思. 北京：北京大学出版社，2012：86.

[4] 从数字上来看，中国的冤案量远远小于美国。这里面有个很重要的原因，那就是，在中国，冤案的发现和纠正更多地依赖于"亡妻复活""真凶落网"等小概率事件。笔者认为，要确保冤案的发现和纠正不再依赖于前述小概率事件，必须对刑事再审程序进行彻底的变革，尤其应使现行的审判监督程序能够成为真正意义上的诉讼程序。为此，既需要提高接受再审申请的法院级别（至少应由做出生效裁判的上级法院接受再审申请）、明确申请再审的理由及判决生效后证据的保存期限，也应赋予那些被生效判决确定有罪者必要的权利，包括但又不限于申请进行DNA测试的权利。此外，还应明确认定冤（错）案的标准。即，认定某案属于冤（错）案，并不需要证据达到100%的程度，甚至都不需要达到"确实、充分"的程度。根据《刑事诉讼法》的规定，只要"新证据"出现能够让该案存在"合理的怀疑"，就可以大体上认定其是冤（错）案，就应该启动再审程序。例如，对"一案两凶"的聂树斌案，即使现有的证据不足以认定王书金为真凶，王书金的出现也可以让聂树斌案存在"合理的怀疑"。在这种情况下，也应根据无罪推定原则宣判聂树斌无罪。

冤枉无辜，既是对人类文明底线的挑战，也是一种最大的非正义，其后果甚为严重，不仅会对被冤枉者本人及其家庭造成严重伤害，还会对司法公信力乃至国家的形象造成严重伤害。作为剥夺犯罪分子生命的最严厉的刑罚，死刑具有不可逆转性，这意味着死刑冤案的后果比其他冤案的更为严重。美国联邦最高法院前大法官 William J. Brennan 就曾指出："或许死刑最让人感到恐惧之处，不仅在于其适用过程中存在的歧视或恣意，更在于某些情况下无辜者也可能被处死。"[1] 所以，认真剖析死刑冤案产生的原因，以最大限度地对其加以防范，就成为所有保留死刑的国家面临的共同课题。[2]

"他山之石，可以攻玉"。放眼当今世界，美国的经验值得中国借鉴。这是因为中美两国的死刑冤案在案件类型上几乎没有太大的区别（均主要集中在强奸和杀人两类案件），同时，中美两国在死刑冤案的形成原因上有一些相似之处（均与警察或者检察官的不当行为密切相关）。美国对死刑冤案的已有研究成果对于中国死刑冤案乃至所有冤案的研究具有参考和借鉴意义。

二、美国死刑案件审判程序的简要考察

在美国刑事司法制度中，死刑是个极富争议的问题。基于联邦体制，美国存在联邦司法系统、50 个州、华盛顿哥伦比亚特区及军事司法系统等共计 53 个司法体系。到目前为止，美国已有 18 个州和华盛顿哥伦比亚特区废除了死刑。虽然，有关死刑的法律和程序在各州之间存在诸多不同，但各州的死刑程序都必须遵守美国宪法和联邦最高法院相关判例中确立的法律要求和程序限制。[3] 对于死刑案件的审判，除满足正当法律程序的一般要求外，还应遵循特殊的程序要求。

首先，死刑审判的检察控制。在死刑案件的审判中，检察官起着至关重要的作用。虽然是否判处死刑是由陪审团来决定的，但是哪些案件可以作为

---

[1] W BRENNAN, JR. Neither victims nor executioners. 8 Notre Dame J. of law. ethics & public policy 1 (1994).

[2] 据有关国际组织的统计，目前全世界已经有 108 个国家或地区针对所有犯罪废除了死刑，有 8 个国家针对普通犯罪废除了死刑，另外还有 35 个国家实际上已经废除了死刑。也就是说，大体上已经有 144 个国家或者地区实际上不再适用死刑，与之相比，只有 58 个国家或者地区坚持适用死刑。

[3] 陈海平. 美国死刑案件审判程序的特色考察. 河北法学，2011（5）.

死刑案件来审判是由检察官决定的。死刑案件必须以检察官寻求死刑为前提。没有检察官的死刑指控，陪审团就不能考虑判处死刑。① 这意味着，检察官对待死刑的态度，会直接影响死刑判决和死刑执行的数量。大多数检察官都不会轻易提起死刑指控，这既是因为，死刑案件的审理旷日持久，花费甚高，也是因为，大多数检察官都认为，死刑只应留给那些罪大恶极的谋杀犯。

其次，死刑审判的两个阶段。与大多数刑事审判有所不同，美国的死刑案件审判程序把定罪与量刑的权力都交给了陪审团。2002 年，联邦最高法院在 Ring v. Arizona 案中明确，宪法第六修正案要求由陪审团而是不是由法官来认定对于被告人适用死刑所需要的加重情节。这事实上推翻了 1990 年联邦最高法院在 Walton v. Arizona 案中允许法官单独认定被告人是否存在适用死刑的加重情节的做法。当然，死刑案件的陪审团无须就加重情节的存在达成一致意见。陪审团的任务是评估死刑案件的最终刑罚是否恰当，这一任务从本质上说是一个应然层面的决定，陪审团在衡量加重和从轻证据时应用自己的道德标准，因此要求陪审团达成一致意见过于严格，这样的要求对死刑量刑并不适合。②

再次，死刑审判的有效辩护。在美国，获得律师辩护的权利属于宪法性权利。20 世纪 30 年代以后，该权利的适用范围逐步扩大，制度保障也越来越充分。1963 年，联邦最高法院通过著名的 Gideon v. Wainwright 案确认，政府有义务保障被控犯有重罪的贫穷被告人获得免费律师帮助的权利。不过，政府的这种义务只限于初审程序中，在州定罪后的程序中，政府并不承担该义务。③ 1970 年，联邦最高法院在 Richardson 案中又将获得律师辩护的权利解释为获得有效律师辩护的权利，认为有效律师辩护才是合乎宪法精神的。如果律师的辩护明显缺乏有效性、充分性，则属于无效辩护，是对被告人宪法权利的严重侵犯。1984 年，联邦最高法院在 Strickland 案中确立了无效辩护的检验标准：其一，法院必须确定律师的辩护行为是否存在缺陷；其二，法院必须确定律师的缺陷行为对被告人的辩护是否带来损害和不利。④

---

① 戴维斯. 专横的正义——美国检察官的权力. 北京：中国法制出版社，2012：80.
② 柯恩. 当代美国死刑法律之困惑与探索. 北京：北京大学出版社，2013：61.
③ LOUIS J PALMER, JR. Encyclopedia of capital punishment in the United States. McFarland & Company, 2001：453.
④ 张栋. 论美国死刑程序中的有效律师帮助问题. 政治与法律，2008（4）.

1989 年，联邦最高法院在 Murray v. Giarratano 案中认定，被判死刑者有权要求各州免费为其提供律师，帮助其完成审后救济程序。

最后，死刑审判的救济程序。在美国，被判死刑者可能获得多重救济：一是直接上诉（Direct Appeal），也就是被告以裁判在实体上存在错误为由申请州上诉法院、州高等法院甚至联邦最高法院对案件进行审查[①]；二是州定罪后救济（State Post-Conviction），也就是被告方以其宪法权利受到侵犯为由要求州法院对案件进行重新审查；三是申请联邦人身保护令（Federal Habeas Corpus），也就是被告方以宪法权利受到侵犯为由要求联邦法院对案件进行重新审查。有学者认为，在美国，刑事被告最多有九次寻求救济的机会。[②] 因此，救济程序一旦启动，可能要几年乃至几十年才有最终定论。这也意味着，无论是通过上诉程序，还是通过人身保护令程序，抑或是通过赦免和减刑，被判死刑者都有可能获得不被执行死刑的机会。

总之，美国通过较为严格的死刑案件程序，不仅强化了死刑被告的权利保护，也有效地限制了死刑的司法适用，尤其是大大降低了死刑的误判与错杀率。在美国，每年由于故意攻击而造成的杀人案超过 15 000 件，其中约有 12 000 件发生在有死刑的州。但是，死刑判决的数量每年通常只为 200 余件。[③] 而从 1976 年恢复死刑至 2013 年 6 月 18 日，美国也仅对 1 336 人执行了死刑。[④] 由于州与州之间的死刑政策有着较大的差异，少数几个州执行了大部分死刑。美国执行死刑最多的州是得克萨斯州（499 人），其次是弗吉尼亚州（110 人），排名第三的是俄克拉何马州（104 人）。近年以来，美国执行死刑的人数呈逐年减少的趋势。其中，2002 年为 71 人，2003 年为 65 人，2004 年为 59 人、2005 年为 60 人，2007 年仅为 42 人，2008 年为 37 人，2009 年为 52 人，2010 年为 46 人，2011 年为 43 人，2012 年为 43 人。截至 2013 年 1 月 1 日，美国死囚区还关押着 3 125 名死刑犯。

[①] 在著名的 Furman 案之前，所有司法区所实行的上诉都由被告主动提起。在 Gregg 案中，佐治亚州新法规定了对每一起死刑案件都试行自动上诉。联邦最高法院在 Gregg 案中虽未指出死刑案件自动上诉是联邦宪法的要求，但其他州还是纷纷采纳了该项制度。目前只有犹他州没有规定自动上诉制度。

[②] 陈永生. 死刑与误判——以美国 68% 的死刑误判率为出发点. 政法论坛, 2007 (1).

[③] 齐姆林. 美国死刑悖论. 上海：上海三联书店, 2008：74.

[④] 其中，黑人 458 人，占 35%；白人 751 人，占 56%；拉丁裔 103 人，占 7%；其他 24 人，占 2%。在美国，女性遭处死比例极低，仅占 1.58%，1976 年至 2013 年仅对 11 名女性执行了死刑。

三、美国死刑冤案的证据成因及其对策

虽然美国联邦和各州已经对死刑的适用设置了较为严格甚至在不少人看来已经有些烦琐的程序，但是，其仍然无法完全避免死刑冤案的发生。据美国死刑信息中心（DPIC）的统计，自 1973 年以来，有 142 个无辜者被从监狱死囚区释放出来。其中，黑人 71 人，白人 57 人，拉丁裔 12 人，其他 2 人。有证据表明，美国已经发生了无辜者被处死的现象。大法官苏特（David H. Souter）认为，相比其他重罪案件，死刑案件更容易产生错误。与大法官苏特的观点相似，密歇根大学法学院的塞缪尔·格若斯教授也指出，"一些理论上的原因可以使我们相信，在谋杀案特别是死刑案件中，错误定罪率高于其他重罪案件。"[1] 西北大学法学院的 Rob Warden 教授在对 1978 年后伊利诺伊州的 17 起死刑冤案进行分析后认为，在导致 17 人被错判的案件中，13 起（76.5%）涉及不可靠的证言，10 起（58.8%）涉及被告的虚假供述，10 起（58.8%）涉及检察官和警察的不当行为，8 起（47.1%）涉及目击证人的错误辨认，5 起（29.4%）涉及辩护律师的失职，还有 3 起（17.6%）涉及不科学的鉴定。[2]

当然，死刑冤案与其他冤案在形成原因上也有许多共同之处。美国学术界早就对冤案问题展开过研究。1932 年，耶鲁大学法学院 Edwin M. Borchard 出版了《对无辜者定罪：65 例错案》一书，该书至今仍被认为是美国错案研究的经典之作；2005 年，西北大学刑事错案研究中心对 1973 年后的 111 例错案进行了分析。结论是，这些错案中，45.9% 涉及不可靠的告密者，25.2% 涉及证人的错误辨认，14.4% 涉及被告的虚假供述，9.9% 涉及错误或有瑕疵的鉴定科学[3]；2011 年，弗吉尼亚大学法学院教授 Brandon L. Garrett 出版了《对无辜者定罪：刑事指控错在哪里》一书，该书通

---

[1] 吉姆·佩特罗，南希·佩特罗．冤案何以发生——一位美国检察总长的沉痛反思．北京：北京大学出版社，2012：134.

[2] ROB WARDEN. Symposium: innocence in capital sentencing: Article: Illinois death penalty reform: how it happened, what it prom ISES. 95 J. Crim. L. & Criminology 381 (2005).

[3] ROB WARDEN, The snitch system: how snitch testimony sent Randy Steidl and other innocent Americans to death row, a report from Northwestern University School of Law Center on wrongful convictions (2004).

过对已被DNA检测出的250例错案的分析，得出的结论是，这些案件中76%涉及目击证人的错误辨认，61%涉及无效的法庭鉴定，21%涉及告密者与线人等的伪证，16%涉及被告的虚假供述；还有一份权威的调查报告表明，在美国的刑事错案中，大约有52.3%出现了目击证人的错误辨认，还有32%涉及律师的辩护失职，11%涉及告密者与线人等的伪证，8%涉及被告人的虚假供述，6.8%涉及检察官与警察的不当行为，1.6%涉及不科学的鉴定。[①] 从以上的分析可以看出，在美国，冤案（包括但不限于死刑冤案）产生的主要原因是：错误的辨认、虚假供述、不可靠的线人或告密者、不可靠的鉴定科学、律师的失职和政府（警察、检察官）的不当行为，等等。本文接下来将主要围绕与证据有关的几种原因进行分析。

（一）目击证人的错误证词

在美国已知的死刑冤案中，有一个非常重要的因素就是目击证人的错误证词。因为，目击证人的证词常常比其他与之矛盾的证据对陪审团更有说服力。因此，其有时便成为冤案产生的重要原因。有太多的因素会影响目击证人证词的准确性。无论是证人的智力状况和精神状态，还是证人偏见和期望，抑或是证人观察犯罪人的时间长度和案发时的各种情景，都可能会影响证词的精确性。当然，目击证人的错误证词很多情况下都是由执法部门的不当行为（比如暗示）引起的。联邦最高法院曾在U. S. v. Wade案中指出："对目击证人进行不当的暗示所造成的影响可能比其他因素更容易引发司法错误……暗示可能有意和无意地以各种形式表现出来。"

为了防范目击者指证错误，联邦最高法院以及各州法院已在判例中确立了比较严密的防范措施。主要有：以成列指证、照片指证为原则，暴露指证为例外；以律师的在场帮助权约束侦查人员的暗示性指证；庭审辨认时引入指证专家的意见；在采信指证结论时适用"本身排除"和"总体情况权衡"规则[②]；等等。

（二）被告人的虚假供述

为什么嫌疑人会供认他们并未犯下的罪行？那些通过DNA检测还当事

---

① 宋远升. 刑事错案比较研究. 犯罪研究，2008 (1).
② 张泽涛. 目击者指证规则中的若干问题. 环球法律评论，2005 (1).

人清白的冤案揭示出，虚假供述的原因主要是警方疲劳审讯[①]、诱供骗供以及嫌疑人心理承受能力低或者教育程度低，等等。尽管早在1966年美国联邦最高法院就在米兰达案中要求执法人员在逮捕前向所有犯罪嫌疑人告知保持沉默以及获得律师帮助的权利，以防止在审讯中犯罪嫌疑人在没有理解潜在后果的前提下做出有罪供述，然而，米兰达规则对大多数被羁押审讯的犯罪嫌疑人似乎毫无影响，绝大多数（78%～96%）犯罪嫌疑人都放弃了他们的米兰达权利，并且默认或明确表示同意接受警察的审讯。[②]相关研究还表明，青少年、精神迟滞、心理承受能力较低的人以及缺乏刑事诉讼经验的人更容易放弃米兰达规则所赋予的权利，也更容易作虚假供述。[③]

减少或者预防警察诱导的虚假供述以及由其所导致的错案，不仅要改革刑事诉讼程序规则，还需要外部人士对警察审讯进行更有力度的监督，因此，需要让犯罪嫌疑人认罪前和认罪后的审讯过程都更为透明。[④] 其中，有项重要的改革建议便是，从宣读米兰达规则开始，就对所有审讯进行录像。密歇根大学法学院 Yale Kamisar 教授在多年以前就曾指出，对于米兰达警告与弃权进行录像是确保嫌疑人宪法基本权利能够得到保护的唯一途径。虽然直到上个世纪90年代，大多数执法机构都还不太欢迎对审讯进行录音录像，但是对审讯过程进行录音录像的单位数量还是在增加；2002年，伊利诺伊州州长 George Ryan 领导下的死刑案件委员会建议要求警察对所有杀人案件犯罪嫌疑人的审讯进行录音录像；其他州的死刑案件与无辜者委员会也提出了类似的要求；2004年，美国律师协会还通过一个决议，敦促全美警察对他们的审讯进行录像。此外，还有些建议也已被提出。比如，对于弱势群体要建立特别的保护措施。应对警察进行特别训练，帮助他们如何识别智

[①] 在那些已经被证明是错误定罪的案件中，审讯时间一般都在16.3个小时。吉姆·佩特罗，南希·佩特罗. 冤案何以发生——一位美国检察总长的沉痛反思. 北京：北京大学出版社，2012：163.

[②] 利奥. 警察审讯与美国刑事司法. 北京：中国政法大学出版社，2012：246.

[③] 根据塞缪尔·格若斯的研究，与成人错案相比，青少年错案中虚假供述的比例明显较高。前者为13%，而后者则为44%。在12至15岁的青少年案件中，虚假供述的比例更高，达75%。与精神正常的被告相比，精神迟滞、呆傻或者有残障的被告作虚假供述的比例要高得多，前者仅为11%，而后者则高达69%。SAMUEL R GROSS. Exonerations in the United States, 1989—2003. Journal of criminal law and criminology, Vol. 95, No. 2, 2005.

[④] 同②235.

障人员、精神疾病患者,以及如何最有效地从他们那里获取信息;再如,审讯未成年人时,应当有适当的成年人在场;等等。

(三) 不可靠的线人或者告密者

2004 年,西北大学法学院冤案中心发布了一份报告,报告名为《告密制度:告密者证言是如何将兰迪·史戴尔德以及其他无辜的美国人送上断头台的》(以下简称《报告》)。《报告》研究了 111 例被昭雪的死刑案件,其中有 49.5% 的案件中存在一名线人或者告密者的证言。[①] 几十年以来,这些告密者作证的动机始终如一。监狱线人(告密者)的目的就是寻求减刑或者提前释放。真正的凶手是为了寻找替罪羊。同样,指证一名狱友的报酬也是很现实的。作为由一群辩护律师组成的加利福尼亚州刑事司法律师协会的一员,罗柏特·柏克(Robert Burke)解释道:"当你期待额外的报酬、休假、金钱、衣物、音响,以及在拥挤的人群中站在前排,那么你就有一个无法拒绝的诱惑去作伪证。"[②]

为防范不可靠的线人或者告密者引发悲剧性的后果,《报告》提出了三点建议:一是在监狱或拘留所发生的相关对话,告密者必须留有电子记录;二是执法部门必须对其与潜在告密者的讨论过程做电子记录,并且给被告送一份相关副本;三是不论告密者是否得到或者被许诺得到优惠政策,免予起诉、现金或其他价值相等物,检方都应向被告方开示。美国各州还没有采纳前两种建议的先例,但是 2003 年 11 月伊利诺伊州采纳了第三点建议,作为对死刑制度立法改良的一部分[③];还有人认为,审前证据展示、陪审团指导、交叉询问以及专家证人的使用,能够为事实发现者在评价这类证言时提供一些重要的注意事项;波士顿大学法学院的布鲁姆教授则认为,要解决这个问题,唯一有效的手段是建立审前证据排除程序。

(四) 控方不向辩护方开示无罪证据

在相当数量的死刑案件中,都发现了检察不端行为。这些种类繁多的不

---

① ROB WARDEN. The snitch system: how snitch testimony sent Randy Steidl and other innocent Americans to death row, a report from Northwestern University School of Law Center on wrongful convictions (2004).

② 吉姆·佩特罗,南希·佩特罗. 冤案何以发生——一位美国检察总长的沉痛反思. 北京:北京大学出版社,2012:165.

③ 谢嫒. 美国刑事错案成因研究. 重庆:西南大学,2011:26.

端行为中，有较高的比例（16%至19%）是涉及违反布兰迪规则的。[①] 德尔玛·班克斯案就是典型的例子。1980年，班克斯被指控杀害了16岁的理查德·怀特黑德。在针对班克斯的审判开始之前，检察官告知其辩护律师，他已经提交了所有可以开示的信息。而事实上，检察官并未披露两个主要证人提供的无罪信息。但是，即便在那些不端行为给被害人造成了巨大伤害的案件中，检察官也极少受到惩戒。廉政中心（一个对公共政策问题进行调查研究的超党派组织）所调查的涉嫌检察不端行为的11 000个案件中，各上诉法院对2 000件多一点的案件撤销定罪、驳回指控或者减轻处罚。不过，在这些案件中，大多是检察官没有遭受任何后果，没有认定他们要负责任，他们甚至没有收到申斥。[②]

联邦最高法院曾建议，对检察行为不端最适当的救济措施是由州的律师机构进行惩戒。但是，非常可悲的是，联邦最高法院的建议既不充足也无效果。布鲁斯·格林教授建议，司法部门应考虑起草专门适用于检察官的认可其作为司法官员独特角色的伦理规则。改革检察职能的方式应当多管齐下。改革检察官惩戒规则及程序仅仅是改善检察官责任机制的一个措施。对检察官制定专门的规则和专门的惩戒程序会是旷日持久的，但它会形成一个既有利于检察官也有利于大众的有效制度。[③]

（五）错误的或者有瑕疵的鉴定科学

2009年3月，布兰登·加内特与皮特·J.纽菲尔德在《弗吉尼亚法律评论》上发表了名为《无效的法庭科学证据及错误定罪》的研究，分析了137起通过DNA得以昭雪的案件的庭审笔录。结论是，在82例（60%）案

[①] 在1963年的布兰迪诉马里兰州（Brady v. Maryland）一案中，马里兰州检察机关起诉布兰迪及其同伙涉嫌谋杀罪。庭审之前，检察官应辩护律师的请求向其展示了布兰迪同伙的部分法庭外陈述。但检察官对布兰迪同伙的杀人供述在庭审中隐而不发，布兰迪对此毫不知情直至初审被判决死刑后方如梦初醒。布兰迪于是就检察官隐藏证据行为提出上诉，马里兰州上诉法院维持初审判决，仅就量刑问题发回重审。联邦最高法院在其判决中指出，"对有利于被告人的证据隐而不发有违正当程序，即使被告人没有提出证据开示的请求，检察官仍应责无旁贷地向其展示任何可能为其开脱罪行的证据资料。如果一项证据能够证明被告人无罪或者减轻他的处罚，在被告人的请求下，而检察官拒不出示的话，这将使检察官扮演一个不遵循公正标准的角色"。刘国庆. 论美国检察官的起诉不当. 西南政法大学学报，2012（1）.

[②] 戴维斯. 专横的正义——美国检察官的权力. 北京：中国法制出版社，2012：143.

[③] 同②169以下.

件的审判过程中，控方提供了错误的或者有瑕疵的鉴定科学。

针对该问题已经提出来的改革建议主要有：法医学界研究亟待提高；国会应建立一家全新的独立的国家司法鉴定科学研究所，旨在领导研究工作，确立并执行针对司法鉴定专家及各实验室的标准，并监督标准执行；公共司法鉴定实验室应从警察部门及检察官办公室独立出来；对司法鉴定专家进行强制性认证；额外的资源需要用来建立一套高质量、能自我纠错的鉴定制度。① 同时，在各州还应建立监督委员会和资讯平台，作为独立小组支持司法鉴定工作。独立小组的组成人员包括各领域的专家，他们了解司法鉴定的需求和刑事司法系统的运作。美国已经有几个州建立了这样的委员会和资讯平台，虽然形式不同，但是都具有独立性的统一特点。专家小组在不同程度上保证着司法鉴定的质量。相关的研究者相信，只有做好这几方面的工作，才可以提高刑事司法系统下司法鉴定的质量。②

第二节 德国《基本法》与"废除死刑"

德国废除死刑的历史已长达数十年。虽然德国《基本法》第 102 条明确规定"废除死刑"，但这一条款入宪是一个充满争议的过程，且至今仍然能在德国的学术界和民间听到支持恢复死刑的声音。本节首先介绍德国废除死刑的历史并简述支持恢复死刑的呼声，之后通过教义学方法重点分析《基本法》是否允许删除或修改第 102 条。

一、德国废除死刑的历史

《基本法》第 102 条"废除死刑"条款的产生与纳粹时期滥用死刑的历史紧密关联。1948 年的海伦基姆湖制宪会议（Verfassungskonvent auf Herrenchiemsee）就已经开始讨论是否将废除死刑条款写入宪法，而具体的讨论主要在 1948 年 9 月 1 日开始工作的议会委员会（Parlamentarischer Rat）的主管委员会中进行。在该委员会中，有 8 名基督教民主联盟（Christlich-Demokratische Union）的代表、8 名社会民主党（Sozialdemokratische Partei）代

---

① 戴维斯. 专横的正义——美国检察官的权力. 北京：中国法制出版社，2012：178 页以下.
② 谢媛. 美国刑事错案成因研究. 重庆：西南大学，2011：28.

表、2 名自由民主党（Freie Demokratische Partei）代表、1 名德意志党（Deutsche Partei）代表、1 名德国共产党（Deutsche Kommunistische Partei）代表、1 名德国中央党（Deutsche Zentrumspartei）代表。但当时因对这一问题尚存争议，基本法草案中并未做出任何关于死刑的规定。而对于是否废除死刑问题，最关键的两次争议分别是 1949 年 1 月 18 日举行的第 42 次会议上关于草案的第二次宣读和 1949 年 2 月 10 日第 50 次会议上的第三次宣读。

最早提议废除死刑的委员是来自德意志党的 Hans-Christoph Seebohm，他在 1948 年 12 月递交书面申请，建议在《基本法》第 2 条中加入下面一段话："胎儿生命受到保护。禁止体罚。废除死刑。"

Seebohm 认为，德国人民摆脱了历时 15 年的暴力统治，厌恶死刑判决。较之于 Seebohm 而言，委员会的其他成员态度较为谨慎。因此，Seebohm 在第二次宣读时再次提出申请。在申请中他指出，欧洲很多国家均已废除死刑，在一个现代法治国家不可能继续执行死刑，罪犯应有权获得在自由刑期间反省和改过的机会。Seebohm 还认为，废除死刑的规定也是对基本法保障公民身体不受侵犯的认可和尊重。但在随后的争论中，Seebohm 的提议遭到其他委员，特别是来自社会民主党委员的反对，提议最终在第二次宣读的表决中以 9 票反对、6 票支持的结果被否决。事实上，Seebohm 提出的建议还同时涉及了同盟国对战争罪犯执行死刑的批评，这在一定程度上增加了提议遭到拒绝的可能。[①]

社会民主党议员 Friedrich Wilhelm Wagner 在 1949 年 2 月 10 日的基本法草案第三次宣读中提出的观点和论据对于是否废除死刑问题讨论的进展具有决定性作用。Wagner 原则性地支持废除死刑，并建议在《基本法》关于司法的一章中加入第 131a 条"废除死刑"的规定。Wagner 指出，死刑是野蛮的，人的生命既然并非国家赋予的，国家自然也不得剥夺人的生命；野蛮的刑罚不可能阻止野蛮的行为，前者只能促进后者的蔓延。Wagner 还认为，死刑的威慑效果并不大，目前根本无法证明废除死刑的国家发生了更多重大犯罪行为。在这次讨论中，Seebohm 也认为在《基本法》中规定废除死刑是

---

① Vgl. Katharina Flemming, Wiedereinfuehrung der Todesstrafe in Deutschland? Frankfurt 2007, S. 42f.

当务之急，不得将这一任务转交给未来的联邦议会。[①] 来自德国共产党的议员 Karl Renner 指出，虽然《基本法》第 2 条对生命权和身体权的保障蕴含着废除死刑的内涵，但仍然需要将废除死刑单独明确写入《基本法》。[②]

在整个争论过程中，反对废除死刑的议员仅非常谨慎地表达了自己的观点，认为应将废除死刑的决定权留给未来的联邦议会。来自基督教民主联盟的议员 Felix Walter 认为死刑不应彻底废除，但应将其适用限制在谋杀（Mord）行为。Walter 还表示，议会委员会无权就是否废除死刑进行表决，因为它并非由人民直接选举出来的议会。

在 1949 年 5 月 5 日的第 57 次会议上，主管委员会进行最终表决，结果是 15 票支持废除死刑，仅有 4 票反对。[③] 一天后，在第 9 次全体大会中继续了废除死刑的讨论。10 名基督教民主联盟和基督教社会（Christlich-Soziale Union）联盟的议员提议删除此前从第 131a 条移至第 103 条的"废除死刑"规定，理由是议会委员会对于是否废除死刑的问题并未做充分准备，讨论并不充分，当前的人民对于这一问题并不了解。[④] 社会民主党议员 Wagner 则予以反驳，认为在 1912 年的法学年会之后爆发了两次世界大战，战争和纳粹政权使人民丧失了对生命的尊重，此时正是表明生命神圣性的最佳时机。来自德国共产党的议员 Heinz Renner 则表示，纳粹时期的历史表明，死刑并非保护国家的武器，考虑到当前的法官有着在纳粹时期的审判经历，不得将判处死刑的权力留给他们，否则他们会将此作为政治武器予以适用甚至利用，进而扼杀进步的民主力量。[⑤]

在接下来的全体会议表决中，删除"废除死刑"条款的申请遭到拒绝，绝对多数支持第 103 条规定"废除死刑"。两天之后，以 53 票支持、12 票反对的结果将这一规定改为《基本法》第 102 条。[⑥]

[①] Parlamentarischer Rat, Verhandlungen des Hauptausschusses, 1948/49, S. 669, 671.

[②] 同①1948/49, S. 670.

[③] Vgl. Katharina Flemming, Wiedereinfuehrung der Todesstrafe in Deutschland? Frankfurt 2007, S. 42f.

[④] 同③S. 44f.

[⑤] Sten. Ber. d. Plenums, 9. Sitzung vom 6.5.1949, S. 188f.

[⑥] Sten. Ber. d. Plenums, 10. Sitzung vom 8.5.1949, S. 238.

二、恢复死刑的呼声和努力

虽然废除死刑的规定已经明确写入《基本法》，但在德国，主张恢复死刑的声音始终没有消失。《基本法》生效不足一年时，议会中的部分议员便提出删除《基本法》第102条的动议，并声明这是民众的呼声。1950年2月24日，联邦议会中的巴伐利亚党团提交了废除这一规定的草案，经讨论被代表大会以明显多数反对的结果拒绝。两年半后，德意志党团提交了相同内容的申请，同时还提交了其他几位议员的申请，建议在《基本法》第102条中将谋杀和绑架作为例外。德意志党的议员Hans Ewers特别强调了坚定的新教教徒对于某些谋杀事件的不安，并声称基于基督教强调的"以眼还眼，以牙还牙"原则，民众要求恢复死刑的呼声很高。Hans Ewers指出，威慑效果对于降低犯罪率具有重要意义，废除死刑的决定意味着议会再次犯了一个德国式的错误，即从一个极端走向另一个极端，这种宪法规定对于所有文化国家（Kulturstaat）都非常陌生。[①] 另一位议员Hermann Etzel则指出，过去几年杀人犯罪数量开始上升，民众的观点相较于前些年有所转变。基督教民主联盟的议员Carl Weber认为，针对是否废除死刑的讨论并未充分考虑民意，讨论的基础主要是一些专业人士的意见。

尽管德意志党团的动议中包含了看似充分的理由，但在1952年10月30日的议会第二次讨论中，329名议员中除了10人中立，以216人（66%）反对和103人支持的结果拒绝了德意志党团提出的恢复死刑动议。[②] 由于通过第二次讨论结果可以确定修改《基本法》的动议无法获得议会三分之二多数和参议院表决人数三分之二多数的支持，因此无须第三次讨论。

在此后一段漫长的时间里，恢复死刑的声音从未间断。每当发生重大犯罪行为，特别是恐怖袭击、劫持人质或性犯罪事件，民众支持恢复死刑的比例就会明显上升。其中，最典型的当属1977年德国雇主协会主席Schleyer遭到左翼恐怖分子的劫持和谋杀事件以及2001年的"9·11"事件。在这类

---

① Vgl. Sten. Ber. Deutscher Bundestag, 232. Sitzung vom 2. 10. 1952, S. 10607 – 10609, S. 10625–10628.

② Vgl. Katharina Flemming, Wiedereinfuehrung der Todesstrafe in Deutschland? Frankfurt 2007, S. 48f.

事件发生之后，多数民众都会认为对于罪大恶极的行为适用死刑完全合理，主要理由仍然是死刑会产生巨大的警示和威慑效力，这一效力对于防范重大犯罪行为不可或缺。恢复死刑的支持者还认为，死刑的反对者过多考虑了行为人的利益，而忽视了受害者及其家人的利益。[1]

三、通过修宪恢复死刑的可能性分析

从宪法学角度来讲，上述争议和讨论的论据无法对德国基本法是否允许恢复死刑这一问题的回答产生实质影响，因为双方的论据更多是以个人感情、信仰和价值观判断为基础，而非教义学分析。仅根据这类见解和论据对是否应恢复死刑做出分析和判断会对法治国家构成严重威胁。显而易见，在不修改《基本法》的情况下，通过普通法律恢复死刑根本不可能，因为《基本法》第102条已经明确废除死刑，任何恢复死刑的法律规定均构成违宪。那么《基本法》第102条是否可能被删除或修改？

《基本法》第102条明确规定"废除死刑"，但与《基本法》第1条明确规定"不得触犯"人之尊严不同，生命权条款包含第2条第2款第3句的单纯法律保留。近些年关于航空安全法的讨论就涉及对生命权限制的问题。然而《基本法》允许限制生命权并不意味着允许恢复死刑，具体到第102条是否存在被删除或修改的可能，我们需要分析这一问题所涉及的核心条款——《基本法》第79条，该条款对于修宪提出了形式和实体方面的要求。与奥地利宪法和瑞士宪法不同，基于历史原因，德国《基本法》并未将局部修宪和整体修宪进行区分，对修宪也设定了较高的门槛。修宪的形式要件主要包括第79条第1款和第2款的规定："《基本法》只能被法律修改，该法律应明确规定修改或补充《基本法》的条款"以及"修改宪法的法律须经联邦议院议员三分之二的同意和联邦参议院表决票数的三分之二的同意。"而对于《基本法》第102条是否可以被删除或修改的问题，第79条中蕴含的实质要件更为关键。实质要件主要在第79条第3款中予以规定："对《基本法》的修改不得涉及联邦由各州组成的事实，各州参与立法以及第1条和第20条所规定的原则。"这一规定的产生与1933年德国"合法"取消宪法这段历史

---

[1] Vgl. Katharina Flemming, Wiedereinfuehrung der Todesstrafe in Deutschland? Frankfurt 2007, S. 48f.

不无关联。①

1. 对第 79 条第 3 款的理解

《基本法》第 79 条第 3 款对修宪提出了实质性要求，保障了制宪者做出的一些基本决定不被修改。即使联邦议院和参议院的全体成员均支持修改这些基本决定，也不被《基本法》所许可。最早的与此类似的条款是 1814 年挪威宪法的第 112 条第 1 款第 3 句，其规定宪法的修改永远不得违背现行宪法的原则，只得修改个别的特定条款，不得改变现行宪法的精神。而在这一时期，宪法修改有限制说对于德国宪法尚且陌生。在挪威宪法做出这一规定后，对宪法修改做出内容上的限制开始在欧洲各国蔓延。②

在魏玛时期，关于宪法的核心精神是否不得被修改的问题，法学界曾产生过激烈的讨论。卡尔·施密特提出，原则上应对宪法和宪法法律以及修宪权和制宪权进行区分，这一观点对于德国宪法历史和学术发展产生了很大的影响。卡尔·施密特在此基础上提出修宪的界限。他认为，修宪意味着某一个或若干宪法法律规定被其他宪法法律规定所替代，但前提是宪法作为一个整体的同一性和稳定性得到保障。③ 不过随着 1933 年纳粹政权的上台，相关争论即宣告终结。

《基本法》的制定者采纳了宪法修改内容限制学说。仔细研究《基本法》第 79 条第 3 款的文本不难发现，原文规定"对《基本法》的修改不得涉及联邦由各州组成的事实，各州参与立法以及第 1 条和第 20 条所规定的原则"，对于是否恢复死刑的讨论，并不涉及联邦由各州组成的事实以及各州参与立法，但却可能涉及第 1 条和第 20 条所规定的原则。可见，修改上述规定的内容并不一定被宪法所禁止，宪法禁止的是对其中蕴含的原则的修改。在此需要分析的问题除了这一条款的涉及范围，尤其包括对"原则"和"涉及"这两个词的解释。

联邦宪法法院阐明，《基本法》第 79 条第 3 款所指的"原则"并非带有绝对适用请求权的原则，该条款的目的只是维护现行宪法秩序在本质上不被

---

① Vgl. JoeR 1 (1951), 586.
② Vgl. Katharina Flemming, Wiedereinfuehrung der Todesstrafe in Deutschland? Frankfurt 2007, S. 53f.
③ Carl Schmitt, Verfassungslehre, Berlin 1970, S. 103.

消除且不被集权者滥用。① 联邦宪法法院还认为，这一条款属于例外规定，不得阻止立法者通过修宪法律在体系固有的范围内修改根本的宪法原则。②

联邦宪法法院的上述观点大幅度降低了修宪的实质门槛，甚至在很多情况下本质上等同于将第 79 条第 3 款视为宣示性条款。因此，德国学术界的主流观点对于联邦宪法法院的这一裁决持否定态度，认为任何对于上述原则的限制均不被《基本法》所允许。③ 作为宪法稳定性条款，对于第 79 条第 3 款的解释应该更为谨慎和严格，除了全部删除或原则性放弃，"涉及"这些原则还包括对其部分内涵的忽视。第 79 条是对历史的回应，不仅要防御革命，还要保护现行宪法中的稳定性元素不失效。④

2. 删除或修改第 102 条是否涉及第 79 条第 3 款

显而易见，《基本法》第 102 条并未被第 79 条第 3 款明文涵盖。如果删除或修改第 102 条，是否涉及第 79 条第 3 款中所指的宪法原则呢？在若干被第 79 条涵盖的原则中，删除或修改第 102 条仅可能涉及第 1 条关于人的尊严的原则。

（1）人的尊严的内涵

《基本法》第 1 条蕴含了对人的尊严的保障，在分析删除第 102 条是否会涉及宪法对人的尊严的保障之前，必须首先探寻"人的尊严"这一概念的内涵。

人的尊严这一概念来源于基督教，属于法哲学范畴，但从教义学角度来讲，对这一概念的解释不得再单纯依靠神学或哲学，而应依据不同方法。当前，无论是基督教徒还是非基督教徒均认可和信奉《基本法》，《基本法》在宗教问题上应保持中立。

对人的尊严这一概念可以进行积极定义，也可以进行消极定义，但无论哪一种定义方法，均需借助具体个案事例。

对人的尊严这一概念的积极定义主要存在三种观点：1）对每一个体抽象的精神、文明和其他条件的认可⑤；2）在一个成功的自我实现的过程中

---

① BVerfGE 30, 1 (24).
② H. U. Evers, in: Bonner Kommentar, Grundgesetz, Art. 79 Abs. 3 Rn. 150.
③ Brun-Otto Bryde, Verfassungsentwicklung: Stabilitaet und Dynamik im Verfassungsrecht der Bundesrepublik Deutschland, Baden-Baden, 1982, S. 239.
④ Siehe Sondervotum, in: BVerfGE 30, 1 (42, 47).
⑤ Vgl. Guenter Duerig, in: Maunz/Duerig (1958), Grundgesetz, Art. 1 Abs. 1 Rn. 18, 20ff.

将要获得的一切①；3）与其他个体相互尊重和交往中的互助性。② 不难发现，这三种观点均无法全面涵盖这一概念的内涵。有学者认为，《基本法》并未将人格形象予以固定，并非仅有自由意识的人才具有尊严。③ 但这一观点至少与宪法确立的民主理念相悖，因为只有理性的具有独立自由意识的个体组成的"人民"，才可能通过民主程序选举自己的代表并积极参与和监督各项国家事务。

基于积极定义的困难，学术界更多采用消极定义的方法，即从侵害的角度对人的尊严予以定义。联邦宪法法院指出，若人遭受的对待使其主体的本质成为疑问，或在具体对待行为中存在肆意蔑视人的尊严的情形，则触及人的尊严，但对待行为必须体现出蔑视人基于人性而享有的价值，且在这种意义上构成一种卑鄙的行为。④ 联邦宪法法院在适用上述标准时经常会结合具体事例。

在联邦宪法法院阐明自身的观点后，学术界仍然在不断对人的尊严内涵进行补充，特别是历史解释法对第 1 条第 1 款的理解产生了极大影响。在第三帝国和纳粹时期的恐怖统治和野蛮历史中出现的屠杀、驱逐、强制结扎、虐待、酷刑，特别是基于种族动机而构成的歧视等均触及人的尊严。进入 20 世纪 80 年代，原民主德国滥用他人信息和数据的行为对原联邦德国也产生了很大触动，学术界认为这些同样构成对人的尊严的侵害。⑤

需要注意的是，涉及人的尊严的标准是相对的，随着社会的发展，人的尊严可能会产生新的内涵并形成新的请求权。但《基本法》第 1 条不只是伦理认知，也不只是宣示性条款，而是具有规范作用的宪法约束性条款。人的尊严始终不得与其他规范目标相权衡，这是《基本法》的基本思想。

但争议颇多的是，作为具有规范作用的约束性条款，《基本法》第 1 条是否属于一项基本权利？反对者认为依据第 1 条第 3 款的宪法文本，"下列

---

① Niklas Luhmann, Grundrechte als Institution, 4 Aufl., Berlin, 1999, S. 60ff.
② Hofmann, AoeR 118 (1993), 353 (364ff).
③ Christoph Enders, Die Menschenwuerde in der Verfassungsordnung: Zur Dogmatik des Art. 1 GG, Tuebingen 1997, S. 186.
④ BVerfGE 9, 89 (95), 27, 1 (6).
⑤ Herdegen, in: Maunz/Duerig, Grundgesetz, Art. 1 Abs. 1 Rn. 39, 40.

基本权利"字样证明只有在后面列举的条款才属于基本权利。① 但在今天，无论是联邦宪法法院的判决还是理论界均普遍认为人的尊严属于一项基本权利，依据联邦宪法法院的裁决，《基本法》第2条第1款和第1条第1款一起构成一般人格权这一基本权利。②

（2）删除或修改第102条是否涉及人的尊严

将"人的尊严"设定为不可变更条款符合《基本法》第1条中"不可触犯"这一字眼，符合《基本法》将基本权利条款放于第一部分的初衷以及对人权的信奉。但正如上文所分析的，第79条第3款仅要求修宪不得触及所提及条款中的"原则"，并非绝对不得触及条款内容。这一观点是否适用于人的尊严条款呢？

《基本法》第1条本身就蕴含着原则性内容，这一原则虽然存在解释和具体化的空间，但却无法被拆分或分级，完全属于第79条第3款所涵盖的范围。特别是考虑到人的尊严是宪法基本权利最核心的内涵以及其在《基本法》中的重要地位，触及人的尊严的任何一部分内涵均涉及其所蕴含的原则，即修宪不得触动这一条款。③

而本节所涉及的问题是，删除或修改第102条是否构成对人的尊严内涵的影响进而涉及第79条第3款？④

毫无疑问，删除或修改第102条的规定必然会涉及生命权，而侵害生命权是否会触及人的尊严呢？根据德国学术界的通说，《基本法》中其他基本权利条款是人的尊严的具体化，人的尊严是一切基本权利的核心内涵，对于其他基本权利具有辐射效力。虽然《基本法》第79条第3款并未提及第2条至第19条的基本权利，但由于人的尊严必须经过其他基本权利具体化，因此对人的尊严的保护必然包含对其他基本权利的保护。现在需要解决的问题是，其他基本权利在何种范围内可以被制宪者予以限制甚至删除。

---

① Podlech, in: AK Grundgesetz, Art. 1 Abs. 1 Rn. 61.
② BVerfGE 15, 283 (286).
③ Horst Dreier, in: Horst Dreier, Grundgesetz—Kommentar, Art. 1 Abs. 1 und 2, Rn. 14.
④ 《基本法》第102条本身是否属于基本权利？有学者根据体系解释认为第102条属于程序性基本权利，因为第101条、第103条和第104条均被视为司法权利。而反对者则认为第102条仅为客观规范，不具备主观权利特征，只是第2条第2款第3句中对生命权"限制的限制"，因为《基本法》第93条第1款第4a项并未提及第102条。

有学者曾认为，修宪不得涉及《基本法》第 1 条中的原则意味着同时不得涉及其他基本权利，因为第 1 条第 3 款明确规定这一不得触犯的条款约束立法者，而修宪恰需要立法者作为。但这一观点在今天已经鲜有人支持，因为支持这一观点会导致其他一切基本权利均不得被触犯，这明显与《基本法》第 79 条第 3 款的文本和第 1 条以及第 20 条中的原则不符。[①] 第 79 条第 3 款文本上使用的是第 1 条"和"第 20 条，而非"至"，与此不一致的解释将导致第 1 条第 3 款与第 79 条第 3 款无异。第 1 条第 3 款仅要求下列基本权利约束立法者，至于基本权利的本质和内涵则可以通过立法者在第 79 条第 3 款的范围内以修宪的形式来确定。

但是，人的尊严与人权密不可分，这可以从《基本法》第 1 条第 2 款中看出，且第 1 条第 3 款又在体系上将后面的基本权利条款与本条相连，因此基本权利制度与人的尊严内涵密不可分，第 79 条第 3 款提出修宪不得涉及第 1 条的原则意味着其他基本权利中所蕴含的人的尊严内涵不得被修改，即基本权利并非完全不得修改，只是修改不得触及其核心内涵。照此，至少在涉及某项基本权利的核心内涵时，《基本法》不允许被修改。特别是那些与人格权密切相关的基本权利蕴含了人的尊严这一核心内涵。审查是否涉及人的尊严主要看是否触动了人的存在以及直接的生存条件。一旦触及人的尊严，则修宪不被《基本法》所允许。

第 102 条蕴含了《基本法》对人的生命的信奉，即使一个人严重伤害了他人的尊严或残忍地剥夺了他人的生命，国家也不得利用刑事制裁手段消灭其生命。但死刑是否涉及人的尊严呢？有学者认为，死刑直接被《基本法》第 1 条第 1 款所禁止，第 102 条为第 1 条第 1 款的一部分内容，仅具有宣示意义。因此，第 102 条不仅是第 2 条生命权的具体化，还是第 1 条人的尊严条款的具体化，依据第 79 条第 3 款，该条款不得被删除或修改。[②] 但笔者认为，第 102 条原则上可以被删除或修改，否则不仅需要证明废除死刑是认可人的尊严的结果，还应证明其是人的尊严不可丢弃的一部分。[③] 然而在事实

[①] H. U. Evers, in: Bonner Kommentar, Grundgesetz, Art. 79 Abs. 3, Rn. 172.
[②] Callies, NJW 1988, 849 (852).
[③] Vgl. Burkhard Even, Die Bedeutung der Unantastbarkeitsgarantie des Art. 79 Abs. 3 GG fuer die Grundrechte, Frankfurt, 1988, S. 244.

上，在明知行为可能导致被判处死刑的情况下，若行为人仍实施该犯罪行为，则表明其自愿承受死刑这项刑罚。

四、结论

综上所述，删除《基本法》第 102 条或将死刑局限于例外情况并不被《基本法》第 79 条第 3 款所禁止。与人的尊严不同，在例外的情况下，可以将生命权与其他宪法价值进行权衡。然而，这一结论并不一定会导致《基本法》第 102 条最终确实被删除或修改：在形式要件方面，《基本法》第 79 条为修宪设定的门槛较高，需要参议院和众议院三分之二多数的通过，且程序较为复杂；在实质要件方面，即使恢复死刑的提议通过了形式门槛，也需要与《基本法》第 2 条第 2 款第 1 句所保障的生命权进行权衡，恢复死刑在此能否通过比例原则的审查值得怀疑。

第三节 澳大利亚死刑废除的历史及其启示

一、澳大利亚废除死刑的基本历程

澳大利亚最早执行死刑的根据是土著居民的原始习惯法，这些习惯往往取自巫术。1629 年，欧洲法中的死刑制度开始被适用于澳大利亚，当时荷兰当局绞死了巴达维亚的反叛者。欧洲的死刑制度真正进入澳大利亚的法律体系发生在英国对澳大利亚的殖民时期。

（一）死刑泛化时期

18 世纪末到 19 世纪 30 年代，澳大利亚作为英国的殖民地适用英国的死刑制度，这一时期无论是死刑的立法规定还是执行数量都相对较多。1788 年 1 月 26 日，英国首批移民抵达澳大利亚，此后英国陆续在澳大利亚各地建立殖民地。随着新南威尔士州罪犯流放地的建立，英国的刑法被带到了澳大利亚。根据英国 1787 年发布的对新殖民地的司法宪章（Charter of Justice），英国国王设立刑事法院，刑事法院依照英国法律处理严重的刑事案件。[1] 而

---

[1] NSW GOVERNMENT（新南新威尔士政府网）. http://investigator.records.nsw.gov.au/entity.aspx?path=%5Cagency%5C535.

当时的英国法律规定了多种死刑罪行，在布莱克斯通时期（1723—1780年）至少规定了160种死刑罪行，其中，1732年的《黑匪法》（Black Act)① 将偷兔、盗伐树木等行为纳入死刑罪行之中。截止到1810年，英国至少有223项法令涉及死刑。而与死刑规定相比，死刑的实际适用范围更为广泛，通常会达到涉及死刑法令数量的3到4倍。②

在19世纪，澳大利亚每年大约有80人被执行死刑，这些死刑罪行包括谋杀、盗窃、偷羊、伪造、性侵，甚至一般的违法行为。菲利普总督统治时期（1738—1814年）绞死的18名罪犯中，第一个被绞死的罪犯被判犯有偷盗食物罪。芮福·达令和理查德·伯克两位总督时期（1826—1836年）是死刑适用的高峰期，其中，在1830年就有50名罪犯被执行死刑，超过了同年英格兰和威尔士被执行死刑的罪犯的总数（46名）。③

（二）死刑逐步减少时期

19世纪30年代到20世纪20年代，澳大利亚的死刑逐步减少。1833年，殖民地的死刑第一次缩减，将伪造、盗窃牲畜等行为排除在死刑罪行之外。1838年，殖民地进一步改革，废止了非暴力盗窃、未带来伤害后果的谋杀未遂、非暴乱性的违法行为、走私和贩卖奴隶等罪行的死刑。但这一时期减少死刑的改革在个别州的推行也面临阻力，比如在塔斯马尼亚岛这一改革曾遭到抵制，当时塔斯马尼亚岛立法委员会没有通过对马、牛、羊盗窃不判死刑的法案。④

在1901年澳大利亚联邦建立之前，尽管死刑得到一定的控制和减少，但在澳大利亚各殖民地死刑仍然存在，并且各州规定不同。比如：根据1883年的刑法修正案与英国刑法相关规定，新南威尔士州有11种犯罪可判处死刑：（1）谋杀（包括毫无顾虑地杀人，不包括过失）；（2）谋杀未遂；（3）占有他人财产；（4）强奸；（5）奸淫不满10岁的女孩；（6）伴有谋杀

---

① 《黑匪法》是英格兰古法。这项1722—1732年通过的法令，因被用以镇压在埃塞克斯郡沃尔瑟姆（Waltham）[今埃平（Epping）]森林附近出没的面目涂黑的匪徒而得名。这伙匪徒将面部涂黑或在其他形式的伪装下，猎杀森林里的鹿，抢劫养兔场、鱼塘和盗伐林木，并进行其他犯罪活动。该法将这些罪行定为重罪，教士对这些罪名亦不得享有豁免权，并规定了对受损财产的所有人的赔偿金额数。
② 胡德．英国死刑的废止进程．刑法论丛，2008（1）.
③ JO LENNAN, GEORGE WILLIAMS. The death penalty in Australian law. 34 Sydney L. Rev. 659,（December, 2012）: 4.
④ 同③.

或严重身体伤害的盗窃；(7) 对有人的教堂或住房纵火；(8) 对载人的船、舰艇纵火或破坏；(9) 错报信号使船处于危险之中；(10) 叛国；(11) 对皇家造船厂纵火。根据1890年刑法典，维多利亚州有9种犯罪可判处死刑：(1) 谋杀（包括轻度叛逆）；(2) 通过毒药或伤害的谋杀未遂；(3) 对船纵火或使其失事；(4) 强奸；(5) 奸淫或虐待不满10岁的女孩；(6) 鸡奸（无论是与不满14岁的人，或是未经同意通过暴力手段与其他人）；(7) 带有伤害的抢劫；(8) 带有伤害的盗窃；(9) 对有人的房子纵火。在塔斯马尼亚岛有8种犯罪可判处死刑：(1) 谋杀（包括轻叛逆罪，下级对上级的叛逆，如妻杀夫，仆人杀主人）；(2) 通过投毒或带有伤害的谋杀未遂；(3) 用火药毁灭或破坏建筑；(4) 对船纵火或使其失事；(5) 通过投毒、射击或溺亡的方式实施谋杀；(6) 通过其他方法实施谋杀；(7) 鸡奸；(8) 有谋杀企图的海盗行为。根据英帝国法律和西澳大利亚州法律规定，在西澳大利亚有5种罪行可判处死刑，(1) 谋杀；(2) 通过毒药或带有伤害的谋杀未遂；(3) 强奸；(4) 暴力盗窃；(5) 叛国。根据昆士兰1899年刑法典，有5种罪行可判处死刑，即叛国、海盗、带有暴力的海盗未遂行为、谋杀和蓄意谋杀。南澳大利亚州则规定了2种可判死刑的犯罪：谋杀（包括轻度叛逆）和有谋杀企图的海盗行为。

（三）死刑的废除

20世纪20年代到80年代，澳大利亚各州和联邦通过修改刑法废除死刑（见表4-1）。昆士兰州是第一个废除死刑的州，1922年，昆士兰州对刑法予以修改，根据修改后刑法典第2条的规定，死刑的判决不再被适用，死刑被不会减刑的终身监禁所替代。1968年，塔斯马尼亚岛也通过修改刑法废除了死刑，其修改后的刑法典第2条规定："该法案生效后，对于违反国家法律的犯罪行为，死刑不再适用。"根据其第3条和第4条规定，用终身监禁来代替叛国罪和谋杀罪的死刑。1973年北领地修改刑法，其修改后的刑法典第5条规定，对于谋杀的死刑，用终身监禁并强制劳动加以替代。同年11月13日，澳大利亚联邦废除死刑的法案在议会获得通过。根据该法案，任何人不得因犯罪而被判处死刑，所有涉及判处死刑的条款都由终身监禁予以替代。[①] 随后，澳

[①] Wikipedia. Capital punishment in Australia. http://en.wikipedia.org/wiki/Capital_punishment_in_Australia.

大利亚首都领地、维多利亚州、南澳大利亚州、西澳大利亚州也相继修改刑法废除死刑。新南威尔士州是最后一个废除死刑的州，1985 年，其通过犯罪修正法案修改了 1900 年的犯罪法案的所有涉及死刑的条款，规定任何犯罪都不得被判处死刑。

表 4-1　　　　　　　　　　澳大利亚死刑废除的进程①

区域	废除时间	最后一次执行死刑的时间
昆士兰州	1922	1913
塔斯马尼亚岛	1968	1946
北领地	1973	1952
澳大利亚联邦	1973	—
澳大利亚首都领地	1973	—
维多利亚州	1975	1967
南澳大利亚州	1976	1964
西澳大利亚州	1984	1964
新南威尔士州	1985	1940

（四）死刑废除后的巩固时期

20 世纪 80 年代至今，澳大利亚废除死刑之后，为防止死刑的恢复和适用，积极通过立法进一步巩固死刑的废除。比如，根据澳大利亚 1988 年的《引渡法案》第 22 条和第 25 条的规定，联邦检察总长授权引渡死刑犯的前提为，申请引渡的国家必须承诺：(1) 被引渡者不会因此罪被审判；或 (2) 如果该人因此罪被审判，不会被判处死刑；或 (3) 如果被判死刑，不会被执行死刑。根据澳大利亚 1987 年的《犯罪相互协助法》第 8 条的规定，如果涉及可能对某人起诉或判处死刑的情况，除非检察总长认为情况特殊，否则对外国的协助请求一律拒绝。② 2010 年澳大利亚正式颁布《刑事立法修正案》（the Crimes Legislation Amendment Act 2010），明确禁止任何州和领地恢复死刑。但这并不意味着死刑废除的巩固立法就此结束，有学者指出作为

---

① ANDREW BYRNES. The right to life, the death penalty and human rights law: an international and Australian perspective. http://law.bepress.com/cgi/viewcontent.cgi?article=1068&context=unswwps-flrps.

② LORRAINE FINLAY. Exporting the death penalty? Reconciling international police cooperation and the abolition of the death penalty in Australia. 33 Sydney L. Rev. 95. (March, 2011): 15-16.

普通的立法，2010 年的《刑事立法修正案》并不能阻止联邦恢复死刑，因为议会主权意味着联邦法律可以超越这一法案。对此，唯一可以更好地阻止恢复死刑的方式是修改宪法，通过宪法明确废除死刑。①

二、澳大利亚废除死刑的动力与途径

在澳大利亚，废除死刑的重要基础在于保护人的生命权。澳大利亚人权与平等机会委员会主席 John von Doussa 指出，应当尊重人的生命的内在尊严与价值，这是所有人权的基础，也反映了我们对于自身所向往的生活的深刻的道德观。② 法官 Michael Kirby 指出："死刑让一个执行它的国家（州）变得残忍。公务员必须执行终结人的生命这一肮脏的事情，这都是人类早期野蛮时代的遗留物。"澳大利亚的法律委员会（Law Council of Australia）在发布的死刑政策声明中指出，其反对死刑的基础在于死刑违反人的最基本的权利：生命权。③ 此外，反对死刑的理由中还有一些实用主义的考量，比如澳大利亚前总理约翰·霍华德（John Howard）指出，他反对死刑主要是基于实用主义的考虑，因为死刑有时会出错。④

（一）澳大利亚废除死刑的动力

澳大利亚废除死刑的动力来源于英国死刑改革的影响、工党废除死刑的立场、媒体的宣传以及履行国际条约义务的要求。

1. 英国死刑改革的影响

1830 年以后，英国开始逐步废除死刑。1832 年英国废除了对偷窃马、羊的罪行的死刑，1833 年废除了对撬窃罪行的死刑，1837 年废除了对入室行窃罪的死刑。截至 1838 年，只有 8 种罪行可被判处死刑。⑤ 1861 年，英国废止了谋杀、叛国、间谍、皇家造船厂纵火和暴力性海盗行为五类犯罪的

---

① JO LENNAN, GEORGE WILLIAMS. The death penalty in Australian law. 34 Sydney L. Rev. 659（December, 2012）：15.

② JOHN VON DOUSSA. The death penalty—a matter of principle. http：//www. humanrights. gov. au/news/speeches/death-penalty-matter-principle.

③ Law Council of Australia. http：//www. lawcouncil. asn. au/lawcouncil/images/LCA-PDF/a-z-docs/LCA_death_penalty. pdf.

④ PAUL MARCUS. Capital punishment in the United States and beyond. 31 Melb. U. L. Rev. 837，2007：17.

⑤ 胡德. 英国死刑的废止进程. 刑法论丛，2008（1）.

死刑。澳大利亚作为英国的殖民地，受到英国废除死刑改革的影响。比如，1871年新南威尔士州逐步吸收英国1861年的改革，其法律改革委员会提出一个议案，将死刑限制在"某些极为残忍的行为"之中，并将非恶意谋杀行为排除在死罪之外。

2. 工党废除死刑的立场

在澳大利亚，工党作为澳大利亚最古老的政党之一，其废除死刑的立场对于推进澳大利亚死刑的废除具有重要的作用。工党不仅在其执政时期积极推动废除死刑的立法，还积极通过其执政的政府对死刑犯予以减刑。比如，在昆士兰州，自1915年，所有的死刑犯都在工党政府中获得减刑。在塔斯马尼亚岛，从1933年工党执政后，法律实践中基本废止了死刑，除了在1946年绞死一名死刑犯外[1]，其他所有死刑犯都获得减刑。随后工党在该州获得第十次连任时，成功推动了废除死刑法案的通过。

3. 媒体的宣传作用

澳大利亚媒体通过宣传尊重生命、废除死刑的主张，积极推动了死刑的废除。比如在19世纪的殖民地时期，诸多报纸积极宣传了废除死刑的主张，比如，1854年的《南澳大利亚记录》(the South Australian Register) 指出："我们也许可以认为，作为一个起点，民众逐步表明其对于所有死刑的反对。"《悉尼晨报》则刊登了维克多·雨果的一篇关于主张放弃死刑的文章。有些报纸在刊登国外的死刑改革和国内民众的主张的同时，明确表达了对死刑的厌恶与谴责。比如1870年杂志《澳大利亚城乡》(Australian Town and Country Journal) 曾以"麻木不仁的绞刑"为标题来表达对于执行死刑的谴责。此外，1901年以后，澳大利亚联邦有114个死刑犯被执行死刑，其中最后一次处决罪犯发生在1967年，对于该次行刑，只有一份日报表示支持，7份日报保持中立，8份日报明确表示反对。[2]

---

[1] 该案中，一个年轻人在朗塞斯顿的墓地强奸并掐死了一个小女孩，民众对此非常气愤。政府感到其若在该案中仍坚持废除死刑的立场，可能会在1946年的大选中遭受重创，因此在本案中对那个年轻人执行了绞刑。从本案也能看出政党在推动死刑废除方面存在一定的界限，当其废除死刑的立场威胁到其执政，其偶尔也会对死刑选择妥协。再如，从1951年到1967年，维多利亚州对于所有的死刑犯都予以减刑。直到最后一个死刑犯 Ronald Ryan，Ryan 被认定在逃跑过程中枪杀了一个死刑犯，但是总理 Henry Bolte 面临即将到来的州选举，便没有给这个死刑犯减刑。

[2] PAUL MARCUS. Capital punishment in the United States and beyond. 31 Melb. U. L. Rev. 837, 2007: 17.

4. 履行国际公约的义务

澳大利亚死刑的废除还得益于国际公约的积极推动。1990 年，澳大利亚成为《公民权利和政治权利国际公约》第二项任择议定书的当事国，根据该任择议定书第 1 条的规定，在本议定书缔约国管辖范围之内，任何人不得被执行死刑；每一缔约国在管辖范围之内，应采取一切必要措施废除死刑。而根据澳大利亚宪法的规定，议会有权力对于外部事务制定法律，最高法院在 1983 年的 Tasmanian Dams 判决中将议会这一制定法律的权力扩展到履行国家条约。澳大利亚废除死刑后的巩固时期的相关立法都建立在这一基础之上。2009 年 12 月 19 日在对《刑事立法修正案》二读时，首席检察官 Robert McClelland 指出：修正案暗含的首要目的，便是本着国际人权精神，确保澳大利亚履行国际义务，并借以说明我们在世界范围内为废除死刑而做出的努力。[1]

（二）澳大利亚废除死刑的基本途径

澳大利亚废除死刑的过程中采用立法、司法与行政相结合的方法，先逐步缩小死刑的适用空间，进而完全废除死刑。

1. 立法上逐渐减少死刑罪名，并以终身刑替代死刑。通过上文的分析可以发现，澳大利亚死刑的废除并不是一蹴而就的，而是渐进式的。首先通过立法废除财产性犯罪和非暴力犯罪的死刑，将死刑限制在谋杀等暴力性犯罪和叛国罪的范围之中，随后彻底废除死刑。此外，澳大利亚在废除死刑的同时，对于之前应当判处死刑的罪犯，对其适用终身刑以代替死刑，有的州还明确规定除适用终身刑外，还伴有强制劳动。

2. 司法上重视对死刑犯程序权利的保障，严格控制死刑的适用。澳大利亚在殖民地时期对于死刑的裁判就设置了较为严格的程序。比如，在新南威尔士州，根据司法宪章，当时的刑事法院由殖民地的军事审判员（Judge Advocate）和总督指定的 6 名军官组成，对于一般的犯罪行为的定罪，简单多数即可作出裁判，而对于死刑判决需要有 5 名以上的成员认为被告有罪才可作出裁判。[2] 澳大利亚联邦成立后，也非常重视死刑犯的程序权利的保

---

[1] JO LENNAN, GEORGE WILLIAMS. The death penalty in Australian law. 34 Sydney L. Rev. 659（December, 2012）: 14.

[2] NSW GOVERNMENT. http://investigator.records.nsw.gov.au/entity.aspx?path=%5Cagency%5C535.

障。比如在 1962 年的 Robert Tait 案中，死刑犯 Robert Tait 因谋杀罪被判死刑，其上诉被连续驳回，并预定在 1962 年 10 月 22 日被执行死刑。而在执行时间到来的前 10 天，维多利亚州最高法院收到申诉，要求根据维多利亚州法律对该死刑犯的精神问题进行鉴定。该请求被驳回后，其向全席法庭（Full Court）申诉，未果，死刑被延迟于 1962 年 12 月 1 日执行。但在执行死刑的前一天，其向墨尔本的澳大利亚联邦高等法院提出申诉，高等法院要求对该案进一步审议，而这遭到国王反对。但高等法院坚持其立场，并通过命令拘束布政司（the Chief Secretary）和州长（the Sheriff）停止执行死刑。高等法院指出根据宪法其享有对被起诉的案件涉及的标的物的维护权，这里的标的物包括人的生命。在该案的延期听证期间，法院收到通知说该死刑犯获得减刑。[①]

3. 行政上重视对死刑犯适用减刑，并强化对相关行政自由裁量权的控制。澳大利亚废除死刑的进程中，行政权对死刑适用的限制起到至关重要的作用。在死刑立法泛化的殖民时期，行政权对于死刑控制的效果尤其明显。比如，在殖民时代的新南威尔士州，法律授予总督和副总督以减刑的权力。当时的司法宪章规定："未经总督同意，或总督不在或死亡的情况下，未经副总督的同意，死刑不得执行。"在新南威尔士州最高法院判处的 1 296 个死刑罪犯中，有 363 名被执行死刑，其他罪犯得到减刑。在南澳大利亚州，1836 年到 1964 年，有 108 位死刑犯得到减刑，在 1852 年以后，多数死刑犯都获得了减刑。[②] 另外，根据 1987 年《犯罪相互协助法》（the Mutual Assistance in Criminal Matters Act 1987）第 8 条的规定，倘若涉及某人可能被起诉或被判处死刑的情况，除非检察总长认为情况特殊，协助才可允许。而对于如何限制检察总长的权力，澳大利亚人权委员会认为应消除检察总长在引渡一个可能被判死刑的罪犯时的剩余的自由裁量权（对"情况特殊"的认定权）。随后，政府发布的立法征询意见稿中也提出限制检察总长的自由裁量权，并强制要求当某人基于被怀疑犯有死罪而被逮捕或拘留时，无论是否

---

① Australasian Legal Information Institute. http://www.austlii.edu.au/au/cases/cth/HCA/1962/57.html; MICHAEL KIRBY. The Death Penalty—A Special Sign of Barbarity. http://www.hcourt.gov.au/assets/publications/speeches/former-justices/kirbyj/kirbyj_deathpenalty.htm.

② JO LENNAN, GEORGE WILLIAMS. The death penalty in Australian law. 34 Sydney L. Rev. 659 (December, 2012): 10.

已经对其正式提起诉讼，检察总长都应当拒绝提供协助。①

三、对我国的启示

澳大利亚的死刑废除与其特殊的社会历史文化因素密切相关，这意味着我国不能简单复制澳大利亚的经验。比如，澳大利亚死刑废除受到英国法的影响，这是我们无法复制的。在废除死刑的具体制度安排上我们也应当辩证地加以扬弃。总体而言，澳大利亚废除死刑的历史在如下几个方面对我国具有启发意义。

（一）民意支持并不是废除死刑的必要前提

对于死刑废除与民意的关系问题，我国学界存在不同的观点，主要可归纳为三种：第一种观点认为死刑废除不必过多注重民意，因为民意对死刑的认识是非理性的，遏制、迷信是支持死刑的功利性驱动力，复仇、冲动是支持死刑民意的道德驱动力。②第二种观点认为民意是影响死刑存废的一个重要因素，但又不是唯一的决定因素。③第三种观点认为民意是影响死刑存废的最重要的因素：死刑存废固然有来自政治、经济、社会治安环境等因素的影响，虽然废除死刑已经成为世界各国和地区刑事法律发展的一种趋势，但最主要的因素可能还是社会文化背景以及民众的观念。④结合澳大利亚的经验，笔者认为，民意的支持并不是废除死刑的必要前提，理由有如下两点。

第一，民意本身具有不确定性，其作为废除死刑的前提并不牢固。澳大利亚的民意调查显示，民意对于死刑的认识具有不稳定性。比如，根据澳大利亚关于死刑的一份民意调查，当民众被问及"您认为，谋杀罪应当被判处死刑还是终身监禁？"时，民众对于谋杀罪判处死刑的态度尽管在整体上处于下滑的态势，但是仍然呈现游移不定的状态，尤其在20世纪70年代到90年代有诸多起伏。此外，民众对于不同的犯罪行为是否应当适用死刑的态度

---

① LORRAINE FINLAY. Exporting the death penalty? Reconciling international police cooperation and the abolition of the death penalty in Australia. 33 Sydney L. Rev. 95 (March, 2011)：16-17.
② 祁胜辉. 支持死刑民意的内在驱动力分析//陈兴良. 刑事法评论：第15卷. 北京：中国政法大学出版社，2004.
③ 陈兴良. 中国死刑的当代命运. 中外法学，2005（5）.
④ 刘宪权. 死刑存废还是要看民意. 法制日报，2010-09-07.

悬殊较大。比如，2003年8月的一次民意调查中，当民众被问及"对于恐怖行为的犯罪，您认为是否应当恢复死刑？"时，有56%的民众认为应当恢复对于恐怖行为的死刑；而同年民众被问及谋杀罪是否适用死刑时，只有27%的民众认为应当对谋杀罪适用死刑。更何况，民意调查的过程中，对于民意判断本身的客观性也难以保证。正如有学者所指出，民意与正义一样，其实也是长着一张普洛透斯似的脸，变幻无常。[1]

第二，民意与废除死刑之间不是单向决定性关系，而是互动关系。民意对于死刑的废除具有一定的影响，但并不具有决定性。澳大利亚有学者对于民意与死刑的关系进行了翔实的分析，分析结果显示，在澳大利亚精英阶层废除死刑并不是基于民意的压力，而是废除死刑的行为本身改变了民意对死刑的支持态度。

（二）政党与媒体尊重生命权的立场是废除死刑的重要动力

在我国，关于死刑废除的动力问题，有学者进行了深入探讨，比如有学者认为推动废除死刑是刑法学者的责任，并指出刑法学者在推动废除死刑运动中，主要承担三项责任：一是引导民意，让废除死刑的社会意识成为主流社会意识；二是启蒙政治，通过学者的工作给政治家以启迪；三是改造文化，让以人道主义精神为内核的民族文化成为最终废除死刑的决定性力量。[2] 而澳大利亚的经验启示我们，政党和媒体尊重生命、反对死刑的立场在推动死刑废除方面也可以发挥重要作用。在我国，执政党和媒体应当通过宣扬生命至上的理念，来消解民众的死刑报应观。

对于执政党而言，中国共产党一直秉持尊重公民生命权的基本立场，这从历届党和国家领导人的讲话中可以体现出来。比如，2001年江泽民在会见王伟亲属时指出："中国虽然有12亿6000多万人，但是确实我们对每一个人的生命，都是极其珍惜的。任何人的生命都只有一次。"[3] 2008年胡锦涛在全国抗震救灾总结表彰大会上的讲话指出："人的生命高于一切、先于一切、重于一切。"[4] 2013年习近平总书记就做好安全生产工作作出指示：

---

[1] 杨涛. 死刑存废：不需要与民意对抗. 检察日报，2008-05-08.
[2] 曲新久. 推动废除死刑：刑法学者的责任. 法学，2003（4）.
[3] 梁永春，等. 生命的价值——记江泽民主席会见王伟亲属. 中华新闻传媒网. http://news.xinhuanet.com/zgjx/2007-08/22/content_6582265.htm.
[4] 胡锦涛. 在全国抗震救灾总结表彰大会上的讲话. 北京：人民出版社，2008：12.

"始终把人民生命安全放在首位"①。而具体到死刑问题上，执政党秉持生命至上的立场，并加以宣扬，有利于消解民众普遍抱持的死刑报应观，进而推进死刑的废除。

对于媒体而言，在有些死刑案件中我国媒体并没有发挥良好的作用。比如，在药家鑫案件中，媒体过分渲染药家鑫的"特权家庭"背景，给药家鑫贴上"富二代""官二代"等不实的身份标签，导致社会舆论一边倒，在某种程度上形成了"媒体审判"。抛开药家鑫是否应当被判死刑不论，单从媒体在此案中发挥的作用来看，其并没有充分体现尊重生命的基本理念。此外，在李昌奎案中媒体对于二审死缓判决的质疑、在湄公河案中媒体对于糯康死刑执行过程的直播等，也都体现了媒体对于死刑适用的推动和认同，宣扬了一种死刑报应的观念。对此，媒体应当有所反思。

（三）立法废除死刑应当渐进式、分阶段进行

在废除死刑的路径选择上，澳大利亚死刑的废除是渐进式的，经历了死刑泛化、逐步削减死刑、废除死刑和废除死刑的巩固四个阶段。我国主张废除死刑的多数学者都认为应当经历限制到废除的过程。有学者认为，中国可以经过如下三个阶段逐步废止死刑：一是及至2020年亦即建党一百周年，先行逐步废止非暴力犯罪的死刑；二是再经过10年、20年的发展，在条件成熟时进一步废止非致命性暴力犯罪（非侵犯生命的暴力犯罪）的死刑；三是在社会文明和法治发展到相当发达程度时，至迟到2050年亦即新中国成立一百周年之际，全面废止死刑。②

在实践中，我国政府于1998年10月5日签署了《公民权利和政治权利国际公约》，这表明了我国促进和保护人权的坚强决心。③ 而根据公约第6条规定，人人固有的生命权应受法律保护，不得任意剥夺任何人的生命；在未废除死刑的国家，判处死刑只能是作为对最严重的罪行的惩罚。在具体的刑事立法中，我国按照该公约的要求，积极采取立法措施限制死刑的适用。

---

① 习近平. 始终把人民生命安全放在首位. 新华网：http://news.xinhuanet.com/2013—06/08/c_124830258.htm.
② 赵秉志. 中国逐步废止死刑论纲. 法学，2005（1）.
③ 中国政府签署《公民权利和政治权利国际公约》. 中华人民共和国外交部：http://www.fmprc.gov.cn/mfa_chn/ziliao_611306/wjs_611318/2159_611322/t9004.shtml.

1979年我国刑法典中规定了28种死刑罪名，1997年刑法修订后，刑法分则规定了多达68种死刑罪名。2011年全国人大常委会通过的《刑法修正案（八）》取消了13个罪名的死刑，2015年通过的《刑法修正案（九）》又废除了9个死刑罪名，这些都体现了我国逐步限制死刑的路径。但我国刑法中的死刑罪名数量仍然较多，废除死刑的立法仍然任重道远。

（四）立法废止死刑之前，应强化司法权与行政权的相互制约

澳大利亚在立法上逐步减少死刑罪名的同时，还通过司法权与行政权的相互制约来限制死刑的适用，其中，在司法权对行政权的制约方面，如在Robert Tait案中，司法可以从程序上限制死刑的执行；在行政权对司法权的制约方面，如总督对于死刑犯可予减刑。这些对我国也具有一定的启发意义。

第一，应当强化司法权对行政权（侦查权）的制约。在司法权对行政权的制约方面，我国《宪法》第140条规定："人民法院、人民检察院和公安机关办理刑事案件，应当分工负责，互相配合，互相制约，以保证准确有效地执行法律。"这从宪法上确认了人民法院与公安机关的制约关系。但在追究死刑犯刑事责任的过程中，公安机关强大的侦查权未能得到有效约束，这成为死刑冤错案发生的直接原因之一。[①] 比如，在佘祥林案中，侦查机关的刑讯逼供非常严重，佘祥林被残忍体罚打了十天十夜，精神麻木，全身伤痕累累，最终被屈打成招。而司法机关却过于相信侦查机关的侦查结论，对于可能的刑讯逼供、诱供的证据没有进一步调查、分析和核实，最终导致证据采用失实。因此，应当进一步通过强化司法权对行政权的制约，保障死刑犯的程序权利。

第二，应当加强行政权对司法权的制约。当前，我国对于死刑犯的审判权与执行权是一体的，都由人民法院来行使，而审判权与执行权的一体化对于死刑犯基本程序权利的保障是不利的。正如学者所指出的，刑罚判决和刑罚执行本来就是两码事，前者属司法权，后者属行政权。对死刑，我们长期以来似乎已经习惯了由法院自己判决自己执行的体制，而讨论死刑的执行主体可否与宣判主体相分离，在当前严格控制死刑的语境下具有特别的意义，

---

① 韩大元. 死刑冤错案的宪法控制——以十个死刑冤错案的分析为视角. 中国人民大学学报，2013（6）.

因为如果死刑的宣判是一回事，执行是另一回事，那就可以改变我国目前凡是被判处死刑（不包括死缓）的就一律将在短期内被执行死刑的局面，这对减少死刑实际执行数是有好处的。① 因此，我们应当进一步考虑如何构建对死刑犯的独立的行政执行体系和相应的减刑制度，以强化死刑的行政执行权对司法权的制约。

最后，需要强调的是，澳大利亚在具体制度设计层面选择用终身刑来代替死刑的做法我国不宜借鉴，因为终身刑是侵害人格尊严、比死刑更为残酷的惩罚方法。②

第四节 美国死刑改革的宪法法理

一、美国死刑的历史与现状

（一）殖民地时期

自文明伊始，死刑根植于部族或者团体成员对敌意行为的暴力复仇。③由于个人逐步将其权利让渡于主权者，国家接受了惩罚恶行的权力，私人复仇让位于国家复仇，死刑成为一种公共机能。④ 死刑进入各国的法律体系中，并在早期以多种恐怖的方式执行。美国学者也将美国历史文化与死刑之间的"亲和力"追溯至私人复仇价值观（vigilante values）⑤，认为这是一种"以前体现为私刑而现在导致国家处死罪犯的文化潮流"⑥。

在北美殖民地，死刑作为一种刑罚手段并不常见。1636年，马萨诸塞州海湾殖民地起草了新英格兰死罪法，这是美国所知现存最早明确死罪的书面文

---

① 刘仁文. 法眼：死刑执行权应从法院剥离. 南方周末，2007-07-11.
② 张明楷. 死刑的废止不需要终身刑替代. 法学研究，2008（2）.
③ DAVID GARLAND. 死刑与美国文化. 江溯，译. 中外法学，2005（6）.
④ ANCEL. The problem of the death penalty. in capital punishment 4-5（T. Sellin ed. 1967）.
⑤ 齐姆林. 美国死刑悖论. 高维俭，等译. 上海：上海三联书店，2008：17. "Vigilante" 原指 "义务警员"，19 世纪美国边境城镇和乡村地区设立的旨在维持社会治安、遏制非法行为的民间组织成员。现今，义务警员常被用以形容在法律体系之外惩处或真实的或想象的恶行的个人或团体，对法律的不满是其行为的主要动机。该词也体现了未经国家授权，旨在维持治安、惩治罪犯的民间组织成员在法律之外动用私刑进行私人报复。
⑥ 同③.

件。① 该法律将巫术、亵渎上帝、谋杀、强奸、绑架等定为死罪,并在其后附有旧约圣经的参考以说明其来源。② 至 18 世纪,罪名日益世俗化,神权色彩逐渐淡薄,而且死刑罪名大大减少,部分原因在于殖民地劳动力的缺乏。③ 在有些殖民地中,也存在控制死刑的声音,主张将其适用严格限定在预谋杀人和叛国上。但是这样的反对声音非常弱小,相应的改革也在很短时间内即告终结。④

(二) 当代美国死刑制度现状

从《权利法案》的结构来看,美国宪法并不禁止死刑本身。⑤ 20 世纪 70 年代的诸多法院判例相当于一个死刑改革的过程而不是废除死刑的过程。联邦最高法院允许以更为限定、更少恣意性的以及规制更为严密的方式继续运用死刑。⑥

美国目前有 28 个州和联邦政府及军队保留了死刑法律,其余 22 个州和首都哥伦比亚特区已废除死刑。截至 2020 年 4 月,全美在押的死刑犯人共 2 603 人。自 1976 年死刑在美国恢复以来,全美被真正执行死刑的人数共 1 524 人,在 1999 年达到高峰之后呈逐年递减的趋势。⑦ 1973 年后,因被证明无罪而被释放的死刑犯人共 172 余人。死刑执行方式主要包括注射刑、电刑、毒气和绞刑。考察目前保留死刑的联邦和各州法律,适用死刑的主要犯罪行为包括谋杀、间谍活动、叛国、种族屠杀、恐怖活动等。⑧

综上,欧洲殖民者将死刑带到北美殖民地,其表现形式和适用都相对温和。在不同历史时期,美国社会都存在着强劲的争取废除死刑的运动。虽然

---

① Furman v. Georgia, 408 U. S. 238 (1972) (Marshall concurring).
② G HASKINS. The capital laws of New England. Harv. L. Sch. Bull. 111 (Feb. 1956).
③ 这一时期,一个中等殖民地有 12 个死罪。FILLER. Movement to abolish the death penalty in the United States. 288 Annals Am. Acad. Pol. & Soc. Sci. 124 (1952).
④ 如 1682 年宾夕法尼亚州的威廉・佩恩发起"伟大的法案",要求限制死刑的适用范围。FILLER, Movement to abolish the death penalty in the United States. 288 Annals Am. Acad. Pol. & Soc. Sci. 124 (1952).
⑤ 美国宪法第五修正案规定:"未经大陪审团提起公诉,人民不受死罪或者其他非名誉之罪的审判……未经正当程序不得剥夺生命、自由或财产。"此规定可以成为死刑本身并不违宪的宪法依据。
⑥ DAVID GARLAND. 死刑与美国文化. 江溯, 译. 中外法学, 2005 (6).
⑦ 1999 年美国被执行死刑的人数共 98 人。
⑧ 此部分数据来源:Death Penalty Information Center. Facts about the Death Penalty. Updated on September 25, 2020.

废除死刑的运动从未完全成功过，但这并未掩盖其耀眼的局部胜利，其在减少死刑罪名，以陪审团的裁量取代绝对死刑，以及更为人道的死刑执行方式等方面都有体现。

二、联邦宪法第八修正案

（一）第八修正案的历史

第八修正案的用语来源于1689年英国《权利法案》的规定，考察英国《权利法案》中禁止"残酷和异常的刑罚"条款[①]的产生缘由和基本含义就成为理解美国宪法第八修正案的起始步骤。随着1066年英格兰的诺曼征服，原先确保罪刑相称的刑罚制度消失殆尽，过量罚金问题变得非常普遍。17世纪末，英国统治者残酷镇压反对英王詹姆士二世的起义，对所谓叛国者用极端残忍的方式执行死刑，比如将其身体切开并肢解，焚毁其内脏[②]；对于未被判处死刑的犯人而言，刑罚包括终身监禁、上颈手枷、当众鞭刑等。[③] 1689年12月16日颁行的英国《权利法案》宣告："不得要求过高之保释金，不得科以过高之罚金，亦不得科处残酷和异常的刑罚。"这一规定首要关注酷刑的选择适用或者随意适用问题，目的在于禁止专断的、歧视性的严厉刑罚。[④]

这些语词为美国宪法第八修正案所选用，而此前早已在1776年的弗吉尼亚宪法[⑤]和其他七个州的宪法中有了相同的规定。[⑥] 但是在美国第一届国会讨论《权利法案》时，对第八修正案预设的含义并没有予以太多的关注。

---

① 英国1689年《权利法案》（The Bill of Rights），全称《国民权利与自由和王位继承宣言》（An Act Declaration the Rights and Liberties of the Subject and Setting the Succession of the Crown）。该法案第十条规定：不得要求过高之保释金，不得科以过高之罚金，亦不得科处残酷且非常之刑罚。"That excessive bail ought not to be required, nor excessive fines imposed, nor cruel and unusual punishments inflicted."

② NOTE, What is cruel and unusual punishment?. 24 Harvard Law Review 54 (1910).

③ CHARLES WALTER SCHWARTZ. Eighth Amendment proportionality analysis and the compelling case of William Rummel. 71 J. Crim. L. & Criminology 378 (1980). 转引自李立丰. 民意与司法——多元维度下的美国死刑及其适用程序. 北京：中国政法大学出版社，2013：61.

④ GRANUCCI. Nor cruel and unusual punishment inflicted: the original meaning. 57 Calif. L. Rev. 839, 845–846 (1969).

⑤ 美国《权利法案》的主要起草任务由詹姆斯·麦迪逊承担，麦迪逊主要在弗吉尼亚宪法的基础上完成起草工作。

⑥ 分别是特拉华州、马里兰州、新罕布什尔州、北卡罗来纳州、马萨诸塞州、宾夕法尼亚州和南卡罗来纳州。

有些国会议员甚至反对"残酷和异常的刑罚"这一表述，认为其毫无实际意义，裁量范围过于宽泛，完全依赖法院加以裁决。①

(二) 第八修正案的理解

根据普通法的法例基础，所谓"异常"是偏离了"常例"（long usage）的措施，并非长期且连续使用。② 其对立面就是在刑罚领域出现的新措施，以此防止刑罚向更严厉和残忍的方向发展。根据这一理解，死刑根植于英格兰以及北美大陆的传统，是刑罚中的长期习惯，不属于异常刑罚之列。根据美国学者考证，禁止残酷和异常的刑罚条款被写进宪法时的含义包括：政府要遵守罪刑均衡原则，极刑只能适用于罪大恶极者；未经明文规定的刑罚不得适用；该条款仅针对刑罚执行方式，包括死刑执行方式，不禁止死刑本身的适用。③

对于该条款的理解最终还是要转向美国联邦最高法院的权威解释，自由派大法官推动宪法的与时俱进，容纳新的社会变迁和社会价值，认为第八修正案的核心在于保护人类尊严，"残酷和异常"这一用语必须从不断发展的、标志着成熟社会进步的文明标准中汲取意义。④ 在历史上某一时期曾被容忍和接受的刑罚，在当代社会中并不必然被容忍。⑤ 宪法原则也将会包容社会成员变动的价值观，对死刑的合宪性问题在未来将保持开放的立场。⑥ 与上述理解相反，保守派大法官在死刑案件上坚持原旨主义立场，强调对第八修正案的理解要遵照该条文的原始文本或者制宪者的原始意图，从条文制定时以及长期存在的美国社会传统中去寻找该原旨⑦，而不应该通过法官将社会的新理解加入宪法意义中。在他们看来，一项刑罚无论在何时何地（Always-and-Everywhere Test）都被认为是残酷和异常的，尤其强调它在《权利法案》通过之时就被当时的人们认为是残酷和异常的，这才是真正意义上

---

① Annals of Congress, 754 (1789), 转引自 Furman v. Georgia, 408 U.S. 238 (1972).

② JOHN F STINNEFORD. The original meaning of "unusual": the Eighth Amendment as a bar to cruel innovation. 102 Northwestern University law review 1739 (2008).

③ STUART BANNER. The death penalty, an american history：232-34 (2002). 转引自张守东. 美国死刑制度的宪法法理及其未来——以 Kennedy v. Louisiana 案为例. 法学, 2011 (3).

④ Weems v. U.S, 217 U.S. 349, at 373 (1910); Trop v. Dulles, 356 U.S. 86, at 101 (1958).

⑤ Furman v. Georgia, 408 U.S. 238 (1972).

⑥ 同⑤.

⑦ Lawrence v. Texas, 539 U.S. 558, at 586, 558, 596-99 (2003).

残酷而异常的刑罚，比如肢解刑和拇指夹刑。① 保守派代表斯卡利亚大法官指出，第八修正案不是一个棘轮，不可能为了当下某个特定犯罪达成从宽处理的临时共识而在最大范围内调整永久性的宪法，使各州无法改变传统，应对社会情况的变化。②

总体来看，美国联邦最高法院在司法实践中，对"残酷和异常"依然从英国人反对随意选择适用刑罚这一角度加以理解。该措辞意味着，将死刑或者其他任何刑罚选择性地适用于那些为数极少的、无法被社会成员接纳的少数群体。"虽然社会并不赞同将同样的刑罚予以整体范围的一般性适用，但是却乐于看到这些人遭受痛苦，这样的做法就是残酷和异常的。"③ 联邦最高法院对该条款的理解立足于历史的、经验的乃至当前人类智识程度的基础上，将"残酷和异常"的判断置于成熟社会的文明发展之中。

（三）第八修正案对死刑案件的影响

第八修正案在18世纪被写进宪法时，并没有人认为它或者各州宪法类似规定会对死刑的一般问题产生任何影响。因此，早期对于死刑问题的讨论并没有围绕第八修正案展开。虽然目前反对死刑的观点大多以第八修正案禁止残酷和异常惩罚条款作为其论证的宪法文本基础，但是该条款本身并不反对死刑，也不能根据此规定认为死刑本身作为一种刑罚就是违宪的。对美国1791年《权利法案》进行体系解释，第五修正案可以作为宪法本身并不绝对禁止死刑的依据。那么宪法第八修正案是如何进入死刑讨论的宪法视野中并成为反对死刑者强有力的论证武器的？第八修正案在死刑案件中作用的发挥主要体现在两个方面：一是限制死刑的执行方式，二是缩小死刑适用的犯罪类型和对象范围。

1. 死刑执行方式

如上文所言，美国目前的死刑执行方式包括注射刑、电刑和绞刑。目前人们对于这几种方式可以达到一定程度上的共识。联邦最高法院在19世纪末期的判例中肯定了这几种方式的合宪性。

在1879年的Wikerson v. Utah案中，联邦最高法院肯定了下级法院有

---

① Atkins v. Virginia, 536 U.S. 304 (2002), Scalia dissenting.
② 同①.
③ Furman v. Georgia, 408 U.S. 238 (1972).

权指定死刑的执行方式,并认为枪决并不属于第八修正案所禁止的残酷和异常刑罚范畴,该种执行方式具有合宪性。① 在 1890 年的 Kemmler 案中,最高法院确认了电刑的合宪性,认为科技能够提供执行所需要的足够强度的瞬间电流以使罪犯无痛苦死亡。② 从 1890 年到 2004 年间,陆续有人提出反对意见,质疑电椅、绞刑、注射等执行方式的合宪性,认为这些方式都会在不同程度上给死刑犯人带来不必要和恶意施加的痛苦,从而构成"残酷和异常的刑罚",但是联邦最高法院认为这些方式在当时都没有违反第八修正案。判决结果虽如此,但这些讨论对于人们认识死刑执行方式的价值和意义已经远远超越了判决结果本身。③

2. 死刑适用的罪行和对象范围

在 1910 年的 Weems v. U. S. 案中,联邦最高法院首次从宪法第八修正案中解释出了罪刑相适应的原则。④ 本案原告 Weems 系海岸警卫队和运输局的工作人员,其出于欺诈政府的目的伪造公共和官方文件,后被判处 15 年监禁（incarceration）。联邦最高法院认为 15 年监禁对于伪造公文的行为来说过于严苛,违反了禁止残酷和异常惩罚条款。联邦最高法院由此明确了罪刑相适应原则是宪法第八修正案的内涵之一,并将此原则适用于死刑案件,从实体上缩小死刑的适用罪行范围。

1972 年的 Furman v. Georgia 案对死刑制度来说具有重要意义。⑤ 它基于第八修正案对残酷和异常惩罚的禁止条款迫使各州和联邦政府重新思考其有关死刑的所有法规。在该案长达数百页的判决书中,每一位法官都写下了自己对于 Furman 和死刑制度的看法。该案 5∶4 的投票结果也反映出自由派和保守派在死刑问题上的分裂立场。在五位赞同法庭意见的大法官中,只有布伦南和马歇尔两位大法官认为死刑不符合人类尊严,并非维护社会秩序所必需的刑罚因而违反美国宪法。另外三位赞同法庭意见的大法官并不反对死刑本身,而是认为在本案中,以反复无常或歧视（capricious and discrimi-

---

① Wikerson v. Utah,99 U. S. 130 (1878).
② In re Kemmler,136 U. S. 436 (1890).
③ 林维. 最高法院如何掌控死刑——美国联邦最高法院死刑判例经典选编. 北京:北京大学出版社,2014:2.
④ Weems v. U. S,217 U. S. 349 (1910).
⑤ Furman v. Georgia,408 U. S. 238 (1972).

natory）的方式施加的死刑属于残酷和异常的惩罚。换言之，如果在制度设计上可以保证死刑能以更加公平和谨慎的方式适用，慎重选择其适用对象和适用程序，那么他们并不反对死刑本身。本案之后，美国的死刑被实际停止执行达 4 年，直到 1976 年的 Gregg 案才恢复，原因在于本案中发现的违宪问题已在 1976 年得到解决，上述三位大法官的立场无疑为死刑的恢复做了铺垫。

1976 年，联邦最高法院就 5 个州议会制定新的死刑法律听取了一系列口头辩论，总称 Gregg v. Georgia 案。[①] 为了通过审查，佐治亚州的死刑法律明确列出适用死刑的罪名，将定罪和量刑阶段的标准和程序区分开来，还在答辩意见中回顾了联邦最高法院的相关先例，以确保该州的法律满足联邦最高法院对死刑适用的所有实体和程序要求。最高法院以 7：2 的结果支持了佐治亚州新的刑法典，认为它已经解决了 Furman 案中发现的根本性缺陷，明确了死刑制度本身并不违反第八修正案，但是适用范围需有严格限制，审判程序必须有严格的标准。本案之后，死刑在美国恢复。

对于死刑反对者来说，Furman 案所带来的希望并未因 Gregg 案而彻底成为遥远的回忆，因为联邦最高法院在近年的案件中，继续用禁止残酷和异常刑罚条款以及由此导出的罪刑相适应原则来逐步减少死刑适用的对象和犯罪行为。1977 年的 Coker v. Georgia 案中，联邦最高法院认为对强奸成年妇女的犯罪判处死刑属于过度的刑罚，并指出死刑是具有不可逆转性的极刑，应当仅限于对谋杀罪的适用。[②] 该案免除了对强奸成年妇女的罪犯判处死刑，为三十多年后的 Kennedy 案免除对强奸儿童的罪犯判处死刑埋下了伏笔。

此后，同样是基于禁止残酷和异常刑罚条款，联邦最高法院在 1982 年的 Enmund v. Florida 案中指出不应对共同犯罪案件中的并无谋杀意图、也未使用暴力致人死亡的同案犯适用死刑。[③] 2002 年的 Atkins v. Virginia 案中，联邦最高法院认为对智力障碍（mentally retarded）犯罪者适用死刑属于残忍和异常的刑罚。[④] 在 2014 年的 Hall v. Florida 案中，联邦最高法院

---

① Gregg v. Georgia，428 U. S. 153 (1976).
② Coker v. Georgia，433 U. S. 584 (1977).
③ Enmund v. Florida，458 U. S. 782 (1982).
④ Atkins v. Virginia，536 U. S. 304 (2002).

进一步明确了这一原则。①

2005 年的 Roper v. Simmons 案中，联邦最高法院推翻了对未成年犯的死刑判决。主笔法庭意见的肯尼迪大法官指出，围绕与死刑相关的一系列议题，美国社会对此的情感指数也正不断变化，需要从这一变化的民意来寻找反对判处未成年犯死刑的国家共识。与此同时，他还从其他国家反对处决未成年犯的做法中寻找这份判决意见的国际性论据，并明确指出，尽管国际社会舆论不能左右联邦最高法院的判决结果，但是可以提供重要而又令人敬服的佐证。②

在 2008 年的 Kennedy v. Louisiana 案中，最高法院以 5∶4 的结果判决对强奸儿童罪适用死刑属于过重刑罚，违反了第八修正案。③ 就人身犯罪来说，联邦最高法院对强奸罪和谋杀罪进行了区分，认为二者的差异在于是否剥夺了被害人的生命。同理，抢劫罪和谋杀罪之间的区别也在于前者并没有剥夺被害人的生命。因此，尽管强奸儿童的行为对被害人造成了巨大伤害，但它的道德堕落性和对公众的伤害并不及剥夺生命的谋杀行为的大。

从上述判例的梳理中可以看出，美国的死刑问题已经从各州的立法机关进入联邦最高法院，由其集中进行审查和处理。从其司法审查实践来看，联邦最高法院对于死刑问题处理方式的发展路径如下：明确联邦宪法本身并不绝对禁止死刑的适用；将死刑作为一种刑罚方式，考量该刑罚方式是否残酷和异常，从而将其纳入宪法第八修正案的调整范围；从第八修正案中解释出人类尊严原则、演进中的文明标准和罪刑相适应原则等内涵，考虑死刑这种刑罚方式是否贬损人类尊严、当下社会成员对此的态度、与其所适用的犯罪行为是否相适应；根据吸收原则（principle of incorporation）④，本来适用于联邦政府的《权利法案》内容通过第十四修正案适用于各州，因此各州的死刑法律也要接受联邦宪法第八修正案的审查。

---

① Hall v. Florida，572 U.S. 701 (2014).
② Roper v. Simmons，543 U.S. 552 (2005).
③ Kennedy v. Louisiana，554 U.S. 407 (2008).
④ 联邦最高法院运用联邦宪法第十四修正案正当程序条款吸收（incorporate）《权利法案》对公民权利的保障，使其适用于各州。在 Twining v. New Jersey 案 [211 U.S. 78 (1908)] 中，联邦最高法院就开始考虑吸收部分《权利法案》的可能性。

三、第八修正案与死刑控制的基本原则

如上文所述，第八修正案中禁止残酷和异常刑罚条款的措辞并不精确，也并不存在对特定刑罚的合宪性进行评估的原则。联邦最高法院在司法实践中认定，该条款的内涵并非静滞不变，不受那些落后废弃事物的约束，可以从公众观念因人道的司法得到启迪时而获得其含义。[①] 因此，该条款的内容在实践中不断被阐明，如下子原则得以发展并明确。

（一）人类尊严（the principle of human dignity）

联邦最高法院认为构成这一条款基础的概念无他，就是人类尊严。[②] 国家在施加刑罚时，必须尊重公民作为人的内在价值，在文明准则的限制范围内进行。如果某一刑罚同人类尊严不相符合，它就是残酷和异常的。

布伦南大法官在 1972 年的 Furman 案[③]中具体阐述了该原则的内涵：第一，刑罚不能过于严厉以至于降低人类尊严。这也是联邦最高法院最初的理解，主要体现为刑罚执行方式是否人道。肉体的痛苦是一个考虑因素，更要看某刑罚是否非人地对待犯罪人员，将其作为戏耍和贬损的客体。这一理解的基本前提是，即便是最卑鄙和最为人所不齿的罪犯，也保有其作为人所拥有的最基本的人类尊严。联邦最高法院在 Trop 案中指出，流放这一刑罚虽未带来肉体痛苦，但却是比酷刑更为原始的刑罚，因为它否定了个体作为人类社会成员的存在。[④] 第二，国家若毫无理由随意施加一种刑罚，那就是不尊重人类尊严。国家施加刑罚，不能有别于通常做法和随意裁处，要有程序限制。禁止残酷和异常的刑罚起初在英国能得到发展，也源于人们对建立防止任意惩罚的保障制度的关注。[⑤] 第三，某一严厉刑罚必须得到当代社会的认可，否则就不符

---

① Weems v. U.S., 217 U.S. 349, at 378 (1910).

② Trop v. Dulles, 356 U.S. 86, at 104 (1958). 本案原告 Albert Trop 是美国公民，并在美国军队中服役。1944 年，Trop 在摩洛哥军事基地执勤时擅离职守，后在军事法庭受审，被判处 3 年劳役、罚薪和开除军籍。1952 年，Trop 申请护照被拒，因为根据《国籍法案》，因擅离职守被开除军籍的军人将被剥夺美国国籍。联邦最高法院以 5∶4 判决对擅离职守适用剥夺国籍属于残酷和异常的刑罚，因此违反第八修正案。

③ Furman v. Georgia, 408 U.S. 238 (1972).

④ Trop v. Dulles, 356 U.S. 101 (1958).

⑤ GRANUCI. Nor cruel and unusual punishments inflicted: the original meaning. 57 Cali. L. Rev. 839, at 857-860 (1969).

合维护人类尊严的要求。这一内涵就是下文将要阐述的以国民共识来判断社会成员对某刑罚的接受程度。相应地，法院的任务就是，考查各州的立法情况和司法实践，并审查该刑罚的历史，从而验证社会对其适用的当前实践，不能违背人们传统和良知的正义原则。① 第四，刑罚不能过度。这是下文将要阐述的罪刑相适应原则。如果某刑罚仅是毫无意义地施加痛苦，就违背了人类尊严。如果存在其他轻缓的措施也能实现同样的目的，则该刑罚就是不必要和过度的。②

第八修正案禁止残酷和异常刑罚条款最基本的内涵就是某一刑罚不应以其严厉性贬损人类尊严。这一原则是多维度的：如果系争刑罚过于严厉，存在被随意施加的可能，违背历史传统并被当代社会拒绝，并且存在其他措施能更有效地实现刑罚目的，那么该刑罚的继续施加就违背了人类尊严原则，属于残酷和异常的刑罚。③ 人类尊严原则为其他子原则的适用提供了根本性的立场和预期，同时也内在包含了其他原则的含义，具有综合性和累积性。在20世纪70年代后，人类尊严原则的适用范围从刑罚执行方式向案件审理程序、刑罚适用对象和罪行等实体规定发展。④

（二）演进中的文明标准（the evolving standard of decency）

对于"禁止残酷和异常的刑罚"的解释需要按照其文本原意，考量历史、传统和先例，尊重宪法的目的和功能。为了实现这个框架，美国联邦最高法院在司法实践中确立了标志一个成熟社会进步的演进中的文明标准，以此来决定何种惩罚是不成比例的，以致构成宪法所禁止的残酷和异常的刑罚。⑤

1. 该标准的提出

演进中的文明标准一直支配着联邦最高法院对禁止残酷和异常的刑罚进行解释的法理。该标准最早由时任首席大法官沃伦在1958年的 Trop v.

---

① Louisiana ex rel. Francis v. Resweber, 329 U. S. 459, at 470 (1947).
② Robinson v. California, 370 U. S., 660, at 666 (1962). 在本案中，联邦最高法院判决加利福尼亚州一项对滥用麻醉药施以刑罚的法律违宪。本案之前，第八修正案主要用以解决刑罚执行措施是否残酷和异常及其严厉程度；自本案开始，第八修正案则从实体角度对刑罚措施可以适用的对象和罪行予以限制。
③ Furman v. Georgia, 408 U. S. 238 (1972).
④ 魏昌东. 美国宪法修正案与其死刑制度改革. 法学评论，2014 (1).
⑤ Roper v. Simmons, 543 U. S. 551 (2005).

Dulles案[1]中提出,指出对于"异常"的解释应当反映标志着一个成熟社会的与时俱进的文明标准,当某一刑罚不同于通常做法,丧失其普遍性时,即为异常。[2] 根据此标准,联邦最高法院考察了84个国家的国籍法,发现只有两个国家(菲律宾和土耳其)将剥夺国籍作为一种刑罚,由此认定对于本案中的遗弃行为而言,剥夺国籍是一种残酷和异常的刑罚。首席大法官沃伦的意见并没有完全回归该条款被写入宪法时的国会讨论,最早仅追溯到1878年:联邦最高法院在Wilkerson v. Utah案中运用该条款肯定了枪决作为死刑执行方式的合宪性。[3] 在1962年的Robinson v. California案[4]中,联邦最高法院进一步指出,应该根据时代的发展以及人类不断变化的认知来确定该条款在当下的含义。[5]

2. "文明"指数从何处获得

与时俱进的文明标准的价值预设是,在一个更成熟的社会,其成员会更加宽容和开明,对残酷和异常刑罚的容忍度会降低。[6] 对此在理论和实践上都无法绕开的问题是:如何判断当下社会的文明程度?获悉文明指数的来源包括哪些?联邦最高法院根据何种标准来审查这些信息并避免其自身主观判断的可能?

(1) 作为客观标志(objective indicia)的国民共识(national consensus)

国民共识要根据联邦和各州议会的相关立法(legislative enactment)、陪审团的裁决(jury verdict)以及实际的死刑执行情况来判断。联邦最高法院反复强调议会立法和陪审团裁决是表现社会文明程度的最佳指标。各州议会是由民选议员组成的立法机关,其立法过程和结果无疑在最大限度上体现了选民们的意志,并反映了他们的道德准则;陪审团由人民自己组成,其持续的裁决结果大体上可以反映社区民众在此问题上的倾向和态度[7],是一个

---

[1] Trop v. Dulles, 356 U. S. 101 (1958).
[2] Trop v. Dulles, 356 U. S. 101, at 87. (1958)
[3] Wilkerson v. Utah, 99 U. S. 130 (1878).
[4] Robinson v. California, 370 U. S. 660 (1962).
[5] Robinson v. California, 370 U. S. 660 (1962).
[6] JOHN F. STINNEFORD. The original meaning of "unusual": the Eighth Amendment as a bar to cruel innovation. 102 Northwestern University law review 1739: 1751 (2008).
[7] 同[6].

重要而可靠的当代价值观的客观指标①，更能集中并突出反映国民共识。此外，各州实际执行死刑的数量不断降低也说明了各州对死刑的慎重态度。

以 2008 年肯尼迪大法官在 Kennedy v. Louisiana 案②中的说理说明了联邦最高法院在具体案件中对此原则的运用：第一，从反映立法史的具体数据来看，1925 年，有 18 个州和联邦政府的法律对强奸犯罪判处死刑；1930 年到 1964 年间，共 455 人因该类犯罪被执行死刑；1972 年 Furman 案后，仅 6 个州重启对强奸犯罪的死刑条款；而在审判该案的 2008 年，有 44 个州和联邦政府未将强奸儿童罪纳入死刑的适用罪行之列。第二，从立法趋势来看，尽管有些州已提出草案建议对强奸儿童罪适用死刑，但是这些动议尚未通过，并且不足以反映一个一以贯之、支持对强奸儿童罪科处死刑的改革方向。第三，统计死刑执行的数据，自 1964 年以来，没有人因为强奸成年妇女或儿童而被实际执行死刑；1963 年后，也没有人因为实施非谋杀性犯罪而被执行死刑。第四，缺乏明确的标准来指导死刑案件中陪审团行使裁量权，儿童受害人的证词存在可靠性疑问，使陪审团对强奸儿童罪适用死刑的妥当性存在疑问。③ 综上，存在反对对强奸儿童罪科以死刑的国民共识。

（2）外国法和国际公约

联邦最高法院在 21 世纪初的系列判决中引用了外国法。④ 就死刑方面的案件而言，具体体现如下：在 1982 年的 Enmund v. Florida 案⑤中，怀特大法官在法庭意见中指出，要以最大可能获知客观因素以判断当下社会成员对残酷和异常的刑罚的态度，不仅要查阅刑罚的历史发展、立法文件和陪审团

---

① Coker v. Georgia，433 U. S. 584，at 596（1977）.
② Kennedy v. Louisiana，554 U. S. 407（2008）.
③ Kennedy v. Louisiana，554 U. S. 407（2008）.
④ 除死刑案件外，在同性恋、纠偏行动等问题中，最高法院都在判决书中引用了外国法。在两起涉及美国大学招生中的纠偏行动（affirmative action）的案件中，金斯伯格大法官都援引了外国法律（包括加拿大、欧盟和南非）或国际公约（《消除一切种族歧视的国际公约》）中的规定。另外，在裁定得克萨斯州同性恋鸡奸法案违宪的 Lawrence v. Texas 案中，肯尼迪大法官援引了欧洲人权法院的一项类似判决来反驳 Bowers v. Hardwick 案认为禁止鸡奸的法案合宪的判决。在宪法判决中引用外国法，是最高法院内部自由派和保守派大法官激烈辩论的议题之一，也是美国的热点政治问题。
⑤ Enmund v. Florida，458 U. S. 782（1982）.

的量刑裁定，还要考虑国际舆论的发展。① 在 2002 年的 Atkins v. Virginia 案中，斯蒂文斯大法官考查了世界共同体（world community）普遍停止处决智力障碍者的先例，指出对智力障碍者适用死刑属于残酷和异常的刑罚。② 在 2005 年的 Roper v. Simmnons 案③中，肯尼迪大法官以世界各文明国家的法律以及联合国《儿童权利公约》为依据，指出判处未成年人死刑属于残酷和异常的刑罚，虽然国际社会的做法和观点对于美国法院而言没有约束力，但是对其结论的作出提供了有意义和值得尊重的重要借鉴。这一做法得到奥康纳大法官的赞同。④

综上，与其说是考证由谁决定文明程度，毋宁说是联邦最高法院如何判断当下社会成员对死刑的态度。除了上述列举的议会立法、陪审团裁决倾向、外国法和国际法，还包括民意调查结果和专业机构意见。⑤

（三）罪刑相适应原则（the principle of proportionality）

如上文所述，联邦最高法院在 1910 年的 Weems v. U. S. 案中确立了罪刑相适应原则。对于罪刑是否相适应的审查，联邦最高法院坚持其自身就具体问题和特殊案情适用死刑能否实现死刑功能的独立判断。根据遵循先例原则，需要做到类似案件类似处理，以体现公平，这是"统一性"的要求；但是死刑作为一种特殊刑罚，一旦执行就具有不可挽回性，需要法院慎重进行事实和法律判断，具体问题具体处理，这是"个别化"的要求。⑥ 这是联邦最高法院在死刑案件中面对的两难问题。

联邦最高法院在对死刑法律进行司法审查时，要求立法者明确列举加重情节，辩方律师提交证据至陪审团以证明从轻处罚的情节和因素。这一做法给予立法者、辩方律师和陪审团裁量空间来判断个案中罪责刑相适应的含义和标准。联邦最高法院在最后的衡量中完全依赖上述三方主体对于刑罚是否

---

① Enmund v. Florida, 458 U. S. 782 (1982).
② Atkins v. Virginia, 536 U. S. 304 (2002).
③ Roper v. Simmons, 543 U. S. 551 (2005).
④ 奥康纳大法官在本案中持异议，但是赞同多数意见中援引外国法作为参考。
⑤ JOANNA H D' AVELLA. Death row for child rape? Cruel and unusual punishment under the Roper-Atkins "evolving standards of decency" framework. 92 Cornell law review 129 (2006).
⑥ 张守东. 美国死刑制度的宪法法理及其未来——以 Kennedy v. Louisiana 案为例. 法学，2011（3）.

与罪行的严重性和罪犯的主观恶性成比例的判断，避免自身对衡量标准的主观创造。①

罪刑相适应原则更突出的体现是联邦最高法院从实体角度直接缩小死刑的适用对象和罪行范围。就对象而言，对智力障碍者、精神病人和犯罪时不满18周岁的未成年人适用死刑违反罪刑相适应原则；就罪行而言，根据该原则，对强奸成年妇女和未成年少女、未造成被害人死亡的重罪、未实际参与或无意造成被害人死亡的同案犯等也不能适用死刑。

（四）反思和评价

上述三项原则是内在相关的，共同诠释着第八修正案禁止残酷和异常的刑罚的内涵。在判断某一刑罚是否残酷和异常时，不可能只是认定它违背了其中某一项原则。正是它们的联合适用支持了联邦最高法院的多项判决，为某一刑罚是残酷和异常的这一结论提供合理论证。这些原则为大法官们提供了思考的起点、方向和框架，以决定被质疑的刑罚是否符合人类尊严，也反映了联邦最高法院在促进死刑适用的"统一性"、限制死刑适用方面所作出的努力。② 当然，看到这些原则在控制死刑方面的作用的同时，对其存在的质疑也无法忽视。

1. 舆论和个人权利保护

演进中的文明标准在理论上存在一个悖论：联邦最高法院对当下社会成员文明程度的判断具有价值预设，认为社会发展越成熟，人们对犯罪人员的罪行越宽容，对残酷和异常刑罚的接受程度越低，以此来控制死刑并最终废除死刑，以民意来奠定其决定的正当性基础。当然，这一点到目前为止也确实可以得到相关统计数据的印证。但是，目前统计得到的民众观点和态度发展趋势都是有利于犯罪人的，如果在某一个具体问题上，民意不利于他们，甚至倾向于用残酷的方式加以处罚，完全依赖于民众态度和舆论则会导致犯罪人的个人权利无法得到保护。这与联邦最高法院的出发点是相悖的。对于那些公众厌恶和不得人心的犯罪人而言，其某些个人权利的保护，如言论自

---

① TOM STACY. Cleaning up the Eighth Amendment mess. 14 William & Marry bill of rights journal 475：498.（2005）.

② 林维. 最高法院如何掌控死刑——美国联邦最高法院死刑判例经典选编. 北京：北京大学出版社，2014：228.

由和宗教信仰自由更加必要。①

因此，有学者认为联邦最高法院仅运用演进中的文明标准否决了那些过时的即将被淘汰的刑罚，但对于那些新出现的并且得到民众广泛支持的刑罚则显得束手无策。②

2. 联邦最高法院对该标准的操作

联邦最高法院在具体案件中以数据统计国民共识也存在牵强论证。在 1989 年的 Standford v. Kentucky 案③中，联邦最高法院通过对各州的数据考察，发现当时保留死刑的 37 个州中，22 个州允许将死刑适用于 16 周岁的未成年犯，25 个州允许将其适用于 17 周岁的未成年犯，从而认定联邦和州法律模式，这一最主要和值得信赖的国家舆论证据无法建立一个对未成年人判处死刑是残酷和异常的国民共识，因而不违反演进中的文明标准，肯定了对未成年人适用死刑的合宪性。而到了 2005 年的 Roper v. Simmons 案④，面对同样的议题，联邦最高法院发现在过去的 16 年中，已有 4 个州立法禁止对青少年适用死刑。尽管这样的变化并非显著，但是州的数量并不重要，需要看到变化方向是一致的。联邦最高法院由此认定多数州反对青少年死刑，保留死刑的州在实践中很少适用，实践中存在废除死刑的趋势，这些足以证明国民共识的存在；并结合青少年人格发展、青春期特点等因素进行罪刑相适应原则的独立衡量，最终判决对青少年适用死刑违宪。

联邦最高法院在 Roper 案中对国民共识的牵强论证遭到一些学者和联邦最高法院内部保守派大法官的质疑。有学者指出，单从数据本身来看，相当比例的州依然允许对青少年适用死刑，长达 16 年中，仅有 4 个州立法废除，数字上的微小变化对于发展趋势的证明力很薄弱。导致两个不同判决结果的主要原因并非国民共识所反映的不断进步的社会文明程度，而是联邦最高法

---

① U. S. v. Carolene Prods. Co, 304 U. S. 144, at 153, note 4. (1938).

② JOHN F. STINNEFORD: The original meaning of "unusual": the Eighth Amendment as a bar to cruel innovation. 102 Northwestern University law review 1739；1751 (2008). 近年来，加利福尼亚、佛罗里达、艾奥瓦等州新的法律规定，对性犯罪者实行化学阉割（chemically castrated），联邦最高法院在 1972 年的 Furman 案中已经指出这是典型的残酷而异常刑罚。但是下级法院在审查该刑罚的合宪性时，却认为民众对该项刑罚的支持以及对性犯罪者的憎恶可以使其免于第八修正案的审查，这表明此一措施符合当前的文明标准。Refer to People v. Steele, Cal. Ct. App. Dec. 15, 2004.

③ Standford v. Kentucky, 492 U. S. 361 (1989).

④ Roper v. Simmons, 543 U. S. 551 (2005).

院不断增长的司法自信。① 演进中的文明标准具有内在的不确定性和被操作性，联邦最高法院对死刑问题的预期即为逐步缩小其适用范围，最终彻底废除死刑。因此，其对第八修正案的解释采取了结果取向的路径（results-oriented approach），在论证过程中反复提及国民共识及其反映的文明标准只是为该结果的得出增强正当性。②

斯卡利亚大法官在 2002 年 Atkins 案③的反对意见中就批评了多数派对数字的简单计算和对变化方向一致性的认定：首先，在数据上不具有优势，当时仅有 18 个州禁止对智力障碍者处以死刑；其次，这 18 个州的立法都处于起步阶段，没有足够经验验证这些法律是否在长期范围内切合实际，"将宪法原则建立在这样短暂的经验上是缺乏远见的"④。最后，这些州的改变方向并不存在一致性，更不能反映未来发展趋势，多数派是在编造国家共识。⑤ 2005 年，他在 Roper 案的反对意见中进一步指出，促使判决结果的真正力量不是 4 个州的立法机关，而是联邦最高法院自己的判断，多数派法官用自己的观点代替了美国民众的共识。社会价值与刑事体制之间的联系应该由陪审团来维持，法官不能自作主张。⑥

四、美国死刑制度改革的理论反思

（一）联邦最高法院独立判断与民意的调和

面对死刑问题，联邦最高法院给出了一个综合性的包含主客观两方面的解决方案和检验标准。一方面，客观考量与争议相关的法律规范、立法趋势以及陪审团的裁决态度，以确定在罪刑相适应这一问题上社会文明标准的演变过程；另一方面，主观考量是联邦最高法院独立判断和分析某一具体问题是否罚当其罪，刑罚的报应和威慑功能是否可以在特定情形下得到发挥。⑦

---

① JOHN F STINNEFORD. The original meaning of "unusual": the Eighth Amendment as a bar to cruel innovation. 102 Northwestern University law review 1739：1757 (2008).
② 同①。
③ Atkins v. Virginia, 536 U. S. 304 (2002). Scalia, dissenting.
④ Coker v. Georgia, 433 U. S. 584, at 614. (1977). Burger, dissenting.
⑤ Atkins v. Virginia, 536 U. S. 304 (2002). Scalia, dissenting.
⑥ Roper v. Simmons, 543 U. S. 551 (2005), Scalia, dissenting.
⑦ 柯恩, 唐哲, 高进仁. 当代美国死刑法律之困境与探索. 刘超, 刘旷怡, 译. 北京：北京大学出版社, 2013：118.

1. 个人主义与普遍意志的调和

通常认为美国民众在政治上追求自我的集体统治,这种自治的追求有时被理解为等同于多数主义。社会共同体成员的普遍意志形成宪法原则,但是这样的原则并非纯粹的多数主义。因为共同体的意志总是通过多数派和少数派在连续而自由的公共商谈中得以确立。[1] 美国宪法的一项基本原则就是维护自由讨论的机会,从而使政府可以回应人民的意志,并通过合法手段进行变革。[2] 民主倾向于将法律视作普遍意志的产物,而美国宪法中却弥漫着个人主义,这必然有别于共同体所预设的集体意志。[3]

个体意志与普遍意志需要尽可能得到调和,使共同体中的个体意志也能得到充分尊重,"通过追求公共理性进行某种形式的调和",从而形成一种健康而且有活力的共同体生活形式。[4] 美国联邦最高法院在这个调和过程中起着重要作用。宪法承载着共同体成员的普遍意志,更强调对每一个个体的尊重和保护。联邦最高法院在具体的案件审查中,竭力开放更广泛的领域,扩大了原有领域并对现存的体系造成冲击,某种程度上背离了多数成员的现有意志。所以具体案件层面上,对于犯罪人的保护与共同体似乎是对立的。但是,在系统的层面上,它们是可以调和的,甚至相互依存。[5] 因为成员的意志也处于不断变化之中,而且联邦最高法院也不会完全脱离民意,以独立判断取代成员共识。不能因为反多数难题就给联邦最高法院的司法审查贴上反民主的标签,相反,它是在不断回应共同体意志并保护少数成员权利。

2. 死刑判例中的体现

在考虑罪刑相适应原则的具体标准时,通过寻找国家共识来确立当代成熟社会的文明标准,美国联邦最高法院的做法体现了其在对待死刑问题上对于民主的尊重。宪法保护少数人的权利,包括那些因犯罪而可能面对死刑处罚的犯罪人。联邦最高法院必须通过其独立判断来坚守这一宪法价值,但是又需要尊重民众对于社会共同体的正义的追求,其司法判决需要符合最基本的正义原则。因此,民众对于死刑的态度形成判断文明标准的国家共识,以

---

[1] Hustler Magazine v. Falwell,485 U. S. 46,55 (1988).
[2] Stromberg v. California,283 U. S. 359,369 (1931).
[3] 波斯特. 宪法的领域. 毕洪海,译. 北京:北京大学出版社,2012:261.
[4] 同③268.
[5] 同③261.

此作为联邦最高法院判断死刑法律合宪性的依据之一，这体现了联邦最高法院依然坚持将死刑置于以社会成员意志为基础的民主体系中，对于少数人权利的保护与对社会成员共同意志的尊重，在整体上是可以调和的。

如前所述，个体意志与普遍意志的调和，限制了共同体运用法律强力要求个体服从共同体规范的能力。[1] 在具体的死刑判例中，联邦最高法院的判决推翻了州立法机关的决定，看似与民意表达和共同体意志存在张力。但是从整体上看，这一冲突是可以调和的，二者甚至相互依存。[2] 因为一个州的立法机关所代表的某州民众看法并不能体现"国家共识"，社会大众的意志也在不断变化。而且死刑最终表现为价值判断，不能完全诉诸信条。上述对于联邦最高法院死刑判例的纵向梳理以及判例所体现出的死刑整体法理，体现出联邦最高法院在死刑这一极具争议性的话题上，不断回应处于变化中的民众意志和社会情感，并结合自身基于对宪法的理解及其对犯罪人生命权的保护而形成的独立判断，从而尊重了共同体成员的民主参与，也实现了宪法对个人权利的有效保护。

（二）宪法解释方法之辩

美国联邦最高法院对宪法第八修正案的解释体现了自由派"活的宪法"理论和保守派原旨主义的争论。自由派认为在尊重宪法条文的同时，要构想这些条文应该如何适用于当下现实，由此实现对宪法的"重新构建"，将宪法制定伊始的目的或价值观延续至今，以解决当下的问题。法官的任务就在于探求一种合适的解释方法，使宪法条文在今时今日也能得到良好运转。[3] 演进中的文明标准即体现了这一立场。与此相反，保守派坚持原旨主义理论，认为宪法解释只能忠实于文本，尊重字面含义、立法历史、法律传统和既往先例。这种解释理论以美国的民主制度为基础，强调在一个民主社会中，是立法机关而非法院去发掘人民的意向，进而反映人民的道德价值。

在解释宪法条文方面的分歧也集中体现在大法官们对待外国法的态度上。自由派大法官们希望引入外国的宪法资源来修正和完善对美国宪法的认识，保守派大法官们则反对在判决书中讨论外国法和国际法的做法。斯卡利

---

[1] 波斯特. 宪法的领域. 毕洪海，译. 北京：北京大学出版社，2012：260.
[2] 同[1]268.
[3] STEPHEN BREYER. Making our democracy work-a judge's view. Vintage Books：81（2010）.

亚大法官认为使用外国人的观点作为法院判决合理性基础的组成部分存在这样一种诡辩：当外国法与法官自己观点一致时就调用外国法，不一致时就忽略它，这不是理由充分的裁决，而是法官对自由裁量权的滥用。① 反对者的另一个理由是，美国的宪法和法律根植于美国人民主权的决策，引用外国法则将一些未经美国人民主权同意和民主过程确认的法律规则引入美国法律，因而将破坏美国的民主过程和法律体系，减损美国宪法和法律的根本效力和正当性基础。② 从支持者的角度看，联邦最高法院将外国法和国际法作为评估文明标准的相关指标，这项调查可以从文明社会的成熟价值中引申出宪法第八修正案的特殊品质。美国社会对于人类文明的理解并不完全孤立于其他国家的主流价值。国际社会已经就以下事项的认识达成共识，即一个特殊的惩罚形式是与基本人权相矛盾的。国际共识的存在确保了一个协调一致和真实诚恳的美国共识的合理性。③

作为世界上为数不多的几个依然保留死刑的国家，美国是否具有独特的、恪守死刑的文化信念还需要从社会学的角度继续考证。但从上述内容来看，它与其他西方国家处于相同的废除死刑的轨道上。因为联邦最高法院的判决书不仅仅解决某个具体宪法纠纷，也不仅仅澄清某个宪法条文的决定，更是美国公民寻找其国家认同的指向所在。由于公众对于死刑的普遍支持态度依然存在，并直接体现在选举制度或者其他形式的政治责任中，所以精英们无法一劳永逸地废除死刑，无法漠视公众情感，而是在政治、法律、传统和社会文化的多重维度中阐明宪法第八修正案的内涵，并结合当下社会情况和刑事政策改革源自美国经验和传统的死刑制度。

---

① Roper v. Simmons，543 U. S. 552 (2005)，Scalia，dissenting.
② 刘晗. 宪法全球化中的逆流：美国司法审查中的外国法问题. 清华法学，2014 (2).
③ Roper v. Simmons，543 U. S. 552 (2005).

第五章

死刑制度的当代命运（宪法与刑法的学术对话）

第一节 死刑是合法而不正当吗

韩大元：谈到死刑制度的当代命运，首先涉及死刑的本质和宪法逻辑。如何解释死刑制度与宪法的正当性？我始终认为，死刑在宪法上是缺乏正当性的。在保留死刑的国家中，它有合法性，但是没有正当性。没有正当性但有合法性，这就说明保留死刑制度缺乏正当性基础，其宪法逻辑基础是很脆弱的。因为它没有正当性，只靠合法性，很难让一个没有正当性的制度继续存在下去，所以，适时废除死刑是十分必要的。即使目前保留死刑，也要逐步减少死刑罪名与死刑人数，这是必然的趋势。我不知道从刑法的角度，这样的判断是否成立，就是说在宪法上死刑是缺乏正当性的，但是在国家法律上，死刑具有合法性。

时延安：关于死刑存废的讨论，确实应当从惩罚的正当性的角度考虑，韩老师提的问题和观点很重要。国家进行惩罚的权力根据是什么，尤其是死刑的国家权力根据是什么？这里存在一个假设，就是社会个体赋予国家的权力是否包括剥夺其生命权的权力？同时，在法律论证中区分合法性（或合法律性）与正当性是十分重要的。有些法律规定或者制度，虽然有明确的法律根据，但从宪法层面分析，其正当性难以证成。例如，2013年年底废除的劳动教养制度就属于这种情形。不过，对于死刑的正当性论证问题，则比较复杂。基于不同的立场，可能在分析路径和结论上有很大差异。例如，贝卡利亚、洛克、卢梭虽然都是社会契约论的倡导者，但他们对死刑的态度不同，贝卡利亚基于社会契约论认为死刑是不正当的，而洛克、卢梭则认为死刑并没有违反社会契约论。

韩大元：从某种角度说，宪法就是契约，人民和国家之间的契约。那么，人民和国家的契约中，并没有赋予国家剥夺个人生命的权力。虽然基本权利是可以限制的，但是死刑已超越了可以限制的基本权利的范围与界限，国家无权剥夺共同体成员的生命权。这不是在国家和公民之间通过宪法确立的契约内涵。所以，从宪法的角度看，应有一个基本价值立场，死刑没有正当性但是有合法性，但有合法性未必具有正当性，两者之间并不是对应关系。

时延安：宪法就是一个契约，不过，我个人倾向于是人民的契约，而不是人民与国家的契约。从我国基本制度讲，国家相对于人民是第二位的，从这个角度说，国家是人民契约的产物。当然，这里的国家是"政治国家"，而不是文化意义或者地理意义上的国家。无论怎样认识，有一点值得思考，就是您提到的，国家是否有权力剥夺共同体成员的生命。我赞同您的看法，就是国家没有这项权力。我的论证思路是这样的：既然认为国家的权力来自人民，那么，剥夺生命的权力最终也应来自人民；"人民"是个集合概念，剥夺生命是永久性地否定共同体成员的人格；但是，人民可将严重违背共同体基本生活准则的成员排除于共同体之外，即进行社会人格的否定，却不能剥夺其生命，也就是不能进行自然生命的否定。从这个角度看，死刑是不正当的，因为人民作为共同体没有这样的权力，国家当然也没有这样的权力。所以，刑罚最高也就是终身监禁，而不能是死刑。当然，对这个论证过程，可能有个论证基础的问题，就是基于何种国家学说和如何看待基本政治制度。从某种意义上说，这一结论和自由主义看待死刑问题的角度有相似之处。世界上存在不同类型的宪法，伊斯兰国家也有自己的宪法，它的宪法肯定和其他国家的是不一样的。我国是人民民主专政的社会主义国家，我认为这一结论实际上符合社会主义的理念。这里可以举出两个间接证据来说明：一是苏联在 20 世纪 20—40 年代曾短暂废除了死刑，当时苏联学者把废除死刑与社会主义制度联系在一起；二是中共二大和八大也曾提出要废除死刑，认为这符合社会主义建设事业。

韩大元： 我国《宪法》第 1 条规定了国家的根本制度。对一些具体法律制度正当性的分析，确实应从基本政治制度上思考。中国宪法体现不同的价值观，其中包含一定的自由主义色彩，同时也体现理念上的意识形态。任何国家宪法都体现不同形式的意识形态。中国宪法体现中国社会主义的价值观，它是各种法律制度的基础。当然，它是以法律文本形式存在的，具有明确的法律属性。我们看待问题，应从宪法基本原理分析，对于人类社会发展到今天而形成的共同价值，应采取兼容并包的态度。实际上，美国在上个世纪六七十年代的民权运动中，很多主张与基于社会主义的看法是相通的，比如强调种族、阶层、性别之间的平等。基于自由主义的一些观念和实践，也可以吸纳到我们的制度之中，比如对人权和公民自由的强调。马克思、恩格斯在《共产党宣言》中也写道：代替那存在着阶级和阶级对立的资产阶级旧社会的，将是这样一个联合体，在那里，每个人的自由发展是一切人的自由发展的条件。不同制度之间是可以相互借鉴的。即使从自由的理念进行分析，可能的结论也是，死刑是不正当的。

时延安： 我理解，任何国家都存在意识形态宪法化的现象，而一旦进入宪法，也就成为基本政治经济制度的组成部分，在理解和解释宪法和其他法律时，应当充分考虑基本制度的要求。对宪法和其他法律中的意识形态问题，不用特别去回避，越是重大理论和实践问题，越要从基本政治理念去思考，包括一些重大改革也是如此。

韩大元： 宪法的核心的理念是更好地保护自己国家的人民，体现人权保障的价值。学界确实有一种观点认为，中国宪法有几个政治性的逻辑，甚至提出中国实际存在两部宪法，党章也是宪法，国家有国家的宪法。我认为，这是不符合宪法逻辑的。一个国家就一部宪法，联邦制的国家也存在一部宪法，各个州的宪法不能违背联邦宪法。一个国家的治理就是靠国家宪法。

宪法中既有自由主义的因素，也有社会契约论的因素，统一于社会主义宪法实践中，体现社会主义宪法理念。对这种社会主义宪法的理念，我 2016 年写过一篇文章，有兴趣的话大家可以看一下。我认为，所谓资本主义，或者西方国家的宪法，它的价值来源之一是 1918 年的苏俄宪法，即第一部社会主义宪法。特别是 1919 年的魏玛宪法是近代宪法到现代宪法的一个转折点，而魏玛宪法的很多原理都体现了社会主义元素。社会主义体现社会正义、平等公平的理念。宪法是人类的一个伟大发明，并随着现代文明的发展逐步完善。

回到中国宪法上来，我觉得不能只谈中国宪法本身，要把中国宪法纳入世界宪法体系的一部分，尽管它有一些政治性理念的表述，但总体上还是一个法律文件，规定了中国的根本制度。在这一点上，中国的宪法能不能为死刑制度提供正当性基础？在中国宪法文本下，找不出为死刑制度提供正当性的依据。合法性是没有问题的，宪法可以为死刑制度的合法性提供依据，因为《中华人民共和国刑法》第1条就说，根据宪法制定本法。那么哪些宪法条文可以为死刑提供合法性依据？如何判断某些死刑罪名符合宪法？在解释学层面我们需要认真思考。

时延安： 毫无疑问，刑法的制定根据是宪法，但宪法中并没有提供类似的规范作为死刑正当或不正当的判断根据。因为很多的具体制度，它都没有宪法上的根据，包括无期徒刑、没收财产这些在人权上很容易引发争议的刑罚种类。我也主张将合宪性解释作为刑法的解释方法之一，但我认为，合宪性解释应以宪法文本和宪法规范为根据，而不宜单纯以宪法精神作为解释根据。就刑事法中的一些制度和规范的合宪性问题，如果有明确的宪法规范，对刑法规范的合宪性解释就具有较为充分的根据；相反，我就觉得比较难以处理。例如，在关于劳动教养的讨论中，就可以从《宪法》第37条第2款"任何公民，非经人民检察院批准或者决定或者人民法院决定，并由公安机关执行，不受逮捕"的规定中找到根据。但是，死刑问题很难找到宪法上的文本根据，无论合宪与否。

韩大元： 宪法作为根本法，不需要对所有制度进行具体规范。但是，从宪法基本精神和原理应该能够得出正确判断，特别是2004年修改宪法，在第33条增加写了人权条款，规定国家尊重和保障人权原则的目的是进一步限制死刑存在的空间，强化逐步减少死刑的正当性基础。要减少死刑，必然要严格死刑的程序，然后按照宪法的价值观，积极创造条件，不要等到一百年后废除死刑。我指的是它和宪法正当性要求是不相符合的。

时延安： 提出"一百年后废除死刑"迄今过去有二十多年了。也有学者提出，要在2050年废除死刑，因为按照中央的既定目标，届时中国要达到中等发达国家水平。

从人权角度它确实可以作为废除死刑的理论根据。不过，我觉得，还可以提出更多的理论研究途径。能否从社会主义角度提出废除死刑的理论依据？我理解，《宪法》第1条具有明确的规范意义。死刑问题，从社会主义制度也可以提出死刑的正当性问题，当然从自由主义也可以进行判断。我个人认为，在很多问题的看法上，自由主义和社会主义在观点上是一致的。刑法学界很多人主张废除死刑，其理论基础是自由主义的，不过，就像我前面提到的，苏联的法学理论、实践和中国共产党早期的文献中，也都提出废除死刑的观点。其实，就像您刚刚提到，无论是1918年的苏俄宪法，还是之前的一些社会主义的宪法实践，其实对于死刑的观点来讲，恰恰体现对个人权利的尊重，这也符合自由主义的看法。也就是说，在基本人权问题上，社会主义和自由主义之间还是可以有共识的，只是在个人与社会之间的关系上二者存在不同的认识而已。

林维：在死刑正当性这个问题上，我有几点不同意见，与两位老师商榷。撇开有关正当性的复杂理解，我们应当客观地、历史地看待死刑的正当性问题。死刑的正当性同我们的社会发展、社会观念的进化、社会控制手段的丰富性、刑罚理念的进步等等息息相关。在一个民众可能并不具有较多自由支配的财富、自由能够产生的经济效益较少的社会中，作为惩罚对象的民众其可能被剥夺的权益内容相对较为单一，因此死刑就必然会更为普遍，而自由刑和财产刑就会显得相对薄弱。死刑被广泛适用的，一个很重要的原因就是在那些社会中，人们通常并不拥有太多得到普遍重视因而适于剥夺以示惩罚的利益，除了人人拥有的生命。可是，当生存对于人们是个煎熬，生活毫无幸福可言时，生命既宝贵但又无比廉价。能够让人说出"要命有一条""二十年后又是一条好汉"这样话的社会，死刑的威慑又有多大呢？显然，死刑特别普遍的时代，恰恰未必是死刑所能够产生的威慑力最大的时代，因为死刑的威慑并不会因为适用的规模化而成正比地提升，过于泛滥的死刑恰恰可能减弱了其威慑力。随着民众个体所能掌握的财产相对较多，而且基于自由所产生的时间能够转换的财富相对较多，人们对自由愈加重视，对于财产更加珍视，自由刑和财产刑的地位就显著上升。而与此同时，不自由毋宁死，意味着，基于对自由的珍视，人们对生命也愈加重视，死刑的威慑力也就持续攀升。不过，过于罕见的死刑也可能没有任何威慑力，因此，要维持死刑的威慑作用，必须使得死刑的适用具有一定的平衡性。

脱离一个国家刑罚史的发展简单地认为死刑并不具有正当性，不是一种实事求是的立场。尤其是，当国家对社会控制的手段较为缺乏，就存在着不得不使用包括死刑在内的任何可予以使用的手段的可能性。我们固然可以认为死刑的使用恰恰是因为国家治理手段、治理能力的不足，但是国家使用死刑也因此具有了某种政治上的正当性。从某种意义上，从整体的角度而言，死刑的正当性和刑罚的正当性是紧密联系在一起的，既然我们不得不承认刑罚作为一种必要的邪恶而存在，死刑在一定社会背景下，就仍然维持着它的正当性。不过，从另一意义上，具体刑罚措施的正当性和刑罚在其整体上的正当性，当然仍应该区别地看待，例如我们不会认为肉刑在现代还具有任何意义上的正当性。死刑问题同样如此，它的正当性需要考虑这一刑罚措施同现代社会中人的共同价值观的契合程度。背离民众的普遍价值观的刑罚就可能缺乏普遍的支持，并因此在这一意义上欠缺其正当性。

不过，在此特别重要的是，我们需要区分死刑的有效性和死刑的正当性。一种手段并不绝对地因为其有效而证成其正当性。事实上，完全可能存在着比死刑更为有效但令我们完全无法接受的刑罚。在死刑这一问题上，尤其如此。有时人们过多地纠结于死刑是否有效，并试图以此论证其正当性与否。姑且不论这一有效性或者无效性是否能够得到实践的证明，问题在于：如果死刑具有某种效果，其正当性就能够得到完全的论证了吗？通过有效性证明其正当性在逻辑上的悖论在于：论证其有效性和论证其无效性，具有同等的难度并且可能都无法实现。因此，无论是死刑保留论者还是废除论者，其前提都是假设性的、不可证伪的。

死刑在当前阶段的正当性在于：作为一种刑罚措施，它仍然同民众的一般报复观念存在着契合之处，同整体刑罚制度仍然内在包含的报应观存在逻辑上的一致。国家需要这样一种很大程度上纯粹属于报应的刑种，来最为严肃地宣示规范的存在。因此，否定其正当性，势必需要证明我们整体的刑罚制度就不存在着任何的报应要素，并且进而否定民众普遍心态在任何意义上的正义性，但问题在于，一个如此重要的法律制度未能回应普通民众普遍的报应需求和正义期待，我们又如何证明这一法律制度是正当的？

因此，一般而言，死刑正当性能够发生根本转变的背景一定是：民众对生命的价值尊崇不断提升，其报应心态尽管不可能完全消失，但是我们能够找到一种替代的手段，来满足或者补偿民众的这种报应心理。反之，国家能够找到一种更为合理的惩罚体系来实现社会控制，整体的刑罚制度更加体现出教育和预防的理念。

第二节　死刑与基本权利保障

韩大元： 根据宪法学的一般原理，基本权利和基本人权是可以限制的，这没有问题，如财产权、自由权、言论自由等都可以限制。但是，它的本质内容是不能限制的。所谓的本质内容包括生命权。剥夺了生命权，基本权利的主体就没有了。所以，宪法学强调，有些权利是不能剥夺、不能限制的。对本质内容的解释，各国的具体制度设计不同，但大家都有一个基本共识，即生命权是人权的根本和前提，不要剥夺它。生命权被剥夺以后，宪法逻辑就很难成为一种体系化的理论说明，包括基本权利的概念、基本权利的主体与基本权利保障等。所以，有时解释的时候存在着困惑。虽然在当今的中国，刑法学相对强，宪法学相对弱，但是我们还是需要有一个基本的价值立场，如果我们从宪法上对刑法的制度进行正当性上的否定、合法性上的承认，是不是也有助于中国死刑制度的改革，尽快走向废除死刑的过渡。

关于宪法与死刑问题，坦率地说中国的宪法学界也是很陌生的。在日本，大概是从20世纪80年代开始，死刑问题成为一个公共的话题，日本最高法院通过个案使死刑成为宪法问题。日本学者平川宗信教授比较早地提出死刑的宪法论的命题，主张将死刑纳入宪法的框架中，提出死刑是否具有正当性的疑问，主张要回到公认的价值标准，即宪法共识。为什么要回到一个公认的价值标准，就是因为宪法的理念就是共同的价值标准。所以，死刑制度作为一个法律制度，要接受宪法价值的评判。死刑制度要优先考虑宪法价值，或者说宪法创造国家制度的前提是——生命权。

时延安： 国家对公民的权利的剥夺和限制，应该是有限度的。举个例子说明，一个国家不能剥夺其公民的公民资格。生命权，也应该认为是不可剥夺的。有些国家宪法中明确规定了生命权，像阿尔巴尼亚等国废除死刑也是基于生命权条款。我国宪法文本中并没有规定生命权条款，从《宪法》第

33条有关国家尊重和保障人权的条款引申出生命权是一个可行的解释思路。不过，我个人倾向于，将这条规定理解为宪法原则，而不仅仅是宪法规范。

韩大元：需要考虑死刑的宪法基础问题。不同宪法的类型体现不同的宗教与意识形态。刑法上的意识形态化有时容易导致滥用死刑的刑罚权，或者在导致了死刑的冤假错案的时候，把这种道德责任转嫁给宪法制度。近几年发生的冤案、错案，特别是佘祥林案、聂树斌案、赵作海案等，其责任并不在宪法，而是刑法规定和刑事诉讼的程序设计存在问题。所谓杀人偿命、命案必破的思维导致冤案、错案。在人类历史上，在一个文明的国度里，很难想象仅用六十多天就执行死刑。如果我们把责任推给宪法，很难反思部门法自身存在的问题。只有让宪法有尊严，让宪法有生命的时候，才能维护国家的价值观，才能落实《宪法》第135条的人民法院、人民检察院和公安机关"互相制约"原则。如果严格遵循互相制约的原则，很多冤假错案是可以避免的。侦查阶段不讲证据，起诉阶段不讲证据，到了法院，法院是守护正义的最后一道防线，但仍没有严格按照法律审理案件。

时延安：有些问题的确是宪法问题。从1979年之后，一共有24个单行刑法。这些单行刑法都是全国人大常委会制定的。大量的死刑条款都是全国人大常委会而不是全国人大制定的。一些涉及死刑的冤案，究其原因，立法机关也有责任，就是没有在法律程序设计上提供有力保障。例如，2007年之前，地方高院掌握死刑核准权，一些地方处理死刑案件时掌握标准不严。类似这样的问题，不能不说立法机关没有责任。我理解，如果立法机关、司法机关乃至公安机关能够认真理解并践行宪法中的人权条款，冤假错案的发生率会大大下降。

韩大元：1982年宪法规定全国人大制定基本法律，全国人大常委会制定其他法律，这是因为基本法律关涉到人民的健康、生命、安全，所以重要的法律由全国人大制定。因为，毕竟全国人大有近3 000名代表，而常务委员会只有160多个委员，对全国人大制定的刑法，常务委员会可以修改，但应遵循严格的宪法界限。如刑法修正案，由常务委员会通过是不符合宪法精神的。全国人大应该做全国人大做的事，常务委员会不能侵犯全国人大的法律修改权。张明楷教授曾说，近3 000名代表制定的刑法条款，为什么可以轻易地由全国人大常务委员会160多位委员修改。1982年宪法全面修改时，许崇德教授、肖蔚云教授等考虑到了宪法上的重要问题，希望通过基本法律来限制全国人大常委会的立法权。《宪法》第67条实际上是一种限制，即全国人大常委会可以修改基本法律，但不得与法律的基本原则相抵触。

宪法上是否规定生命权，并不影响死刑制度的评价。我对生命权问题比较关注，宪法是一种生命的载体，拥有生命的人们用制宪权来选择了宪法，那么，生命的存在是这种政治共同体存在的前提。当然，我也不反对有些学者主张中国宪法上写生命权的观点。但是，写和不写，并不影响宪法对生命权的关怀和保护。

从宪法学的角度来说，死刑制度的正当性与否，首先考量的是生命权的价值问题。在生命权的问题上人们容易寻求一个基本共识，所以在这个问题上，我觉得，需要一个基本立场，至少在死刑问题上，应该采取更加慎重而宽容的哲学，绝对不能把死刑作为治国的一种手段。在宪法逻辑上，论证生命权，确定生命权价值的崇高性、神圣性是非常必要的。在一些合宪性审查的案件当中，涉及刑法条文的时候，从生命权的宪法逻辑来寻求依据，也是有说服力的。制定公共政策也好，立法也好，修法也好，特别是在个案的解释过程中，当遇到一些困惑，找不出合理依据的时候，可以在宪法中找依据，这是一种最有效的规范管理。在刑法的解释中，应该积极运用宪法解释学的一些原理，两者的功能是一致的。

时延安：我有时甚至认为，生命权由宪法或法律去规定，某种意义上对生命权的意义或者价值是一种贬低。最近民法总则中加上了生命权的条款。我总觉得有"画蛇添足"的味道。

韩大元：我不反对写生命权。但是从解释学立场出发，从中国宪法文本中，可从尊重和保障人权条款中推导出人权首要的是生命权，这是一点。第二个，宪法保护人身自由，这个前提是生命的存在，在生命的前提下才可以有其他权利。第三个，宪法规定人格尊严受到保护等等。但是，一定要让社会了解，写和不写不应该影响国家对生命的尊重，这是一个基本前提。缺乏尊重生命价值的国家理念，或者对生命的尊重没有成为社会主流价值时，我们的生活是很不安定的，缺乏合理预期。小孩上学的操场原来是一个化工厂；好不容易打了个疫苗，疫苗又有问题。还有天津的爆炸案。什么地方安全呢？一日三餐，先得问食品是否安全。安全的权利是法治应该给社会成员的首要公共产品。为什么在国家生活中我们有时觉得缺乏安全感,就是因为对生命的尊重没有成为我们文化的一个主流。

时延安:安全是一项公共产品,国家有义务确保社会以及成员的安全。对生命的尊重和保护,当然是安全的组成部分,因而也是国家的义务所在。可能的问题是:公共安全与个人权利之间是否存在冲突,以及如果存在冲突应该如何处理?例如,针对恐怖分子是否可以处以死刑?对于刑法研究者来说,很多棘手的难题都是要在安全(或者公共利益)与个人自由之间进行平衡和选择。不过,维护安全不能只靠刑法,或者只靠刑事法制。像食品安全、产品质量安全等,刑事法制的作用很有限,甚至可以说,仅仅靠政府部门去管理,也是不行的。还是要依靠共治,发挥各种积极力量共同解决安全问题。刑法充其量只能起保障作用。

林维:我同意两位对于基本权利保护的观点,但宪法对于基本权利的保障,在当前的中国语境中,并不和死刑产生矛盾,否则就意味着宪法对死刑的否定。宪法保障人的生命权,但是并不意味着在死刑案件中,罪犯可以此为根据否定刑法的合宪性,推翻裁判的正当性。但是,宪法应当要求人的生命权不应被不合理地剥夺,应当要求每一项涉及这一问题的法律制度必须尽最大努力地满足这一要求。基于这样的观念,我认为,基于报应而获得正当性的死刑,在现实社会中其正当性实际上受到另一因素的影响,从而即使死刑支持论者也可能会不得不转而同意废除死刑,那就是误判因素的存在。死刑误判的存在,使得我们可以批判死刑制度即使具有一般的正当性,也因为这项制度的运作漏洞而要求否定这一制度。

误判不仅仅发生在死刑判决之中,在任何刑事判决中,都可能存在误判或者错误执行的情形。更为广泛的,任何审判作为一种判断,都存在被推翻的可能。为什么死刑的误判较之其他刑种的错误适用更值得宪法的警惕?实际上,死刑制度较之其他刑罚裁量制度的更加严格性,保证了死刑误判或者错误执行的理论概率和现实数量应当远远低于其他刑罚的。但是死刑的误判乃至错误执行,仍然必须比任何刑罚的误判、错误执行受到更多的重视。正是死刑的权益剥夺的严重性,尤其是死刑执行的不可回溯性,这一错误的严重性。固然人身自由和金钱赔偿之间无法进行等质的折算,但是自由刑的误判和错误执行总是能够在一定程度上得到挽回,而生命权和金钱的赔偿之间这样一种折算关系的异常性，直接涉及死刑本身正当性的问题，而不仅仅是特定诉讼程序的正当性问题。加缪曾经说过，如果无法补偿，就应该废除死刑。基于自由刑的误判，人们并不会对自由刑的正当性进行根本性的质疑，但是死刑的误判，尤其是错误执行，直接引发了对死刑作为刑罚的正当性质疑，并且扩大了对完整刑罚体系的正当性的质疑，乃至在根本上产生国家究竟在何种程度上掌握对公民的刑罚权这样的疑问。这是其他刑种所无法具有的重要震荡。宪法在此意义上应当要求刑法对生命权的保障具有特殊性，并因此可以主张，如果刑法无法做到这一点，就可能意味着死刑制度的合宪性存疑。

在美国，那些从支持死刑变为反对死刑的人，其中因无辜者遭判死刑问题的占压倒性多数，62%变为反对死刑的人因存在将无辜的人判处死刑的风险而改变立场。剥夺权益越重大，审查程序就应当越慎重，正当性证明的必要性就更大，其适用就应当更受限制。诸如聂树斌案，就从另一个侧面警示，一种法律措施的正当性，同其滥用的可能性及其滥用后果的严重性这两个因素存在着反向关系。如果死刑制度在其设立上，存在过大的任意性以及错误可能性，其制度的正当性就可能大打折扣。假使某一个异常的刑罚存在被随意适用的可能，我们就可以合理地期待社会将对这种刑罚不予认同。宪法对生命权的保障，仍然是以死刑的正当性为前提的，但是又跳脱了这一难以证伪的问题，而代之以如下问题：为了这样一种效果不明确的刑罚措施，我们是否仍然愿意承受或者在多大程度上承受无辜者的牺牲？如果存在无辜者被判死刑的危险，就有必要讨论其合宪性问题。

通过聂树斌案、呼格吉勒图案等错案，我们必须更为深刻地意识到这一令人心惊胆战的警醒：聂案、呼格案等案是已经被查实的死刑错案，它们打破了零的分界，揭开了我们原来有意无意忽略而不愿面对的真相：死刑执行存在着错案。我们杀错了人，一个鲜活的个体生命为司法所杀！但是令人更为心惊胆战的预警是：除了聂案、呼格案，司法体制过去还有类似的案件吗？司法体制还会继续以这样的方式杀错人吗？我们是否能够保证除了这些案件以外，就没有其他已经被执行死刑的错案？没有人能够作出这样一种保证，事实上，如果不是危言耸听，更为切合概率、因而某种意义上也更为符合现实的判断是：仍然存在这样的现实可能，即因为种种原因而尚未被揭示真相或者尚未为公众所知的死刑执行错案，仍然潜伏其中。我们不得不意识到，只要死刑制度存在着，就仍然蕴藏着这样的现实可能，即司法机器仍然可能会继续杀错人。一个活生生的公民的生命仍然有可能被以合法的理由通过合法的程序而被剥夺，他求救的呼声仍然可能会被淹没在隆隆的司法机器声中。聂树斌等案固然可以被视为一个有效的死刑审判、纠错制度的存在，但是错误的死刑执行又恰恰证明死刑制度本身的不合理性和不正当性。因此，每一个类似聂树斌案的错误执行案件，都使得人们更易于理解并且接受基于死刑的误判可能而应当最终废除死刑。就生命权而言，不应当功利主义地认为，任何一个错误的死刑执行的严重性可以被其他更为大量的正确的死刑案件所掩盖。死刑误判的现实可能性实质性减小乃至消灭，基于误判的死刑废除的压力才能有所缓和。否则，再有聂树斌案类似案件的发生，不仅死刑制度的正当性，整个刑事审判的正义都会受到系统性的挑战和根本性的质疑，此时，受到冲击的绝不止于死刑制度本身。

第三节　刑法与宪法的关系

韩大元： 当我们设定某一个刑法罪名的时候，往往以刑法是根据宪法制定为依据。那么，从规范的角度来说，所有的刑法，从精神到具体条文，包括具体适用，都不能违背宪法。但如何保证所有刑事立法，包括死刑制度在内的所有制度，都与宪法保持一致，体现宪法精神？这就需要在具体案件中，在适用刑法，出现刑法条文可能和宪法条文不一致时，法官在具有合法性的刑法规范和具有最高价值的宪法规范之间进行判断。毫无疑问，宪法规范是最高的规范，刑法规范要服从宪法规范，但在具体适用刑法时，依然存在是否合宪，以及二者之间的灰色地带。我个人的担心是，已经明确在价值上刑法某些规定违背了宪法，但当刑法力量比较强大的时候，或者要考虑客观的社会稳定、社会治安时，需要维护不具有正当性的某种刑法规范，有时我们无法依据宪法来改变它。这样容易导致宪法失去价值，使公民的权利在刑法的名义下受损，这是比较危险的。

时延安： 价值要保持统一。刑法的一些规定，与宪法规范、精神确实存在一定的冲突。因而刑法规范应向宪法看齐。例如，劳动教养制度与宪法存在冲突，但是直到 2013 年年底才彻底废止。不过，这倒不是说，刑法追求的价值与宪法的价值不同，在一个法律体系框架内，很难想象，刑法不去追求宪法价值。问题还是出现在现实层面，即立法者和司法者没有充分认识到宪法所追求的价值，尤其是对不断发展的人权观念缺乏深入的理解，因而不能在法律制定和实施中将宪法的价值贯穿到其他法律中。

不过，刑法学研究者的宪法意识是比较强的，过去二十多年，这类的文章很多。但学者指出的实践中存在的问题、一些不合时宜甚至错误的做法，仍可能在相当长一段时期存在。例如，刚才提到的，死刑核准权收回最高人民法院的问题，在 1996 年修改刑事诉讼法、1997 年修改刑法时，很多学者包括高铭暄教授都提了建议，但直到 2007 年才实现这一目标。

韩大元：有些是法律本身存在问题，有些则是实践中出了问题。有的时候，明明知道它是没有正当性的，与宪法精神是相矛盾的，但总是需要因一些重大事件发生引发公众讨论，才想办法去改变。例如，没有孙志刚案，很难换来收容审查制度的废除，但付出了生命的代价。

时延安：实际上，现在刑法中有些制度、规定和宪法基本精神是有冲突的，例如收容教养。收容教养实际上是一种保安性措施，但是刑法只有一个条文予以规定，而且在实践中是由公安机关决定的。虽然目前适用收容教养的情形较少，但它和劳动教养制度一样，都经不起宪法的检验。再如，《刑法》第 54 条剥夺政治权利的规定与宪法有关政治权利的规定就存在一定的冲突。这些问题都需要在刑事立法上予以解决，当然首先要在刑法理论界达成一定的共识。死刑问题也是如此，需要从宪法的角度进行分析。

第四节　死刑与毒品犯罪

林维：毒品犯罪的死刑问题必须引起我们的重视，未来死刑制度的改革无论如何都绕不开毒品犯罪问题。就司法上死刑适用的罪名而言，除去个别的非暴力犯罪，例如经济犯罪的死刑适用以及虽未涉及人身死亡但情节极其严重的强奸、拐卖人口的死刑适用以外，实际上已经大体可以把我国的死刑适用案件区分为涉及人身死亡的案件和毒品犯罪案件。其中毒品犯罪案件的死刑适用呈明显的上升趋势，在死刑数量中占据了较大比例，甚至在特定时间、个别地方,毒品犯罪的死刑适用数量超过了涉及人身死亡的人命案件的死刑适用数量,这一现象不能不引起我们的警惕。不用说毒品犯罪在全国范围内、整体上成为死刑适用数量最多的犯罪,即便像目前这样仅仅成为死刑适用中占据主要比例的犯罪种类,就会给我们的刑事司法制度带来巨大压力。从某种意义上讲,毒品犯罪的死刑适用如果仍然按照这样一种规律发展下去的话,就可能实质性地改变死刑的适用格局,淡化、抹灭甚至歪曲死刑设置的正义性,死刑仅存的那点正当性则会更受质疑。对于毒品犯罪适用死刑,无论如何是无法得到正当性的确认的,公众也会越来越多地普遍性地质疑毒品犯罪死刑的公正性问题。

1966年联合国《公民权利和政治权利国际公约》第6条第2项规定死刑只能适用于最严重的罪行,所谓"最严重的罪行"应当理解为死刑应予以严格限制适用,死刑适用于某一罪行应当成为极其例外的措施。联合国人权委员会先后分别对韩国、喀麦隆、斯里兰卡、伊拉克、苏丹和伊朗等国提交的人权报告评论指出,与毒品犯罪相关的行为不应属于最严重的罪行,只有故意杀人或者故意造成身体严重伤害的行为才符合这一限制性要求。当然,每一个国家对于"最严重的罪行"的解释有自己的判断,毒品犯罪的刑罚设置的改革也需要一个较长的过程,死刑在毒品犯罪的遏制上可能也起到了一定的作用,因此我国保留对毒品犯罪适用死刑,具有一定的道理。但是我们在刑罚设置上必须加以明确的是,无论我们在多么长的时间内保留死刑,毒品犯罪在本质上都不应当成为死刑适用的重点。目前这样一种状况是违背死刑制度的初衷和发展趋势的,不应继续维持下去。

尤其是我们必须警醒地意识到,毒品犯罪的死刑适用数量上升,并不是因为法院在毒品犯罪的死刑核准问题上有所放松,法院在毒品犯罪问题上一再强调死刑适用的严肃性,要求"切实贯彻宽严相济的刑事政策,突出毒品犯罪的打击重点,必须依法严惩毒枭、职业毒犯、再犯、累犯、惯犯、主犯等主观恶性深、人身危险性大、危害严重的毒品犯罪分子,以及具有将毒品走私入境、多次、大量或者向多人贩卖、诱使多人吸毒、武装掩护、暴力抗拒检查、拘留或者逮捕,或者参与有组织的国际贩毒活动等情节的毒品犯罪分子,对其中罪行极其严重依法应当判处死刑的,必须坚决依法判处死刑"。在死刑的适用上,通过一些会议纪要,最高人民法院对毒品犯罪的死刑适用问题进行了明确而仔细的甄别区分，但问题在于，依据现有死刑适用标准，能够被核准死刑的毒品犯罪数量本身仍在大幅度上升，致使在目前司法体系下，通过司法控制毒品犯罪的死刑适用不能起到根本性的限制和减少作用。

因此，我们必须反思的是，尽管适用了如此之多的死刑，毒品犯罪的数量乃至死刑适用数量为什么仍然在上升，而与此同时，故意杀人等涉及人身死亡的案件虽然死刑的适用数量得到了一定程度的有效控制，但是其犯罪总量并未显著增长，甚至有所减少，社会治安问题并未变得更为严重，反而在逐渐好转。由此，即使我们不对死刑的有效性做一个全局的、整体的、根本的思考，也必须对死刑针对毒品犯罪的有效性，做一个理性、冷静的判断。如果我们可以认为死刑是一场国家同一个公民的战争，或者死刑是一场国家和特定犯罪的战争，我们不得不反思在运用死刑同毒品犯罪作斗争的这一场战役中，我们究竟在战争的策略、战术的运用、武器装备的配置上，是否合理有效？诚然，如果没有死刑或者没有之前较大规模地对毒品犯罪适用死刑，毒品犯罪可能更加猖獗，形势更为严峻。但是目前的状况至少表明，死刑适用对于毒品犯罪的作用并没有我们所想象、所期待的那么大，死刑的适用尽管不能说是完全无效的，但可能收效甚微。对毒品犯罪的治理，不应该惰性地完全依赖作为最后手段的通过法院进行刑罚的惩罚和打击，或者依赖重刑乃至死刑的规模化适用，而更应该思考、设计一种更为合理、更为有效、更为全面的制度，真正减少毒品犯罪的数量。否则，就可能形成一种恶性循环：通过死刑遏制毒品犯罪无法收效，毒品犯罪继续增加，并因此形成对死刑的渴望和依赖，法院适用死刑的压力骤增，因为法院无法担负这样一种误解的政治责任，即正是因为法院对毒品犯罪限制适用死刑，而造成了毒品犯罪的增加。

韩大元： 我最近也在思考毒品犯死刑问题，刑事制裁可以，但毒品犯罪为什么要有死刑呢？有一天晚上，十二点多钟，我写一篇论文的时候，查阅资料时偶然看到一个由于毒品犯罪判死刑的女死刑犯的照片，当时我想，国家面对毒品犯罪当然要制裁，但必须剥夺生命吗？这个问题我多次向刑法教授们请教过，但还是有很多疑问。从宪法角度看，毒品的死刑罪名是否符合宪法精神，其正当性在哪里？很多问题回到宪法就可以找到答案。八百年以前，正好 2015 年是《大宪章》八百周年，谁能想到一部法律能够限制国王权力呢？自 1215 年《大宪章》开始，形成了王在法下的法治原则，把不可能的事情变成了可能，让我们分享了八百年以来的法治成果。所以，对毒品死刑罪名提出宪法上的疑问是合理的。

时延安： 有关毒品犯罪判死刑问题，从比较法上看，在保留死刑的国家里，除少数国家以外，都废除了毒品犯罪的死刑。林维老师刚才也提到，在我们国家，毒品犯罪在死刑数量中占据了较大比例，甚至在特定时间、个别地方，毒品犯罪的死刑适用数量超过了涉及人身死亡的杀人、抢劫案件的死刑适用数量。实际上，毒品犯罪所造成的社会危害，与故意杀人罪相比，其危害程度相差很多，应该没有达到与死刑相适应的程度。所以，我认为毒品犯罪的死刑是可以尽快废除的。

韩大元： 2017 年 4 月 19 号，联合国召开了一个世界毒品问题特别会议，一些西方国家学者提出来，能不能把部分毒品合法化，引起了大家的争论。他们争论的焦点是：抽烟有害身体，但国家不禁止烟草行业，这个行业是纳税大户；有些毒品，有可能帮助人解脱精神痛苦，为什么不能按照一定的类型把它合法化？我不同意合法化，但我的问题是，如何认识毒品的社会危害性与人类生活之间的关系，对此需要作出合理的解释。

时延安： 像走私、贩卖海洛因、可卡因、甲基苯丙胺 50 克以上，就有判处死刑的可能性。不过，现在可判处死刑的毒品数量门槛已经提到很高了。

韩大元： 达到一定的克数就判死刑，达不到就不判死刑，那还是以毒品的数量来决定要不要剥夺人的生命，这种正当性是很脆弱的。暴力犯罪判处死刑是有共识的，但对毒品犯罪、贪污罪等判处死刑，总觉得正当性日益受到挑战。今天我们不讲毒品合法化，只是一些国家学者提出了这个问题。欧盟统一废除了死刑，其宪法理念是，死刑对人的尊严和生命造成侵害，所以不能保留死刑。

时延安： 毒品犯罪的死刑问题，确实值得深入研究。刚才林维老师也提到，联合国《公民权利和政治权利国际公约》中要求，保留死刑的国家，应将死刑适用于"最严重的罪行"。一般认为，"最严重的罪行"是指谋杀罪，相当于我国的故意杀人罪。而毒品犯罪，属于无被害人的犯罪，与故意杀人罪相比，其还未达到"最严重的罪行"。当然，在实践中，毒品犯罪往往是有组织实施的，在实施毒品犯罪过程中，也会伴随一定的暴力犯罪行为。但是，从刑法的角度分析，对于伴随而生的有组织犯罪和暴力犯罪，完全可以依据刑法相关罪名予以严惩；就毒品犯罪本身而言，它还不能被看作严重的犯罪。我国《刑法》第48条规定，死刑适用的前提是"罪行极其严重"，如果以故意杀人罪作为"罪行极其严重"的一个标准，毒品犯罪也未达到这一标准。

值得注意的是，由于中国社会的近代化与鸦片战争有关，因而公众对毒品犯罪的谴责性较高。在没有废除死刑的情况下，废除毒品犯罪的死刑，可能在民意上难以获得支持。

林维：是的，短期内还难以废除毒品犯罪的死刑，但下一步限制死刑的有效领域一定发生在毒品犯罪领域。这不仅仅是在积极的意义上讲。因为只有毒品犯罪，在死刑适用的数量上才有大幅度减少的可能性。如果希望实现这样一种目标，法院将不得不进一步提高毒品犯罪死刑的适用标准，对死刑适用的犯罪情节予以进一步限定。但这样一种目标的实现，仅仅依赖法院是远远不够的，其前提在于我们已经建立了合理有效的毒品犯罪打击机制。实际上，不仅仅是死刑数量问题，死刑适用的区域平衡性、证据认定、政策把握等问题，甚至共同犯罪的认定等具体问题，都微妙而现实地影响着死刑适用，并在毒品犯罪中引发争议。在另一消极的意义上讲，在目前的证据标准和毒品犯罪认定标准下，毒品犯罪可能是死刑适用出问题的危险性最大的领域。因此，我们必须对这些直接影响毒品犯罪死刑适用的公正性、准确性的诸多要素有清晰准确的判断，必须对毒品犯罪的死刑适用时刻保持足够的警惕，以便我们能够在准确适用、不致出现冤错案件的前提下，尽可能地予以限制并逐步减少死刑。

第五节　死刑与民意

韩大元：民意对死刑制度的评价是重要因素。曲新久老师在一篇论文中曾提到，废除死刑要符合四个条件，其中一个条件就是民意的赞成，如果民意不答应，也不能够废除死刑。问题在于，民意和死刑制度的存在到底是一个怎么样的关系，如何认识死刑制度与民意理性的关系。

时延安： 这个民意问题，学界也讨论了很长时间，如果从欧洲的死刑废除来讲，它都是政治家解决的事。美国没有废除死刑，欧洲都废除了死刑，从某种意义上讲，与他们的选举制度有关。因为在欧洲选党，在美国选人，在这个意义上讲，对单个的政治家来讲，他在这个问题上要更多地参考民意，他考虑选票，在废除死刑问题上不敢走得太快，相反，他在选举时会主张严厉打击、惩罚犯罪，这是第一个问题。第二个问题，民意有的时候受到很多因素的控制。美国经常作民意测验，如果单纯从死刑的"存"和"废"上来讲，很多人是坚持"存"的，但是如果你加一个终身监禁不得减刑假释这么一个选项，换句话说这个罪犯要在监狱里待很长很长一段时间，甚至终身，那民意就会发生很大的改变，会认为不一定要保留死刑或主张废除死刑，可以用终身自由刑来替代。再有，民意有时很不可靠。例如，一个冤案出来之后，做一个民意测验，就会有更多人支持废除死刑；但如果发生很严重的暴力犯罪或者对弱势群体犯罪时，倾向于保留死刑的观念就会比较强烈。

韩大元： 有时候我们要重视民意，但民意有时具有不确定性，某种意义上也可以说是非理性的。我们不能以非理性的民意为由，放弃法治应有的立场。例如，出现过一些典型的个案，本来只需要判处无期徒刑，因为民意的因素而判处死刑，这就脱离了法治立场。民意可以自由表达，但是立法机关和司法机关应保持理性、专业的立场。有时我们过多地受到民意的影响，不利于立法的科学化。

时延安： 我们说民意，有时候，它接受的信息也是有限的。我们要综合各种因素去认定事实，然后再去作判断。例如，前几年药家鑫故意杀人案中，在药家鑫被判处死刑前，舆论一边倒地认为"该判死刑"，在药家鑫被执行死刑，一些信息得到澄清后，有很多人在网上留言，说药家鑫不应被判处死刑。在一些被社会所关注的刑事案件中，都有这样的现象。可见，民意判断很容易受到信息传播的影响。如果司法机关不能很好地处理依法裁判与公众舆论关系的话，就很容易办错案件。

林维： 在这一点上，我非常同意两位老师的观点，再补充说明几点。死刑的存废问题有过真正的民意调查吗？无论是死刑废除论者还是死刑保留论者，都会有对自身有利的民意调查结论。事实上，即使有过类似的民意调查，参与调查者的样本范围、参与调查者的广泛性、问卷设计的科学性、调查的时代背景，甚至调查当时是否发生了恶性案件等等，都可能直接影响民意的真实性问题。调查者总是能够找到三观一致的被调查者，然后宣称其结论代表了包括三观不一致者在内的全体人员，因此如果民意调查本身包括其程序不科学，不能为其结论的反对者所接受，那么其结论就永远陷于争议当中，使得人们完全无法看清所谓的民意的真相。同样，民意代表的投票结论就等于民意的代表吗？没有人会天真地以为在立法的大厦中作出的任何投票决定，都会全部真实地反映人民的意志。

　　这里存在着悖论。一方面，我们朴素地将民众的报复观念作为死刑正当性的基础，而事实上，这样一种报复性观念的存在虽然是客观的，但问题在于其规模是一种未经实证的直觉；另一方面，所谓的民意，无论是废除死刑的民意还是保留死刑的民意当然也是客观的，但我们同样不知道它的存在规模和范围，可是我们却以此为由来说明死刑存废不太可能通过民意来解决。同样的悖论在于：在保留死刑的国家，由于死刑废除论者无法合理地以民意为根据来主张自己观念的正当性，虽然死刑保留论者同样无法合理地以民意为根据来主张死刑的正当性，因此最终的结果可能就是继续保留死刑。反之，在一个没有死刑的国家，死刑增设论者无法合理地以民意为根据要求设置死刑，因为总是会有相反的民意证明没有死刑是更好的选择，因此设置死刑是一件极其困难的事情。这就变成了现实民意和历史形成的制度之间的冲突问题。难道有关死刑的正义的民意不应该直接围绕死刑本身而展开争议吗？而现在却转变为一种推翻现状的努力，无论是废除死刑还是保留死刑。

　　通常我们认为破坏较之建设更为容易，但事实上，在死刑问题的所谓民意上，破坏死刑（有或者没有）的现状更为艰难。有时候，我们不得不承认，历史形成的法律制度的现实存在具有更为坚韧的合理性，企图用民意否定它需要付出更大的努力。因此，想要基于民意来否定一个基于历史存在而成为合理的制度难上加难。

　　可以这样认为，如果一个制度已经能够被一目了然地观察到民众厌恶憎恨的程度，民意的压倒性意见是如此之直接，已经不存在任何有价值的争议的余地，那么此时再去改变这一制度，已经为时晚矣，这已经不是改革而是革命了。死刑的存废不应等到这一时刻。因此，所谓的民意固然重要，因为立法者或者政治精英不应该违背当下民众主流的价值观，否则容易引发民意的哗然，但是民意也并不绝对重要，因为立法者或者政治精英应该理解并且顺应何为历史发展的主流，不是唯唯诺诺于所谓的民意，无论是废除还是保留死刑，都应该坚定不移地但又巧妙地选择时机，引导民意，作出正确的抉择。这在根本上是民意的抉择，但是在现有的法律体制下，它首先表现为民意代表的法律抉择，并因此从根本上是政治精英的政治抉择。

保留死刑还是废除死刑，是一个能够作出大体判断的历史趋势，当然在此过程中如何具体地实现，仍然必须有一个精细的设计。政治家、立法者应当有这样的勇气和智慧，在民意仍然处于争议不明、混沌不清的时刻，作出清晰的提前判断和预先设计，而不是为民意所倒逼。以死刑核准制度十年改革为例，其巨大意义，不仅仅体现在死刑制度本身。仅仅就死刑数量的减少而言，最高人民法院的这一举措就可以被认为是现代司法史上人权保障的巨大进步，成为中国司法文明发展的里程碑之一。但是我们决不能单纯地将这一改革的意义局限于此。由于死刑核准制度改革所要处理的生死问题极其敏感复杂而重大，因此在无形之间逼迫我们或主动或被动地重塑我们的刑事司法理念，重构相关的具体刑事司法制度，重新合理认识刑罚在整个社会治理体系中的作用和地位。死刑司法的制度改革产生巨大的涟漪效应，牵一发而动全身，其理念的革新进一步辐射、扩及刑事司法整体，带动其他刑事司法制度产生相应同步的变革。忽略死刑制度改革对于整体刑事司法所带来的震动，忽略死刑制度改革和刑事立法之间的互动，忽略这一制度对于司法文明的推动，就会使得我们无法在十年之后正确、全面地认识这一改革的成功。死刑核准制度改革缓慢而坚定地、不断地改变着公众的死刑观念乃至刑罚观念，为司法不断迈向更加文明奠定了更好的民意基础。这就是一种民意的引导。

第六节 死刑与恐怖主义

韩大元：在中国学术界也有两种观点，有人认为死刑制度是合宪的，有些认为死刑制度是不合宪的。主张死刑制度是合宪的重要理由之一是，谋杀他人的罪犯侵犯了他人的生命权，实际上也失去了自己的生命，杀者实际上失去人性，不是人的存在体。我注意到，这几年刑法学界有的学者主张"敌人刑法"，认为对敌人是可以适用死刑的。但我认为，这种"敌人刑法"理论是缺乏宪法支撑的。按照这个理论推论，当一个人杀害另外一个人的时候，他就变成了动物，没有人性了，就可以把他拿野兽来看待了。

时延安： 在这里，我简单地做个介绍。这个理论主要针对恐怖主义犯罪。它认为，对于恐怖主义犯罪，首先有一个假设，恐怖主义分子对整个社会价值秩序是不加以认可的。在这种情况下，他不认可你这套规则，而且对你的整个的社会、整个的秩序形成挑战，所以他就不是一个规范意义上的"公民"，而是敌人。那么，在这种情况下，对他可以适用死刑，包括在防卫的时候，可以进行提前防卫，而且限度上也更为宽松。而在公民实施犯罪的情况下，对公民进行逮捕也好，进行审判也好，包括适用刑法也好，都应给予公民的待遇。对于敌人来讲，他不再是公民了，在法律程序上给予的程序保障要弱得多。

韩大元： 首先，宪法和刑法在恐怖主义的惩罚方面，有一种价值立场的问题。大家知道，德国非常著名的一个宪法案例，叫航空安全法案。案情很简单，因为"9·11"事件以后，西方国家加强航空监管，所以德国制定了一个法律，就是当恐怖分子劫持一个民用航空器，可能会侵犯不特定多数人生命的时候，法令可授权国防部长把飞机击落下来。因为恐怖分子会即刻侵害不特定多数人的生命。假设飞机里可能坐了100位乘客，还有六七名恐怖分子。所以，这部法律规定，为了保护不特定多数人的生命，以国家的名义可以牺牲一百多位乘客包括恐怖主义分子的生命。对此德国宪法法院对这个法律条款进行了违宪审查。最后，宪法法院根据德国《基本法》第1条人的尊严不得侵犯的条款，宣布这个条款违宪。宪法上"尊严"的含义是，人只能是主体不能是客体，国家不得为了实现某一个目的，把人的生命、存在作为一个客体和工具，即使是为了保护不特定多数人，无辜地牺牲一百名乘客的时候，这种行为违背了基本法的第1条，所以是违宪的。如按照我们的思维方式，假如真是一个飞机撞向了国会大厦、总统府，死了几千人怎么办？其一，宪法的基本立场就是，一个人的生命和不特定多数人的生命价值是一样的。在生命的保护上，不能以人数作为一个判断的标准。此其一。其二，既然尊严是宪法的核心价值，任何情况下，国家不能把人作为工具或者客体来对待。所以，这个判例被称为德国战后最经典的宪法判例之一。从刑法的角度看，这样一个宪法判断是否有意义？

另外，德国宪法法院说这种行为是违宪的，但它没有说在这种情况下到底该怎么办，或者真的击落了要承担怎样的责任。这里如果真的出现这种情况，把飞机击落了，那么从刑法上说，这种情况下是不是构成紧急避险，或者说防御性的紧急避险。这些讨论都是在这种背景下产生的。所以，我觉得德国宪法法院的决议只是说这种情况基于联邦《基本法》第1条人的尊严不能侵犯，但没有说这种情况下如果做了，刑法到底该怎么对待。宪法法院判决没有涉及这个问题。所以，在这种情况下，如果放任它不符合人的基本价值理念。

时延安：从刑法理论分析，我也认同这个结论。但可能还要修正一下。就是说从违法性判断上，会将这种情形视为违法的。但如果国防部长下达命令将飞机击落下来，他有没有刑事责任？未必，但他肯定会被撤职或者承担他的法律责任，但未必承担刑事责任。在刑法的判断上，最后定罪、是否承担刑事责任，还要看其他要件。它可能涉及免除罪责的紧急避险问题，也就是说，这种情形下虽然违法，但因为存在阻却罪责的事由而不构成犯罪。

韩大元：有一个刑法问题需要讨论。当我们说把飞机击落下来的时候，我们的假定就是，恐怖分子肯定实施了犯罪。但是，从行为性质判断的视角看，你怎么来判断，所有的恐怖分子都是参与者。我们不能用生活的常识来判断空中发生的事实。假如空中六个恐怖分子里面，有两个是反对的，而正制止恐怖活动，那我们把飞机打下来，这是否必要？第二个，我的立场是，我不同意恐怖分子没有人性的判断，任何人通过法律判断、经过法院的审判以后，才能定罪。其实，法律判断以后，即使恐怖分子也是人。在这种情况下，宪法的立场有点尴尬，基于维护宪法上的尊严价值，有可能会伤害几千人的生命，或者牺牲一百多无辜的生命，保护几千人的生命。这时，宪法还是坚持了价值立场，一个人的生命和不特定多数人的生命价值是一样的。所以，在宪法体制下，为了保护不特定多数人的生命，而牺牲无辜的一百多人的生命是缺乏正当性的，违背了德国《基本法》第1条尊严的条款，或者它超越了尊严的界限。我们要维护宪法判断的客观性价值，我们需要一个常识来判断，但不能超越常识。如果超越常识，很多法治的经验是不存在的。这是很痛苦的、很矛盾的价值徘徊。

时延安：个体不能因为整体的利益而牺牲自己，因为德国的这样一个人性尊严的理念是不推崇这样一种团结式的义务的，你在不涉及国家生死存亡的义务下，去讨论个人为国家牺牲这样一个问题没有意义。

但是，韩老师刚才所提到的情况，德国刑法学者罗克辛在他的《刑事政策和刑法体系》中谈到了这个问题，他个人认为是一种紧急避险，而且是可以阻却违法的紧急避险。理由是，反正这些人确定要死，而且不阻止的话，可能会造成更多人员的伤亡。

韩大元：所以大家在研究宪法的时候，要认识宪法价值有单向性，不要把宪法理解为万能的。它只能在有限的案件当中、有限的原理和有限的价值立场上，表明宪法立场。这也是宪法和部门法共同面临的问题。但在这个问题上，我不太同意杀了人的人就不是人的观点，这在宪法原则上很难接受。人就是人，具有主体性，死刑犯作为人的主体性是不能被抹杀的，即使是死刑犯，我们也要注意保护他（她）作为人应享有的权利，这也是法治国家的基本政治道德。其实，死刑犯的尸体也要受到保护并受到尊重。

时延安："敌人刑法"理论认为，敌人不是"公民"，而不是说不是人。

韩大元：是人，而不是公民，这个在宪法上也很难成立。在刑法上，我也不能说被判死刑的人，事实上是剥夺了你的（公民身份）、你的国籍。国籍是宪法赋予的，国籍法上没有说，判死刑了就剥夺你的公民资格？不可以吧。刑法上有些概念在宪法上经不起考验。从正当性的角度来说，以国家名义对生命权的剥夺，在宪法逻辑上很难作出体系化的说明。如果把国际人权公约和刑法上的条文作扩大解释的话，它可能属于一种残忍的、不人道的、有失于人的尊严的情况。

我们经常说美国是保留死刑的大国，但美国真正被执行死刑的人数是不多的，程序也比较完善，如从判死刑到执行，中间平均是七年到八年，还有更长的，我国没有这种制度。所以，不能把美国好多个州保留死刑当作中国保留死刑的正当性理由。所以，宪法文本上，你确实是找不到支持死刑的依据的，而它违宪的规范依据则容易找。德国基本法上是很直接明了的，死刑应该废除。所以，这也和我前面谈的有点关联性，这样一个明确规定与纳粹时代对于死刑滥用的历史的记忆有密切的关系。在那种法西斯和暴力统治下，当时死刑也是合法的。所以，战后的德国没有采用美国式的司法审查制度，而采取了宪法法院制度，就是因为认识到司法是不可靠的。在法西斯统治时期，大量的死刑决定也是合法地以司法的名义作出的，所谓的法律也是所谓合法的议会作出的，议会不可靠、行政不可靠、司法不可靠，那么谁最可靠，那就是第四种国家权力，也就是独立的宪法法院，可对立法、行政、司法等所有国家机关进行监督、制约。所以，德国就设立了宪法法院。我去了两次，第二次去的时候，正好宪法法院搬到一个小乡村。法官说，这样远离政治，有助于独立行使宪法判断权，作出一个中立的判断。

时延安： 在"敌人刑法"理论被引进的时候，我基本上也持完全否定的态度。这种理论确实容易造成侵犯人权的情况发生。不过，这一理论还是具有一定的研究价值的，就是在对待恐怖主义上，刑法应该怎么做的问题。我个人理解，对待恐怖主义，要现实地看待。对于这种严重的犯罪，还是要充分考虑国家安全问题，当然不是说不再保障人权了，而是在制度设计上应有积极预防的考量，在刑罚执行等方面也应有特殊的制度设计。当然，如果要全面废除死刑，恐怖犯罪和故意杀人罪一样，也没有继续保留的理由。

第七节　死刑与比例原则

韩大元： 另外，在宪法上有一个理论，死刑是否合宪，强调的是一个比例原则的审查，这一点和刑法学者之间也没有大的（分歧），特别是韩国宪法法院在死刑的问题上，积极运用宪法解释的方法，同时采用比例原则。比例原则大家都熟悉，目的和采取的措施之间是否存在内在逻辑，这个逻辑是宪法逻辑。那么，维护公民的权利、生命安全，维护社会秩序，维护社会治安都是目的。但是，维护这个目的，是不是一定要采取剥夺他人的生命这样的充满争议的刑罚，两者之间有没有合比例性，这是宪法上要讨论的问题。

时延安：《刑法》第5条规定的罪责刑相适应原则就是比例原则在刑法中的运用。不过，比例原则的运用，我理解，需要一个基本的尺度。根据比例原则论证废除死刑，对此，我保留意见。我想，根据比例原则可以废除一些犯罪的死刑，比如非暴力犯罪的死刑，包括您刚才提到的毒品犯罪的死刑，但对故意杀人罪来讲，恐怕很难用比例原则论证废除它的理由。

韩大元：首先，关于终身监禁或者长期监禁的方式，是不是可以达到和死刑一样的目的。后边我们讨论终身监禁，其实这是个宪法问题，似乎认为终身监禁比死刑好，但是从尊严理论来分析，其实更复杂。我是确实不太理解全国人大常委会法工委和最高院对终身监禁的解释。说什么终身监禁是死刑立即执行和无期徒刑之间过渡的刑罚，在刑罚的制度中加一个所谓新的类型。即使做这种调整，也应由全国人大来做，不应该由全国人大常委会来做，更不应该由法院作这样一个解释。

其次，在死刑的刑法规范、宪法规范之间寻求合理的价值联系。从宪法角度提出一个问题，死刑立法，包括罪名的减少，是立法者行使立法权的结果，而立法权包括国家的刑罚权。而国家的刑罚权作为公权力要受到宪法的约束。从这个意义上讲，不能滥用。设定罪名的时候要充分考虑宪法的元素。同时，国家刑罚权的行使要接受宪法的检验。有合法性并不意味着有合宪性。所以，在合法性的层面，特别是在死刑条文的适用上，法官遇到宪法规范和刑法规范冲突的时候，要进行宪法判断。这是必要的。

时延安：用比例原则来论证死刑的正当性问题，我认为，对论证非暴力犯罪死刑的非正当性是适当的。正如我前面讲的，从《刑法》第 48 条有关死刑适用前提（罪行极其严重）的规定，可以论证非暴力犯罪并不符合这一标准，进而应当认为非暴力犯罪的死刑是不合宪的。至于能否采用公法即行政法上对比例原则的理解，进而用来分析死刑的正当性基础，我也在思考。

第八节　死刑被滥用了吗

韩大元：死刑的立法或者死刑的废除等所有的问题，都要考虑一个基本的问题，就是生命权的价值问题。要正确地判断宪法上生命权的神圣性，它是一个绝对的价值还是相对的价值，刑法学者认为它是一个相对的价值，但是宪法学者认为生命权是一个基本权利的本质内容，应该属于绝对的价值。只有在这样一个立场上，才能保护好它。如果说它是个相对的价值，那么，有的时候，因为各种因素的影响，生命权的保护会处于不确定状态。所以，宣布它是绝对价值的时候，国家就放弃了剥夺生命的任何努力，但是如果保留了死刑，则存在死刑上公权力滥用的可能性，这是宪法角度的一种担心。

时延安：关于生命权价值的绝对还是相对的问题，刑法学界确实没有认真思考过。不过，如果存在死刑，它就有可能被滥用。像有些国家发生军事政变，新政府上台，前任政府的一百多个官员全被抓起来被判死刑，这就很明显能够看出来，死刑能够作为报复政敌的一种手段。所以您说这个我非常赞同。

韩大元：所以宪法的立场是既保护多数人，但更重要的是保护好少数人，特别是反对者的言论和人身自由。另外，宪法角度之所以有这种强烈的问题意识，正是因为保留了死刑，才会有冤假错案，而我们经常说冤假错案是不可能被绝对防止的。所以，也出现了如何保障无辜者，防止无辜者被判死刑的问题。我们的有些案例，也确实令人担心，令人不安。

时延安：需要辩解一下，不是刑法理论出了问题，而是刑事司法出了问题。冤案的发生，主要原因是公安司法机关工作人员在事实认定中出现了极大偏差，没有按照刑事程序法，尤其是证据法规则进行判断。刑法规范的正确适用，是以事实的准确认定为前提；如果事实认定出了问题，刑法适用肯定会跟着错。

韩大元：但是，保留了这么多死刑罪名，才会有程序法来执行，如果只是保留了必要的死刑罪名，刑事诉讼程序上则不可能导致这样的冤案错案。我在"死刑冤案的国家保护义务"的论文中分析了10个典型的死刑冤假错案，发现了不少宪法问题。大家都知道呼格吉勒图案，国家拿出了两百多万元来赔偿，但无辜冤死的生命无法复生，大家要记住这个年轻小伙子的样子。赵作海案，也记住他无罪释放以后失声痛哭的样子。宪法既富有理想主义精神，同时也持一种现实主义的立场，确实面对冤假错案，不同的历史时代当然有它的原因，所以我们不能把责任简单归结到执法人员身上，归结到某一个制度上。它是由综合性的社会因素造成的。我们需要深刻反思为什么出现了冤假错案。

时延安：命案必破实际上违背了基本的认识规律，它作为一个提法还可以，但如果做一个指标，作为考核官员的一个方式，肯定会造成很多问题。而且您刚才提到的这几个案子，像呼格吉勒图的案子，恰恰是发生在第二次"严打"期间，就是1996年那次。

韩大元：有些研究刑诉的教授说，冤假错案的出现，是《宪法》第135条规定了配合原则，说宪法说要配合，所以他们缩短办案时间配合。但这种说法违背宪法常识，宪法的核心就是后面两个字——相互制约。在呼格吉勒图案中，体现了制约吗？刑诉的观点必须改变，要回到相互制约的宪法原则上。怎么保证依据证据定案呢？必须回到《宪法》第135条的相互制约上。中国的法律文本中，体现权力制约原则的就是《宪法》第135条的相互制约，刑事诉讼法也做了规定。相互制约是指什么呢？对公安机关的侦查，检察机关要怀疑它；对检察机关的起诉，法院要怀疑它；真正形成侦查权、起诉权、审判权之间的相互制约，这样才能保障人民的生命、安全和人身的自由。如果没有宪法中的相互制约，就会出现对一个无辜的人，以国家的名义执行死刑的冤案。正当性在哪里？

时延安：从相互制约来讲的话，检察院制约公安机关，法院制约检察院，检察院也制约法院，那么公安机关怎么去制约检察院和法院？不是相互的吗？公安机关有没有权力去制约检察院和法院？我理解，相互制约的提法还是值得推敲的。如果宪法所说的"制约"是制衡、监督的意思，这样规定就不妥当，因为三机关不存在制衡的关系，也不存在监督的关系；如果"制约"是互相提醒、避免出错，这么规定是可以的。

韩大元：复议申诉也是一种制约。按照宪法规定，三个机关的顺序是"法检公"，不是"公检法"。宪法上为什么说人民法院、人民检察院在办理刑事案件中的相互制约程序？为什么法院在前？"公检法"的观念需要改变。要建立"法检公"的理念，就是人民法院、人民检察院、公安机关，这就是宪法文本顺序，以审判为中心，就是以法院的审判工作为中心，发挥法院的独立审判功能。任何国家都是一样的，正义的最后守护神就是法院。

时延安：有时公安机关的权力太大，检察机关对公安机关办案加以制约很难发挥出来。现在要推行"以审判为中心"的刑事司法改革，但这确实很难。不过，现在大家都有共识，公安机关工作人员的观念也在转变。其实，法学界对公安执法活动包括刑事诉讼活动的研究太薄弱了，对公安机关工作人员收集证据、查获犯罪的过程和规律也不了解。反过来，公安机关对法院掌握的证据标准、对学界关于证据规则的研究也缺乏了解。

林维：在死刑是否被滥用这个问题上，我与两位的观点有所不同。通过晚近的刑事立法，刑法典中的死刑罪名已经从 68 个降为 46 个，所废除死刑的罪名几乎都是实践中死刑适用数量极少或者多年来鲜有适用死刑的罪名。除去危害国家安全罪和危害国防利益罪中的 19 个死刑罪名，剩余的 27 个罪名中，死刑适用数量的主体压倒性地集中于其中 8 个罪名上。就此而言，无论从立法还是司法的角度，在其整体意义上，我们在主观上并不存在滥用死刑的问题。严格控制、限制适用死刑是一个基本的共识，立法者、司法者在整体上没有错误，天真地以为多适用死刑就能够更好地治理国家，实现社会控制，实现社会公正。因此，与其说死刑存在滥用问题，不如说我们更应该关注死刑的具体适用问题，例如毒品犯罪的死刑控制就是一个迫在眉睫的问题。

第九节　死刑的未来

韩大元：从宪法的角度，我们需要不断创造条件推动逐步废除死刑，适时公开死刑信息，并通过立法慢慢减少死刑、不执行死刑，在逐步寻求社会共识之后，最后废除死刑。这是一步一步来的，所以我们也不能着急，这点我也同意，但不能等的时间太长。

时延安：现在美国有 19 个州废除了死刑。目前总体的趋势是可以作判断的。有规律，就东北部各州来讲，以纽约为核心的地区废除死刑的比较多，这些地方适用死刑也比较少；而南部各州，保留死刑的比较多，适用死刑也比较多，尤其是得克萨斯州。实际上，整个美国死刑适用最多的在南部。这个现象，美国有学者曾做过解释，历史上黑奴比较多的地方，也是适用死刑比较多的地方。

韩大元：黑人多，适用死刑多，这也不符合宪法逻辑。最近，哈佛大学准备修改自己用了两百多年的法学院的院徽，理由是什么呢，两百年前一个私人的基金会捐资哈佛大学成立法学院，他是一个奴隶主，而当时哈佛大学用的 logo 是他们家族的 logo，包含着一个奴隶主的元素。2017 年是哈佛大学法学院成立两百周年，所以学生会提出换 logo 的建议，家族最后也同意了，他们正在寻求一个新的 logo。黑人多，所以死刑多，这只是个事实，我们需要尊重黑人平等权。在美国，被判处死刑的黑人多，他们犯罪的多，所以被判死刑的数量也多。美国目前是 19 个州（废除死刑），如果 25 个州以上废除就是整体废除，这有什么根据吗？

时延安：这是我的判断。因为在 2005 年，美国联邦最高法院决定对 18 岁以下的未成年人不适用死刑的时候，有一个判断就是，在美国，多数州已经认为只有对 18 岁以上的成年人才适用死刑，所以这里有个判断，判断的标准就是看，各个司法管辖区的态度，如果占多数的话，对联邦最高法院是有很大影响的。

韩大元：在我国，2011 年开始减少死刑罪名，原来很多的死刑罪名几乎没有用过，无论如何这也是一种进步。先是取消了 13 个，《刑法修正案（九）》又取消了 9 个，这是积极的进展。这是通过立法来防止出现错案、冤案。行政机关对于生命权的保护，从刑诉法来讲，主要是公安机关侦查权的行使。行政机关在执法当中，如何有效地保护生命权，对犯罪嫌疑人，特别是在死刑方面的保护是非常重要的。因为新的刑诉法出台后，开始依靠录音等科技手段。但有时候过分依赖科技，认为有录音就不会搞刑讯逼供，这也是过于乐观的态度。如果没有尊重人权的理念，科技是可控制的，也能被滥用。所以，不能过分依赖科技来提高人权意识。

时延安：我非常赞同。现在侦查看监控录像，有时候它呈现的只是一个侧面。例如，通过监控录像去判断是不是犯罪嫌疑人，有时候会造成新的错案。所以科技的滥用可能会造成新的错案。

韩大元：还是要有一种尊重生命的理念，这是根本。要发挥科技的作用，但是不能盲目地相信科技。关于这一点我想大家是没有什么疑问的。关于死刑的人数，在美国是比较准确的，也就是说到 2016 年 1 月 1 日，美国各州在押的死刑犯是 2 943 人。这里有的人可能等了 10 年，有的 20 年（时延安：对，一般 14 年左右）。但是，宪法上也会提这个问题，也就是一个死刑犯，在没有新证据的时候，你让他 10 年、15 年这么活着，他也不知道是明天判死刑还是后天执行死刑，这从尊严的条款来说也是有问题的。

时延安：对，羁押时间过长可能会造成对心理的不当影响。在我国实践中也有类似情况，曾有犯罪人被判死缓限制减刑后，对未来丧失希望，进而杀死同监舍的罪犯寻求速死。

韩大元： 所以，还是逐步废除死刑比较好。羁押时间过长也有弊端，以注射方法执行死刑也是痛苦的。很多痛苦都源于保留了死刑。在现实情况下，要防止冤假错案，要严格控制司法当中死刑权力的滥用。对《刑法》第48条中的"罪行极其严重"，要进行宪法上的限缩解释，不应扩大解释。

时延安： 是这样。第48条对于死刑的适用条件，即"罪行极其严重"表述得非常模糊，这与罪刑法定原则相冲突，也可以说，与宪法精神相冲突。我认为，"罪行极其严重"就是指严重的故意杀人行为。

韩大元： 在死刑立即执行和死刑缓期执行之间，还是要尽量适用死缓。案件审理程序中存在的问题，我不是特别了解，但是最高法在死刑问题上还是相对慎重的，很多判立即执行的案件，被最高法驳回。这是个很大的进步。所以，死刑的核准权于2007年被最高法收回以后，我认为在整体上对防止冤假错案是有帮助的。虽然我们目前在死刑复核程序上仍存在一些问题，如人数不公开、程序缺乏透明等，但总体上还是有进步的。

关于死刑的刑法条款和宪法解释中的问题，刑法学的出发点是解释，宪法学的出发点也是解释，或者说宪法学开始于解释，最后还是回到解释，最后通过解释落实宪法规范。所以，在刑法条款的解释中，宪法解释的立场是非常重要的。从美国的经验看，在保留死刑的情况下，尽可能限缩适用死刑，1976年以来的几个案例，比如强奸的案例中，被告人被判死刑，被美国联邦最高法院驳回，认为违反了罪刑相适应的原则等。还有禁止对智力障碍者适用死刑，也是通过解释提出的。所以，进行刑法解释时，有的时候用宪法精神解释，有时直接适用宪法的条文解释，有时需要合宪性推定。美国联邦最高法院对死刑合宪性分析的逻辑框架，一般用得比较多的是美国宪法第十四修正案正当程序条款，这是最重要的。第二个是宪法第八修正案，即禁止异常和残酷的刑罚。

在中国，刑法解释的合宪性问题，可举《刑法》第49条第1款，犯罪的时候不满18周岁，以及审判时怀孕的妇女不适用死刑。18周岁的好理解，但审判时怀孕的妇女不判死刑是基于何种理念？我指导的博士生孟凡壮写了一篇论文，对此做了很好的分析。这个条文引出了很多宪法解释上有趣的问题。为什么刑法做了这个规定，它保护的法益是腹中的胎儿还是因为对怀孕妇女人道主义的考量。流产以后的妇女也不能判死刑。这是宪法上的一个价值立场。当年，在"昆明火车站恐袭案"中，一个女恐怖分子捅死了很多人，但当时她怀孕了，不适用死刑。它到底保护的是胎儿的利益、妇女的利益还是双重的利益，刑法上怎么考量？通过这个条文，可以看到宪法价值渗透到刑法条文以后，带来了一种人道主义与胎儿的人的主体性的双重考量。

我的基本结论是：第一，需要从人类文明的角度来看待死刑；第二，无论是保留还是减少、废除死刑，要尊重生命；第三，尽可能减少刑法上死刑的条款；第四，保障死刑犯的基本权利；第五，充分关注死刑制度运行中的宪法问题，比如死刑犯要不要被特赦，规定终身监禁的《刑法修正案（九）》的合法性如何解释，毒品犯罪的死刑是否率先废除等。

时延安：我也主张废除死刑。我比较倾向于一步一步走，能更多凝聚共识，最后废除故意杀人罪的死刑。从宪法上看，死刑确实缺乏正当性，而且从宪法的角度进行分析，也能够更好地认识人权。当然，从宪法上进行思考，我理解，除了人权条款之外，还可以结合基本政治制度条款进行分析。作为一名刑法研究者，我始终认为，刑法学研究应当与宪法精神和原理保持一致。

林维：我对死刑的废除始终保持一种乐观的态度，虽然这可能是一个漫长的过程。但是，刑罚体系的变革应当是一个渐进缓慢的过程，不应当不计后果做激进的考虑，而死刑的废除将是一个革命性的行动。其存留与否，不应当做过于单一的考虑，而应当全面判断，审慎决定，尤其必须考虑对于特定犯罪，公众的舆论仍然存在着特殊预防和一般威慑的期待，因此在目前阶段，严格限制、逐步减少，直至废除死刑的路径仍然是一个稳妥的选择。在这一不断限制死刑适用的过程中，立法仍然有减少死刑罪名的余地。

但即便保留死刑，我们仍然必须为类似聂树斌等案的错误执行可能性所警醒。死刑制度的改革是一个系统性的工程，从死刑适用范围在立法上的逐步限缩到死刑案件的证据标准、死刑适用的标准平衡、死刑替代措施的改革，乃至死刑辩护质量的提高、死刑救济程序的完善、复核的审限以及执行过于迅速等问题，以及法官的死刑观念等等，无一不是重大的课题。只有逐步厘清这些问题并加以解决，死刑误判的现实可能性才能够有实质性减少，基于误判的死刑废除的压力才能有所缓解。否则，再有聂树斌案类似案件的发生，不仅死刑制度的正当性，整个刑事审判的正义都会受到系统性的挑战和根本性的质疑。就死刑执行而言，迄今发现的死刑执行错案都并非最高法核准的，因此最高法仍然能够以一种纠错者而非犯错者的身份来树立司法权威。但是在死刑核准权统一由最高法行使之后，最高法成为重重审判关卡之后保证死刑司法正当性的最后一道保障，最高法的审判责任也就更加重大。司法权力的集中同样意味着错案概率的集中，这就意味着死刑错案的可能性由过去的分散存在，转变成为统一的存在。固然核准权的收回意味着审判机制更加严密公正，死刑的裁量标准更加严格、统一，意味着死刑案件的质量应当会有实质性提高，但这并不意味着死刑错案的概率就会绝对消除。因此，对于正在行使死刑核准权的最高法而言，压力一方面来源于如何能够做到严格控制、减少死刑案件数量，另一方面则来源于随时可能出现的具有现实可能的误判在何时转变成为现实的误判。此时，最高法就不是纠错者，而是犯错者，最高法在执行死刑案件上的此种误判，对公众对于司法公信力的冲击显然要远远大于高级法院的死刑执行错案对司法公信力的冲击。如果说严格执行死刑政策是一个更为宏观、难以具体测算的标准，因而不宜成为评判最高法死刑核准工作成绩的一个指标，死刑执行错案零的突破则是一个更为具体、显见的事实，将直接影响对最高法死刑核准工作的评判。

在不断对死刑适用标准、证据标准（尤其是毒品犯罪中的死刑标准）进行精细化、明确化的前提下，我觉得我们在以下几个领域仍然有很多可以做的工作。例如如何提高死刑案件的辩护质量，目前很多死刑案件的法律援助辩护质量不高，无法起到权利保障的作用。法官很多时候不得不同时履行辩护律师的职责。另外，我希望，首先能够将所有不核准的死刑案件裁判文书全部予以公开，裁判文书关于不核准的理由应当尽可能详细，固然这中间存在很多细微的政策把握，甚至其判决理由可能无以言说，最高法院的法官们有着种种顾虑和压力，但是至少不核准案件的公开将使得死刑的负面标准更加明确可靠。在此基础之上，在不久的将来，能够公开所有死刑案件。当然，这建立在我们对于我国死刑的制度自信基础之上，同时也意味着那时死刑适用的数字应当已经被限制到足够少的地步。事实上，在死刑制度进一步改革、完善的前提下，我们应该有一个远期的规划，在将来对于死刑的数据也没有必要遮遮掩掩，完全可以光明正大地予以公布，来获得国内外舆论的理解，自信、自觉地接受哪怕国际社会的挑战和质疑。

图书在版编目（CIP）数据

死刑的宪法控制/韩大元等著．--北京：中国人民大学出版社，2022.3
ISBN 978-7-300-30195-2

Ⅰ.①死… Ⅱ.①韩… Ⅲ.①死刑-研究 Ⅳ.①D914.14

中国版本图书馆CIP数据核字（2022）第010484号

死刑的宪法控制
韩大元 等 著
Sixing de Xianfa Kongzhi

出版发行	中国人民大学出版社		
社　　址	北京中关村大街31号	邮政编码	100080
电　　话	010-62511242（总编室）		010-62511770（质管部）
	010-82501766（邮购部）		010-62514148（门市部）
	010-62515195（发行公司）		010-62515275（盗版举报）
网　　址	http://www.crup.com.cn		
经　　销	新华书店		
印　　刷	涿州市星河印刷有限公司		
规　　格	170 mm×240 mm　16开本	版　次	2022年3月第1版
印　　张	20.5 插页2	印　次	2022年3月第1次印刷
字　　数	319 000	定　价	68.00元

版权所有　侵权必究　　印装差错　负责调换